Bilingual Dictionary

English-Swahili
Swahili-English
Dictionary

Compiled by
Abdul Rauf Hassan Kinga

STAR Foreign Language BOOKS

© Publishers
ISBN : 978 1 912826 04 09

All rights reserved with the Publishers. No part of this publication may be reproduced or transmitted in any form or by any means, electronic, mechanical, photocopying, recording or otherwise, without the prior written permission of the Publishers.

This Edition : 2025

Published by
STAR Foreign Language BOOKS
a unit of
Star Books
56, Langland Crescent
Stanmore HA7 1NG, U.K.
info@starbooksuk.com
www.bilingualbooks.co.uk

Printed in India at
Star Print-O-Bind, New Delhi-110 020

About this Dictionary

Developments in science and technology today have narrowed down distances between countries, and have made the world a small place. A person living thousands of miles away can learn and understand the culture and lifestyle of another country with ease and without travelling to that country. Languages play an important role as facilitators of communication in this respect.

To promote such an understanding, **STAR Foreign Language BOOKS** has planned to bring out a series of bilingual dictionaries in which important English words have been translated into other languages, with Roman transliteration in case of languages that have different scripts. This is a humble attempt to bring people of the word closer through the medium of language, thus making communication easy and convenient.

Under this series of *one-to-one dictionaries*, we have published almost 63 languages, the list of which has been given in the opening pages. These have all been compiled and edited by teachers and scholars of the relative languages.

Publishers

Bilingual Dictionaries in this Series

English-Afrikaans / Afrikaans-English	Abraham Venter
English-Albanian / Albanian-English	Theodhora Blushi
English-Amharic / Amharic-English	Girun Asanke
English-Arabic / Arabic-English	Rania-al-Qass
English-Bengali / Bengali-English	Amit Majumdar
English-Bosnian / Bosnian-English	Boris Kazanegra
English-Bulgarian / Bulgarian-English	Vladka Kocheshkova
English-Burmese (Myanmar) / Burmese (Myanmar)-English	Kyaw Swar Aung
English-Cambodian / Cambodian-English	Engly Sok
English-Cantonese / Cantonese-English	Nisa Yang
English-Chinese (Mandarin) / Chinese (Mandarin)-Eng	Y. Shang & R. Yao
English-Croatian / Croatain-English	Vesna Kazanegra
English-Czech / Czech-English	Jindriska Poulova
English-Danish / Danish-English	Rikke Wend Hartung
English-Dari / Dari-English	Amir Khan
English-Dutch / Dutch-English	Lisanne Vogel
English-Estonian / Estonian-English	Lana Haleta
English-Farsi / Farsi-English	Maryam Zaman Khani
English-Finnish / Finnish-English	Jessica Maunus
English-French / French-English	Aurélie Colin
English-Georgian / Georgina-English	Eka Goderdzishvili
English-Gujarati / Gujarati-English	Sujata Basaria
English-German / German-English	Bicskei Hedwig
English-Greek / Greek-English	Lina Stergiou
English-Hindi / Hindi-English	Sudhakar Chaturvedi
English-Hungarian / Hungarian-English	Lucy Mallows
English-Italian / Italian-English	Eni Lamllari
English-Japanese / Japanese-English	Miruka Arai & Hiroko Nishimura
English-Kinyawanda / Kinyarwanda-English	Irakoze Shammah La Grace
English-Korean / Korean-English	Mihee Song
English-Kurdish / Kurdish-English	Shivan Alhussein
English-Latvian / Latvian-English	Julija Baranovska
English-Levantine Arabic / Levantine Arabic-English	Ayman Khalaf
English-Lithuanian / Lithuanian-English	Regina Kazakeviciute
English-Malay / Malay-English	Azimah Husna
English-Malayalam - Malayalam-English	Anjumol Babu
English-Nepali / Nepali-English	Anil Mandal
English-Norwegian / Norwegian-English	Samuele Narcisi
English-Pashto / Pashto-English	Amir Khan
English-Polish / Polish-English	Magdalena Herok
English-Portuguese / Portuguese-English	Dina Teresa
English-Punjabi / Punjabi-English	Teja Singh Chatwal
English-Romanian / Romanian-English	Georgeta Laura Dutulescu
English-Russian / Russian-English	Katerina Volobuyeva
English-Serbian / Serbian-English	Vesna Kazanegra
English-Shona / Shona-English	Victorious Tshuma
English-Sinhalese / Sinhalese-English	Naseer Salahudeen
English-Slovak / Slovak-English	Zuzana Horvathova
English-Slovenian / Slovenian-English	Tanja Turk
English-Somali / Somali-English	Ali Mohamud Omer
English-Spanish / Spanish-English	Cristina Rodriguez
English-Swahili / Swahili-English	Abdul Rauf Hassan Kinga
English-Swedish / Swedish-English	Madelene Axelsson
English-Tagalog / Tagalog-English	Jefferson Bantayan
English-Tamil / Tamil-English	Sandhya Mahadevan
English-Thai / Thai-English	Suwan Kaewkongpan
English-Tigrigna / Tigrigna-English	Tsegazeab Hailegebriel
English-Turkish / Turkish-English	Nagme Yazgin
English-Twi / Twi-English	Nathaniel Alonsi Apadu
English-Ukrainian / Ukrainian-English	Katerina Volobuyeva
English-Urdu / Urdu-English	S. A. Rahman
English-Vietnamese / Vietnamese-English	Hoa Hoang
English-Yoruba / Yoruba-English	O. A. Temitope

STAR Foreign Language BOOKS

English to Swahili

A

a *art.* a
aback *adv.* zubaa
abaction *n.* utekaji
abactor *n.* mtekaji
abacus *n.* kihesabia
abandon *v.* kuwacha
abandonable *adj.* wachika
abandoner *n.* mwacha
abase *v.* tusha.
abase *adv.* kidhalili
abasement *n.* udhalilifu
abash *v.* fedheheka
abashed *adj.* fedheheshwa
abashing *n.* fedhehesha
abate *v.* kutulia
abatement *n.* kutulizwa
abbey *n.* maabadi
abbot *n.* imamu
abbreviate *v.* fupisha
abbreviation *n.* fupisho
abdicate *v.t,* kataa
abdication *n.* ukataaji
abdomen *n.* tumbo
abdominal *adj.* utumbo
abduct *v.* nyanganya
abduct *v.* nyara
abductee *n.* mateka
abduction *n.* utekaji
abductor *n.* mtekaji
abed *adv.* kitandani
aberrance *n.* kisoada
aberration *n.* isoada
abet *v.* chochea
abetment *n.* uchochezi
abeyance *n.* usitisho
abeyant *adj.* msitishaji
abhor *v.* bughudhi
abhorrence *n.* bughudha
abide *v.* tii/fuata
abideable *adj.* tiifu
abiding *adj.* inadumu
ability *n.* kipawa/ uwezo
abject *adj.* dhila
abjection *n.* madhila
abjunction *n.* kipekee
abjure *v.* kanusha
abjurer *n.* mkanushaji
ablactate *v.* wachisha
ablactation *n.* uwachishaji
abland *adj.* upofushaji
abland *adj.* upofushaji
ablate *v.* sugua
ablation *n.* usuguaji
ablative *adj.* kisuguaji
ablaze *adv.* uwashaji moto
ablaze *adv.* uwashaji moto
able *adj.* uwezo
ablepsy *n.* upofu
ablush *adj.* kuringa
ablution *n.* udhu
ablutionary *adj.* kiudhu
abnegate *v.* zuia
abnegation *n.* uzuizi
abnormal *adj.* isokawaida
abnormalcy *n.* utahira
abnormality *n.* isokawaida
abnormally *adv.* kisokawaida
aboard *adv.* ndani
abode *n.* makao
abolish *v.* komesha
abolisher *n.* mkomeshaji
abolishment *n.* ukomeshaji
abolition *v.* komesha
abolitionism *n.* kukomesha
abominable *adj.* makuruhi
abominably *adv.* kikaraha
abominate *v.* karahisha
abomination *n.* laana
aboriginal *adj.* ushenzi
aborigines *n. pl* washenzi
abort *v.* avia
abortion *n.* uaviaji (mimba)
abortive *adv.* uaviaji
abound *v.* kadha

aboundance *n.* neema
about *prep.* kadiria
about *adv.* kuhusu
above *prep.* juu ya
above *adv.* juu
abrasion *n.* mkwaruzo
abrasive *adj.* udhia
abrasively *adv.* kiudhia
abrasiveness *n.* sumbufu
abreast *adv.* kujiendeleza
abridge *v.* yafupishe
abridgement *n.* ufupisho
abroad *adv.* ngambo
abrogate *v.* ifuta
abrogation *n.* ubatilishaji
abrupt *adj.* parura
abruption *n.* ghafla
abscess *n.* jipu
abscond *v.* kwepa
abscondence *n.* ukwepaji
absence *n.* ughaibu
absent *adj.* ghaibu
absent *v.* kughaibu
absentee *n.* mghaibu
absolute *adj.* kabisa
absolutely *adv.* kabisa
absolution *n.* maondoleo
absolutism *n.* ukamilifu
absolve *v.* feleti
absonant *adj.* kinyume
absorb *v.* kunywa
absorption *n.* unywaji
absorptivity *n.* unyonyaji
abstain *v.* jihini
abstinence *n.* tawasufi
abstract *adj.* kimuhtasari
abstract *n.* muhtasari
abstract *v.* jumlisha
abstraction *n.* ujumla
abstraction *n.* ukusanyiko
absurd *adj.* muhali
absurdity *n.* upuzi
abundance *n.* wingi

abundant *adj.* maridhawa
abuse *v.* hakirisha
abuse *n.* tusi
abuser *n.* mtusi
abusive *adj.* fyoa
abusively *adv.* vibaya
abut *v.* egemea
abutment *n.* egemeo
abyss *n.* uketo
acacia *n.* mgunga
academic *adj.* taaluma
academy *n.* chuo
acarpous *adj.* tasa
accede *v.* kubali
acceder *n.* mkubali
accelerate *v.* chapuka
acceleration *n.* uharakishaji
accelerator *n.* kichapuzi
accend *v.* panda
accent *n.* lafudhi
accent *v.* tamka
accept *v.* kubali/ pokea
acceptable *adj.* kubalika
acceptance *n.* ridhaa
access *n.* fikia
accessibility *n.* upatikanaji
accession *n.* uliopo
accessorise *v.* pamba
accessory *n.* valio
accident *n.* ajali
accidental *adj.* kiajali
acclaim *v.* sifia
acclaim *n.* sifa
acclamation *n.* shangilio
acclamation *n.* nderemo
acclimatise *v.* zoea
accommodate *v.* linga
accommodate *v.* zatiti
accommodation *n.* malazi
accompaniment *n.* kipokeo
accompany *v.* andamana
accomplice *n.* msaidizi/msiri
accomplish *v.* timiza

accomplished *adj.* kukamilika
accomplishment *n.* utenzi.
accord *v.* wafiki
accord *n.* azimio
accordance *n.* muujibu
accordancy *n.* upatano
accordingly *adv.* ipasavyo
accost *v.* salimia
accost *n.* shambulia
accosted *adj.* shambuliwa
account *n.* hesabu/akaunti
account *v.* simulia
accountability *n.* uwajibikaji
accountable *adj.* kuwajibika
accountancy *n.* uhasibu
accountant *n.* mhasibu
accredit *v.* vibali
accreditation *n.* kuruhusiwa
accrementition *n.* kuhusu
accrete *v.* zoea
accrue *v.* kuza
accumulate *v.* kusanya.
accumulation *n.* mkusanyiko.
accuracy *n.* hakika.
accurate *adj.* halisi.
accursed *adj.* maluuni.
accusation *n.* singizio
accusatory *adj.* husu
accuse *v.* shitaki
accused *n.* mshtakiwa
accustom *v.* zoeza
accustomed *adj.* zoelefu
ace *n.* ree
acellular *adj.* kamilifu
acene *n.* asini
acentric *adj.* asentriki
acephalous *adj.* kisomuelekeo
acephaly *n.* asefali (sayansi)
acetate *n.* chumvi
acetifier *n.* kigeuzi
acetify *v.* geuza iwe siki
acetone *n.* asetoni
ache *n.* umivu

ache *v.* pekecha
achieve *v.* diriki
achievement *n.* upato
achiever *n.* mfikia
achromatic *adj.* isorangi
acid *n.* kiunguza
acid *adj.* kiunguzi
acidic *adj.* uunguzi
acidify *v.* unguza
acidity *n.* ukalifu.
acknowledge *v.* kubali.
acknowledgement *n.* ukiri.
acne *n.* akni (ugonjwa)
acolyte *n.* mhudumu
acorn *n.* aina ya njugu
acoustic *adj.* kizuia-sauti
acoustics *n.* vizuia-sauti
acquaint *v.* jifahamishe
acquaintance *n.* maswahiba
acquest *n.* mali
acquiesced *v.* tii
acquiescence *n.* tangazana
acquire *v.* jipatia
acquirement *n.* jitihada
acquisition *n.* upato
acquit *v.* burai
acquittal *n.* kuwacha-huru
acre *n.* ekari
acreage *n.* ekari
acrid *adj.* hamaki
acrimony *n.* hasira
acritical *adj.* umakini
acrobat *n.* mwana zoezi
acrobatic *adj.* kiakrobati
acrobatics *n.* mazoezi
acropolis *n.* ngome
across *prep.* pishana
across *adv.* kingama.
acrostic *n.* mistari
acrylic *adj.* kiunguzi (asidi)
act *v.* tenda
act *n.* sheria
acting *n.* mtendo/kuigiza

action *n.* utendaji
activate *v.* amsha
active *adj.* mwepesi
activist *n.* mwanaharakati
activity *n.* shughuli
actor *n.* muigizaji
actress *n.* muigizaji wa kike
actual *adj.* halisi.
actually *adv.* hakika.
acuate *v.* chonga
acumen *n.* uwekevu.
acupuncture *n.* uchomaji sindano
acupuncturist *n.* mchoma sindano
acute *adj.* pembekali.
ad hoc *adj.* toshelevu
adage *n.* methali
adamant *n.* jasiri
adamant *adj.* kithabiti
adapt *v.* kulinga/suluhu
adaptation *n.* ulinganisho.
add *v.* jumlisha/ ongeza
adder *n.* pili
addict *n.* lemaa
addict *v.* lemaza
addiction *n.* kulevya
addition *n.* jumla
additional *adj.* ziada.
addle *adj.* muozo
address *v.* hutubia
address *n.* anwani
addressee *n.* mwandikiwa
addresser *n.* muandikaji
adduce *v.* baini
adept *n.* kabisa
adept *adj.* weledi
adequacy *n.* utoshelevu
adequate *adj.* tosha
adhere *v.* ambata
adherence *n.* kuzingatia
adhesion *n.* ushikamano.
adhesive *n.* wambiso
adhesive *adj.* gundi.
adhibit *v.* ingiza

adieu *interj.* kwaheri
adieu *n.* kwaheri
adiposity *n.* mgando
adjacent *adj.* pakana
adjective *n.* sifa
adjoin *v.* changamana.
adjourn *v.* ahirisha
adjournment *n.* kuahirisha
adjudge *v.* kuamuliza.
adjunct *n.* kiongezo
adjuration *n.* kiapo
adjure *v.* nakuapisha
adjust *v.* rekebisha
adjustment *n.* urekebisho
adjuvant *adj.* usaidizi
adjuvant *n.* msaidizi.
administer *v.* amuru
administrate *v.* simamia
administration *n.* usimamizi
administrative *adj.* kisimamizi
administrator *n.* msimamizi
admirable *adj.* tamaniwa
admiral *n.* admirali
admiralty *n.* jemedari
admiration *n.* tamani
admissible *adj.* juzu
admission *n.* uungamaji
admission *n.* ukiri
admit *v.* kiri/kubali
admittance *n.* ukubali
admittedly *adv.* kikubalifu
admonish *v.* onya
admonisher *n.* muonyaji
admonition *n.* mawaidha
ado *n.* hima
adobe *n.* matofali
adolescence *n.* ujana
adolescent *adj.* kijana
adopt *v.* kupokea
adoption *n.* upokeaji
adoptive *adj.* wa-kupanga
adorable *adj.* maridadi
adoration *n.* tamanio

adore v. kuenzi
adorn v. pamba
adrenaline n. kuhema
adrenalise v. hemesha
adscititious adj. msomi
adscript adj. adscripti (kisheria)
adsorption n. unyonyaji
adulate v. rai
adulation n. urai
adult n. mazima
adult adj. mtumzima
adulterate v. saliti.
adulteration n. usaliti
adultery n. zina
advance n. kiendelezo
advance v. tangulia
advancement n. maendeleo
advantage v. faidi
advantage n. faida
advantageous adj. faidisha
advent n. majilio
adventure n. shani
adventurous adj. mtanashati
adverb n. kielezo
adverbial adj. uhusiano
adversary n. mpinzani
adverse adj. mbaya
adversity n. teso
advert v. tangazo
advertise v. tangaza
advertisement n. matangazo
advice n. ushauri
advisability n. msikilivu
advisable adj. kushauriwa
advise v. sisitiza
advocacy n. utetezi
advocacy n. uwakili
advocate v. wakilisha
advocate n. wakili
aeolic adj. ioliki
aerial n. aṅgani
aerial adj. kiangani
aeriform adj. kihewahewa

aerify v. tia-hewa
aerobic adj. airobiki (kisayansi)
aerobics n. mazoezi (maalumu)
aerobiologic adj. kiairobayolojia
aerobiology n. airobayologia
aerocraft n. ndege (kiabiria)
aerodigestive adj. akupumua/kula
aerodrome n. uwanja wa ndege
aerodynamic adj. airodaynamiki
aeronautics n.pl. urubani
aeroplane n. ndege
aeropulse n. injini ya ndege
aerosol adj. airosoli
aerostatic adj. kiairostatiki
aerostatics n. airostatiki
aesthetic adj. kimaskhara
aesthetics n.pl. maskhara
aestival adj. likizoni
afar adv. mbali
affable adj. mcheshi
affair n. kadhia
affect v. athiri
affectation n. umaridadi
affection n. mahaba
affectionate adv. pendevu
affidavit n. kiapo
affiliate v. tangamana
affiliation n. uhusiano
affinity n. mshikamano
affirm v. thibitisha
affirmation n. thibitisho
affirmative adj. usawa
affirmative adj. sahihi
affirmatively adv. kisawa
affix v. bandika
affixation n. ubandikaji
afflict v. dhuru
affliction n. masaibu
afflictive adj. madhara
affluence n. utajiri
affluent adj. tajiri
affluential adj. kitajiri
affluential n. maarufu

affluenza *n.* afluenza (ugonjwa)
afford *v.* mudu
affordability *n.* kumudu
afforest *v.* panda miti
affray *n.* ugomvi
affront *n.* usafihi.
affront *v.* kutoheshimu
afield *adv.* nje
aflame *adv.* moto
afloat *adv.* yaelea
afoot *adv.* kutembea
afore *prep.* awali
aforementioned *adj.* utangulizi
aforesaid *adj.* iliyotajwa
afraid *adj.* hofu
afresh *adv.* upya
aft *adj.* kinyume
aft *adv.* karibia
after *prep.* baada
after *prep.* baada
after *conj.* kisha
after *adj.* baadein
after *adv.* baada ya
after *adj.* baadaye
aftereffect *n.* athari
aftergrowth *n.* ukubwani
afternoon *n.* alasiri
afterthought *n.* wazo (baadaye)
afterwards *adv.* baadaye
again *adv.* tena
against *prep.* dhidi
against *adj.* kinyume
agape *n.* wazi
agape *adv.* uwazi
agaze *adv.* tazama
age *n.* zama/umri
aged *adj.* mzee
agency *n.* uwakala
agenda *n.* ajenda
agent *n.* dalali
agglomerate *n.* mkusanyiko
agglomerate *v.* kongomana
agglomerate *adj.* ukongomano

aggravate *v.* nung'unisha
aggravation *n.* uchochezi
aggregate *v.* kusanya
aggression *n.* uchokozi
aggressive *adj.* fujo
aggressor *n.* mchokozi
aggrieve *v.* huzunisha
aggroupment *n.* ugawaji
aghast *adj.* ogopesha
agile *adj.* mahiri.
agility *n.* usafidi.
agist *v.* kosea (wakubwa)
agitate *v.* kuchochea
agitation *n.* uchochezi
aglare *adj.* tazama
aglow *adv.* nawiri
agnosticism *n.* kufuru
agnus *n.* agnasi
ago *adv.* iliopita
ago *adv.* iliopita
agog *adj.* pupa
agonist *n.* mbishi
agonize *v.* huzunisha
agony *n.* huzuni
agoraphobia *n.* agorafobia
agrarian *adj.* kilimo
agree *v.* afiki
agreeable *adj.* mazuri
agreement *n.* suluhu
agricultural *adj.* kilimo
agriculture *n.* kilimo
agriculturist *n.* mkulima
agro *adj.* kilimo
agrology *n.* agrologia
agronomy *n.* agronomia
ague *n.* kitapo
ahead *adv.* tangulia
aheap *adv.* muangusho
ahoy *interj.* buryani
aid *n.* msaada
aid *v.* saidia
aide *n.* msaidizi
aigrette *n.* mapambo

ail v. ugua
ailment n. ugonjwa
aim v. shabaha
aim n. dhamira
air n. hewa
airbag n. begi ya hewa
airborne n. dhuru
airborne adj. madhara (hewa)
airbrake n. breki
airbus n. ndege (kubwa)
aircraft n. ndege (ndogo)
aircrew n. wahudumu
airlift n. ndege
airlift v. nyanyua
airy adj. kihewa
aisle n. ukumbini
ajar adv. shindika
akin adj. inayofanana
akinesia n. akineshia
alabaster n. alabasta
alabaster adj. kialabasta
alacrious adj. changamfu
alacrity n. uwahi
alamort adj. halimaututi
alarm n. stusha
alarm v. kushtua
alarming adj. sikitiko
alas interj. ala
albeit conj. angalau
albino n. zeruzeru
album n. albamu
albumen n. weupe wa yai
alchemist n. alchemisti
alchemy n. alchemi
alcohol n. kilevi
alcoholic n. mlevi
alcoholism n. ulevi
alcove n. kataa
ale n. kilevi
aleatory adj. bahatinasibu
alegar n. siki
alert adv. makini
alertness n. utunduzi

alfa n. alfa
algae n. ugozi
algal adj. mwani
algebra n. algebra
alias n. aliyasi
alias adv. kialyasi
alibi n. udhuru
alien adj. ajinabi
alienate v. saliti
aliferous adj. kimabawa
alight v. shuka
align v. sawazisha
alignment n. usawanisho.
alike adj. sawa.
alike adv. fanana.
aliment n. chakula
alimony n. usaidizi
aliquot n. vifaa
alive adj. hai.
alkali n. alkali
alkaline adj. alkali
all adj. kila
all n. yote
all adv. kamwe
all pron sote
allay v. futa
allegation n. madai
allege v. wanadai
alleged adj. kimadai
allegiance n. utiifu
allegorical adj. takatifu
allegory n. nishani
allergy n. alaji
alleviate v. tuliza.
alleviation n. kitulizo.
alley n. kichochoro.
alliance n. jumuiya.
alligator n. mijitu
alliterate v. rudia
alliteration n. marudio
allness n. ukamilifu
allocate v. tenga
allocation n. utengaji

allot *v.* awadha.
allotment *n.* ugawaji
allow *v.* ruhusu.
allowance *n.* posho
alloy *n.* aloi.
allude *v.* agiza
allure *v.* shawishi
allurement *n.* kishawishi
allusion *n.* fumbo
allusive *adj.* husisho
ally *v.* ungana
ally *n.* swahibu
almanac *n.* takwimu.
almighty *adj.* mwenyezi
almond *n.* lozi
almost *adv.* takribani
alms *n.* sadaka
aloft *adv.* juujuu/kindakindaki
alone *adj.* pweke
along *adv.* ukando
along *prep.* pamoja
aloof *adv.* mbali
aloud *adv.* kelele
alp *n.* mlima
alpha *n.* mwanzo
alphabet *n.* alfabeti
alphabetical *adj.* kialfabeti
alpine *adj.* kialpini
alpine *n.* alpini
alpinist *n.* mpandaji (milima)
already *adv.* zamani
also *adv.* pia
altar *n.* madhabahu
alter *v.* geuza
alteration *n.* badilisho/geuzo
altercation *n.* ugomvi
alternate *adj.* ubadili
alternate *v.* badili
alternative *n.* mbadala
alternative *adj.* kimbadala
although *conj.* iwapo
altimeter *n.* kifaa (kisayansi)
altitude *n.* urefu

alto *n.* alto
altogether *adv.* kijumla
altruism *n.* kujali
altruist *n.* mtunza
altruistic *adj.* kiutu
aluminate *v.* alumnia
aluminium *n.* aluminiamu
alumna *n.* msomi wa kike
alveoli *n.* alveoli
always *adv.* daima
am *abbr* ni
amalgam *n.* mchanganyiko
amalgamate *v.* unganisha
amalgamation *n.* uunganishaji
amass *v.* yakusanya
amateur *n.* mwanafunzi
amatory *adj.* kuhusu
amaurosis *n.* upofu
amaze *v.* staajabisha
amazement *n.* staajabu
ambassador *n.* balozi
ambrite *n.* ambriti
ambidexter *n.* mtumiayote
ambient *adj.* mazingira
ambiguity *n.* usotengulika
ambiguous *adj.* kisichotambulika
ambissexual *adj.* kimatamanio
ambissexual *n.* shahawa
ambissexuality *n.* ushahawa
ambition *n.* tamanio
ambitious *adj.* mtamani
ambivalence *n.* utashwishi
ambivalent *adj.* tashwishi
ambry *n.* kijikabati
ambulance *n.* ambulensi
ambulant *adj.* mtembeaji
ambulate *v.* tembea
ambuscade *n.* uvamiaji
ambuscade *v.* vamia
ambush *n.* kioteo
ameliorate *v.* boresha
amelioration *n.* uboreshaji
amen *interj.* amina

amenable *adj.* sahali
amend *v.* rekebisha
amendment *n.* urekebishaji
amends *n.pl.* marekebisho
amenorrhoea *n.* amenoria (ugonjwa)
amiability *n.* upole
amiable *adj.* kipole
amicable *adj.* usuhuba
amid *prep.* ilhali
amiss *adv.* benibeni
amity *n.* usuhuba
ammonia *n.* amonia (gesi)
ammunition *n.* zana
amnesia *n.* amneshia (ugonjwa)
amnesty *n.* makombo
among *prep.* kati
amongst *prep.* miongoni
amoral *adj.* mhuni
amorous *adj.* shahawa
amorph *n.* amof
amortise *v.* lipa (polepole)
amortization *n.* madeni
amount *n.* idadi
amount *v.* kadiria
amour *n.* habibu
ampere *n.* ampea
amphibious *adj.* amfibia
amphitheatre *n.* ukumbi
ample *adj.* kingi
amplification *n.* ukuzaji
amplifier *n.* kipaza
amplify *v.* kuza
amplitude *n.* amplitudi (kipimo)
amputate *v.* butua
amputation *n.* mkato
amputee *n.* mkatwa
amuck *adv.* wazimu
amulet *n.* hirizi
amuse *v.* changamsha
amusement *n.* changamko
amygdala *n.* amigada
an *art.* ni

anabaptism *n.* ubatizo
anabolic *n.* anaboliki
anabolic *adj.* kianaboliki
anachronism *n.* isofa
anaclasis *n.* matamshi
anaemia *n.* anemia
anaesthesia *n.* anesthesia
anaesthetic *n.* anesthetic
anal *adj.* matakoni
analogous *adj.* sawa
analogy *n.* tamthili
analyse *v.* chambua
analysis *n.* uchambuzi
analyst *n.* mchambuzi
analytical *adj.* kiuchambuzi
anamnesis *n.* rekodi (hospitalini)
anamnesis *n.* rekodi (hospitalini)
anamorphosis *adj.* anamofia
anarchism *n.* uhuru
anarchist *n.* huru
anarchy *n.* uhuru
anatomy *n.* anatomia
anbandonee *n.* mwacha
ancestor *n.* jadi
ancestral *adj.* mizimu
ancestry *n.* jadi
anchor *n.* nanga
anchorage *n.* bandari
ancient *adj.* kongwe
ancon *n.* mwamba
and *conj.* pia/ aidha
androphagi *n.* androfagia
anecdote *n.* hekaya
anemometer *n.* animomita (kifaa)
anew *adv.* upya
anfractuous *adj.* njia (ndefu)
angel *n.* malaika
anger *n.* hasira
angina *n.* angina (ugonjwa)
angiogram *n.* picha (kimatibabu)
angle *n.* pembe
angle *n.* pembe
angry *adj.* kasiri

anguish *n.* utungu
angular *adj.* kipembe
animal *n.* hayawani
animate *v.* huisha
animate *adj.* hai
animation *n.* ramsa
animosity *n.* uadui
animus *n.* hasira
aniseed *n.* kiungo (chakula)
ankle *n.* kiwiko
anklet *n.* furungu
annalist *n.* rekodi (matukio)
annals *n.pl.* mabohari
annectent *adj.* husiana
annex *v.* nyang'anya
annexation *n.* unyakuzi
annihilate *v.* angamiza
annihilation *n.* maangamizo
anniversary *n.* maadhimisho
annotate *v.* elezea
announce *v.* tangaza
announcement *n.* tangazo
annoy *v.* udhi
annoyance *n.* zahama
annoying *adj.* sumbufu
annual *adj.* mwaka
annuitant *n.* mlipwaji
annuity *n.* malipo (mwakani)
annul *v.* batilisha
annulet *n.* fungata
annulment *n.* uvungu
anoint *v.* teua
anomalous *adj.* ajabu
anomaly *n.* kisokawaida
anon *adv.* karibuni
anonymity *n.* kutokujulikana
anonymosity *n.* kutojulikana
anonymous *adj.* asojulikana
anorak *n.* vazi (barafuni)
anorexic *adj.* kianoreksia
another *adj.* nyingine
answer *n.* jawabu
answer *v.* jibu

answerable *adj.* wajibika
ant *n.* siafu
antacid *adj.* antiacid (dawa)
antagonism *n.* ukeraji
antagonist *n.* mkeraji
antagonize *v.* udhi
antarctic *adj.* antaktika
antecardium *n.* miguuni
antecede *v.* tangulia
antecedent *n.* kitambo
antecedent *adj.* tangulio
antedate *n.* kitambo
antelope *n.* swara
antenatal *adj.* ujauzitoni
antennae *n.* udevu
antenuptial *adj.* nje ya ndoa
anthem *n.* kwaya
anthology *n.* mashairi
anthrax *n.* kimeta
anthropoid *adj.* sukwe
anti *pref.* dhidi
anti-aircraft *adj.* vipiga ndege
antibiotic *n.* antibiotiki
antic *n.* ujuha
anticipate *v.* tarajia
anticipation *n.* matarajio
antidote *n.* punyu
antinomy *n.* wanja/ kolh
antipathy *n.* karaha
antiphony *n.* wimbo
antipodes *n.* kinyume
antiquarian *adj.* ukale
antiquarian *n.* ukale
antiquary *n.* kikale
antiquated *adj.* cha kale
antique *adj.* cha kale
antiquity *n.* kale
antiseptic *n.* kiua-viini
antiseptic *adj.* kiua-viini
antitheism *n.* utabaini
antitheist *n.* mtabaini
antithesis *n.* tabaini
antler *n.* pembe (swara)

antonym *n.* anatomia
anus *n.* kundu
anvil *n.* fuawe
anxiety *adj.* hangaiko
anxious *adj.* hangaisha
anxiously *adv.* kimahangaiko
any *adj.* yoyote
any *adv.* yoyote
anyhow *adv.* walau.
anyone *pron* yeyote
anyplace *pron* popote.
anything *pron* chochote
anytime *adv.* wowote
anyway *adv.* ala kulli hali.
anywhen *adv.* wakati-wowote
anywhere *adv.* popote.
anyhow *adv.* walau.
aorta *n.* aota (mshipa)
apace *adv.* haraka
apart *adv.* chemba
apartment *n.* gorofa
apathy *n.* utepetevu
ape *n.* nyani
ape *v.* kuiga
aperture *n.* kipenyo
apex *n.* upeo
aphasia *n.* afasia
aphorism *n.* thibitisho
apiary *n.* mzinga
apiculture *n.* ufugaji
apish *adj.* kinyani
apnoea *n.* kutopumua
apologize *v.* tubu
apologue *n.* mhuni
apology *n.* radhi
apostle *n.* mtume
apostrophe *n.* mtajo (alama)
apotheosis *n.* ukuu
apotheosis *n.* utukufu
apparatus *n.* kifaa
apparel *n.* vazi
apparel *v.* visha
apparent *adj.* bainifu

appeal *n.* rufani
appeal *v.* rufani
appear *v.* tokea
appearance *n.* tokezi
appease *v.* burudisha
appellant *n.* mtetezi
append *v.* ongezea
appendage *n.* kiongezi
appendicitis *n.* appendicitisi
appendix *n.* nyongeza
appendix *n.* kibole
appetence *n.* tamaa
appetent *adj.* kitamaa
appetite *n.* njaa
appetizer *n.* ajari
applaud *v.* shangilia
applause *n.* vifijo
apple *n.* tufaha
appliance *n.* ala
applicable *adj.* kuhusu
applicant *n.* mtakaji
application *n.* uombi.
application *n.* uombi.
apply *v.* pakaa
apply *v.* pakaa
appoint *v.* teua
appointment *n.* uteuzi
apportion *v.* gawa
apposite *adj.* kinyume
appositely *adv.* kinyume
appraise *v.* sifia
appreciable *adj.* kithaminiwacho
appreciate *v.* thamini
appreciation *n.* tuzo
apprehend *v.* kamata
apprehension *n.* dukuduku
apprehensive *adj.* chelea
apprehensive *adj.* chelea
apprentice *n.* mwanafunzi
apprise *v.* juza
approach *v.* sogea
approach *n.* msogeo
approbate *v.* sifia

approbation *n.* sifa
approbation *n.* rukhsa
appropriate *v.* wafiki
appropriate *adj.* muafaka
appropriation *n.* vizuri
appropriation *n.* sawa
approval *n.* itikio
approve *v.* kubali/itikia
approximate *adj.* kadiria
appurtenance *n.* vikorokoro
apricot *n.* tunda (apricoti)
april *n.* aprili
apron *n.* aproni
apt *adj.* elekevu
apt *adj.* elekevu
apt *adj.* elekevu
aptitude *n.* uhodari
aquarium *n.* aquiriamu
aquarius *n.* majini
aqueduct *n.* mtaro
arab *n.* muarabu
arabic *n.* kiarabu
arabic *adj.* kiarabu
arable *adj.* fieka
arbiter *n.* hakimu
arbitrary *adj.* ujeuri
arbitrate *v.* amua
arbitration *n.* maamuzi
arbitrator *n.* mwamuzi
arc *n.* tao
arcade *n.* arkedi
arch *n.* kivimbo
arch *v.* vimba
arch *adj.* nusumkunjo
archaeology *n.* historia
archaic *adj.* mzee
archangel *n.* malaika-mkuu
archbishop *n.* bishop
archer *n.* mrushaji (mshale)
archery *n.* urushaji (mshale)
architect *n.* mjenzi
architecture *n.* majenzi
archives *n.pl.* nyaraka

arctic *n.* baridi
ardent *adj.* bidii
ardour *n.* matamanio
arduous *adj.* ngumu
area *n.* eneo
areca *n.* popo
arefaction *n.* ukavu
arena *n.* bigili
argil *n.* tope
argonaut *n.* argonaunti
argue *v.* bisha
argument *n.* bishano
argument *n.* bishano
argute *adj.* mstadi
arid *adj.* mkuranga
aries *n.* arisi (nyota)
aright *adv.* kisawasawa
arise *v.* zinduka
aristocracy *n.* uteule
aristocrat *n.* mteule
arithmetic *n.* hesabia
arithmetical *adj.* kihesabia
ark *n.* safina
ark *n.* safina
arm *v.* jihami
arm *n.* mkono
armada *n.* sheheni (za silaha)
armament *n.* silaha
armature *n.* mgeni
armature *n.* mwanafunzi
armature *n.* kurutu
armistice *n.* suluhu
armlet *adj.* bangili
armlet *adj.* bangili
armour *n.* zana
armoury *n.* hifadhi (ya zana)
armpit *n.* kwapa
army *n.* jeshi
aroma *n.* harufu
aromatherapy *n.* aomatherapia
(taaluma)
around *prep.* karibuni
around *adv.* karibu

arouse v. zindua
arraign v. shtaki
arrange v. panga
arrangement n. mpango
arrant n. kamili
array v. panga
array n. mpangilio
arrears n.pl. madeni
arrest v. bamba/nasa
arrest n. rumande
arrival n. uwasili
arrive v. wasili
arrogance n. ufedhuli
arrogant adj. fedhuli
arrow n. mshale
arrowroot n. uwanga
arsenal n. silaha
arsenic n. arseniki
arson n. uchomaji
art n. usanii
artery n. ateri
artful adj. janja
arthritis n. athraitis (ugonjwa)
artichoke n. mmea (atichoki)
article n. makala
articulate v. tamka
articulate adj. tamko
artifice n. hadaa
artificial adj. ghushi
artillery n. binduki
artisan n. msusi
artist n. msanii
artistic adj. kisanaa
artless adj. asosanaa
as adv. hadi
as conj. kana kwamba
as conj. maadamu
as prop. kama
as prop. hadi
asafoetida n. gundi
asbestos n. maadini
ascend v. panda
ascendancy n. kupanda kwa..

ascent n. kupaa
ascertain v. hakikisha
ascetic n. kuepuka (anasa)
ascetic adj. kiepuko
ascribe v. mpeni
asexuality n. asotamani
ash n. jivu
ashamed adj. aibika
ashen adj. jivijivu
ashore adv. sokeza
aside adv. kando
aside n. mbali
asinine adj. mpumbavu
ask v. uliza
asleep adv. amelala
asparagus n. asparagasi
aspect n. kipengele
asperse v. dhalilisha
asphyxia n. ukosefu (hewa)
asphyxiate v. nyonga
aspirant n. mgombea
aspiration n. matamanio
aspire v. tamani
ass n. kitako
assail v. paramia/ hujumu
assassin n. muuwaji
assassinate v. ua
assassination n. mauaji
assault n. hujuma
assault v. hujumu
assemble v. unda/
assembly n. mkusanyiko
assent v. ridhia
assent n. radhi
assert v. toboa
assertive adj. msimamo
assess v. kadiria
assessment n. upimaji
asset n. milki
assibilate v. fahamu
assign v. teua
assignee n. mteuliwa
assimilate v. siliki

assimilation *n.* kufahamu
assist *v.* saidia
assistance *n.* usaidizi
assistant *n.* msaidizi
associate *v.* shirikisha
associate *adj.* mshirika
associate *n.* mwenza
association *n.* tangamano
assoil *v.* halisi
assort *v.* tenga
assuage *v.* wahakikishie
assume *v.* nuia
assumption *n.* dhana
assurance *n.* thibitisho
assure *v.* thibitisha
astatic *adj.* kifaa (astatosi)
asterisk *n.* kinyota
asterism *n.* nyota
asteroid *adj.* kijisayari
asthma *n.* pumu.
astir *adv.* chonjo
astonish *v.* shangaza
astonishment *n.* staajabu
astound *v.* tatiza
astral *adj.* kinajimu
astray *adv.*, potosha
astrolabe *n.* kifaa (cha kupima)
astrologer *n.* mjusi
astrology *n.* unajimu
astronaut *n.* mwanasayari
astronomer *n.* mnajimu
astronomy *n.* falaki
asunder *adv.* vipande (viwili)
asylum *n.* stara
asymmetrical *adj.* akatikati
at *prep.* katika
atheism *n.* kufuru
atheist *n.* kafiri
athirst *adj.* kiu
athlete *n.* mcheza
athletic *adj.* kiriyadha
athletics *n.* riadha
athwart *prep.* usawa

atlas *n.* atlasi
atmosphere *n.* anga
atmospheric *adj.* kiangaani
atoll *n.* kisiwa (matumbawe)
atom *n.* atomi
atomic *adj.* kiatomi
atone *v.* patanisha
atonement *n.* kafara
atopic *adj.* kuzia
atrocious *adj.* mauaji
atrocity *n.* ukatili
atrophy *n.* kudhoufika
atrophy *v.* dhoufisha
atropine *n.* atropini
attach *v.* aliki
attach *v.* bandika
attache *n.* msimamizi
attachment *n.* mbandiko
attack *n.* hujuma
attack *v.* hujumu
attain *v.* diriki
attainment *n.* jitolelea
attaint *v.* timia
attempt *v.* jaribu
attempt *n.* jaribio
attend *v.* hudhuria
attendance *n.* hudhurio
attendant *n.* mngoja
attention *n.* makini
attentive *adj.* skivu
attenuance *n.* fifia
attest *v.* shuhuda
attire *n.* vazi
attire *v.* visha
attitude *n.* mwelekeo
attorney *n.* wakili
attract *v.* vutia
attraction *n.* uvuto
attractive *adj.* mvuto/jamili
attribute *v.* sifu
attribute *n.* sifa
atypic *adj.* isosawa
aubergine *n.* mbiligani

auburn *adj.* kahawiya
auction *n.* mnada
auction *v.* nadi
audacity *n.* ushupavu
audible *adj.* sikika
audience *n.* hadhira
audiovisual *adj.* picha na sauti
audit *n.* mkaguo
audit *v.* kagua
auditive *adj.* usikivu
auditor *n.* mkaguzi
auditorium *n.* ukumbi
auger *n.* mfuo.
aught *n.* chochote
augment *v.* ongeza.
augmentation *n.* jazi.
august *n.* agosti.
august *adj.* agosti.
aunt *n.* shangazi
aura *n.* aura
auriform *adj.* kiaura
aurilave *n.* kisafisha (sikio)
aurora *n.* machweo
auspicate *v.* wezesha
auspice *n.* uwezo
auspicious *adj.* bora
austere *adj.* mkali
authentic *adj.* sahihi/thabiti
author *n.* mwandishi
authoritative *adj.* mamlaka
authority *n.* amri
authorize *v.* idhinisha.
autobiography *n.* tawasifu
autocracy *n.* utawala
autocrat *n.* mtawala
autocratic *adj.* kitawala
autograph *n.* sahihi
automatic *adj.* chajiendesha
automobile *n.* motokaa
autonomous *adj.* huru
autumn *n.* masika
auxiliary *adj.* ziada
auxiliary *n.* msaidizi

avail *v.* faidi
available *adj.* patikana
avale *v.* shusha
avarice *n.* uchoyo/ubahili
avenge *v.* lipiza (kisasi)
avenue *n.* barabara
average *n.* katikati
average *adj.* wastani
average *v.* linganisha
average *v.* pima
averse *adj.* kichuki
aversion *n.* uchukivu
avert *v.* zuia
aviary *n.* kuzuia
aviation *n.* uanahewa
aviator *n.* mwanahewa
avid *adj.* tamaa
avidity *adv.* pupa
avidly *adv.* kimotisha
avoid *v.* tahadhari
avoidance *n.* kuepuka
avow *v.* kiri
avulsion *n.* uganga
await *v.* subiria
awake *adj.* kimacho
awake *v.* kukesha
awakening *n.* kiamsho
award *v.* tuza
award *n.* tuzo
aware *adj.* uelewa
awareness *n.* aware
away *adv.* mbali
awe *n.* tahayari
awesome *adj.* maridadi
awful *adj.* kutisha
awhile *adv.* muda
awkward *adj.* ngumu
axe *n.* shoka
axial *adj.* kipini
axis *n.* mhimili
axle *n.* kipini
ayield *v.* sambaza
azotemia *n.* azotemia

azure *n.* samawi
azzure *adj.* samawi

B

babble *n.* kijineno
babble *v.* babaika
babe *n.* mtoto (mchanga)
babe *n.* mwana
babel *n.* makelele
baboon *n.* nyani
baby *n.* mchanga
babyface *n.* surachanga
babyproof *adj.* kilindamtoto
babysit *v.* kulea
babysitting *n.* kulea
baccalaureate *n.* hotuba
bacchanal *n.* ibada ya kigiriki
bacchanal *adj.* kiibada
bachelor *n.* kapera
bachelorette *n.* kapera wa kike
back *n.* mgongo
back *adv.* nyuma
back *adj.* nyumani
back *v.* rejea
backbite *v.* sengenya
backbone *n.* uti
backfire *v.* kwama
background *n.* kwanyuma.
backhand *n.* kofi
backlash *n.* upinzani
backlash *v.* pinga
backlight *n.* taa (ya nyuma)
backlight *v.* waka (nyumani)
backlit *adj.* taa (ya nyuma)
backpack *n.* begi (ya mgogoni)
backpack *v.* beba (begi)
backpacker *n.* mbeba begi
backslide *v.* ritadi
backstairs *n.* siri
backstairs *adj.* kisiri
backtrack *n.* kurejea
backtrack *v.* rudi

backup *n.* utunzaji
backup *adj.* kutunza
backward *adj.* kinyumanyuma
backward *adv.* kinyume.
bacon *n.* nyama
bacteria *n.* bacteria
bad *adj.* mbaya
badge *n.* beji
badger *n.* baja (mnyama)
badly *adv.* hobela
badly *adv.* vibaya
badminton *n.* badmintoni
baffle *v.* shangaza
baffling *adj.* mshangao
bag *n.* begi
bag *v.* fungasha
bag *v.* beba (begi)
baggage *n.* makolokolo
bagpipe *n.* bagpipu (ala)
bagpiper *n.* mwanabagpipu
baguette *n.* mkate (kifaransa)
bail *n.* dhamana
bail *v.* dhamini
bailable *adj.* aminifu
bailiff *n.* askari
bait *n.* udhia
bait *v.* tukana
bake *v.* oka
baker *n.* mwoka
bakery *n.* duka (la mkate)
balaclava *n.* kofia
balance *n.* salio
balance *v.* mizani
balcony *n.* roshani
bald *adj.* tupu
bale *n.* shari
bale *v.* kosea
baleen *n.* balin (samaki)
baleful *adj.* tishio
ball *n.* mpira
ballad *n.* mashairi
ballet *sn.* balet (aina ya densi)
ballistics *n.* kikombora

balloon *n.* puto
ballot *n.* kura
ballot *v.* piga (kura)
ballpoint *n.* kichwa (cha kalamuwino)
balm *n.* zeri
balmlike *adj.* harufu
balsam *n.* zeri
balsamic *adj.* kibalsamu (mmea)
bam *n.* bam
bamboo *n.* henzarani
ban *n.* mzio
ban *v.* marufuko
banal *adj.* mbichi
banana *n.* ndizi
band *n.* beni
bandage *n.* gango
bandage *v.* funga (bandeji)
bandit *n.* gaidi.
bane *n.* sumu
bane *v.* ua
bang *v.* gonga
bang *n.* mgoto
bangle *n.* bangili
banish *v.* fukuza
banishment *n.* ufukuzo
banjo *n.* zeze/ugombo
bank *n.* benki
bank *n.* banki
bank *v.* hifadhi (benkini)
bank *v.* wekeza (benki)
banker *n.* mwanabenki
banknote *n.* noti
bankrupt *n.* filisi
bankruptcy *n.* taflisi
banner *n.* alamu/ bendera
bannister *n.* mashiko
banquet *n.* karamu
banquet *v.* sherehekea
bantam *n.* bantam (mizani)
banter *v.* kosea
banter *n.* mkoseaji
bantling *n.* kibantali

bantling *n.* ubantali
banyan *n.* baniani
baptism *n.* ubatizo
baptize +*v.t.* batiza
bar *n.* baa
bar *n.* pau/ ufito
bar *v.* baa
barb *n.* mwiba
barbarian *adj.* shenzi
barbarian *n.* kisonoko
barbarism *n.* ushenzi
barbarity *n.* ushenzi
barbarous *adj.* kishenzi
barbed *adj.* miiba
barber *n.* kinyozi
bard *n.* malengo
bare *adj.* wazi
bare *v.* mbeba
barefoot *adj.* mguutupu
barely *adv.* punde
bargain *n.* mwafaka
bargain *v.* taradhia
barge *n.* tishali
baritone *n.* bariti
barium *n.* bariamu
bark *n.* bweka
bark *v.* _bweka
bark *v.* bweka
barley *n.* shayiri
barman *n.* mtu wa baa
barn *n.* banda
barnacle *n.* banikoli
barometer *n.* kipimahewa
baron *n.* kiongozi mkuu
baroque *adj.* makao
barouche *n.* kambini
barrack *n.* kambi ya jeshi
barrage *n.* ubebaji
barrel *n.* pipa
barren *n.* tasa
barricade *n.* kizuizi
barrier *n.* pingo
barrister *n.* wakili

bartender *n.* mhudumu
barter *v.* badili
barter *n.* uguzi
basal *adj.* kimsingi
base *n.* makao
base *adj.* nyonge
base *v.* weka
baseborn *adj.* mzaliwa
baseless *adj.* iso msingi
basement *n.* nyumbani chini
bash *n.* sherehe
bash *v.* sherehekea
bashful *adj.* tahayari
basic *adj.* kikawaida
basically *adv.* kimsingi
basil *n.* rehani
basin *n.* bonde
basis *n.* asili
bask *v.* ota
basket *n.* kikapu
basketball *n.* mpira ya kikapu
bass *n.* sauti kuu
bastard *n.* mwanaharamu
bastard *adj.* kiwanaharamu
bastion *n.* ngome
bat *n.* popo
bat *n.* popo
bat *v.* kesha
batch *n.* kundi
bath *n.* oga/ bafu
bathe *v.* oga/ bafu
baton *n.* uongozi
batsman *n.* mtupopo
battalion *n.* kikundi.
batter *n.* kugonga
batter *v.* gonga
battery *n.* beteri
battle *n.* mapigano
battle *v.* vita
battlefield *n.* vitani
battleground *n.* uwanja wa vita
battlement *n.* buruji
battlezone *n.* sehemu ya vita

baulk *n.* kubwa
bawd *n.* kikapu
bawl *v.* foka
bawn *n.* bakuli
bay *n.* ghuba / kubba
bayonet *n.* beneti
bayou *n.* singe
bayside *adj.* kidakani
bazaar *n.* soko
bazooka *n.* bazuka
be *pref.* kuwa
be *v.* kuwa
beach *n.* ufuo
beachergoer *n.* mwenda ufuoni
beachfront *adj.* ufuoni
beachside *adj.* ufuoni
beacon *n.* bikoni
bead *n.* ushanga
beadle *n.* shanga
beadwork *n.* kazi ya shanga
beady *adj.* kishanga
beak *n.* mdomo
beaker *n.* kopo
beam *n.* mwale / nguzo
beam *v.* boriti
beamless *adj.* kisoboriti
bean *n.* haragwe
bear *n.* dubu
bear *v.* chukua
bear *v.* himili
beard *n.* ndevu.
bearded *adj.* mwenye ndevu
beardless *adj.* asondevu
bearing *n.* stahimili
beast *n.* hayawani
beastly *adj.* kihayawani
beat *v.* chapa
beat *v.* dunda
beat *n.* mdundo
beautiful *adj.* nzuri
beautify *v.* remba
beauty *n.* jamala / uzuri
beaver *n.* buku

beaverskin n. ngozi buku
becalm v. kuwa mpole
because conj. minajili
beck n. pika
beckon v. pungia
beckon v. alika
become v. kuwa
becoming adj. kuwa
bed v. lalisha
bed n. kitanda / malazi
bedding n. kilalio
bedevil v. ota vibaya
bedight v. taa kitandani
bedlamp n. taa kitandani
bedrobe n. vazi la kulala
bedroom n. chumba cha kulala
bedsheet n. shuka
bedsore n. pilo
bed-time n. wakati wa kulala
bee n. nyuki
beech n. bichi
beef n. nyama (ngombe).
beefy adj. kinyamanyama
beehive n. mzinga
beekeeper n. mfuga nyuki
beer n. bia
beet n. kiazisukari
beetle n. sururu
beetroot n. bitruti
befall v. msiba
before prep. awali
before prep. zamani
before adv. awali
before conj. kabla
beforehand adv. mbele
befriend v. swahibu
beg v. omba
beget v. zalisha
beggar n. mwombaji
begin v. anza
beginner n. mwanagenzi
beginning n. kuanza
begird v. bigadi

begrudge v. kasirikia
begrudging adj. kukasirikia
beguile v. apoteze
beguile v. poteza
beguiling adj. kupoteza
behalf n. niaba
behave v. amali
behaviour n. mwenendo / tabia
behead v. chinja
behind n. nyuma
behind adv. baada
behind adj. nyumani
behind prep. nyuma
behold v. tahamaki
being n. kuwa
bejewel v. mtunuku
belabour v. mfanyishe kazi
belated adj. kuchelewa
belch v. cheua
belch n. mbweu
belief n. imani
belief n. itikadi
believe v. amini
believe v. itakidi
belittle v. rahisi
bell n. kengele
bellboy n. mpiga kengele
belle n. mrembo
bellhop n. mhudumu
bellicose adj. mpenda vita
belligerency n. uchokozi
belligerent adj. kiuchokozi
belligerent n. chokozi
bellow v. nguruma
bellowing n. kinguruma
bellows n. mivuo
belly n. tumbo
belly n. tumbo
belong v. husu
belong prep. mali
belong v. husu
belonging n. chombo
belongings n. vyombo

beloved *adj.* habibu
beloved *n.* mpenzi
below *adv.* chini ya
below *adv.* chini ya
below *prep.* a chini
below *prep.* kichini
below *prep.* chini
below *adv.* chini
belt *n.* mshipi / mkanda
beluga *n.* beluga
belvedere *n.* belbedia
bemask *v.* bimaski
bemire *v.* chafua
bemuse *v.* changanya
bench *n.* bao / ufunga
bencher *n.* mkaa benchi
benchtop *n.* juu ya benchi
benchmark *n.* vigezo
bend *n.* kombo
bend *v.* chutama
beneath *adv.* uchini
beneath *adv.* kichini
beneath *prep.* chini ya
beneath *prep.* chini
benediction *n.* baraka
benefaction *n.* baraka / hisani
benefactor *n.* mhisani
benefic *adj.* a faida
benefice *n.* faidia
beneficial *adj.* manufaa
benefit *n.* manufaa
benefit *v.* faidia
benevolence *n.* uwema
benevolent *adj.* wema
benight *v.* kiza
benign *adj.* wema
benignly *adv.* kiwema
benison *n.* mwema
bent *n.* pindo
bent *n.* mpindo
bent *adj.* kipembe
bent *adj.* kombo
benzene *n.* benzini

benzidine *n.* benziden
bequeath *v.* usia
bereave *v.* wamefiwa
bereaved *adj.* fiwa
bereavement *n.* ukiwa
bereavement *n.* msiba
beret *n.* kofia
berm *n.* bamu
berry *n.* tunda
berserk *n.* brisak
berth *n.* beti
beryllium *n.* berili
beseech *n.* kuomba
beseech *v.* omba
beseeching *n.* uombaji
beserk *adj.* bisak
beserker *n.* kukumbwa
beshame *v.* kumba
beside *prep.* pande
besides *prep.* upande
besides *adv.* aidha
besiege *v.* teka / zingira
beslaver *v.* mtumisha
besmirch *v.* sawidi
bespeak *v.* onyesha
bespectacled *adj.* mvaa miwani
bespoken *adj.* chumbishwa
bestial *adj.* unyama
bestow *v.* kidhi
bestrew *v.* mkahawa
bet *v.* pinga
bet *n.* sharti
beta *adj.* a pili
beta *n.* beta
betel *n.* tambuu
betray *v.* saliti
betrayal *n.* usaliti
betroth *v.* chumbisha
betrothal *n.* uchumba
betrothed *adj.* mchumba
better *adj.* bora
better *adv.* afadhali
better *v.* bora

betterment *n.* ubora
betting *adj.* dau
bettor *n.* mpenda beti
between *prep.* baina
betwixt *prep.* baina
beverage *n.* kinywaji
bewail *v.* lilia
beware *v.* tahadhari
bewilder *v.* puuzisha
bewilderment *n.* mshangao
bewind *v.* funga
bewitch *v.* roga
bewitched *adj.* rogwa
bewitching *adj.* kuroga
bewitching *n.* kuroga
beyond *prep.* zaidi ya
beyond *adv.* mbele
bi *pref* bi
biangular *adj.* mipindo mbili
biannual *adj.* mbili kwa mwaka
biannually *adv.* mbili kwa mwaka
biantennary *adj.* baiantenari
bias *n.* mwenye kujipendelea
bias *v.* hasidi
biased *adj.* mapendeleo
biaxial *adj.* baiaksia
bib *n.* bibu
bib *v.* funga bibu
bibber *n.* mwenye bibu
bible *n.* bibilia
bibliographer *n.* mwana bibilia
bibliography +*n* ustadu wa bibilia
bicellular *adj.* viini viwili
bicentenary *adj.* miaka 200
biceps *n.* shavu la mkono
bicker *v.* gombana
bicycle *n.* baisikeli
bid *v.* zubani
bid *v.* rasimu
bid *n.* ununuzi
bidder *n.* mzabuni
bide *v.* keti
bidet *n.* besheni

bidimensional *adj.* vipimo viwili
biennial *adj* misimu mbili
bier *n.* jeneza
bifacial *adj.* a surambili
biff *n.* ngumi
biff *v.* piga ngumi
biformity *n.* muundo mbili
bifurcate *v.* panda
bifurcation *n.* mpando
big *adj.* kubwa
bigamist *n.* wake wawili
bigamous *adj.* kiwake wawili
bigamy *n.* wake wawili
bighead *n.* mjinga
bighearted *adj.* mkarimu
bight *n.* kamba
bigot *n.* shupavu
bigotry *n.* ushupavu
bike *n.* basikeli
biker *n.* chupi
bikini *n.* bikini
bilateral *adj.* baina ya
bile *n.* miswada
bile *n.* muswada
bilingual *adj.* mlugha mbili
bill *v.* hesabu
bill *n.* hundi /hoja
billable *adj.* ilohindiwa
billboard *n.* mabango
billiard *n.* biliadi
billion *n.* bilioni
billionaire *n.* mwenye bilioni
billow *n.* mawimbi
billow *v.* piga wimbi
billow *v.* pepea
bimonthly *adj.* kulamwezi
bimonthly *adj.* kimwezi
binary *adj.* nyota mbili
bind *v.* binda
binding *adj.* mgango
binge *v.* vimbiwa
binocular *adj.* darubani
binoculars *n.* darubini

bioabsorption *n.* bayoabsorption
bioactivity *n.* bayoactiviti
bioagent *n.* bayoegenti
biochemical *adj.* bayokemikali
bioclimate *n.* bayoklaimet
biodegradation *n.* bayodegradashen
bioengineering *n.* bayoinjinia
biofuel *n.* bayofuel
biographer *n.* mwana bayografia
biography *n.* wasifu
biohazardous *adj.* bayohazads
biologist *n.* mwana bayolojia
biology *n.* bayolojia
biomass *n.* bayomass
biometric *adj.* bayometriki
bionic *adj.* bayoniki
biopsy *n.* bayopsi
biopsy *v.* bayopsi
bioscope *n.* bayoskopi
bioscopy *n.* bayoskopia
biped *n.* miguu miwili
bipolar *adj.* pembe mbili
biracial *adj.* mzungu muafrika
birch *v.* piga
birch *n.* fimbo
bird *n.* dege
birdcage *n.* kafasi
birdlime *n.* ulimbo
birth *n.* kuzaliwa
birthdate *n.* tarehe ya mazazi
birthmark *n.* baka / ndugu
biscuit *n.* biskuti
bisect *v.* gawakati
bisexual *adj.* mtamani wote
bisexual *adj.* mtamani wote
bishop *n.* askofu
bison *n.* baisoni
bisque *n.* supu
bistro *n.* mkahawa
bit *n.* choto
bitch *n.* mbwa jike
bite *v.* donoa

bite *n.* tonge
bitter *adj.* chungu
bi-weekly *adj.* kila wiki
bizarre *adj.* ajabu
blab *v.* payuka
blab *n.* payuko
blabber *n.* boboka
black *adj.* nyeusi
blacken *v.* jeusi
blacklist *n.* orodha nyeusi
blacklist *v.* orodhesha
blackmail *n.* hongo
blackmail *v.* hongeza
blackmailer *n.* msaliti
blacksmith *n.* uhunzi
bladder *n.* kibofu
blade *n.* bapa
blain *n.* chunusi
blame *v.* laumu
blame *n.* lawama
blanch *v.* matayarisho
bland *adj.* sawa
bland *adj.* shwari
blank *adj.* bila
blank *adj.* tupu
blank *n.* fomu
blank *n.* hati
blanket *n.* blanketi
blare *v.* piga kelele
blare *v.* foka
blasé *adj.* mazoea
blast *n.* kulipuka
blast *v.* lipuka
blastoff *n.* mlipuko
blatant *adj.* wazi
blaze *n.* mwako
blaze *v.* waka
blazing *adj.* mkali
blazon *n.* alama ya familia
blazon *v.* ashiria
blazoned *adj.* iloashiriwa
bleach *v.* pausha
bleach *n.* buluu

bleak *n.* hatari
bleak *adj.* hatarini
blear *v.* zima
bleat *n.* kilio
bleat *v.* lia
bleb *n.* kumwaga damu
bleed *v.* tokwa (damu)
blemish *n.* athari
blemish *v.* dosari
blend *v.* changanya
blend *n.* changamano
bless *v.* bariki
blether *v.* ropoka
blether *n.* upuuzi
blight *n.* kizimwe
blind *adj.* pofu
blindage *n.* ufungaji macho
blindfold *v.* fumba macho
blindfold *n.* kufumba macho
blindness *n.* upofu
bling *n.* ushanga
blink *v.* pepesa
blip *n.* mlio
blip *v.* bipu
bliss *n.* raha
blister *n.* lengelenge
blizzard *n.* dhoruba (theluji)
blob *n.* matone
bloc *n.* kambi
block *n.* pandikizi.
block *v.* pinga
blockade *n.* mazingiwa
blockhead *n.* mwanzoni
blood *n.* damu
bloodshed *n.* chinjo
bloody *adj.* kidamu
bloom *n.* baraka / hisani
bloom *v.* bariki
blossom *n.* maua
blossom *v.* chanua
blot *n.* doa
blot *v.* tia doa
blotted *adj.* kikalamu

blouse *n.* blauzi
blow *v.* puliza
blow *n.* chapa
blowout *n.* zima
blue *n.* samawati
blue *adj.* bluu
bluff *v.* danganya
bluff *n.* utapeli
blunder *n.* kashfa
blunder *v.* fanya kosa
blundering *v.* kosea
blundering *n.* kukosea
blunt *adj.* butu
blunt *adj.* gutu
bluntly *adv.* kikweli
blur *n.* kizunguzungu
blur *n.* isoonekana vyema
blur *v.* potosha picha
blurt *v.* ropoka
blush *n.* tahayari
blush *v.* ona haya
blushing *adj.* kutahayari
blushing *n.* kuona haya
boa *n.* boa
boar *n.* asotahiriwa
board *v.* panda
board *v.* bodi
board *n.* mbao
board *n.* ubao
board *n.* chombo
boast *v.* jidai
boast *n.* kujivunia
boat *v.* panda safina
boat *n.* safina
boathouse *n.* chumba (mashua)
boatman *n.* mwana mashua
bob *n.* kutapatapa
bob *v.* tapatapa
bobbin *n.* kizungushio
bodice *n.* nguo
bodily *adv.* kiwiliwili
body *n.* mwili
body *n.* kiwiliwili

bodyboard *v.* mlinde
bodyboard *n.* mlindaji
bodyguard *n.* mlinzi
bog *n.* bwana
bog *n.* kinamasi
bog *v.* umiza vichwa
bogland *n.* ushenzi
boglet *n.* kiumiza kichwa
bogus *adj.* upumbavu
bohemian *n.* kibohemi
bohemian *adj.* kibohemi
boil *n.* jipu
boil *v.* chemsha
boiler *n.* hodhi
boist *n.* vurugu
boisterous *adj.* msukosuko
bold *adj.* chagina
boldly *adv.* kipana
boldness *n.* ushupavu
bolero *n.* bolero (densi)
bollocks *n.* mapumbu
bollocks *v.* mapumbu
bollocks *int.* mapumbu
bolt *n.* kipingo
bolt *v.* bumburuka
bomb *n.* kombora
bomb *v.* lipuwa
bombard *v.* shambulia
bombardment *n.* utupaji bomu
bomber *n.* mtupaji mabomu
bonafide *adv.* wema
bonafide *adj.* njema
bond *n.* fidia / mfungo
bondage *n.* uja
bonds *n.* mifungo / fidia
bone *n.* mfupa
bonefish *n.* samaki
bonehead *n.* mfupa ya kichwa
boneheaded *adj.* a mfupa
boneless *adj.* isomfupa
bonfire *n.* bonfaya
bonnet *n.* boneti
bonus *n.* bakshishi

book *n.* andiko
book *v.* sajili
bookish *n.* kiukitabu
bookish *n.* kikitabu
book-keeper *n.* karani.
book-keeping *n.* ukarani
booklet *n.* kijitabu
book-mark *n.* alama
book-seller *n.* muuza vitabu
book-worm *n.* mpenda kusoma
boom *n.* msondo
boom *v.* rindima
boom *int.* shamiri
boon *n.* mafanikio
boor *n.* mfidhuli
boost *n.* kuongeza
boost *v.* zidisha
boost *v.* ongeza
boot *n.* buti
booth *n.* kijumba
booty *n.* mateka
booze *v.* lewa
border *n.* mpaka
border *v.* changamana
bore *v.* didimika
bore *n.* chosha
born *v.* zaliwa
born rich *adj.* tajiri
borne *adj.* kuzaliwa
borough *n.* manispaa
borrow *v.* azima
bosom *n.* kifuani
boss *n.* bosi
bossy *adj.* mwenye kiburi
botany *n.* botania
botch *v.* boronga
both *adj.* kwote
both *pron* wote
both *adv.* ote
both *conj.* yote
bother *v.* kera
botheration *n.* usumbufu
bottle *v.* weka chupani

bottle *n.* chupa
bottler *n.* kijakazi
bottler *n.* mfanya kazi
bottler *n.* muhudumu
bottom *n.* kitako
bottom *n.* chini
bough *n.* tanzu
boulder *n.* mwamba
bouncer *n.* jitu
bound *adj.* kikufungwa
bound *v.* funga
bound *n.* kufungwa
boundary *n.* mpaka
bountiful *adj.* ukarimu
bounty *n.* fadhila
bouquet *n.* fumbu
bourgeois *adj.* mbepari
bourgeoise *n.* kibepari
bout *n.* kikohozi
bow *v.* imnama
bow *n.* hanamu
bow *n.* salamu
bowel *n.* utumbo
bower *n.* pinda
bowl *n.* bakuli
bowl *v.* weka (kwa bakuli)
box *n.* kasha
boxing *n.* ndondi
boy *n.* mvulana
boycott *v.* goma
boycott *n.* ugomaji
boyhood *n.* ujana
boyish *adj.* ubarubaru
brace *n.* gango
bracelet *n.* bangili
braces *n.* magango
bracket *n.* mabano
bracket *v.* bana
brag *v.* gamba
brag *n.* jigamba
braid *n.* songo / msuko
braid *v.* suka / songa
braille *n.* braili

brain *n.* bongo
brainless *adj.* asoakili
brainstorm *n.* kuchanganua
brainstorm *v.* fikira
brake *n.* kuvunja
brake *v.* vunja
branch *v.* vunja tawi
branch *n.* utawi
brand *n.* chapa
brand *n.* chapa
branding *n.* sifia
brandy *n.* brandi
brangle *v.* brango
brass *n.* chapa
brat *n.* kitwana
brave *adj.* shujaa
bravery *n.* ushujaa
brawl *v.* vuruga
brawl *n.* rabsha
bray *n.* kuhulia
bray *v.* hulia
braze *v.* shinda shaba
brazen *adj.* kishaba
brazen *v.* shaba
breach *n.* ujasusi
breach *v.* vunja
bread *n.* mkate
breaden *v.* pika mkate
breadth *n.* upana
break *v.* goboa
break *v.* pumzika
break *n.* vunja
breakage *n.* kuvunjika
breakdown *n.* kivunjo
breakfast *n.* staftahi
breakfront *n.* mpasuko (wa mbele)
breaking *n.* mpasuko
breakneck *n.* kuvunja shingo
breakoff *n.* dokoa.
breakout *n.* kuzuka
breakpoint *n.* mapumzikoni
breaktime *n.* mapumziko
breakup *n.* vunja

breast v. kifua
breast n. titi
breath n. upumzi
breathe v. pumua
breeches n. suruali
breed v. fuga
breed n. fugo
breed n. mbegu
breeze n. mpepea
breviary n. ushupavu
brevity n. ufupi
brew v. vinya
brew v. vinya
brew n. pombe
brew n. pombe
brewery n. kampuni ya pombe
bribe n. hongo
bribe v. honga
brick n. matofali
bride n. biharusi
bridegroom n. bwanaarusi
bridge n. kantara
bridge v. ziba
bridle n. hatamu
brief adj. fupi
brigade n. brigedia
brigadier n. brigedia
brigand n. mawahhabi
bright adj. swafi
brighten v. nawirisha
brilliance n. anga
brilliant adj. vyema
brim n. juu
brine n. maji ya chumvi
bring v. leta
brinjal n. biringanya
brink n. genge
briquet n. kaa
brisk adj. mwepesi
bristle n. tembezi
british adj. kiuingereza
brittle adj. nyepesi
broad adj. pana

broadcast n. idhaa
broadcast v. tangaza
brocade n. kasabu
brocade v. nzito
broccoli n. brokoli
brochure n. kijitabu
brochure n. kipeperushi
broker n. dalali
bromite n. bromiti
bronchial adj. kikoromeo
bronze n. shaba
bronze adj. kishaba
brood n. kutamisha
brood n. kikazi
brood v. tamia
brood v. tamisha
brood adj. kikazi
broom n. kipeo
broth n. mchuzi
brothel n. danguro
brother n. kaka / ndugu
brotherhood n. undugu
brow n. paji
brown adj. hadharani
brown n. kahawiya
brownnoser n mdaku
browse n. kuvinjari
browse v. jivinjari
browser n. kisakuzi
bruise n. chubuko
bruit v. fitini
bruit n. fitina
brunt n. mzigo mkubwa
brup n. teuka
brush n. brashi
brush v. sugua
brustle v. brastol
brutal adj. korofi / harabu
brute n. hayawani
brutify v. vamia
brutish adj. kinyama
bubble n. chemka
buck n. mume

buck v. jikaze
bucket n. ndoo
buckle n. kitasa
buckle v. funga
bud n. mbegu
buddy n. kimbengu
budge v. mpe medali
budge n. medali
budget n. bajeti
buff n. kichapo
buff n. pigo
buffalo n. nyati
buffoon n. majinuni
bug n. mende
bugle n. buruji
build v. jenga
build n. umbo
building n. jengo
bulb n. balbu
bulb n. balbu
bulimia n. bulimia (ugonjwa)
bulk n. nyingi
bulky adj. kingi
bull n. fahali
bull's eye n. nishani
bulldog n. mbwa (mbwa)
bullet n. risasi
bulletin n. taarifa rasmi
bullock n. ng'ombe dume
bully n. mwonevu
bully v. chokoza
bulwark n. ngome
bumper n. dafrau
bumpy adj. kinundu
bunch n. shada / fumbu
bundle n. bunda
bungalow n. jumba
bungee n. mfujaji
bungle v. boronga
bungle n. ufujaji
bunk n. benki
bunk n. kitanda
bunker n. handaki

buoy n. boya
buoyancy n. kimaboya
burden n. hamali
burden v. mzigo
burdensome adj. nzito
bureacuracy n. urasimu
bureau n. ofisi
bureaucrat n. mkiritimba
burglar n. mnyang'anyi.
burglary n. wizi
burial n. mazishi
burke v. lia (kama mbwa)
burlesque adj. chekesha
burlesque n. vichekesho
burlesque v. kejeli
burn v. choma
burn n. chomo
burp v. teuka
burrow n. kishimo
burst v. buyuka / pasuka
burst n. mlipuko
bury v. zika
bus n. matwana
bush n. msitu,
business n. biashara
businessman n. mfanyibiashara
bustle v. zogo
busy adj. bizi
but prep. walakini
but conj. lakini
butcher n. mchinja
butcher v. chinja
butt n. tako
butt v. kumba
butter n. siagi
butter v. kisiagi
butterfingers n. mkono telezi
butterfly n. kipepeo
butterhead n. tindi
buttermilk n. mtindi
buttock n. matako
button n. kifungo
button v. funga

buy v. nunua
buy n. ununuzi
buyer n. munuzi
buzz v. chata
buzz n. vumo
by prep. kwa
by prep. ni
by prep. pande
by adv. kando
bye-bye interj. haya
by-election n. uchaguzi mdogo
bylaw, bye-law n. sheria ndogo
bypass n. kipengele
by-product n. bithaa (kando)
byre n. kizizi
byte n. ka
bywalk n tembelea
byway n. pengee
byword n. dharau

C

cab n. teksi
cabana n. kichumba
cabaret n. mkahawa
cabbage n. kabichu
cabby n. mwendesha texi
cabin n. kibanda
cabinet n. kabati
cabinet n. baraza la mawaziri
cable n. kabe
cable v. kebo
cabuncle n. jipu
cache n. kukamatwa
cachet n. kubaliwa
cackle v. tetea
cactus n. dungusi
cad n. muovu
cadaver n. pinda
cadaverous adj. kiupindo
cadence n. mwanguko
cadence v. angusha
cadet n. kadeti

cadge n. buga
cadge v. bugia
cadmium n. kadiumu
cafe n. mkahawa
cage n. kizimba
cage v. funga kizimbani
caged adj. kizimbani
cajole v. pembeja
cake n. keki
calamity n. maafa
calcite n. kalsiti
calcium n. kalshiumu
calculate v. kisia / kadiria
calculation n. ukadirifu
calculator n. kikokotezi
calendar n. kalenda
calf n. ndama
calibrate v. safifisha
calibration n. usanifu
call v. alika
call v. wasiliana
call n. keme
call n. ukemi
caller n. mpiga-simu
calligraphy n. kaligrafi
calling n. mwito
callous adj. sugu
callow adj. mbichi
calm n. kimya
calm v. liwaza / poa
calmative adj. kitulivu
calorie n. kalori
calorific adj. kikalori
calumniate v. sengenya
calumny n. masengenyo
camel n. ngamia
cameo n. mchongo
cameo v. chonga
camera n. kamera
camlet n. vazi
camouflage n. unyenyerezo
camouflage v. nyereza
camouflaged adj. kinyererezo

camp *n.* kambi
camp *v.* kambishe
campaign *n.* kampeni
campaign *v.* votesha
camper *n.* mwana kambi
campfire *n.* moto (wa kambi)
camphor *n.* kifaru
campsite *n.* kambi (ya hema)
campus *n.* chuo
can *v.* weza
can *v.* weka koponi
can *n.* kopo
canal *n.* feleji
canard *n.* udanganyifu
canary *n.* chiriku
canary *adj.* kichiriku
canary *v.* chirikua
cancel *v.* batilisha
cancellation *n.* ubatilisho
cancer *n.* saratani
cancerogenic *adj.* kisaratani
candid *adj.* wazi
candidacy *n.* ugombeaji
candidate *n.* mgombeaji
candle *n.* mshumaa
candle *v.* washa mshumaa
candour *n.* kweli
candy *n.* tamutamu
candy *v.* mpe tamtam
cane *v.* tandika
cane *n.* fimbo
canid *n.* aina ya wanyama
canine *adj.* meno
caning *n.* biboko
canister *n.* kopo
cannibal *n.* mla wenziwe
cannibalise *v.* kula wenziwe
cannibalism *n.* iulaji wenziwe
cannon *n.* bunduki kubwa
cannonade *v.* malipuzi
canny *adj.* mchangamfu
canon *n.* mzinga
canonize *v.* dai utukufu

canopy *n.* chandarua
canteen *n.* kantini
canter *n.* kanta
canton *n.* kanton (mji)
cantonment *n.* kambi la muda
canvas *n.* chandarua
canvass *v.* turubai
canyon *n.* korongo
cap *v.* vaa kofia
cap *n.* kofia
capability *n.* uwezo
capable *adj.* stadi
capacious *adj.* ilonafasi
capacity *n.* ujazo
cape *n.* domo
cape *n.* rasi
capillary *n.* kapilari
capillary *adj.* kapilari
capital *n.* mtaji
capital *n.* rasilmali
capital *n.* utajiri
capital *adj.* rasilmali
capital *adj.* mji mkuu
capitalist *n.* bepari
capitulate *v.* shindwa
caprice *n.* potovu
capricious *adj.* mpotevu
capricorn *n.* chudi
capsicum *n.* pasikam (mimea)
capsize *v.* pinduka
capsular *adj.* kapsuli
capsule *n.* kibonge
captain *n.* kapteni
captaincy *n.* ukuu
caption *n.* maelezo
captivate *v.* wanavutia
captive *adj.* mfungwa
captive *n.* mateka
captivity *n.* uja
capture *n.* utekaji
capture *v.* teka
car *n.* gari
carabine *v.* karabini

carat *n.* karat
caravan *n.* kafila
carbide *n.* kabaid
carbon *n.* kaboni
carbonization *n.* kuweka kaboni
carbonize *v.* weka karboni
card *n.* kadi
cardamom *n.* iliki
cardboard *n.* bamba
cardiac *adj.* kimoyo
cardinal *n.* kadinali
cardinal *adj.* kadinali
cardio *adj.* kimoyo
cardio *n.* moyo
cardiology *n.* magonjwa (moyo)
care *v.* jali
care *n.* tunza
career *n.* shughuli
careful *adj.* angalifu
careless *adj.* ovyo
caress *v.* bembeleza
caretaker *n.* mlindaji
caretaker *adj.* kilindaji
cargo *n.* shehena
caricature *v.* iga
carious *adj.* meno imeoza
carl *n.* kali
carlock *n.* kifunguo ya gari
carnage *n.* chinjo.
carnal *adj.* kidunia
carnival *n.* kiukulaji nyama
carnivore *n.* wala nyama
carol *n.* ua
carp *n.* kambera mamba
carpal *adj.* kapeli
carpenter *n.* seremala
carpentry *n.* useremala
carpet *n.* zulia
carrack *n.* meli
carriage *n.* upakiaji
carriage *n.* upakizo
carrier *n.* hamali
carrier *n.* mchukuzi

carrot *n.* karoti
carry *v.* beba
carsick *adj.* kichefuchefu ya gari
carsickness *n.* kichefuchefu garini
cart *n.* kigari
cart *n.* gari
cartage *n.* ufikiaji
cartilage *n.* ufupa
cartographer *n.* katografa
carton *n.* boksi
cartoon *n.* katuni
cartoonist *n.* mchora katuni
cartridge *n.* katriji
carve *v.* chonga
carve *v.* chora
cascade *n.* kuteleza
case *n.* kasha
case *n.* kifuko
case *n.* kipeto
case (of law) *n.* kesi
case *v.* kesi
casern *n.* kambi (ngome)
cash *v.* lipa
cash *n.* fulusi
cashier *n.* keshia
cashmere *n.* keshmia
casing *n.* ufuniko
casino *n.* kasino
cask *n.* pipa
casket *n.* jeneza
casserole *n.* bakuli
cassette *n.* mkanda
cast *v.* tupa
cast *v.* azimu
cast (of ballot) *v.* piga (kura)
cast *n.* kurusha
cast *n.* utupaji
cast *n.* kutupwa
castle *n.* husuni
castellan *n.* kastelani
caster *n.* mfinyanzi vyuma
castigate *v.* kosoa
casting *n.* kutupwa

cast-iron *adj.* ufinyanzi chuma
castle *n.* kasri
castor *n.* kiashiria
castor oil *n.* mbarika
casual *adj.* kikawaida
casualty *n.* maangamizo.
cat *n.* paka
cataclysm *n.* kataklisimu
catacomb *n.* katakombo
catalogue *n.* daftari
catalogue *v.* katalog
catalyst *n.* pinduli
catalyzer *n.* kichochezi
catapult *n.* kombeo
catapult *v.* panda
cataract *n.* poromoka
catastrophe *n.* balia
catastrophic *adj.* janga
catch *n.* stichi
catch *v.* kamata
categorical *adj.* kibayana
category *n.* kitengo
cater *v.* andaa
caterer *n.* muandalizi
caterpillar *n.* kiwavi
catfight *n.* pigano (la paka)
catfish *n.* kambare
catharsis *n.* kadhasisi
cathartical *adj.* kikanisa
cathedral *n.* makuu
catholic *adj.* kikatoliki
catholicism *n.* ukatoliki
cattle *n.* ng'ombe
catwalk *n.* matembezi ya paka
caudal *adj.* kimkia
cauldron *n.* sufuria
cauliflower *n.* koliflawa
causal *adj.* kisababu
causality *n.* kiusababu
causative *adj.* kisababishi
cause *v.* sababisha
cause *n.* ajili
cause *n.* chanzo

causeway *n.* darajani
caustic *adj.* kichungu
caution *v.* hadharisha
caution *n.* hadhari
caution *n.* tahadhari
cautious *adj.* angalifu
cavalry *n.* farasi
cave *n.* pango
cavern *n.* pango
caviar *n.* huliwa
cavil *v.* ubishi
cavity *n.* fukuo
cavort *v.* cheza
cavorting *n.* kucheza
caw *v.* lia
caw *n.* mlio wa ndege
cease *v.* koma
ceasefire *n.* kusitisha mapigano
ceaseless *adj.* isositishwa
cedar *n.* mwerezi
cede *v.* kuachia
ceiling *n.* dari
celebrate *v.* adhimisha
celebration *n.* adhimisho
celebrity *n.* mtu maarufu
celebrity *n.* mtu maarufu
celerity *n.* ufigili
celery *n.* figili
celestial *adj.* mbinguni
celibacy *n.* ubikira
celibacy *n.* useja
celibate *adj.* ngono
cell *n.* kijumba
cell *n.* kiini
cell *n.* kiini
cellar *n.* sela
cello *n.* simu
cellular *adj.* rununu
celsius *adj.* selshias
cement *v.* weka saruji
cement *n.* seruji
cemetery *n.* makaburini
cense *v.* fukiza

censer *n.* chetezo
censor *v.* kagua
censor *n.* makaguzi
censorious *adj.* kimakaguzi
censorship *n.* udhibiti
censure *n.* kosa
censure *v.* kosea
census *n.* sensa
cent *n.* senti
centenarian *n.* mwana karne
centenary *n.* karne (adhimisho)
centennial *n.* karne (adhimisho)
center *n.* katikati
centigrade *adj.* sentigred
centipede *n.* tandu
central *adj.* kikati
centre *n.* kati
centrical *adj.* kikatikati
centrifugal *adj.* kutoka kati
centuple *n. & adj.* sentupal
century *n.* dahari
cephaloid *adj.* sefaloid
ceramics *n.* kauri
cerated *adj.* dawa
cereal *adj.* nafaka
cereal *n.* nafaka
cerebral *adj.* ubongo
ceremonial *adj.* kisherehe
ceremonious *adj.* kisherehe
ceremony *n.* hafla
certain *adj.* fulani
certain *adj.* kadhaa
certainly *adv.* maalum
certainty *n.* yakini
certificate *n.* shahada
certify *v.* hakikisha
cerumen *n.* uchafu wa sikio
cervical *adj.* safikal
cesarean *n* kuzaa kiupasuaji
cesarean *adj.* kuzaa kiupasuaji
cessation *n.* mavilio
cesspool *n.* lindi
cetin *n.* setini
cetylic *adj.* kisetali
chain *n.* salasila
chain *v.* minyororo
chair *n.* kiti
chairman *n.* mwenyekiti
chaise *n.* kiti ndefu
chalice *n.* kasiki
chalice *n.* makasiki
chalk *n.* chaki
chalk *v.* choki
chalkdust *n.* vumbi (chaki)
challenge *v.* chachisha
challenge *n.* changamoto
chamber *n.* chumba
chamberlain *n.* wakili
champion *n.* championi
champion *v.* shajiisha
chance *n.* fursa
chancellor *n.* kansela
chancery *n.* kanseli
change *n.* mageuzi
change *v.* badili.
channel (water) *n.* handaki
chant *n.* kuimba
chant *v.* imba
chaos *n.* fujo
chaotic *adv.* kifujo
chapel *n.* kasina
chapter *n.* mlango
character *n.* dhati
charade *n.* kutegua
charge *n.* kabidhi
charge *v.* agiza
charger *n.* chaji
chariot *n.* magari
charisma *n.* ucheshi
charismatic *adj.* kichangamfu
charitable *adj.* neemefu
charity *n.* sadaka
charm *n.* haiba
charm *v.* vutia
chart *n.* chati
chart *n.* ramani

charter *n.* mkataba
chase *v.* winda
chase *n.* windaji
chaste *adj.* safi
chasten *v.* kuwarudi
chastise *v.* adhibu
chastity *n.* takato
chat *n.* maongezi
chat *v.* ongea
chatter *v.* uzushi
chauffeur *n.* dereva
chauvinism *n.* ubaguzi
chauvinist *adj.* kibaguzi
chauvinist *n.* mbaguzi
cheap *adj.* rahisi
cheapen *v.* rahisisha
cheat *n.* ulaghai
cheat *n.* ubadhirifu
cheat *v.* danganya
cheater *n.* mbadhirifu
check *n.* cheki
check *v.* angalia
checkers *n.* wassahihishaji
checklist *n.* orodha
checkmate *n.* chekmet
checkout *n.* angalia
checkpoint *n.* kituo cha ukaguzi
checkpoint *v.* weka kituo
checkup *v.* pima
cheddar *n.* cheda (mji)
cheek *n.* shavu
cheek *n. pl.* mashavu
cheep *v.* kilio (ya ndege)
cheer *n.* kushangilia
cheer *v.* shangilia
cheerful *adj.* mchangamfu
cheerless *adj.* asofuraha
cheese *n.* jibini
cheesy *adj.* kijibini
chef *n.* mpishi
chekup *n.* uchunguzi
chemical *n.* kemikali
chemical *adj.* kemikali

chemise *n.* nguo (kike)
chemist *n.* duka la dawa
chemistry *n.* kemia
cheque *n.* kuangalia
cherish *v.* tukuza
cheroot *n.* sigara
cherry *n.* mcheri
cherry *adj.* kicheri
cherub *n.* makerubi
chess *n.* sataranji
chest *n.* kifua
chestnut *n.* mbao
chevalier *n.* chevalia
chew *v.* tafuna
chi *n* chi (utabibu ea kichina)
chia *n.* chia
chic *adj.* mbwe-mbwe
chick *n.* kifaranga
chicken *n.* kuku
chicken *adj.* kikuku
chide *v.* teta
chief *adj.* umwinyi
chieftain *n.* mkuu
child *n.* mtoto
childhood *n.* utotoni
childish *adj.* utoto
chiliad *n.* chiladi
chill *n.* baridi
chilli *v.* pilipili
chilly *adj.* kutulivu
chime *n.* upazaji sauti
chime *v.* paza sauti
chimera *n.* chimera
chimney *n.* dokhani
chimpanzee *n.* sokwe
chin *n.* kidevu
china *n.* uchina
china *n.* sini
chip *n.* chenga
chip *v.* kachenge
chirp *v.* sauti (ndege/mdudu)
chirp *n.* lia
chisel *v.* patasi

chisel n. bobari
chit n. cheti
chit n. hati
chivalrous adj. kingwana
chivalry n. uungwana
chlorine n. klorini
chloroform n. klorofomu
chocolate n. chokoleti
choice n. hiari
choir n. kwaya
choke v. nyonga
cholera n. kipindupindu
choose v. chagua
chop v. chonga
chord n. gumzo
choroid n. koroidi
chorus n. kipokeo
christ n. kristo
christendom n. ukiristo
christian n. mkristo
christian adj. kikristo
christianity n. ukristo
christmas n. krismasi
chrome n. krome
chromosome n. kromosome
chronic adj. sugu
chronicle n. bohari
chronograph n. kronograf
chronological n. kimpangilio
chronology n. tarehe
chrysalis n. kiwavi
chubby adj. kinene
chuckle v. kejeli
chum n. pandepande
chum v. kisiki
church n. kasina
churchyard n. makaburini
churl n. vibaya
churn n. kusaga
churn v. saga
cicada n. sikada
cider n. sharubeti
cigar n. sigara

cigarette n. sigareti
cinema n. sinema
cinnabar n. zingefuri
cinnamon n. mdalasini
cipher n. fumbo
cipher v. fumba
circle n. duwara
circle v. zunguka
circuit n. mzingo
circuit n. mzungusho
circular adj. duara
circular n. kizunguko
circulate v. zungusha
circulation n. mzunguko
circumference n. mviringo
circumfluence n. sakamfluensi
circumspection n. uangalifu
circumstance n. hali
circumstantial adj. kimazingira
circumvent v. kwepa
circumvention n. ukwepaji
circus n. sarakasi
cirrhosis n. sahosis
cirrhotic adj. kisahosis
cisco n. sisko
cist n. sist
cistern n. kisima
citadel n. ngome
cite v. uwanjani
citizen n. mwananchi
citizenship n. uraia
citric adj. sitriki
citrine n. sitrini
citrine adj. kisitrini
citrus n. sitras
city n. mji
civic adj. kiraia
civics n. uraia
civil adj. kiraia
civilian n. raia
civilization n. utamaduni
civilize v. staarabisha
clack v. toa sauti

clack *n.* sauti ya mgongano
claim *v.* dai
claim *n.* daha
claimant *n.* mdai
clam *n.* mtulivu
clam *v.* tulia
clamber *v.* panda
clamour *v.* piga kelele
clamour *n.* kelele
clamp *n.* kikaza
clandestine *adj.* siri
clap *v.* makofi
clap *n.* mgoto
claque *n.* wafuasi wa kulipwa
clarification *n.* ufafanuzi
clarify *v.* fafanua
clarinet *n.* kifaa
clarion *n.* zumari
clarity *n.* bayana
clash *v.* pambana
clash *n.* mapambano
clasp *n.* tungu
clasp *v.* ganda
class *n.* aina
class *n.* darasa
classic *n.* klasiki
classic *adj.* ilo na hadhi
classical *adj.* jadi
classification *n.* mpango
classify *v.* ainisha
clatter *n.* titima
clatter *v.* situsha
clause *n.* ibara
clausula *n.* kiibara
clave *n.* kuambatana
claw *n.* makucha
claw *v.* papura
clay *n.* udongo
clean *v.* safisha
clean *adv.* swafi
clean *adj.* nadhifu
cleanliness *n.* nadhafa
cleanse *v.* chuja

clear *adj.* waziwazi
clear *v.* safisha
clear *v.* ondoa
clearance *n.* pambizo
clearly *adv.* wazi
cleft *n.* zitakapo
clergy *n.* padiri
clerical *adj.* ukarani
clerk *n.* karani
clever *adj.* erevu
clew *n.* kidokezo
cliché *n.* porojo
click *n.* bofya
click *v.* alisha
client *n.* mteja
cliff *n.* jabali
climate *n.* hewa
climax *n.* kilele
climb *n.* kupanda
climb *v.* panda
climber *n.* mpanda
cling *v.* ng'ang'ania
clingy *adj.* king'ang'anivu
clinic *n.* kiliniki
clinical *adj.* kikiliniki
clink *n.* klink
clip *n.* kikaza
clip *v.* lenga
clive *n.* klaiv
clive *v.* kiklaiv
cloak *n.* saa
clock *n.* majira
clod *n.* bonge
cloister *n.* maabadi
close *adj.* kikaribu
close *v.* funga
close *n.* karibu
closet *n.* chumbani
closet *v.* weka chumbani
closure *n.* kufungwa
clot *n.* donge
clot *v.* vilia
cloth *n.* nguo

clothe v. visha
clothes n. libasi
clothing n. mavazi
cloud n. wingu
cloudy adj. vundevunde
clove n. karafuu
clown n. majununi
club n. kilabu
clue n. kidokezo
clumsy adj. madole
cluster n. utawi
cluster v. nguzo
clutch n. klachi
clutch v. fumbata
clutter v. zagaa-zagaa
coach v. funza
coach n. kocha
coachman n. saisi
coal n. kaa
coalition n. muungano
coarse adj. chepe
coast n. pwani
coastal adj. kipwani
coat v. juba
coat n. funika
coating n. gaga
coax v. bembeleza
cobalt n. kobati
cobble n. jiwe
cobble v. weka jiwe
cobbler n. muweka jiwe
cobblestone n. jiwe la kobo
cobra n. fira
cobweb n. tandabui
cocaine n. kokein
cock n. jogoo
cocker v. shughulikia
cockle v. magugu
cock-pit n. chumba cha rubani
cockroach n. kombamwiko
coclourless adj. isorangi
coconut n. nazi
cod n. chewa

code n. mwandiko
code v. bainisha
coding n. uandikaji
coeducation n. kusoma pamoja
coefficient n. mgowa
coerce v. ghusubu
coexist v. shirkiana
coexistence n. mshikamano
coffee n. kahawa
coffer n. bweta
coffin n. jeneza
cog n. meno ya msumeno
cogent adj. wazi
cognate adj. utongozaji
cognitive adj. kiutongozaji
cognizance n. utongozaji
cohabit v. ingilia
coherent adj. kiambatanifu
coherent adj. kiunganifu
cohesive adj. ambatana
cohesive adj. ungamana
cohort n. usaidizi
coif n. mpangilio wa nyele
coif n. mpangilio wa nyele
coin n. sarafu
coinage n. koinej
coincide v. sadifu
coir n. koir
coke v. koki
coky adj. mashilingi
cold adj. baridi
cold (illness) n. mafua
cold n. baridi
collaborate v. shirikiana
collaboration n. ushirikiano
collapse v. anguka
collar n. kaba
colleague n. mwenzi
collect v. kusanya
collection n. mchango
collective adj. pamoja
collector n. mtozaji
college n. chuo

collide v. gonga
collision n. mapambano
colloquial adj. lugha ya mama
colloquialism n. kilugha ya mama
collusion n. kula njama
colon n. nukta
colonel n. amiri
colonial adj. kikoloni
colony n. koloni
colour v. paka (rangi)
colour n. rangi
colour-blind adj. kutoona rangi
colourful adj. rangi rangile
colt (of horse) n. kinda (la farasi)
column n. nguzo
columnist n. mhariri
coma n. ukosaji fahamu
comatose adj. kikoma
comb v. chanua
comb n. kichana
combat n. mpiganisho
combat v. pigana
combatant n. mpiganaji
combative adj. kimapambano
combination n. muungano
combine v. unganisha
combust v. kitana
combustible adj. yaweza ungua
combustion n. mwako
combustor n. kiwakayo
come v. njoo
comedian n. kinyago
comedy n. kinyago
comely adj. kiutulivu
comeradery n. komared
comet n. kijinga
comfit n. utamtamu (wa tunda)
comfort n. buraha
comfort v. bembeleza
comfort v. tuliza
comfortable adj. mustarehe
comforter n. mfariji
comfy adj. poa

comic n. chale
comic adj. jumuia
comical adj. cheshi
comma n. koma
command n. amuru
command n. amri
command v. amuru
commandant n. kamanda
commander n. amiri
commandment n. amri
commemorate v. adhimisha
commemoration n. adhimisho
commence v. anza
commencement n. kuanza
commend v. wapongeze
commendable adj. suna
commendation n. sifa
comment n. maoni
comment v. tafsiri
commentary n. uaguzi
commentator n. mfasiri
commerce n. biashara
commercial adj. kibiashara
commiserate v. hurumia
commission n. komisheni
commission n. uagizaji
commissioner n. komishena
commissure n. komisa (mishipa)
commit v. tenda
commit v. anayetenda
commitment n. uazimaji
committee n. baraza
commodity n. bidhaa
common adj. kikawaida
commoner n. pamoja
commonplace adj. kawaida
commonwealth n. comonwealth
commotion n. rabsha
commove v. sumbua
communal adj. ngambi
commune n. jumuiya
commune v. shiriki (jumuiyani)
commune v. unganisha jamii

communicate v. wasiliana
communication n. mawasiliano
communiqué n. andiko
communism n. ukomunisti
communist n. mkomunisti
community n. jamii
commute v. safiri
commute v. abiri
compact adj. kiugumu
compact n. ilogumu
compact n. gumu
companion n. mwandani
company n. kampuni
comparative adj. kilinganishi
compare v. fananisha
comparison n. linganisho
compartment n. kichumba
compass n. dira
compassion n. huruma
compel v. hoja
compensate v. jazi
compensation n. jazua
compete v. ghilibu
competence n. ufarisi
competent adj. bingwa
competition n. mashindano
competitive adj. shindani
compilation n. mtungo
compile v. tengeza
complacent adj. kuridhika mno
complain v. lalama
complaint n. lalamiko
complaisance n. utiifu
complaisant adj. mtiifu
complement n. inayosaidia
complementary adj. nyongeza
complete adj. kamili
complete v. maliza
completion n. utimilifu
complex adj. kiutata
complex n. tata
complexion n. utata
compliance n. kufuata

compliant adj. kulaumu
complicate v. tatiza
complication n. tata
compliment n. pongezi
compliment v. pongeza
comply v. timiliza
component adj. sehemu
compose v. buni
compose v. tunga
composition n. utungaji
compositor n. mtungaji
compost n. mbolea
composure n. makini
compound adj. kimsombo
compound n. eneo
compound n. misombo
compound v. eneo
compounder n. msombaji
comprehend v. elewa
comprehension n. fahamu
comprehensive adj. kina
compress v. gandamiza
comprise v. wanaunda
compromise v. afikiana
compromise n. masilahi
compulsion n. mshurutisho
compulsory adj. lazima
compunction n. majuto
computation n. ukadirifu
compute v. anga
computer n. tarakilishi
computeracy n. utarakilishia
comrade n. jamaa
concave adj. kivungu
conceal v. finika.
concede v. ungama
conceit n. ghururi
conceive v. pata mimba
conceive v. tunga (mimba)
concentrate v. makinika
concentration n. mkusanyiko
concept n. dhana
conception n. mimba

concern v. husu
concern n. shaka
concert v. onyesha
concert n. tamasha
concession n. mkataba
conch n. samaki
conciliate v. suluhisha
concise adj. fupi
conclude v. akidi
conclusion n. hatima
conclusive adj. tama
concoct v. leta
concoction n. mchanganyiko
concord n. masilahi
concrescence n. koncrisensi
concrete n. seruji
concrete adj. halisi
concrete v. halisisha
concubinage n. usuria
concubine n. hawa
conculcate v. konkulet
condemn v. laani
condemnation n. hukumu
condensate n. kutonesha
condense v. tonesha
condescend v. teneshesha
condescending adj. kitonesho
condign adj. adhabu (muafaka)
condition n. hali
condition n. mambo
conditional adj. masharti
condole v. hani
condolence n. liwazo
condonation n. kusamehe
condor n. konda
conduce v. boresha
conduct n. mwendo
conduct v. endesha
conduct v. tamalaki
conductor n. konda
conductor n. kondakta
conductor n. kipitisho
cone n. koni

confectioner n. mnyunya
confectionery n. kiunyunya
confer v. kidhi
confer v. shauri
conference n. mkutano
confess v. ungama
confession n. ukiri
confidant n. mshenga
confide v. tumainia
confidence n. imani
confident adj. tumai
confidential adj. msiri
config n. unda
configuration n. muundo
configure v. unda
confine v. fungia
confinement n. kifungo
confirm v. idhini
confirmation n. ithibati
confiscate v. tenga
confiscation n. upokonyaji
conflict n. mapigano
conflict v. pambana
confluence n. pakutano
confluent adj. kupatana
conformity n. ulinganifu
confraternity n. upambanaji
confrontation n. mapambano
confuse v. boronga
confuse v. changanya
confusion n. borongo
confute v. washinde
conge n. muago
congeal v. ganda
congenial adj. kimuago
conglutinate v. fuata
congolmerate n. mawe
congolmerate adj. kimawe
congratulate v. hongeza
congratulation n. hongera
congregate v. jumuika
congregation n. ushirika
congress n. bunge

congruency *n.* malingano
congruent *adj.* uiingano
conical *adj.* kikoni
conjecture *n.* dhana
conjecture *v.* dhani
conjugal *adj.* ndoa
conjugate *v.* nyambua
conjunct *adj.* shiriki
conjunction *n.* kushirikiana
conjunctiva *n.* pamoja
conjuncture *n.* kiwambo
conjure *v.* wanga
connaisseur *n.* konisua
connect *v.* unganisha
connection *n.* muungo
connivance *n.* ushirikiano
connive *v.* shirikiana
conniving *adj.* kushirikiana
conquer *v.* shindani
conquer *v.* nyang'anya
conquerer *n.* mnyang'anyi
conquest *n.* ushindi
conscience *n.* dhamira
conscious *adj.* angalifu
consecrate *v.* wakfu
consecutive *adj.* andamo
consecutively *adv.* mtawalia
consensual *adj.* idhini
consensus *n.* makubaliano
consent *v.* ridhia
consent *n.* radhi
consequence *n.* matokeo
consequent *adj.* kimatokeo
conservation *n.* hifadhi
conservative *n.* uhafidhina
conservative *adj.* kihafidhina
conserve *v.* hifadhi
consider *v.* chukulia
considerable *adj.* makubwa
considerate *adj.* angalifu
consideration *n.* nadhari
considering *prep.* kuzingatia
consign *v.* tuma

consignment *n.* litumwalo
consist *v.* husisha
consistence *n.* kuhakikisha kwamba
consistency *n.* msimamo
consistency *n.* uthabiti
consistent *adj.* thabiti
consolation *n.* faraja
console *v.* liwaza
consolidate *v.* unga
consolidation *n.* uimarishaji
consonance *n.* utoa sauti
consonant *n.* konsonati
consort *n.* mke
conspectus *n.* mutasari
conspicuous *adj.* huonekana
conspiracy *n.* njama
conspirator *n.* waliopatana
conspire *v.* shirikiana
constable *n.* konstabo
constant *adj.* dawama
constellation *n.* nyota
constipation *n.* kuvimbiwa
constituency *n.* jimbo
constituent *n.* mwana jimbo
constituent *adj.* kiwana jimbo
constitute *v.* anzisha
constitution *n.* katiba
constrict *v.* finya
construct *v.* buni
construction *n.* jengo
consult *v.* shauri
consultation *n.* mkutano
consume *v.* maliza
consumption *n.* haraja
contact *n.* mgusano
contact *v.* gusa
contagious *adj.* kuambukiza
contain *v.* shikilia
containment *n.* kuhimili
contaminate *v.* najisi
contemplate *v.* dhamiria
contemplation *n.* kutafakari

contemporary *adj.* kisasa
contempt *n.* uzembe
contemptuous *adj.* fyozi
contend *v.* shindana
content *adj.* kimaudhui
content *v.* ridhia
content *n.* maudhui
content *n.* yaliomo
contention *n.* ubishi
contentment *n.* ridha
contest *v.* shindana
contest *n.* pambano
context *n.* mazingira
contiguous *adj.* ilokurubiana
continent *n.* bara
continental *adj.* kibara
contingency *n.* dharura
continual *adj.* daima
continuation *n.* muendelezo
continue *v.* zidi
continuity *n.* mwendelezo
continuous *adj.* tawalia
continuum *n.* utoaji
contour *n.* kizunguko
contra *pref.* kontra
contraception *n.* upangaji uzazi
contraceptive *adj.* kipanga uzazi
contract *n.* mkataba
contract *v.* nywea
contraction *n.* mpunguo
contractor *n.* kontrakta
contradict *v.* hitilafiana
contradiction *n.* hitilafu
contralto *n.* kontralto (sauti)
contrarian *n.* mpinzani
contrary *adj.* kinyume
contrast *v.* pambanisha
contrast *n.* pambanisho
contribute *v.* changa
contribution *n.* mchango
control *n.* udhibiti
control *v.* dhibiti
controller *n.* mthibiti

controversy *n.* utata
contuse *v.* jeruhi
contusion *n.* vilio (la damu)
conundrum *n.* changamoto (kubwa)
convalesce *v.* pata afueni
convalescence *n.* nafuu
convalescent *adj.* kinafuu
convene *v.* hudhurisha
convener *n.* muandalizi
convenience *n.* urahisi
convenient *adj.* bora
convent *n.* maabadi
convention *n.* mkataba
conventional *adj.* kawaida
convergence *n.* kengeza
convergent *adj.* muunganiko
conversant *adj.* mzungumzaji
conversation *n.* maongezi
converse *v.* simuliana
conversion *n.* wongofu
convert *v.* hawili
convert *n.* mwongofu
convertible *n.* kinayobadilishwa
convertible *adj.* kibadilishwayo
convey *v.* hawilisha
conveyance *n.* uhawilishaji
convict *v.* fungwa
convict *n.* hatiani
conviction *n.* kufungwa
convince *v.* ridhisha
convivial *adj.* maridhawa
convocation *n.* kusanyiko
convoke *v.* yalioitishwa
convolve *v.* sokota
convoy *n.* msafara
convoy *v.* safiri pamoja
convulse *v.* shikika
convulsion *n.* mpapatiko
coo *n.* sauti (ya njiwa)
coo *v.* lia (kama njiwa)
cook *v.* pika
cook *n.* chimbi

cooker *n.* jiko
cool *adj.* kikavu
cool *v.* burudisha
cooler *n.* baridisho
cooperate *v.* shirikiana
cooperation *n.* sharika
cooperative *adj.* ushirika
coordinate *adj.* melekezo
coordinate *v.* shirikisha
coordination *n.* utaratibu
coot *n.* kooti (ndege)
copartner *n.* swahibu
cope *v.* kabiliana
coper *n.* mkabiliaji
copier *n.* mwiga
copist *n.* mwigaji
copper *n.* shaba (nyekundu)
coppery *adj.* kishaba
coppice *n.* mimea
coprology *n.* koprolojia
copulate *v.* jamii
copy *n.* mwigo
copy *v.* igiza
coral *n.* marijani
corbel *n.* korboli
cord *n.* kamba
cordate *adj.* mithili ya roho
corded *adj.* ilokamba
cordial *adj.* kunjufu
cordless *adj.* isokamba
cordon *v.* vaa
cordon *n.* vazi (la heshima)
corduroy *n.* mahameli
core *n.* kiini
coriander *n.* mgiligilani
cork *n.* kizibo
cork *v.* ziba
cormorant *n.* mnandi
corn *n.* mahindi
cornea *n.* kornea
corner *n.* kona
cornet *n.* panda
cornicle *n.* kipambo cha dirisha

coronation *n.* taji
coronet *n.* zinara
corporal *adj.* shaushi
corporate *adj.* ushirika
corporation *n.* kampuni
corps *n.* mwili
corpse *n.* miili
correct *adj.* sahihi
correct *v.* sahihisha
correction *n.* sahihisho
correlate *v.* husiana
correlation *n.* uwiano
correspond *v.* wafiki
correspondence *n.* uhusiano
correspondent *n.* muhariri
corridor *n.* ukumbi
corroborate *v.* shuhudu
corroborative *adj.* kishuhudu
corrosive *adj.* bubazi
corrupt *v.* fisidi
corrupt *adj.* kifisadi
corruption *n.* ufiadi
cosmetic *adj.* mapambo
cosmetic *n.* uzuri
cosmic *adj.* kikosmosi
cosmopolitan *adj.* kistaarabu
cosmos *n.* kosmos
cost *v.* gharimu
cost *n.* gharama
costal *adj.* kigharama
costly *adj.* ghali
costume *n.* vazi
cosy *adj.* kozi
cot *n.* susu
cote *n.* zizi
cotemporal *adj.* kilinganishi
cotransfer *n.* hamisha pamoja
cottage *n.* kijibanda
cotton *n.* pamba
couch *n.* kochi
cough *n.* kohozi
cough *v.* kohoa
could *v.* inaweza

council *n.* baraza
councillor *n.* diwani
counsel *n.* shauri
counsel *v.* asa
counsellor *n.* mshauri
count *n.* panga
count *n.* kipindi
count *v.* hesabu
countable *adj.* hesabika
countdown *n.* uhesabu
countenance *n.* uso
counter *n.* dirisha
counter *v.* kukabiliana na
counteract *v.* topoa
countercharge *n.* badili
counterfeit *adj.* bini
counterfeiter *n.* mbini
countermand *v.* futwa
counterpart *n.* pacha
countersign *v.* tia sahihi
countess *n.* mhasibu wa kike
countless *adj.* kikwi
country *n.* dola
county *n.* jimbo
coup *n.* mapinduzi
couple *n.* wanandoa
couple *v.* kutanisha
couplet *n.* fanano
coupon *n.* kuponi
courage *n.* ujasiri
courageous *adj.* jasiri
courier *n.* tarishi
course *v.* kozisha
course *n.* kozi
court *n.* mahakama
court *v.* shitaki
courteous *adj.* taadabu
courtesan *n.* mwenza
courtesy *n.* ustahifu
courtier *n.* hadhira (kotini)
courtship *n.* maposo
courtyard *n.* uwanja
cousin *n.* bin-ami

coven *n.* mkutano (ya wachawi)
covenant *n.* agano
cover *v.* funika
cover *n.* kifuniko
coverlet *n.* shuka
covet *v.* tamani
cow *n.* ng'ombe
cow *v.* kamua
coward *n.* mwoga
cowardice *n.* woga
cower *v.* nyenyekea
coy *adj.* muona haya
coy *n.* kuona haya
cozy *adj.* tulivu
crab *n.* chanje
crack *n.* mpasuko
crack *v.* atua
cracker *n.* biskiti
cracker *n.* kraka
cracker *n.* baruti
crackle *v.* tatarika
cradle *n.* mlazi
craft *n.* usanifu
craftsman *n.* muhunzi
crafty *adj.* mahiri
cram *v.* jazaneni
crambo *n.* krambo
crane *n.* winji
crane *n.* winchi
crank *v.* komboa
crash *v.* anguka
crash *n.* anguko
crasher *n.* kivunja
crasis *n.* krasisi
crass *adj.* krayogeniki
crate *n.* tenga
crater *n.* kitenga
crave *v.* tamani
craving *n.* uchu
craw *n.* koo
crawl *v.* tambaa
crawl *n.* gorong'ondwa.
crayfish *n.* kamba

craze n. kiwazimu
crazy adj. majinuni
creak v. piga kelele
creak n. kelele
cream n. krimu
crease n. mkunjo
create v. huluku
creation n. maumbile
creative adj. kimwazi
creator n. muumba
creature n. kiumbe
credential n. wasifu
credential adj. kiwasifu
credible adj. sadikifu
credit n. mkopo
creditable adj. suna
creditor n. mkopeshaji
credulity n. ujinga
credulous adj. sadikifu
creed n. imani
creek n. hori
creep v. tambaa
creeper n. mtambaaji
creepy adj. siokawaida
cremate v. choma maiti
cremation n. kuchoma maiti
crematorium n. mochuari
creole n. kriol
crepe n. kujiingiza
crepitate v. toa sauti
crepitation n. sauti (kuvunjika)
crest n. kilele
cretin n. mpumbavu
crevet n. mjinga
crew n. mfanyikazi
crib n. kihero
cricket n. chenene
cricket n. nyenje
crime n. dhambi
criminal adj. jambazi
crimp n. mviringo
crimple v. viringa
crimson n. bendera

crimson v. pandisha bendera
crimson n. bendera
cringe v. salimu
cripple n. kilema
crisis n. tatanisho
crisp adj. kavu
crisp adj. kavu
crispen v. kausha
criterion n. malingano
critic n. mnenea
critical adj. mahututi
criticism n. kamio
criticize v. kosoa
croak n. kilio (cha chura)
crochet v. shona
crockery n. dishi
crocodile n. mamba
croesus n. bwenyenye
croft n. shamba
crome n. kromu
crome v. kromia
crone n. ngombe
crook adj. chizi
crooked adj. potovu
crookery n. viombo vya jikoni
crooning n. nunguna
crop n. mavuno
cross v. vuka
cross n. msalaba
cross adj. kivuko
cross adj. kuvuka
crossbar n. mwamba
crossbeam n. mkingiko
crossbench adj. kiti
crosscut v. vuka
crossfire n. mapito (ya risasi)
crossing n. mapito
crotch n. ota
crotchet n. kushona
crouch v. chutama
crow n. wika
crow v. jogoo
crowbar n. mtalimbo

crowd *n.* halaiki
crowded *adj.* pomoni
crowdy *adj.* umati
crown *n.* kirauni
crown *v.* taji
crowned *adj.* kuvikwa taji
crucial *adj.* muhimu
crucified *v.* sulubiwa
crucifix *n.* msalaba
crucify *v.* sulubu
crude *adj.* kimashamba
cruel *adj.* dhalimu
cruelty *n.* habithi
cruise *v.* vinjari
cruiser *n.* manowari
crumb *n.* chembe
crumble *v.* nyambua
crump *v.* guruma
crunch *n.* mvunjiko (sauti)
crunch *v.* teketa
crusade *n.* kampeni
crusader *n.* wapiganaji
crush *v.* ponda
crust *n.* ganda
crutch *n.* mkongojo
cry *n.* kilio
cry *v.* lia
cry *v.* sihi
cryogenics *n.* krayogeniki
cryptography *n.* kriptografia
crystal *n.* bilauri
crystalize *v.* fuwelea
cub *n.* kijana
cubby *n.* chumba
cube *n.* miraba
cubical *adj.* kimiraba
cubiform *adj.* kimiraba
cubit *n.* dhiraa
cuckold *n.* mzinifu
cuckoo *n.* tamani
cucumber *n.* tango
cuddle *n.* kukumbatia
cuddle *v.* kumbata

cudgel *n.* gongo
cue *n.* uponyi
cueless *adj.* sioponya
cuff *n.* sijafu
cuff *v.* sijafua
cuisine *n.* vyakula
cullet *n.* kulet
culminate *v.* iliyoishia
culpable *adj.* uhusikaji
culprit *n.* mhalifu
cult *n.* ibada
cultivate *v.* lima
cultivation *n.* kilimo
cultural *adj.* kitamaduni
culture *n.* utamaduni
culvert *n.* bomba (la majitaka)
cunning *adj.* erevu
cunning *n.* hila
cup *n.* kikombe
cupboard *n.* kabati
cupid *n.* alama (ya hubba)
cupidity *n.* mchoyo
cupon *n.* kuponi
curable *adj.* itibiwayo
curative *adj.* kitiba
curb *n.* kizuio
curb *v.* akifu
curcumin *n.* kakumini
curd *n.* maziwa (mgando)
curd *v.* gandisha
cure *n.* tiba
cure *v.* tibu
curfew *n.* amri (musitoke nje!)
curiosity *n.* udasdisi
curious *adj.* pekuzi
curl *n.* msokoto
curly *adj.* msokoto-msokoto
currant *n.* tiba
currency *n.* fedha
current *n.* mkondo
current *adj.* kisasa
curriculum *n.* mtaala
curse *n.* laana

curse v. laani
cursory adj. haraka haraka
curt adj. mkokoteni
curtail v. nakisi
curtain n. pazia
curvature n. mbinu
curve n. mshazari
curve v. pinda
cushion n. godoro
cushion v. matakia
custard n. uji
custodian n. mlinzi
custody n. kwenye malezi
custody n. malezi
custom n. desturi
customary adj. kiada
customer n. mteja
cut v. kata
cut n. chanjo
cutis n. ngozi
cutter n. mtemi
cuvette n. kuveti
cyan n. smawiya
cyan adj. kisamawiya
cyanide n. sianidi
cyber adj. mtandao
cybercafé n. kituo cha mtandao
cyberchat n. mazungumzo (ya kimitandao)
cybercrime n. hatia (za kimitandao)
cycle n. mzunguko
cycle v. zungusha
cyclic adj. kimzunguko
cyclist n. mwendesha baisikeli
cyclone n. kibunga
cyclops n. saiklopu
cyclostyle n. toleo dungwa
cyclostyle v. chapisha dungwa
cylinder n. silinda
cylindrical adj. mshazari
cynic n. mkjinga
cynical adj. kijinga

cypher n. sifa (hesabati)
cypress n. muhuhu

D

dabble v. zamisha
dacoit n. mhalifu
dacoity n. uhalifu
dad n. baba
daddy n. baba
daffodil n. dafodili
daft adj. wazimu
dagger n. hanjari
daily adj. kilayom
daily n. kulayom
daily adv. kila siku
dainty adj. teuzi
dainty n. mteuzi
dairy n. maziwa
dais n. jukwa
daisy n. dizi
dale n. mteremko
dam n. bwawa
damage v. dhuru
damage n. harasa
damask n. damask
damask adj. kidamask
dame n. mrembo
damn v. laani
damn n. mavi
damn adj. hasara
damn adv. kulaani
damn int. laana
damnable adj. laanifu
damnation n. ulaanifu
damned adj. laaniwa
damp adj. chege
damp v. lowesha
damp n. baridi
dampen v. fifiza
damsel n. banati
dance n. densi
dance v. nengua

dancer *n.* mnenguaji
dancing *adj.* kucheza
dandelion *n.* dandelion
dandle *v.* bembea
dandruff *n.* mba
dandy *n.* maridadi
danger *n.* hatari
dangerous *adj.* hatari
dangle *v.* ning'inia
dangling *adj.* ning'inia
dank *adj.* dharau
dank *n.* legevu
dank *v.* legea
dap *v.* dap
dappled *adj.* madoadoa
dare *v.* diriki
dare *n.* udiriki
daredevil *n.* hodari
daredevil *v.* thubutu
daresay *v.* jasiri
daring *n.* ujasiri
daring *adj.* jasiri
dark *adj.* eusi
dark *n.* nyeusi
darken *v.* sawijika
darkle *v.* sawijisha
darkly *adv.* jizani
darkness *n.* giza
darling *n.* mpenzi
darling *adj.* kipenzi
dart *n.* mishale
dart *v.* rusha (mishale)
darting *n* mishale
dash *v.* timka
dash *n.* timko
dashing *adj.* kuondoa
data *n.* misajili
databank *n.* databanki
database *n.* hifadhi ya usajili
date *n.* tarehe
date *n.* miadi
date (of palm) *n.* tende
date *v.* mpende

dated *adj.* ilotarehe
daub *n.* tope
daub *v.* fanya tope
daughter *n.* binti
daunt *v.* kaza
daunting *adj.* ngumu
dauntless *adj.* isongumu
dawdle *v.* sitasita
dawdler *n.* msitaji
dawn *n.* alfajiri
dawn *v.* pambazuka
dawnlight *n.* alfajiri
day *n.* siku
daydream *n.* sinzio
daydream *v.* sinzia
daylight *n.* mchana
daze *n.* mshituko
daze *v.* shituka
dazed *adj.* kishituo
daziness *n.* kizunguzungu
dazzle *n.* kung'aa
dazzle *v.* ng'aa
dazzling *adj.* kiwi
dazzlingly *adv.* kung'aa
deacon *n.* shamasi
deaconship *n.* ushemasi
deactivate *v.* lemaza
deactivation *n.* ulemazaji
deactivator *n.* kilemaza
dead *adj.* fu
dead *n.* maiti
deadbeat *n.* maskini
deadbeat *adj.* fakiri
deadbolt *n.* kifungwa
deadbolt *v.* funga
dead-end *adj.* mwishoni
dead-end *n.* pasiponjia
dead-end *v.* mwisho
deadline *n.* tarehe ya mwisho
deadlock *n.* msuguano
deadlock *v.* suguana
deadly *adj.* baya
deaf *adj.* ziwi

deafen v. ziwisha
deafening adj. kiziwishaji
deal n. dharura
deal v. shughulika
dealer n. bazai
dealership n. uzabuni
dealings n. shughuli
dealmaker n. dalali
dean n. mkuu wa kitivo
dear adj. habibu
dearth n. ukosefu
death n. kifo
deathbed n. kifo
deathblow n. kifo
deathly adj. kikifo
debar v. debari
debase v. stihizai
debate v. jadiliano
debate n. jadiliano
debated adj. kujadiliwa
debauch v. potosha
debauch n. upotovu
debauchee n. mpotevu
debauchery n. uhawara
debile adj. mbovu
debilitant n. hafifu
debilitating adj. kihafifisho
debilitation n. uhafifishaji
debility n. uzee
debit n. mkopo
debit v. hifadhi (fedha)
debris n. fusi
debt n. deni
debtor n. mkopaji
debuff n. dibaf
debug v. utatuzi
debutant n. muanza
decade n. miongo (kumi)
decadent adj. mhuni
decalcification n. dikalsifikashon
decalcifiy v. punguza kalshiyumu
decalibrate v. sipime
decamp v. toka (kambini)

decay v. hasirika
decay n. kioza
decay n. wozo
decease n. mauko
decease v. kufariki
deceased adj. marehemu
deceit n. danganyo
deceitful adj. batilifu
deceive v. hadaa
decelerate v. shuka
deceleration n. ushukaji
december n. desemba
decency n. huruma
decennary n. fungu kumi
decent adj. thamana
decentralized adj. mtawanyiko
decentre v. tawanya
deception n. danganyo
deceptive adj. danganyifu
decibel n. desibel
decide v. amua
decided adj. maamuzi
decidedly adv. uamuzi
decidedness n. kiuamuzi
decillion n. decilioni
decimal adj. miongo
decimate v. angamiza
decimetre n. decimita
decipher v. soma (kwa ugumu)
decision n. maamuzi
decisive adj. kataa
deck n. staha
deck v. stahisha
declaration n. ilani
declare v. nena
decline n. kukataa
decline v. kataa
declinous adj. kiukataaji
declutter v. kuachilia (klachi)
decode v. rekodi
decoder n. mtambo
decolonization n. kujikomboa
decolonize v. toa ukoloni

decommission v. sitisha
decompose v. vunda
decomposition n. wozo
decompress v. finya
decompression n. ubanaji
deconstruct v. bomoa
deconstruction n. ubomoaji
deconstructively adv. kiubomoaji
decontrol v. zima
decor n. mapambo
decorate v. pamba
decoration n. pambo
decorative adj. kipambe
decorum n. jamala
decoy n. tego
decoy v. tega
decoyman n. mwana tega
decrease v. punguza
decrease n. kipunguo
decreasingly adv. kipunguani
decree n. hukumu
decree v. amuru
decrement n. amri
decrepitate v. zeesha
decrepitation n. ukongwe
decriminalization n. dekriminalizashon
decriminalize v. punguza uovu
decrypt v. soma (kikugumu)
decrypt n. kusoma vigumu
decryption n. usomaji (magumu)
dedicate v. tabaruku
dedication n. uwakfu
dedicatory n. kujitolea
dedicatory adj. a kujitolea
deduce v. thibitisha
deduct v. toa
deduction n. kipunguzi
deed n. kitendo
deem v. wanadhani
deep adj. nene
deepen v. kuimarisha
deeply adv. undani

deer n. paa
defamation n. uchongezi
defamatory adj. kukashifu
defame v. adhiri
default n. haribifu
defeat n. ushinde
defeat v. tinga
defecate v. nya
defect n. dosari
defence n. ulinzi
defenceless adj. asoulinzi
defend v. nusuru
defendant n. mshatikwa
defensive adv. kujihami
defer v. tuiliza
deference n. ustahifu
defiance n. bila
defiant adj. fidhulika
deficiency n. uhaba
deficient adj. kosa
deficit n. nakisi
deficit n. ukosa
defile n. najisi
define v. aini
definite adj. halisi
definition n. ufafanuzi
deflate v. washa moto
deflation n. muwasho (moto)
deflect v. poteza
deflection n. kupoteza
deflesh v. diflesh
deflower v. bikiri
defoliant n. kipuputisho
defoliate v. puputika
deforest v. kata miti
deform v. umbua
deformity n. lemaa
defragment v. gawa
defragmentation n. ugawaji
deft adj. hodari
degenerate v. sababisha
degenerate n. kusababisha
deglutination n. kumeza

degrade v. dhila
degrading adj. kuharibu
degree n. digrii
degustation n. kuonja
dehorn v. ukataji pembe
dehumidify v. dihumidify
dehydrate v. pukuchulia
dehydration n. maji mwilini
deify v. umungu
deign v. udhalilifu
deism n. itikadi
deist n. muamini
deity n. mungu
deject v. juta
dejection n. uchungu
delay v. chelewa
delay n. uchelewaji
delayment n. ucheleweshaji
delectability n. yenye ladha
delegacy n. ujumbe
delegalize v. kataza
delegate n. kutenga
delegate v. tenga
delegation n. ujumbe
delegator n. mjumbe
deletable adj. futishwa
delete v. futa
deliberate adj. makusudio
deliberate v. kusudia
deliberation n. ukombozi
delicacy n. uzuhali
delicate adj. embamba
delicious adj. tamu
delight n. ufurahi
delight v. furahisha
delightedly adv. furaha
delightful adj. taanisi
delimit v. pakanisha
delimitate v. upakanishi
delimitation n. uwekaji
delinquency n. kiuwekaji
delinquent adj. oevu
delinquent n. oevu

delipidate adj. delipidet
delipidate v. delipidet
delipidation n. delipidesheni
deliriant n. deliriant
deliver v. kabidhi
deliverance n. makombozi
delivery n. mzao
delta n. delta
deltoid n. deltoidi
delude v. shaua
deluded adj. danganya
delusion n. ushaufu
delusional adj. kidanganyifu
demagnatize v. ondoa (smaku)
demagogue n. mwanasiasa
demagogy n. uwanasiasa
demand n. daha
demand v. dai
demarcate v. kuigawa
demarcation n. usawanisho
demasculinization n.
dematerialized
dematerialisation n.
dematerialized
dematerialize v. dematerialized
dement v. pandisha wazimu
demented adj. pandwa wazimu
demerit n. alama (ya ubaya)
demicircle n. demisako
demilitarized adj. kupunguza jeshi
demise n. kufariki
demobilization n. usambaratishaji
demobilize v. sambaratisha
democracy n. udemokrasia
democratic adj. kidemokrasia
demolish v. bomoa
demolition n. ubomoaji
demon n. pepo
demonetize v. mizimu
demonstrate v. aridhia
demonstration n. maandamano
demoralize v. komaza
demur n. kubisha

demur v. bisha
demurrage n. ubishaji
den n. malazi
dengue n. kidingapopo
denial n. mardudi
denominate v. tawala
denomination n. dhehebu
denote v. maanisha
denounce v. kana
dense adj. zito
density n. uzito
dentist n. daktari meno
denude v. laza
denunciation n. kuukana
deny v. kana
deodorant n. kimanukato
deodorant adj. manukato
deontological adj. kidiontolojia
deontology n. diontolojia
deoxidation n. dioksidation
deoxy adj. dioksia
depart v. ondoka
department n. idara
departmentalize v. gawa idara
departure n. ondokeo
depauperate v. depauperate
depend v. tegemea
dependant n. mtegemea
dependence n. utegemeaji
dependent n. mamwana
depict v. onyesha
depiction n. maonyesho
depilatory adj. ya kwisha
deplete v. maliza
depleted adj. inkwisha
depletion n. kuisha
deplorable adj. inasikitisha
deploy v. kupeleka
depolarize v. kutoa ncha
deponent n. shahidi
deponent n. shahidi
deport v. hajirisha
depose v. uzulu

deposit n. uwekaji
deposit v. weka
depot n. bohari
depravation n. unyimaji
deprave v. nyima
depraved adj. potovu
depreciate v. shuhsa dhamani
depreciating adj. kushuka dhamani
depreciatory adj. kishuka dhamani
depredate v. haribu
depress v. sumbua
depress v. huzunisha
depression n. kuhuzunika
depression n. huzuni
depression n. mawazo
depression n. matatizo ya
deprive v. nyima
depth n. kina
deputation n. ujumbe
depute v. agiza
deputy n. makamu
derail v. potea
derailment n. kupotea
derive v. pata
dermabrasion n. demabrashoni
dermatologist n. mwanadamatolojia
dermic adj. damik
derogatory adj. dharau
derrick n. silingi
desalt v. toa chumvi
descale v. papura
descend v. shuka
descendant n. fasili
descent n. mteremko
describe v. wasifu
description n. wasifu
descriptive adj. maelezo
desert v. toroka
desert n. jangwa
desert n. mkuranga
deserve v. stahilisha
design v. rasimu

design *n.* taswirisha
designate *v.* nena
designated *adj.* mteuliwa
designer *n.* mtungaji
desirable *adj.* tamaniwa
desire *n.* utamani
desire *v.* tamani
desirous *adj.* kimatamanio
desk *n.* dawati
desktop *n.* tarakilishi
desocialization *n.* Upweke
desolate *adj.* kame
desolvate *v.* disolvet
despair *n.* kukata tama
despair *v.* kata tama
desperate *adj.* kukata tama
despicable *adj.* kudharauliwa
despise *v.* chukia
despiteful *adj.* jeuri
despot *n.* mdhalimu
dessert *n.* tamutamu
destabilization *n.* udhoofishaji
destabilize *v.* dhoofisha
destination *n.* kifiko
destiny *n.* majaaliwa
destitute *adj.* hohehahe
destress *v.* sumbua
destroy *v.* vunja
destroyer *n.* mvunja
destruction *n.* mvunjo
detach *v.* ambua
detachment *n.* sehemu
detail *n.* kipengele
detail *v.* bainisha
detain *v.* kamata
detect *v.* tanzua
detective *adj.* kipelelezi
detective *n.* mpelelezi
determination *n.* mkazo
determination *n.* uimarisho
determine *v.* tambulisha
detest *v.* beua
dethrone *v.* uzulu

detonate *v.* lipua
detoxication *n.* utoaji sumu
detractor *n.* kizuia
deturpation *n.* deturpashoni
devaluate *v.* shusha thamani
devastate *v.* teketeza
develop *v.* kuza
development *n.* maendeleo
deviate *v.* epuka
deviation *n.* ukengefu
device *n.* zana
devil *n.* ibilisi
devise *v.* kanusha
devoid *adj.* bila
devote *v.* bunisha
devotee *n.* mja
devotion *n.* mahubba
devour *v.* sakata
dew *n.* ukungu
diabetes *n.* kisukari
diagnose *v.* tambua
diagnosis *n.* uaguzi
diagram *n.* ramani
dial *n.* piga (simu)
dialect *n.* lafudhi
dialogue *n.* mazungumzo
diameter *n.* mapana
diamond *n.* almasi
diaper *n.* winda
diarrhea *n.* harisho
diary *n.* shajara
dib *n.* dibu
dib *v.* dibua
dice *n.* dado
dice *v.* katakata
dictate *v.* andikisha
dictation *n.* dikteshin
dictator *n.* dikteta
diction *n.* usemi
dictionary *n.* kamusi
dictum *n.* amri
didactic *adj.* kiamri
die *v.* kufa

die *n.* kodwe
die *n.* dado
diesel *n.* dizel
diet *n.* ulaji
diet *v.* chakula
differ *v.* hitilafu
difference *n.* tofauti
different *adj.* tafauti
difficult *adj.* gumu
difficulty *n.* janga
diffuse *v.* eneza
diffuse *adj.* kueneza
dig *v.* chimba
dig *n.* uchimbaji
digest *v.* tafuna
digest *n.* kutafuna
digestion *n.* utafunaji
digit *n.* tarakimu
digital *adj.* kidijitali
dignify *v.* adhimisha
dignity *n.* adhama
digress *v.* dhalilisha
digression *n.* udhalilishwaji
dilaceration *n.* tibu
dilemma *n.* utata
diligence *n.* uharara
diligent *adj.* hodari
dilute *v.* changanya
diluted *adj.* debwedebwe
dim *adj.* kupunguza
dim *v.* punguza
dimension *n.* kipimo
diminish *v.* hafifisha
diminutive *adj.* kihafifishi
dimly *adv.* kipunguo
dimness *n.* upungufu
din *n.* varanga
dine *v.* kula
diner *n.* chajio
dingy *adj.* mashizi
dinner *n.* kijio
diocese *n.* jimbo
dioxide *n.* dioksidi

dip *n.* kuzamisha
dip *v.* bambika
diploma *n.* shahada
diplomacy *n.* diplomasia
diplomat *n.* mwanadiplomasia
diplomatic *adj.* kidiplomasi
dire *adj.* tishia
direct *adj.* moja kwa moja
direct *v.* elekeza
direction *n.* agizo
director *n.* meneja
directory *n.* kielezo
dirt *n.* uchafu
dirty *adj.* chafu
disability *n.* ulemavu
disable *v.* lemaza
disabled *adj.* mlemavu
disadvantage *n.* uzuizi
disagree *v.* hitilafiana
disagreeable *adv.* nonga
disagreement *n.* msukano
disappear *v.* potea
disappearance *n.* upotaji
disappoint *v.* shaua
disapproval *n.* kuyakataa
disapprove *v.* kataa
disarm *v.* silama
disarmament *n.* kupunguza silaha
disaster *n.* msiba
disastrous *adj.* korofi
disband *v.* vunja
disbelief *n.* kutoamini
disbelieve *v.* kufurisha
disc *n.* diski
discard *v.* kutupa
discharge *v.* shindilia
discharge *v.* feleti
discharge *n.* uzulu
discharge *n.* kitanguo
disciple *n.* mfuasi
discipline *n.* nidhamu
disclose *v.* fumbua
discomfort *n.* adha

disconnect v. ungua
discontent n. kutoridhika
discontinue v. acha
discord n. fitini
discount n. kipunguzi
discourage v. kefyakefya
discourse n. mjadala
discourteous adj. kirihi
discover v. gungua
discovery n. ubuni
discredit v. ponda
discretion n. upweke
discriminate v. pambanua
discrimination n. ubaguzi
discuss v. jadiliano
disdain n. kimene
disdain v. susa
disease n. maradhi
disembody v. tenganisha
disfigure v. rembua
disguise n. maskhara
disguise v. fumba
disgusting adj. baya
dish n. dishi
dishearten v. muudhi
dishonest adj. batilifu
dishonesty n. habithi
dishonour v. fedhehesha
dishonour n. hizaya
dislike v. chukia
dislike n. kirahi
disloyal adj. hiana
dismay n. bumbuazi
dismiss v. fukuza
dismiss v. ondoa
dismissal n. ondoleo
disobey v. halifu
disorder n. rabsha
disparity n. tofauti
dispensary n. zahanati
disperse v. furusha
displace v. potea
display n. onyesho
display v. onyesha
displease v. beua
displeasure n. adhabu
disposal n. ovyo
dispose v. tupa
disprove v. kanusha
dispute n. mapambano
dispute v. papura
disqualification n. kukoseshwa
disqualify v. kosesha
disquiet n. sumbuko
disregard n. madharau
disregard v. dharau
disrepute n. sifa baya
disrespect n. kutoheshimu
disrupt v. vunja
dissatisfaction n. nung'uniko
dissatisfy v. usiridhishe
dissect v. changanua
dissection n. uchanganuzi
dissimilar adj. tafauti
dissolve v. yayusha
dissolve v. yaika
dissuade v. kumzuia
distance n. masafa
distant adj. chache
distil v. tona
distillery n. mtambo
distinct adj. kiada
distinction n. tofauti
distinguish v. ainisha
distort v. chagua
distress n. huzuni
distress v. sumbua
distribute v. gawa
distribution n. ugawaji
district n. jimbo
distrust n. ghera
distrust v. toamini
disturb v. chafua
ditch n. handaki
ditto n. pamoja na
dive v. piga (mbizi)

dive *n.* mbizi
diverse *adj.* tofautiana
divert *v.* ghafalisha
divide *v.* gawa
divine *adj.* uaguzi
divinity *n.* uungu
division *n.* divisheni
divorce *n.* talaka
divorce *v.* taliki
divulge *v.* payapaya
do *v.* fanya
doable *adj.* yafanyika
doating *v.* doti
dob *v.* dobi
dob *n.* dobi
dob *int.* toba
doc *n.* daktari
docent *n.* mkufunzi
docent *adj.* kiukufunzi
docile *adj.* sikilivu
dock *n.* makuli
dock *n.* gati
dock *v.* lenga
dockmaster *n.* mwana bandari
dockworker *n.* mfanyi bandarini
dockyard *n.* bandarini
doctor *n.* daktari
doctor *v.* ganga
doctorate *n.* udaktari
doctored *adj.* tibiwa
doctrine *n.* funzo
document *n.* andiko
documentary *adj.* kimakala
documentary *n.* makala
dodge *n.* kuchenga
dodge *v.* chenga
dodo *n.* siokisasa
doe *n.* taasisi
doer *n.* mtendaji
doeskin *n.* kitambaa
dog *n.* mbwa
dog *v.* fukuza
dogbreath *n.* pumzi ya mbwa
dogcatcher *n.* mshika mbwa
dogeared *adj.* sikio mbwa
dogfight *n.* vita vya mbwa
dogfight *v.* pigana
doghole *n.* shimo
doghouse *n.* kwa mbwa
dogma *n.* itikadi
dogmatic *adj.* kiakida
dole *n.* malipo
dole *v.* toza
doll *n.* mwanasesere
dollar *n.* dola
dolman *n.* koti
dolmen *n.* koti
dolorous *adj.* chungu
dolphin *n.* pomboo
domain *n.* uwanja
dome *n.* kuba
domestic *adj.* kinyumbani
domestic *n.* kiufugaji
domestical *adj.* kifugaji
domesticate *v.* fuga
domesticator *n.* mfugaji
domicile *n.* makazi
domiciled *adj.* nyumbani
domiciliary *adj.* kinyumbani
dominant *adj.* mtawala
dominate *v.* tamalaki
domination *n.* utawala
dominion *n.* mamlaka
domino *n.* dhulma
donate *v.* changia
donation *n.* mchango
donkey *n.* punda
donor *n.* mpaji
doom *n.* upotevu
doom *v.* potea
doomed *adj.* kupotea
doomsday *adj.* akhera
doomsday *n.* kiyama
door *n.* mlango
doorbell *n.* kibishio
doorknob *n.* kichwa (mlango)

doormat *n.* mkeka
dope *n.* bangi
dope *v.* lewa
dope *adj.* kulevya
doped *adj.* kulevya
dopey *adj.* kikulevya
dorky *adj.* mpumbavu
dormant *adj.* ilotulia
dormitory *n.* bweni
dorsal *adj.* uti (wa mgongo)
dosage *n.* kipimo
dose *n.* kipimo
dot *n.* nukta
dot *v.* weka tone
double *adj.* maradufu
double *n.* maradufu
double *n.* pacha
double *v.* rudufu
doubt *n.* shaka
doubt *v.* shuku
doubtful *adj.* mashaka
doubtless *adj.* dhati
dough *n.* kinyunga
doughnut *n.* donati
dour *adj.* manukato
douse *v.* kuzima
dove *n.* njiwa
dowery *n.* mahari
down *v.* shusha
down *adv.* chini
down *prep.* chini
downfall *n.* kipukusa
downpour *n.* magaogao
downright *adv.* sawa
downright *adj.* tupu
downstairs *adj.* chini
downward *adj.* kiteremsho
downward *adv.* kichini
downwards *adv.* kuelekea chini
doze *n.* kupio
doze *v.* kupia
dozen *n.* dazan
drab *n.* kahawiya

drab *adj.* kikahawiya
drab *v.* ukahawiya
draconic *adj.* kidhalimu
draft *v.* chora
draft *v.* tunga
draft *n.* hundi
draft *n.* shokoa
draft *n.* utungo
draftsman *adj.* mrasimu
drafty *adj.* kirasimu
drag *n.* mburuto
drag *v.* buruta
dragon *n.* nondo
dragonfly *n.* kereng'ende
drain *n.* fumbi
drain *v.* churura
drainage *n.* korongo
drainpipe *n.* bomba la maji
dram *n.* bomba
drama *n.* kiigizo (mchezo)
dramatic *adj.* makubwa
dramatist *n.* muigizaji
drape *n.* mpangilio
drape *v.* panga
draper *n.* mpangaji
drapery *adj.* upangaji
drastic *n.* kuporomoka
draught *n.* rasimu ya
draught *n.* rasimu
draw *n.* vuta
draw *n.* utekaji
draw *n.* kuteka
draw *v.* chora
draw *v.* kokota
draw *v.* tungiza
draw *v.* vuta
drawback *n.* rudia
drawbridge *n.* kiunganishi
drawer *n.* kidawati
drawing *n.* mchoro
drawing-room *n.* kuchora
dread *n.* kikuli
dread *v.* ogofya

dread *adj.* hofu
dreadful *adj.* ogopesha
dreadful *n.* kuogopesha
dreadfully *adv.* kiuoga
dreadlock *n.* dredi
dreadlock *v.* dredi
dream *n.* ndoto
dream *v.* ota
dreamer *n.* muota ndoto
dreamily *adv.* kindoto
dreamworld *n.* ndotoni
dreamy *adj.* kindoto
drench *v.* tone
dress *n.* mshono
dress *v.* visha
dressing *n.* kifunga vidonda
dressmaker *n.* mshonaji
drib *n.* tabura
dribble *n.* mchengo
dribble *v.* chenga
dried *adj.* kavu
drift *n.* kuteleza
drift *v.* teleza
drill *n.* tabura
drill *v.* chimba
drink *n.* kinywaji
drink *v.* shirabu
drip *n.* mchiririko
drip *v.* chiririka
drive *n.* mtambo
drive *n.* shuti
drive *n.* endeshaji
drive *v.* endesha
driver *n.* muendeshaji
drizzle *n.* manyunyu
drizzle *v.* nyunya
droid *n.* mganga
drone *n.* ndege (isorubani)
drool *n* udelele
drool *v.* dolola
droop *v.* angusha
droop *n.* kuanguka
droopy *adj.* uwachaji

drop *v.* anguka
drop *n.* tone
dropout *n.* wacha (shule)
dropzone *n.* pakuangusha
drought *n.* ukame
drown *v.* zama
drug *n.* dawa
druggist *n.* mtumia madawa
druid *n.* mganga
drum *n.* ngoma
drum *v.* dundisha
drumbeat *n.* mdundo
drumfish *n.* samaki
drunk *adj.* chakari
drunkard *n.* mlevi
dry *adj.* yabisi
dry *v.* kausha
dual *adj.* mbili
duality *n.* pande mbili
dub *n.* jina
dub *v.* ita
dubious *adj.* almaarufu
ducat *n.* dukat
duchess *n.* malkia
duck *n.* bata
duck *v.* kwepa
duct *n.* kamba
duct *v.* funga
dude *n.* yakhi
due *adj.* kutokana
due *n.* kutokana
due *adv.* kimada
duel *n.* kuduwa
duel *v.* duwa
duet *n.* wimbo
duet *v.* imba
duke *n.* majumbe
dull *adj.* butu
dull *v.* butua
duly *adv.* kihalali
dumb *adj.* bubwi
dumbell *n.* viuma
dumbfound *v.* bwaga

dumbfounded adj. tatana
dumbo n. mjinga
dummy n. mfano
dummy v. fananisha
dump n. jalala
dump v. tupa
dumpster n. jalala
dunce n. mjinga
dune n. sisimizi
dung n. samadi
dungeon n. chimoni
dunk n. kuvhovya
dunk v. chovya
duo n. viwili
dup v. vivia
dupe v. vivia
dupe n. vivio
duplex n. maradufu
duplicate adj. maradufu
duplicate n. marudufu
duplicate v. rudufu
duplicity n. muigo
durable adj. madhubuti
duration n. muhula
during prep. katika
dusk n. kisikusiku
dust n. ghubari
dust v. panguza
duster n. kipanguzio
dutiful adj. wachamungu
duty n. wajibu
duvet n. blangeti
dwarf n. kidurango
dwarf v. fupisha
dwarf adj. kibeti
dwell v. kaa
dwelling n. makazi
dwindle v. dhii
dye v. paka (rangi)
dye n. rangi
dynamic adj. pana
dynamics n. meinendo
dynamite n. baruti

dynamo n. dainamo
dynasty n. utawala
dysentery n. kuhara
dystopia n. distopia

E

each pron. kila
each adj. kula
each adv. kila
eager adj. shauku
eagle n. kapungu
ear n. sikio
early adv. tangulifu
early adj. tangulifu
earn v. ijara
earnest adj. hodari
earth n. ardhi
earthen adj. kiadhi
earthly adj. malimwengu
earthquake n. zilizala
ease n. urahisi
ease v. rahisisha
east adv. mashariki
east n. mashariki
east adj. kimashariki
easter n. pasaka
eastern adj. mashariki
easy adj. epesi
eat v. kula
eatable n. kiliwalo
eatable adj. kiliwalo
eave n. mchirizi
eavesdrop v. dukiza
eavesdrop n. dukizo
ebb n. pwa
ebb v. pwa
ebony n. nyeusi
e-book n. kitabu (mtandaoni)
ebulliate v. changamka
ebullience n. uchangamfu
ebullient adj. mchangamfu
eccentric adj. asokawaida

ecclesiast n. kikanisa
ecclesiastical adj. ya kanisani
echinid adj. ekinidi
echo n. itikio
echo v. hanikiza
echocardiogram n. enkokadiogramu
eclampsia n. eclampsia
eclectic adj. kieklectiki
eclectic n. kieklectiki
eclipse n. kupatwa
eclipse v. pata
eclipsis n. upato
ecological adj. kimazingira
ecologist n. mwanamazingira
ecology n. ekolojia
e-commerce n. uchumi mtandaoni
economic adj. uchumi
economical adj. takabadhi
economics n. uchumi
economy n. uchumi
ecosystem n. mazingira
ecoterrorism n. kuharibu mazingira
ecstatic adj. furaha
ectasy n. furahia
ectoplasm n. mizimu
ecumenic adj. kiunganisho
ecumenical adj. kiumoja
eczema n. ekzema
edema n. edema (ugonjwa)
edge n. hanamu
edible adj. lika
edict n. amri
edificant adj. mjenga
edification n. ujenzi
edifice n. jengo
edify v. jenga
edit v. sanifisha
edition n. toleo
editor n. muhariri
editorial adj. wahariri
editorial n. wahariri
educate v. funza

education n. elimu
eel n. mkunga
eerie adj. kiajabu
effable adj. ifutikayo
effably adv. ufuto
efface v. sahau
effect n. athari
effect v. athiri
effective adj. ufanisi
effeminate adj. fanisisha
efficacy n. ufanisi
efficiency n. kiufanisi
efficient adj. tosha
effigy n. picha
effort n. bidii
effortless adj. isogumu
effusive adj. changamfu
egg n. yai
ego n. nafsi
egocentric adj. mwenye kujipenda
egotism n. majinafsi
eight n. nane
eighteen adj. themantashara
eighty n. themanini
either pron. yeyote
either adv. ama
ejaculate v. kojoa
ejaculate n. kukojoa
ejaculation n. kumwaga
ejaculatory adj. mmwago
eject v. sua
elaborate v. elezea
elaborate adj. bayana
elapse v. kwisha
elastic adj. nyumbufu
elasticity n. mvuto
elate v. changamka
elate adj. changamfu
elated adj. uchangamfu
elation n. furaha
elbow n. kikwe
elder adj. kizee
elder n. mzee

elderly *adj.* mzee
elect *v.* chagua
election *n.* uchaguzi
electorate *n.* wapiga kura
electric *adj.* umeme
electricity *n.* umeme
electrify *v.* sisimua
electrocute *v.* piga sitima
electrocution *n.* kupigwa na sitima
electrolyte *n.* elektrolait
electron *n.* elektroni
electronic *adj.* kielektronia
elegance *n.* umaridadi
elegant *adj.* maridadi
elegy *n.* maridadi
element *n.* elementi
elemental *adj.* watawala
elementary *adj.* kiutawala
elephant *n.* tembo
elephantine *adj.* adhimu
elevate *v.* inua
elevation *n.* mwinuko
elevator *n.* kiinuzi
eleven *n.* hedashara
elf *n.* kijini
elicitate *v.* ibua
eligibility *n.* uhakika
eligible *adj.* haki
eliminate *v.* ondoa
elimination *n.* ondoleo
eliminator *n.* muondoaji
eliminatory *adj.* kimuondowo
elision *n.* utoaji
elite *adj.* wasomi
elite *n.* wajuzi
elitism *n.* usomi
elitist *n.* msomi
elixir *n.* eliksa
elk *n.* dubu
ellipse *n.* duaradufu
ellipse *v.* ziunguka
elliptic *adj.* umboyai
elocution *n.* ufasaha

elope *v.* torosha
eloquence *n.* ufasaha
eloquent *adj.* fasaha
else *conj.* ila
else *adv.* mwingine
elucidate *v.* eleza
elude *v.* nena
elusion *n.* ndoto
elusive *adj.* kindoto
emaciate *v.* dhoofisha
emaciated *adj.* gofu
emaculate *v.* gofisha
emaculation *n.* ugofu
email *n* barua pepe
emanate *v.* itakayotolewa
emanation *n.* utowaji
emancipate *v.* komboa
emancipation *adj.* huru
embalm *v.* paka dawa
embalming *n.* upakaji dawa
embank *v.* panda
embankment *n.* mafuko
embargo *n.* katazo
embark *v.* pakia
embarrass *v.* aibisha
embarrassing *adj.* aibu
embarrassment *n.* bumbuwazi
embassy *n.* ubalozi
embitter *v.* udhi
emblem *n.* nembo
embodiment *n.* ujumla
embody *v.* jumlisha
embolden *v.* tia moyo
embrace *v.* zonga
embrace *n.* kumbatio
embroidery *n.* daraza
embryo *n.* mimba
embryonic *adj.* kijusi
embush *v.* vamia
emend *v.* rekebisha
emendate *v.* amrisha
emerald *n.* zumaridi
emerge *v.* jitokeza

emergency *n.* dharura
emigrate *v.* hama
emigration *n.* uhamiaji
eminence *n.* utukufu
eminent *adj.* tangulifu
emissary *n.* mjumbe
emission *n.* ujumbe
emit *v.* toa
emittance *n.* utoaji
emmet *n.* imet (dudu)
emoji *n.* emoji
emolument *n.* mshahara
emote *v.* bainisha
emoticon *n.* ishara
emotion *n.* tukutiko
emotional *adj.* utukutiko
emotive *adj.* shajisho
empath *n.* hisia
empathic *adj.* kihisia
empathy *n.* huruma
emperor *n.* mfalme
emphasis *n.* mkazo
emphasize *v.* sisitiza
emphatic *adj.* kisisitizo
empire *n.* milki
empirical *adj.* kipimo
empiricism *n.* upimaji
empiricist *n.* mpimaji
employ *v.* shughulisha
employee *n.* mtumishi
employer *n.* tajiri
employment *n.* kibarua
empower *v.* wezesha
empress *n.* malkia
empty *v.* komba
empty *adj.* tupu
emulate *v.* chaga
emulation *n.* ushindani
emulsifier *n.* kivunjavunjaji
emulsify *v.* vunjavunja
enable *v.* jalia
enact *v.* tunga
enamel *n.* meno

enamour *v.* ashiki
enamoured *adj.* uashiki
enamourment *n.* uashikiaji
encage *v.* weka kizimbani
encapsulate *v.* jaza kapsuli
encase *v.* funika
enchant *v.* loga
encircle *v.* kuzindika
enclose *v.* zonga
enclosure *n.* kifungo
encompass *v.* jumlisha
encounter *n.* mpambano
encounter *v.* pambana
encourage *v.* himiza
encroach *v.* kuingilia
encrust *v.* rembesha
encrusted *adj.* ilopambwa
encrypt *v.* andika
encrypted *adj.* ilostiriwa
encryption *n.* fiche
encumber *v.* ziwia
encyclopaedia *n.* ensaiklopidia
end *v.* hitimu
end *n.* hatima
endanger *v.* hatarisha
endangered *adj.* kuhatarisha
endear *v.* pendezeni
endearment *n.* kupendeza
endeavour *n.* maaelekeo
endeavour *v.* juhudisha
endemic *adj.* kiendemia
endemic *n.* kiendemia
endemiology *n.* endemiolojia
endless *adj.* isokwisha
endorse *v.* idhinisha
endorsement *n.* ridhaa
endorser *n.* muidhinishaji
endoscopic *adj.* kiendoskopia
endoscopy *n.* endoskopia
endow *v.* tunuku
endowed *adj.* utunukaji
endurable *adj.* kuvumilia
endurance *n.* ustahimili

endure v. stahimili
enemy n. adui
energetic adj. epesi
energize v. chochea
energy n. hima
enervate v. legeza
enervated adj. kilegezo
enfeeble v. dhoofisha
enforce v. pulikiza
enfranchise v. uza
engage v. posa
engagement n. uchumba
engaging adj. ushurikishaji
engine n. injini
engineer n. muhandisi
engineering n. uhandisi
enginious adj. kihandisi
english n. kiingereza
englobe v. angaza
engorge v. jaza
engrave v. chora
engross v. endelea
engulf v. anzisha
enhance v. koleza
enhancement n. endelezo
enigma n. fumbo
enigmatic adj. kimafumbo
enigmatical adj. kiufumbo
enigmatically adv. kimafumbo
enjoy v. furahia
enjoyability n. ufurahishaji
enjoyable adj. kufurahisha
enjoyment n. raha
enlarge v. kuza
enlighten v. erevusha
enlist v. ajiri
enliven v. changamsha
enmity n. husuma
ennoble v. tukuza
enormous adj. kubwa
enough adj. maridhawa
enough adv. kinai
enrage v. chocheleza

enrapture v. shika
enrich v. tajirisha
enrol v. andika
enshrine v. inayohusisha
enslave v. watumwa
ensue v. fuatana
ensure v. hakikisha
entangle v. pindamana
enter v. ingia
enterprise n. tasisi (ya biashara)
entertain v. furahisha
entertainment n. changamko
enthral v. enthrali
enthrone v. adhimisha
enthusiasm n. idili
enthusiastic adj. harara
entice v. shawishi
enticement n. ushawishi
enticer n. mshawishi
enticing adj. kishawishi
entire adj. kila
entirely adv. mbali
entitle v. unastahili
entity n. kivyake
entomb v. zika
entomology n. entomolojia
entrails n. matumbo
entrance n. kiingilio
entrap v. tega
entrapment n. mnaso
entreat v. omba
entreaty n. maombi
entrench v. punguza
entrenchment n. mapunguzo
entropic adj. kientropia
entropy n. entrpia
entrust v. amini
entry n. mwingilio
enumerate v. orodhesha
enumerative adj. kiorodhesho
enunciate v. tamka
enunciation n. uainishaji
enunciatory adj. bayana**

envelop v. funika
envelope n. bahasha
envelopment n. ufunikaji
enviable adj. husudio
envious adj. uwivu
environment n. mazingira
environmental adj. kimazingira
environmentalism n. uwanamazingira
environmentalist n. m.mazingira
envisage v. inalenga
envision v. wanaangalia
envoy n. mjumbe
envy v. husudu
envy v. hasidi
enzyme n. viini
enzymic adj. kiviini
eon n. ioni
ephemera n. isodumu
ephemeral adj. isodumu
ephemeric adj. isodumu
epibole n. epibol
epic n. ushujaa
epical adj. kishujaa
epicentre adj. kitovu
epicentre n. kitovu
epicure n. epikua
epicurean adj. epikuro
epicurean n. epikuro
epidemic n. ugonjwa
epidural n. epidurali
epiglittis n. epiglitis
epigram n. epigramu
epilepsy n. kifafa
epileptic adj. kikifafa
epileptic n. kikifafa
epilogue n. epilojia
epiphany n. epifania
episode n. sinema
epitaph n. makumbusho
epoch n. dahari
equal n. kifani
equal adj. sawa

equal v. linganisha
equality n. usawa
equalize v. lingana
equate v. fananisha
equation n. ufananisho
equator n. istiwai
equilateral adj. usawa
equinox n. iquinoksi
equip v. andaa
equipment n. kifaa
equitable adj. usawa
equivalent adj. sawa
equivocal adj. babaishi
era n. tarikhi
eradicate v. tokomeza
eradication n. utokomezaji
eradicator n. mtokomezaji
erase v. futa
eraser n. kifutio
erect v. simamisha
erect adj. kiwima
erectile adj. uwima
erection n. msimiko
erode v. momonyoa
erosion n. mmomonyoko
erosive adj. sisimua
erotic adj. mtiriri
erotica n. ngono (picha)
eroticism n. ushahawa
eroticize v. shahawisha
err v. kosa
errand n. utume
erroneous adj. makosa
error n. hatia
erupt v. foka
eruption n. balasi
escalator n. ngazi stima
escapability n. ukwepaji
escapable adj. kikwepwacho
escape n. kukwepa
escape v. toroka
escapee n. mtoro
escapism n. ukwepaji

escapist *n.* mkwepaji
escapology *n.* ustadi wa kukwepa
escargot *n.* konokono
eschew *v.* aache
eschewment *n.* kuwacha
escort *n.* mshindikizo
escort *v.* shindikiza
escorted *adj.* kishindikizo
escribe *v.* eleza
escrow *n.* wekezo
escrow *v.* wekeza
esophageal *adj.* esofajil
esoteric *adj.* kisufi
esoterism *n.* usufi
espace *n.* toa nafasi
especial *adj.* hususan
especially *adv.* espesheli
espouse *v.* tetea
essay *n.* isha
essay *v.* tunga
essayist *n.* mtungaji
essence *n.* kiini
essential *adj.* muhimu
establish *v.* anzisha
establishment *n.* maanzilisho
estate *n.* mtaa
esteem *n.* heshima
esteem *v.* heshimu
estimate *n.* ukadiri
estimate *v.* kadiria
estimation *n.* kadirio
estimative *adj.* kimakadirio
estragon *n.* estragoni
estrange *v.* farakana
estranged *adj.* kifarakano
estrogen *n.* estrojeni
estuary *n.* kinywa
etcetera *adv.* nakadhalika
etch *v.* washa
etched *adj.* muwashow
etching *adj.* kuwashwa
eternal *adj.* azali
eternalize *v.* dumisha

eternally *adv.* dawamu
eternity *n.* milele
ether *n.* etha
ethical *adj.* uadilifu
ethics *n.* maadili
ethnic *adj.* kikabila
ethnicity *n.* ukabila
ethos *n.* mila
etiquette *n.* nidhamu
etymology *n.* asili
eucalypt *n.* mikaratusi
eunuch *n.* mhasi
euphemistic *adj.* tasfida
euphoria *n.* yuforia
eureka *int.* ureka
euthanize *v.* uthanaiz
eutopia *n.* utopia
evacuate *v.* toa
evacuation *n.* utokaji
evade *v.* hepuka
evaluate *v.* pima
evangel *n.* injili
evangelic *adj.* kiinjili
evaporate *v.* nywewa
evasion *n.* chenga
evasive *adj.* ukwepaji
even *adv.* angalau
even *adv.* hata
even *adv.* walau
even *v.* sawazisha
even *adv.* hata
evening *n.* jioni
evenly *adv.* kisawa
event *n.* mkasa
eventually *adv.* hatimaye
ever *adv.* kamwe
everglade *n.* evagled
evergreen *adj.* daima kijani
evergreen *n.* daima kijani
everlasting *adj.* daima
evert *v.* kwepa
every *adj.* kila
everybody *pron.* kila-mtu

everyday *adj.* kula-yom
everyone *pron.* kila-mmoja
everything *pron.* kilakitu
everywhere *pron.* popote
evict *v.* fukuza
eviction *n.* uhamisho
evictor *n.* muhamishaji
evidence *n.* hoja
evident *adj.* bainifu
evil *adj.* shari
evil *n.* maovu
evince *v.* elezea
eviscerate *v.* elezea
evisceration *n.* maelezo
evitability *n.* uepukaji
evocate *v.* sisimua
evocation *n.* usisimuaji
evocative *adj.* kisisimuaji
evoke *v.* arudishe
evolution *n.* mageuzi
evolutionary *adv.* kimageuzi
evolve *v.* kufuka
ewe *n.* mke
exact *adj.* halisi
exactly *adv.* barabara
exaggerate *v.* pyora
exaggeration *n.* mapyoro
exalt *v.* adhimisha
examination *n.* mtihani
examine *v.* kagua
examinee *n.* mtahiniwa
examiner *n.* mkaguzi
example *n.* mfano
excavate *v.* chimba
excavation *n.* chimbuko
exceed *v.* zidisha
excel *v.* pita
excellence *n.* usarifu
excellency *n.* mheshimiwa
excellent *adj.* sharifu
except *adv.* kasoro
except *conj.* bighairi
exception *n.* hitilafu

exceptional *adj.* kipekee
excerpt *n.* dondoo
excess *n.* asharati
excess *adj.* zaidi
excessive *adj.* dubwana
exchange *n.* ubadili
exchange *v.* badili
excise *n.* wa bidha
excite *v.* sisimsha
exclaim *v.* watasema
exclamation *n.* mdukuo
exclude *v.* watenge
exclusive *adj.* kipekee
excommunicate *v.* harimisha
excursion *n.* matembezi
excuse *v.* tapatapa
excuse *n.* kisababu
execute *v.* tekeleza
execution *n.* utendaji
executioner *n.* mchinjaji
exempt *v.* tenga
exempt *adj.* kutenga
exercise *n.* zoezi
exercise *v.* jizoeshe
exhaust *v.* chosha
exhibit *n.* hoja
exhibit *v.* onyesha
exhibition *n.* onyesho
exile *n.* ughaibuni
exile *v.* fukuza
exist *v.* ishi
existence *n.* uhai
existential *adj.* kuwepo kwake
existentialism *n.* mdhanaishi
exit *n.* kutoka
exit *v.* toka
expand *v.* panua
expansion *n.* upanuzi
ex-parte *adj.* ekspart
ex-parte *adv.* ekspart
expect *v.* tarajia
expectation *n.* matarajio
expedient *adj.* mwangaza

expedite v. ongoza
expedition n. msafara
expel v. hamisha
expend v. garamia
expenditure n. matumizi
expense n. gharama
expensive adj. ghali
experience n. maarifa
experience v. jaribu
experiment n. jaribio
expert adj. mtaalamu
expert n. stadi
expire v. shuhsa (pumzi)
expiry n. muda ya (kuharibika)
explain v. eleza
explanation n. maelezo
explicit adj. wazi
explode v. lipuka
exploit n. manyanyaso
exploit v. dhulumu
exploration n. uvumbuzi
explore v. vumbua
explosion n. mlipuko
explosive n. vilipuzi
explosive adj. kilipuzi
exponent n. kuunga mkono
export v. uza ngambo
export n. kuuza (nje ya nchi)
expose v. dhihirisha
expose v. fichua
express v. tamka
express adj. onyesha
express n. kueleza
expression n. kauli
expressive adj. kielezo
expulsion n. fukuzano
exquisite adj. kifahari
exquisitive adj. kifahari
extend v. tanda
extent n. kadiri
external adj. nje
extinct adj. haiko
extinguish v. zima

extol v. tukuza
extra adj. ziada
extra adv. zidi
extract n. muhtasari
extract v. chomoa
extrajuducial adj. isohaki
extramarital adj. nje ya ndoa
extranet n. zaidi
extraordinary adj. kigeni
extrapolate v. kusanya
extrapolation n. ukusanyaji
extraspecial adj. spesheli
extraterrestrial adj. kiinje ya dunia
extraterrestrial n. inje ya dunia
extravagance n. ubadhirifu
extravagant adj. mbadhirifu
extreme adj. dubwana
extreme n. uliokithiri
extremist n. magaidi
extremity n. upeo
extricate v. topoa
extrinsic adj. kutoka nje
extrinsically adv. kikutoka nje
extrovert n. mwana vitendo
exude v. rishai
exult v. simanga
exultant adj. jigamba
eye n. jicho
eyeball n. mboni
eyebrow n. nyusi
eyecatcher n. kivutia macho
eyelash n. kikope
eyelet n. stichi
eyelid n. kope
eyespot n. alama ya jicho
eyewash n. kiosha macho

F

fable n. ngano
fabric n. mfumo
fabricate v. zulisha
fabrication n. utungo

fabulous *adj.* kizuri
facade *n.* ngao
face *n.* uso
face *v.* pambana
facelift *n.* uso juu
facelift *v.* inua uso
facet *n.* pande
facet *n.* upande
facial *adj.* kiuso
facile *adj.* usoni
facilitate *v.* sahalisha
facility *n.* ufasaha
fac-simile *n.* kama kweli
fact *n.* jambo
faction *n.* farakano
factious *adj.* kitengo
factor *n.* sababu
factory *n.* kiwanda
faculty *n.* kitivo
fad *n.* kinyongo
fade *v.* fifia
faggot *n.* fagot
fail *n.* kosa
fail *v.* feli
failure *n.* nuksi
faint *adj.* zimia
faint *v.* zirai
fair *adj.* sawa
fair *n.* ramsa
fairly *adv.* sawasawa
fairy *n.* kijini
faith *n.* imani
faithful *adj.* aminifu
fake *adj.* kighushi
fake *n.* ghushi
fake *v.* bini
falcon *n.* koho
fall *v.* anguka
fall *n.* anguko
fallacy *n.* uangukaji
fallen *adj.* kuanguka
fallen *n.* iloanguka
fallout *n.* panguo

fallow *v.* konde
fallow *n.* kiwanja
falls *n.* kuanguka
flamboyance *n.* rembo
flamboyant *adj.* kirembo
flamboyant *n.* mrembo
false *adj.* laghai
falsehood *n.* ghalati
falsetto *n.* uongo
falsification *n.* udanganyifu
falsify *v.* saliti
falter *v.* ganza
fame *n.* adhama
familiar *adj.* zoelefu
family *n.* familia
famine *n.* ukame
famous *adj.* maarufu
fan *v.* pepea
fan *n.* upepeo
fanatic *adj.* mapepe
fanatic *n.* mapepe
fanciful *adj.* kifahari
fancy *n.* uwazo
fancy *v.* ringa
fancy *adj.* kifahari
fantastic *adj.* vyema
fantasy *n.* uzushi
far *adv.* mbali
far *adj.* umbali
farce *n.* kinyago
fare *n.* malaji
farewell *n.* agano
farewell *interj.* alamsiki
farm *n.* shamba
farmaceutical *adj.* madawa
farmer *n.* mkulima
fascinate *v.* sihiri
fascination *n.* wagivu
fashion *n.* fesheni
fashionable *adj.* kimaridadi
fast *adj.* haraka
fast *adj.* hima
fast *adv.* upesi

fast *n.* saumu
fast *v.* funga (saumu)
fasten *v.* kaza
fat *adj.* nene
fat *n.* mafuta
fatal *adj.* mbaya
fatalism *n.* maafa
fatality *n.* kifo
fate *v.* bahatisha
fate *n.* bahati
father *n.* baba
father *v.* lea
fathom *n.* pima
fathom *v.* nyepesi
fatigue *n.* uchovu
fatigue *v.* chokesha
fault *n.* dosari
faulty *adj.* kosefu
fauna *n.* fauna
favour *n.* hisani
favour *n.* takarimu
favour *v.* stahabu
favourable *adj.* fani
favourite *adj.* kipenzi
favourite *n.* mpendwa
fax *n.* faxi
fax *v.* tuma faxi
fealty *n.* utii
fear *n.* hofu
fear *v.* ogopa
fearful *adj.* ogopesha
feasible *adj.* wezekana
feast *n.* karamu
feast *v.* kirimu
feat *n.* mzungu
feather *n.* unyoya
feature *n.* kipengele
feature *v.* tokezea
febrile *adj.* kihoma
february *n.* februari
fecal *adj.* kinyesi
feces *n.* kinyesi
fecund *adj.* asotasa

fecundation *n.* kimazao
federal *adj.* kishirikisho
federation *n.* shirikisho
fee *n.* karo
feeble *adj.* dhaifu
feed *v.* lisha
feed *n.* mlisho
feel *v.* hisi
feeling *n.* hisia
feign *v.* shindika
felicitate *v.* pongeza
felicitations *int.* hongera
felicity *n.* mapongezi
feline *adj.* kipaka
felinity *n.* paka
fell *v.* kata
fellatio *n.* shahawa
fellow *n.* jamaa
felony *n.* kosa
female *adj.* kike
female *n.* jike
feminine *adj.* kike
feminist *adj.* jinsia ya kike
feminist *n.* jinsia ya kike
femur *n.* fima
fence *n.* kitalu
fence *v.* zunguko
fencer *n.* mweka kuta
fend *v.* stahimili
ferment *n.* mgando
ferment *v.* ganda
fermentation *n.* ugandaji
fern *n.* jimbi
ferocious *adj.* kali
ferret *n.* nyenyo
ferret *v.* nyenya
ferry *n.* uvusho
ferry *v.* vusha
ferryboat *n.* feri
fertile *adj.* zazi
fertility *n.* uzalishaji
fertilize *v.* zalisha
fertilizer *n.* samadi

fervent *adj.* bidii
fervour *n.* juhudi
fester *v.* sherehekea
festival *n.* karamu
festive *adj.* sherehe
festivity *n.* ukaramu
festoon *n.* mpambo (wa maua)
fetal *adj.* uja uzito
fetch *v.* chota
fetish *n.* kichawi
fetishism *n.* wachawi
fetter *n.* pingu
fetter *v.* funga pingu
feud *v.* gombana
feud *n.* ugomvi
feudal *adj.* ukabaila
feudalism *n.* umwinyi
fever *n.* homa
feverish *adj.* kihoma
few *adj.* chache
fiancé *n.* mchumba
fiasco *n.* vurumai
fiberglass *n.* faibaglasi
fibre *n.* ukonge
fibrillate *v.* papatika
fibroid *adj.* faibroid (ugonjwa)
fibromuscular *adj.* faibto-maskula
fibrosis *n.* adilifu
fibrosity *n.* uadilifu
fibrous *adj.* kiadilifu
fickle *adj.* mbadala
fiction *n.* uzushi
fictional *adj.* kutunga
fictitious *adj.* uwongo
fiddle *v.* chezea
fiddle *n.* fidla
fidelity *n.* staamani
fidget *n.* tukutu
fidget *v.* chokora
fie *interj* aibu
field *n.* kiwanja
fiend *n.* muovu
fierce *adj.* kali

fiery *adj.* moto
fifteen *n.* hamstashara
fifty *n.* hamsini
fig *n.* tini
fight *n.* pigano
fight *v.* pigana
figment *n.* mawazo
figurative *adj.* mfano
figure *n.* jisima
figure *n.* sanamu
figure *v.* fumbua
filament *n.* mshono
filamentation *n* kitamba
filamented *adj.* iloshonwa
file *n.* dupa
file *n.* faili
file *n.* tupa
file *v.* kereza
file *v.* weka failini
file *v.* faili
fill *v.* ingiza
fillet *n.* salaha
fillet *v.* minofu
film *n.* filamu
film *v.* rekodi
filmmaker *n.* mtengezaji filamu
filter *n.* chujio
filter *v.* chuja
filth *n.* kinyaa
filthy *adj.* uhayawani
fin *n.* pezi
final *adj.* mwisho
finance *n.* fedha
finance *v.* gharamia
financial *adj.* kifedha
financier *n.* mfadhili
find *v.* pata
fine *n.* faini
fine *v.* toza
fine *adj.* vyema
finger *n.* kidole
finger *v.* tia (kidole)
fingernail *n.* kucha**

fingerpaint *n.* rangi
fingerstick *n.* jiti la mkono
finish *n.* hatima
finish *v.* hitimu
finite *adj.* kifini
fir *n.* fir (miti)
fire *n.* moto
fire *v.* uzulu
fireball *n.* mchangamfu
firefight *n.* zima moto
firefighter *n.* mwana zimamoto
firehose *v.* walizima moto
firehouse *n.* kituo (cha zimamoto)
firepit *n.* shimo la moto
fireproof *adj.* dhidi ya moto
fireproof *v.* dhidi ya moto
firesuit *n.* nguo (dhidi ya moto)
firetruck *n.* gari (la zima moto)
fireworks *n.* fataki
firm *n.* kampuni
firm *adj.* imara
firmament *n.* anga
firmness *n.* makini
first *adj.* kwanza
first *n.* awali
first *adv.* mwanzoni
fiscal *adj.* fedha
fish *n.* samaki
fish *v.* vua (samaki)
fisherman *n.* mvuvi
fissure *n.* kiwazi
fist *n.* ngumi
fist *v.* bugia
fistula *n.* fistula (ugonjwa)
fit *adj.* kaa
fit *n.* kifafa
fit *n.* pindupindu
fit *v.* afiki
fitful *adj.* toshea
fitter *n.* kiafiki
five *n.* tano
fix *v.* rekebisha
fix *n.* kurekebisha

fixer-upper *n.* marekebisho ya juu
fizz *n.* povu
fizz *v.* tia povu
fizzy *adj.* kipovu
flabbergast *n.* mshangao
flabbergast *v.* shangaza
flabbergasted *adj.* lioshangaza
flabby *adj.* tepete
flag *n.* bendera
flagrant *adj.* ulio wazi
flake *n.* hafifu
flake *v.* hafifisha
flaking *adj.* hafifu
flambé *adj.* kuchoma pombe
flambé *n.* kuwasha
flambé *v.* washa pombe
flame *n.* mwale
flame *v.* waa
flank *adj.* kipande
flank *n.* bawa
flank *v.* weka bawa
flannel *n.* flaneli
flap *n.* pigo
flap *v.* piga
flapper *n.* kikofi
flapping *adj.* kipigo
flapping *n.* pigo
flapping *v.* piga
flare *v.* lipuka
flare *n.* mwako
flash *n.* kungaa
flash *v.* ngaa
flashback *n.* kumbukumbu
flashbulb *n.* taa
flashcard *n.* kadi ngaa
flasher *n.* mwenye kungaa
flashing *n.* mwangaza
flask *n.* chupa
flat *adj.* pana
flat *n.* gorofa
flatbed *n.* kitanda
flatbed *adj.* kitanda
flatfoot *n.* miguu lala

flatland n. ardhi sawa
flatter v. sifu (mno)
flattery n. urai
flatulence n. ushuzi
flatulent adj. shuzi
flaunt v. ringa
flaunter n. mringaji
flavour n. utamu
flaw n. nakisi
flea n. kiroboto
flee v. timka
fleece n. ngozi
fleece v. toa ngozi
fleet n. meli
flesh n. nyama
flexible adj. nyumbufu
flicker n. kuzungusha
flicker v. zungusha
flight n. mruko
flimsy adj. isowima
fling v. vurumisha
flip n. kugeuza
flip v. geuza
flip adj. mgeuzo
flippancy n. ugeuzaji
flirt n. mbembezi
flirt v. bemba
float v. elea
flock n. mifugo
flock v. kundi
flog v. rapua
flood n. mafuriko
flood v. gharikisha
floor n. chini
floor n. ghorofa
floor v. sakifu
flora n. flora
florist n. muuza maua
flour n. unga
flourish v. stawi
flow n. mkondo
flow v. tiririka
flower n. ua

flowery adj. kimaua
fluent adj. mwongezi
fluid adj. debwedebwe
fluid n. majimaji
flush v. safisha
flush v. safisha
flush n. usafishaji
flush n. kusafisha
flute n. kipenga
flute v. filimbi
flutter n. babatiko
flutter v. babatika
fly n. inzi
fly v. paa
foal n. kinda (la farasi)
foal v. mtoto
foam n. ukafu
foam v. chacha
foamy adj. kipovu
focal adj. kilengo
focalization n. kulengaji
focalize v. lengeza
focus n. lengo
focus v. lenga
focused adj. umakini
focusing adj. kulenga
fodder n. malisho
foe n. adui
fog n. ukungu
fogbank n. ukungu mkuu
foggy adj. kiukungu
foil v. ubamba
fold n. kikunjo
fold v. kunja
folding adj. kiukunjo
folding n. kukunja
foldup adj. kunja
foliage n. majani
foliate adj. mapambo
foliate v. pamba (kwa majani)
foliation n. upambaji
folic adj. kifoliki
folio n. weka alama

folk *adj.* watu
folk *n.* watu
folklore *n.* ngano
folkloric *adj.* kingano
follies *n.* vazi
follow *v.* fuata
follower *n.* mfuasi
folly *n.* pupa
foment *v.* oga (maji moto)
fond *adj.* kupenda
fondant *n.* mpenda
fondle *v.* ingia (maungoni)
fondler *n.* folda
fondling *n.* kunja
font *n.* fonti
food *n.* chakula
fool *v.* danganya
fool *v.* renga
fool *n.* mahamuma
foolish *adj.* jinga
foolscap *n.* kikaratasi
foot *n.* kiguu
foot *v.* mguu
football *n.* kandanda
foothold *n.* utangulizo
footman *n.* askari
footsore *adj.* mguu chovu
footwork *n.* kazi ya miguu
for *pron* kwani
for *conj.* kwa
forage *n.* chakula (cha ngombe)
forage *v.* lisha
forager *n.* mtafuta chakula
foraging *n.* kuzeeka
foray *n.* kuliingia
foray *v.* liingie
forbear *v.* acha
forbearance *n.* utulivu
forbid *v.* kanya
forbidden *adj.* haramu
forbode *v.* fobodi
forbode *n.* kufobodi
forboding *adj.* kifobodi

force *n.* nguvu
force *v.* lazimisha
forceful *adj.* kilazima
forceps *n.* forseps (kifaa)
forcible *adj.* kwa nguvu
forearm *n.* kigasha
forearm *v.* kigasha
forecast *n.* utabiri
forecast *v.* tabiri
forefather *n.* jadi
forefinger *n.* kidole (shahada)
forehead *n.* kipaji
foreign *adj.* ajinabi
foreigner *n.* mgeni
foreknowledge *n.* maarifa
foreleg *n.* miguu (za mbele)
forelock *n.* panja
foreman *n.* serehangi
foremost *adj.* awali
forenoon *n.* mwanzoni
forerunner *n.* mtangulizi
foresee *v.* nabii
foresight *n.* busara
forest *n.* msitu
forestall *v.* tangulia
forester *n.* foresta
forestry *n.* kimisitu
foretell *v.* tabiri
forethought *n.* waza (mwanzo)
forever *adv.* daima
forewarn *v.* kuwaonya
foreword *n.* utangulizi
forfeit *v.* poteza
forfeit *n.* kupoteza
forfeiture *n.* zitelekezwazo
forge *n.* kiwanda
forge *v.* chonga
forge *v.* changaniza
forge *v.* fua
forgery *n.* mwigo
forget *v.* pitiwa
forgetful *adj.* sahaulifu
forgive *v.* samehe

forgo v. sebusebu
forlorn adj. asojiweza
form n. fomu
form n. hati
form v. sawiri
formal adj. rasmi
format n. muundo
formation n. malezi
former adj. a-awali
former pron cha-awali
formerly adv. kizamani
formidable adj. hodari
formula n. fomyula
formulate v. kujiwekea
forsake v. hamali
forswear v. apa
fort n. gereza
forte n. ngome
forth adv. nne
forth adv. nje
forthcoming adj. ujao
forthwith adv. mara
fortify v. kuimarisha
fortitude n. uvumilivu
fort-night n. wiki mbili
fortress n. boma
fortunate adj. heri-a-heri
fortune n. bahati
forty n. arobaini
forum n. kikao
forward adj. kiumbele
forward adv. umbele
forward v. mbele
fossil n. kisukuku
foster v. kuza
foster v. kuzisha
foul n. tushi
foul adj. mchafu
foul v. tusha
found v. anzisha
foundation n. msingi
founder n. mwanzilishi
foundry n. uzinduzi

fountain n. mbwoji
four n. nne
fourteen n. arbatashara
fowl n. kuku
fowler n. mwindaji
fox n. mbweha
frachise n. kibali cha kuuza
fraction n. chamkano
fracture n. kivunjo
fracture v. vunja
fragile adj. dhaifu
fragment n. kipande
fragrance n. riha
fragrant adj. ufiridi
frail adj. dhaifu
frame v. andaliwa
frame v. andaa
frame n. sura
frank adj. mkweli
frantic adj. hofu
fraternal adj. kindungu
fraternity n. undungu
fratricide n. muua ndugu
fraud n. dhashi
fraudulent adj. laghai
fraught adj. mkali
fray n. vurugu
freak n. kituko
freak adj. kituko
freak v. shtua
free adj. huru
free v. afua
freedom n. huria
freeze v. ganda
freight n. hamali
french adj. kifaransa
french n. faransa
frenzy n. hamkani
frequency n. marudio
frequent n. mara kwa mara
fresh adj. bichi
fret n. wasiwasi
fret v. wasiwasi

friction *n.* msuguano
friday *n.* ijumaa
fridge *n.* friji
friend *n.* rafiki
fright *n.* hofu
frighten *v.* ogopesha
frigid *adj.* asohisia (kimapenzi)
frill *n.* shingoni (mwa mnyama)
fringe *n.* shada
fringe *n.* shungi
fringe *v.* pindo
frivolous *adj.* ubembe
frock *n.* kanzu
frog *n.* chura
frolic *n.* mchezo
frolic *v.* cheza
from *prep.* kutoka
front *n.* mbeleni
front *adj.* kiumbele
front *v.* mbeleni
frontier *n.* mpaka
frost *n.* baridi
frown *n.* kukasirika
frown *v.* kasirika
frugal *adj.* kutunza
fruit *n.* tunda
fruitful *adj.* zazi
frustrate *v.* vunja
frustration *n.* hangaiko
fry *v.* kaanga
fry *n.* mkaango
fuel *n.* mafuta
fugitive *adj.* kikimbizi
fugitive *n.* mkimbizi
fulfil *v.* timiza
fulfilment *n.* tekelezo
full *adj.* nene
full *adv.* kifurifuri
fullness *n.* ukamilifu
fully *adv.* hususa
fumble *v.* babaika
fun *n.* mzaha
function *n.* shughuli

function *v.* tenda
functionary *n.* utendaji
fund *n.* mchango
fundamental *adj.* kanuni
funeral *n.* maziko
fungus *n.* ukungu
funny *n.* cheshi
fur *n.* manyoya
furious *adj.* mmemeto
furl *v.* kunja
furlong *n.* umbali
furnace *n.* tanuru
furnish *v.* pamba
furniture *n.* fanicha
furrow *n.* mfereji
further *adv.* umbele
further *conj.* waama
further *v.* sitawisha
fury *n.* ghadhabu
fuse *v.* unganisha
fuse *n.* fyuzi
fusion *n.* ushikamano
fuss *n.* ushikanisho
fuss *v.* shikanisha
futile *adj.* tasa
futility *n.* ubatili
future *adj.* mbeleni
future *n.* usoni
futuristic *adj.* kibaadaye
futurology *n.* fucharolojia
fuzz *n.* polisi
fuzz *v.* changanya
fuzzy *adj.* ilonyele

G

gabble *v.* gumzo
gadfly *n.* pange
gadget *n.* kidude
gaffe *n.* isompango
gag *v.* goka
gag *v.* chekesha
gag *n.* kichekesho

gag n. nyamaa
gaiety n. furaha
gain n. faidi
gain v. chumwa
gainful adj kipato
gainly adj kiupato
gainsay v. bisha
gait n. mwendo
gala adj sherehe (ya mashoga)
gala n. sherehe (ya mashoga)
galactic adj. kigalaksia
galaxy n. galaksia
gale n. upepo (mkali)
gallant adj. mrembo
gallant n. mrembo
gallantry n. kishujaa
gallery n. nyumba (ya sanaa)
gallon n. galoni
gallop n. shoti
gallop v. chupia
gallows n. . jukwaa
galore adv. kwa wingi
galvanize v. zinafanya
galvanometer n. galvanometa
galvanoscope n. galvanoskop
gambit n. utangulizi
gamble v. ramisi
gamble n. kamare
gambler n. mcheza kamari
game n. changamko
game n. mchezo
game v. cheza
gamemaster v. mjuzi
gamepad n. kifaa cha kuchezea
gameplayer n. mchezaji
gamespace n. nafasi ya mchezo
gamma n. gama
gander n. jinsia
gang n. kundi
gangrene n. gengrene
gangster n. donda ndugu
gap n. mwanya
gap v. panua

gape v. pumbaa
garage n. gereji
garb n. vazi
garb v. visha
garbage n. taka
garden n. bustani
gardener n. mwanabustani
gargle v. sukutua
garisson n. ngome
garisson v. linda
garland n. kuremba
garland v. remba kwa maua
garlic n. saumu
garlicky adj. kiusaumu
garment n. mavazi
garnish v. ongeza ladha
garnish n. viungo
garnishment n. amri ya kotini
garrotte n. kifaa cha kunyonga
garrotte v. nyonga
garrotter n. muuaji (kunyonga)
garter n. kishikilio
gas n. hewa
gasesous adj. ilohewa
gash n. chanjo
gash v. chanja
gashing adj. chipuka
gasification n. kugeuka gesi
gasified adj. geuza gesi
gasify v. fanya gesi
gasket n. kizimba
gasmask n. maski
gasoline n. petroli
gasp n. tojo
gasp v. achama
gassy adj. kigesi
gastric adj. tumbo
gastronomy n. gastronomia
gate n. mlango
gatehouse n. mlango kuu
gatekeeper n. mlinzi
gatepost n. mlangoni
gateway n. njia

gather *v.* rundika
gaudy *adj.* rahisi
gauge *n.* pimasharazi
gaunt *adj.* mkonde
gauntlet *n.* kubisha
gawk *n.* mpumbavu
gawk *v.* pumbaa
gawky *adj.* kipumbavu
gay *adj.* changamfu
gay *n.* changamsha
gaze *v.* tazama
gaze *n.* tazamo
gazelle *n.* kinokero
gazette *n.* paa
gazillion *n.* idadi kubwa
gear *n.* gia
gearbox *n.* giaboksi
gearset *n.* gia
gearwheel *n.* gurudumu
geek *n.* asokawaida
geek *v.* shitua
geeksville *n.* ushtuko
geekwear *n.* mavazi (ya kiajabu)
geeky *adj.* kiajabu
geisha *n.* mwana densi
gel *n.* jeli
gel *v.* paka jeli
gelatin *n.* galetini (proteini)
gelatinize *v.* paka galetini
gelatinous *adj.* nzito
geld *v.* hasi
gelded *adj.* asomapunbu
gelding *n.* farasi isomapumbu
gem *n.* johari
geminal *adj.* ilombengu
geminate *adj.* ota
geminate *v.* ota
gemini *n.* gemini (nyota)
gender *n.* jinsia
gene *n.* jini
genealogical *adj.* kijeneolojia
genealogy *n.* jeneolojia
generable *adj.* ilojumlishwa

general *adj.* kijumla
generally *adv.* kijumla
generate *v.* zalisha
generation *n.* kizazi
generator *n.* jenerata
generosity *n.* dhifa
generous *adj.* karimu
genetic *adj.* kijenetiki
geneticist *n.* mwana jenetiki
genial *adj.* kisuhuba
geniality *n.* msuhuba
genie *n.* jini
genital *adj.* uchi
genitalia *n.* kisehemu za siri
genius *n.* fikra
genocide *n.* mauaji ya halaiki
genome *n.* jenome
genre *n.* ghana
genteel *adj.* kiheshima
gentility *n.* umataifa
gentle *adj.* mpole
gentleman *n.* muungwana
gentry *n.* upole
genuine *adj.* asili
geographer *n.* mwanajiografia
geographical *adj.* kijografia
geography *n.* jiografia
geological *adj.* kijiolojia
geologist *n.* mwanajiolojia
geology *n.* jiologia
geometrical *adj.* kijometri
geometry *n.* jometri
geopolitical *adj.* siasa
geranium *n.* jeraniumu
germ *n.* kijidudu
germicide *n.* kijidudu
germin *n.* ilo na mbegu
germinate *v.* mea
germination *n.* umeaji
gerund *n.* jina kitenzi
gesture *n.* ishara
get *v.* patiwa
geyser *n.* chemichemi moto

ghastly *adj.* tishio
ghetto *n.* geto
ghost *n.* mzimu
ghostwriter *n.* mwandishi asojulikana
ghoul *n.* jitu
ghoulish *adj.* kijitu
giant *n.* jiti
giantess *n.* ujitu
gib *n.* gibu
gib *v.* gibu
gibber *n.* upuuzi
gibber *v.* puuza
gibberish *n.* kipuuzi
gibberish *adj.* kiupuzi
gibbon *n.* gibbon
gibe *v.* tukana
gibe *n.* matusi
giddy *adj.* kizunguzungu
gift *n.* zawadi
gift *v.* tunuku
gifted *adj.* alibarikiwa
gift-wrap *v.* kifunga zawadi
gig *n.* kitaga samaki
gig *v.* taga samaki
gigabit *n.* gigabit
gigabyte *n.* gigabait
gigantic *adj.* dubwana
giggle *v.* chekacheka
gild *v.* chama
gilt *adj.* lawama
gimmick *n.* ujanja
gimmick *v.* janjaua
gimmickry *n.* kijanja
gimp *n.* kiwete
gimp *v.* kiwete
gimp *adj.* kiwete
gin *n.* haujaanza
ginger *adj.* kitangawizi
ginger *n.* tangawizi
giraffe *n.* twiga
gird *v.* dadisa
girder *n.* boriti

girdle *n.* masombo
girdle *v.* somba
girl *n.* msichana
girlish *adj.* kischana
gist *n.* kiini
give *v.* gawia
gizmo *n.* isotambulika
glacier *n.* barafu
glad *adj.* furaha
gladden *v.* furahishwa
glade *n.* kimwitu
gladiator *n.* jitu
gladiatorial *adj.* kijitu
gladly *adv.* kwa furaha
glam *adj.* kizuri
glam *n.* rembo
glamour *n.* ungaavu
glance *n.* mtazamo
glance *v.* tazama
gland *n.* gland
glare *n.* mwanga
glare *v.* mng'arizo
glass *n.* glasi
glasses *n.* bilauri
glasshouse *n.* nyumba (ya glasi)
glassify *v.* fanya glasi
glassmaker *n.* mtengeza glasi
glaucoma *n.* glaukoma (ugonjwa)
glaze *v.* ng'arisha
glaze *n.* ngaa
glazier *n.* mkata manyasi
gleam *n.* mng'arizo
gleam *v.* zagaa
gleaming *adj.* angavu
glee *n.* ridhawa
gleeful *adj.* maridhawa
gleefully *adv.* kuridhia
glide *n.* nyiririko
glide *v.* tiririka
glider *n.* kimiminio
glimmer *n.* mwanga
glimmer *v.* mulika
glimpse *n.* mtazamo

glitter *v.* meremeta
glitter *n.* mng'aro
gloat *v.* teuka
gloat *n.* msengenyo
gloatingly *adv.* kiushangulifu
global *adj.* kimataifa
globe *n.* dunia
gloom *n.* weusi
gloomy *adj.* eusi
glorification *n.* kutukuzwa
glorify *v.* adhimu
glorious *adj.* takatifu
glory *n.* adhama
gloss *n.* dondo
glossary *n.* kamusi
glossy *adj.* kidondo
glove *n.* glavu
glow *v.* ngaa
glow *n.* uwangafu
glucose *n.* sukari
glue *n.* gundi
glue *v.* bandika
glut *v.* zidi
glut *n.* kingi
glutton *n.* mlafi
gluttony *n.* uroho
glycerine *n.* glaserini
gnarl *n.* mkunjo
gnarl *v.* kunja
gnaw *v.* mumunya
gnome *n.* mbilikimo
go *v.* nenda
goad *n.* mchokoo
goad *v.* chokoa
goal *n.* goli
goalkeeper *n.* kipa
goalpost *n.* mede
goalscoring *n.* kutinga
goanna *n.* goana
goat *n.* mbuzi
gobble *n.* gobul
goblet *n.* kidoto
god *n.* mungu

goddess *n.* miungu
godhead *n.* uungu
godly *adj.* kimungu
godown *n.* sto
godsend *n.* mkombozi
goggles *n.* usalama
gold *n.* dhahabu
golden *adj.* dhahabia
goldsmith *n.* mfua dhahabu
golf *n.* gofu
gonads *n.* gonadi
gondola *n.* gari
gong *n.* upatu
goo *n.* a kujivuta
goo *v.* jivute
good *adj.* njema
good *adj.* mzuri
good *n.* vizuri
good *n.* salama
good-bye *interj.* alamsiki
goodness *n.* uzuri
goodwill *n.* pendeleo
goof *n.* hasira
goof *v.* kasirika
goofy *adj.* hasira
google *v.* tafuta mtandaoni
gooney *n.* guni
goose *n.* bukini (bata)
gooseberry *n.* zabibupata
gore *n.* upapi
gore *v.* guta
gorge *n.* korongo
gorge *v.* akia
gorge *adj.* korongo
gorgeous *adj.* zuri mno
gorilla *n.* sokwe
gospel *n.* injili
gossip *n.* mnong'ono
gossip *v.* puza
gothic *n.* gothiki
gothic *adj.* kigithiki
gouda *n.* kisyagi
gourd *n.* godi

gout *n.* jongo
govern *v.* tawala
governance *n.* utawala
governess *n.* mlezi
government *n.* serikali
governor *n.* gavana
gown *n.* gauni
grab *v.* nyaka
grace *n.* taufiki
grace *v.* neema
gracious *adj.* muruwa
gradation *n.* ugawaji
grade *n.* alama
grade *n.* gredi
grade *v.* daraja
gradual *adj.* taratibu
graduate *v.* hitimu
graduate *n.* mhitimu
graft *n.* hongo
graft *n.* rushwa
graft *v.* honga
grain *n.* chembe
grammar *n.* nahau
grammarian *n.* sarufi
gramme *n.* gramu
gramophone *n.* gramafoni
granary *n.* ghala
grand *adj.* saada
grandeur *n.* adhama
grant *v.* jalia
grant *n.* majaaliwa
grape *n.* zabibu
graph *n.* jedwali
graphic *adj.* kipicha
grapple *n.* kukabiliana
grapple *v.* kabiliana
grasp *v.* nasa
grasp *n.* mkamato
grass *n.* majani
grate *n.* mkwaruzo
grate *v.* kwaruza
grateful *adj.* kushukuru
grater *n.* kichamvui

gratification *n.* furaha
gratis *adv.* bure
gratitude *n.* ushukuru
gratuity *n.* bahashishi
grave *n.* kaburi
grave *adj.* kaburi
gravitate *v.* wanaamua
gravitation *n.* mvuto
gravity *n.* uvutano
graze *v.* lisha
graze *v.* paruza
graze *n.* lisha
grease *n.* grisi
grease *v.* sisima
greasy *adj.* nang'anika
great *adj.* adhimu
greed *n.* tamaa
greedy *adj.* kabidhi
greek *n.* ugiriki
greek *adj.* kigiriki
green *adj.* janikiwiti
green *n.* kijani
greenery *n.* kijani
greet *v.* amkua
grenade *n.* kombora
grey *adj.* kijivu
greyhound *n.* mbwa
grief *n.* ghamu
grievance *n.* malalamiko
grieve *v.* huzunisha
grievous *adj.* chungu
grind *v.* ponda
grinder *n.* kisiagi
grip *v.* kaza
grip *n.* mkamato
groan *v.* koroma
groan *n.* guno
grocer *n.* muuza mboga
grocery *n.* mboga
groom *n.* bwanaharusi
groom *v.* saisi
groove *n.* mfuo
groove *v.* mfuo

grope *v.* tutusa
gross *n.* chukivu
gross *adj.* kipato
gross *adj.* pato
grotesque *adj.* ajabu
ground *n.* ardhi
ground *n.* chini
ground *v.* weka ardhini
ground *v.* ziwia
group *n.* chama
group *v.* panga (makundi)
grow *v.* mea
grower *n.* mpanda (mimea)
growl *v.* vuma
growl *n.* vumo
growth *n.* maendeleo
grudge *v.* chuki
grudge *n.* kinyogo
grumble *v.* nung'unika
grunt *n.* guno
grunt *v.* guna
guarantee *n.* dhamana
guarantee *v.* dhamini
guard *v.* dhibiti
guard *n.* mlinda
guardian *n.* mlezi
guava *n.* mapera
guerilla *n.* mrugaruga
guess *n.* makisio
guess *v.* kisia
guest *n.* mgeni
guidance *n.* mwongozo
guide *v.* ongoza
guide *n.* kiongozi
guild *n.* chama
guile *n.* ujini
guilt *n.* hatia
guilty *adj.* hatia
guise *n.* kivuli
guitar *n.* gitaa
gulf *n.* ghuba
gull *n.* shakwe
gull *n.* kishakwe

gull *v.* shakwesha
gulp *v.* gugumia
gulp *n.* kugugumiza
gum *n.* uvumba
gun *n.* bunduki
gust *n.* kishindo
gutter *n.* fumbi
guttural *adj.* vya kooni
gymnasium *n.* ukumbi (wa sarakasi)
gymnast *n.* mwanasarakasi
gymnastic *adj.* kisarakasi
gymnastics *n.* mazoezi ya viungo

H

habeas corpus *n.* hibias kopas
habit *n.* desturi
habitable *adj.* kingo
habitat *n.* makazi
habitation *n.* makao
habituate *v.* jizoeshe
hack *v.* shenga
hacker *n.* mshenga
hag *n.* kumbata
haggard *adj.* haggadi
haggle *v.* shika (bei)
hail *n.* mvua (ya mawe)
hail *v.* nyesha
hair *n.* nywele
hale *adj.* ulazima
half *n.* nusu
half *adj.* tindi
hall *n.* ukumbi
hallmark *n.* fadhila
hallocentric *adj.* utakasaji
hallow *v.* kutakasa
halt *v.* koma
halt *n.* kikomo
halve *v.* punguza nusu
hamlet *n.* kitongoji
hammer *n.* nyundo
hammer *v.* gotota.

hand *n.* mkono
hand *v.* peana
handbill *n.* notisi
handbook *n.* kikaratasi
handcuff *n.* pingu
handcuff *v.* funga (pingu)
handful *n.* ng'ada
handicap *n.* pingamizi
handicap *v.* ziwiya
handicraft *n.* kazi ya mkono
handiwork *n.* kazi ya mkono
handkerchief *n.* kitambaa
handle *n.* mkono
handle *v.* gusa
handsome *adj.* zuri
handy *adj.* epesi
hang *v.* tundika
hanker *v.* tamani
haphazard *adj.* ovyo
happen *v.* sadifu
happening *n.* tukio
happiness *n.* furaha
happy *adj.* furahifu
harass *v.* tesa
harassment *n.* mateso
harbour *n.* bandari
harbour *v.* bandari
hard *adj.* gumu
hard *adj.* mathubuti
hard *adv.* yabisi
harden *v.* shupaza
hardihood *n.* ugumu
hardly *adv.* vigumu
hardship *n.* magumu
hardy *adj.* imara
hare *n.* kitungule
harm *n.* shari
harm *v.* umizi
harmonious *adj.* linganifu
harmonium *n.* kinanda
harmony *n.* usikizano
harness *n.* tandiko
harness *v.* tandika

harp *n.* kimu
harsh *adj.* chungu
harvest *n.* mavuno
harvest *v.* vuna
harvester *n.* mvunaji
haste *n.* haraka
hasten *v.* harakisha
hasty *adj.* kiharaka
hat *n.* kofia
hatchet *n.* vishoka
hate *n.* zira
hate *v.* chukia
haughty *adj.* kiburi
haunt *v.* andama
haunt *n.* kuandama
have *v.* yana
haven *n.* bandari
havoc *n.* maangamizi
hawk *n.* chopa
hawker *n.* bazazi
hawthorn *n.* miiba
hay *n.* nyasi
hazard *n.* hatari
hazard *v.* bahatisha
haze *n.* kivumbi
hazy *adj.* ya ukungu
he *pron.* yeye
head *n.* kichwa
head *v.* ongoza
headache *n.* maumivu kichwani
heading *n.* viongozi
headlong *adv.* andiko
headstrong *adj.* kijasiri
heal *v.* ponya
health *n.* afia
healthy *adj.* zima
heap *n.* shumbi
heap *v.* panganya
hear *v.* sikia
hearsay *n.* fununu
heart *n.* fuadi
hearth *n.* makaa
heartily *adv.* moyo-wote

heat *n.* harara
heat *v.* pasha (moto)
heave *v.* kuinuliwa
heaven *n.* peponi
heavenly *adj.* mbinguni
hedge *n.* nyua
hedge *v.* kiwigo
hedge *v.* wigo
heed *v.* kukumbuka
heed *n.* kisigino
heel *n.* kisigino
hefty *adj.* kubwa
height *n.* marefu
heighten *v.* refuka
heinous *adj.* kutisha
heir *n.* warithi
hell *adj.* jahanamu
helm *n.* uongozi
helmet *n.* kofia (ya chuma)
help *v.* saidia
help *n.* msaada
helpful *adj.* manufaa
helpless *adj.* hoi
helpmate *n.* msaidizi
hemisphere *n.* nusudunia
hemp *n.* bangi
hen *n.* kuku
hence *adv.* alhasil
henceforth *adv.* tangia sasa
henceforward *adv.* tangia leo
henchman *n.* waziri
henpeck *v.* siomume
her *pron.* yeye
her *adj.* yeye (kike)
herald *n.* mbiu
herald *v.* piga mbiu
herb *n.* kikundi
herculean *adj.* hakulini
herd *n.* mifungo
herdsman *n.* mchungaji
here *adv.* hapa
hereabouts *adv.* huku
hereafter *n.* ahera

hereafter *adv.* kiama
hereditary *n.* kurithika
heredity *n.* urithi
heritable *adj.* kurithika
heritage *n.* urithi
hermit *n.* mtaawa
hermitage *n.* utaawa
hernia *n.* mshipa
hero *n.* shujaa
heroic *adj.* kishujaa
heroine *n.* heroini (kulevya)
heroism *n.* ushujaa
herring *n.* sili
hesitant *adj.* ajizi
hesitate *v.* limatia
hesitation *n.* uajizi
hew *v.* buabua
heyday *n.* ujanani
hibernation *n.* kubumbwaa
hiccup *n.* kwikwi
hide *n.* ngozi
hide *v.* ficha
hideous *adj.* tishio
hierarchy *n.* uongozi
high *adj.* refu
highly *adv.* sana
highness *n.* mtukufu
highway *n.* tariki
hilarious *adj.* kichekesho
hilarity *n.* uzuri
hill *n.* mwinuko
hillock *n.* kijimlima
him *pron.* yeye (kiume)
hinder *v.* zuia
hindrance *n.* kikwazo
hint *n.* kidokezo
hint *v.* dokeza
hip *n.* kiuno
hire *n.* ujira
hire *v.* ajiri
hireling *n.* mamluki
his *pron.* pake
hiss *n.* fyozo

hiss v. sonya
historian n. mwanahistoria
historic a. kihistoria
historical adj. kihistoria
history n. historia
hit n. kichapo
hit v. chapa
hitch n. vuta
hither adv. hapa
hitherto adv. mpaka sasa
hive n. mzinga
hoarse adj. liopwelea
hoax n. kukenga
hoax v. kenga
hobby n. nilipendalo
hobbyhorse n. kuyumbayumba
hockey n. hoki
hoist v. pandisha
hold n. mkamato
hold n. mshiko
hold v. bamba
hold v. kamata
hold v. shika
hole n. tundu
hole v. tumbukia
holiday n. sikukuu
hollow adj. bonde
hollow n. shimo
hollow v. teketa
holocaust n. mteketeo
holy adj. takatifu
homage n. heshima
home n. makao
homeopath n. tabibu
homeopathy n. tiba
homicide n. mauaji
homogeneous adj. linganifu
honest adj. aminifu
honesty n. uaminifu
honey n. asali
honeycomb n. kalala
honeymoon n. fungate
honorarium n. uwenyekiti

honorary adj. heshima
honour n. adhama
honour v. heshimu
honourable adj. sharifu
hood n. chandarua
hoodwink v. kuficha
hoof n. kikwato
hook n. chango
hooligan n. mhuni
hoot n. mzomo
hoot v. zoma
hop v. ruka
hop n. ruko
hope v. tarajia
hope n. matarajio
hopeful adj. tumainifu
hopeless adj. nyangalika
horde n. umati
horizon n. upeo
horn n. honi
hornet n. mavu
horrible adj. tishio
horrify v. tishia
horror n. maafa
horse n. farasi
horticulture n. kilimo ya maua
hose n. nguo za ndani
hosiery n. nguo za ndani
hospitable adj. karimu
hospital n. hospitali
hospitality n. ukarimu
host n. mwenyeji
hostage n. kole
hostel n. hosteli
hostile adj. shindani
hostility n. adawa
hot adj. moto
hotchpotch n. supu
hotel n. hoteli
hound n. mbwa
hour n. saa
house n. beit
house v. laza

how *adv.* jinsi
however *adv.* wala
however *conj.* lakini
howl *v.* omboleza
howl *n.* kuombileza
hub *n.* kinu
hubbub *n.* makelele
huge *adj.* kijitu
hum *v.* vuma
hum *n.* kivumo
human *adj.* kibinadamu
humane *adj.* kiutu
humanitarian *adj.* kibinadamu
humanity *n.* binadamu
humanize *v.* utu
humble *adj.* nyenyekevu
humdrum *adj.* kawaida
humid *adj.* baridi
humidity *n.* mvuke
humiliate *v.* aibisha
humiliation *n.* aibisho
humility *n.* unyenyekevu
humorist *n.* kibogoyo
humorous *adj.* kiucheshi
humour *n.* ucheshi
hunch *n.* shaka
hundred *n.* mia
hunger *n.* njaa
hungry *adj.* kwiu
hunt *v.* winda
hunt *n.* uwindaji
hunter *n.* mwindaji
huntsman *n.* mwindaji
hurdle *n.* kipingo
hurdle *v.* tatizo
hurl *v.* tupa
hurrah *interj.* heko
hurricane *n.* tufani
hurry *v.* himiza
hurry *n.* hima
hurt *v.* dhuru
hurt *n.* dhara
husband *n.* mume

husbandry *n.* ufugaji
hush *n.* kunyamaa
hush *v.* nyamaa
husk *n.* shapo
husky *adj.* kimaganda
hut *n.* kibanda
hyaena, hyena *n.* fisi
hybrid *adj.* useto
hybrid *n.* mseto
hydrogen *n.* haidrojeni
hygiene *n.* usafi
hygienic *adj.* usafi
hymn *n.* wimbo
hyperbole *n.* mbadhirifu
hypnotism *n.* umbumbuwazi
hypnotize *v.* bumbuaza
hypocrisy *n.* danganyo
hypocrite *n.* mnafiki
hypocritical *adj.* kinafiki
hypothesis *n.* dhanio
hypothetical *adj.* maelezo
hysteria *n.* haisteria (ugonjwa)
hysterical *adj.* kihaisteria

I

i *pron.* miye
iambic *adj.* iambu
ice *v.* baridisha
ice *n.* barafu
iceberg *n.* siwa barafu
iceblock *n.* barafu
icebraker *n.* kivunja barafu
icecap *n.* barafu
iced *adj.* kuwa barafu
icicle *n.* mchirizi wa barafu
icon *n.* kielelezo
iconic *adj.* kuelelezo
iconoclastic *adj.* misanamu
icy *adj.* kama barafu
idea *n.* dhana
ideal *adj.* kipeo
ideal *n.* bora

idealism n. ubora
idealist n. mwana maoni
idealistic adj. kimaoni
idealize v. taswira
identical adj. kufanana
identify v. jitambulishe
identity n. kitambulisho
idiocy n. ujinga
idiom n. lahaja
idiomatic adj. kinahau
idiot n. punguani
idiotic adj. kipunguani
idle adj. zembe
idleness n. uzembe
idler n. mzembe
idol n. sanamu
idolater n. mshirikina
if conj. kama
igloo n. msonge (wa bafaru)
ignition n. moto
ignoble adj. isomaana
ignorance n. ujuhula
ignorant adj. jahili
ignore v. puuza
ill adj. gonjwa
ill adv. baya
ill n. maradhi
illegal adj. haramu
illegibility n. uwafiki
illegible adj. muafaka
illegitimate adj. haramu
illicit adj. haramu
illiteracy n. ujahili
illiterate adj. jahili
illness n. maradhi
illogical adj. siomantiki
illuminate v. angaza
illumination n. angaa
illusion n. oungo
illustrate v. alielezea
illustration n. kielezo
image n. taswira
imagery n. utaswira

imaginary adj. kubuni
imagination n. mawazo
imaginative adj. ubunifu
imagine v. dhani
imitate v. igiza
imitation n. uigaji
imitator n. mwigaji
immaterial adv. mamoja
immature adj. bichi
immaturity n. ubichi
immeasurable adj. bahari
immediate adv. halan
immemorial adj. enzi
immense adj. mkubwa
immensity n. uzamishaji
immerse v. chovya
immersion n. uzamishaji
immigrant n. mhamiaji
immigrate v. hamishwa
immigration n. uhamiaji
imminent adj. karibu
immodest adj. pujufu
immodesty n. upujufu
immoral adj. kisherati
immorality n. usherati
immortal adj. milele
immortality n. udaima
immortalize v. dumisha
immovable adj. isiohamishika
immune adj. kinga
immunity n. kinga
immunize v. chanjo
impact n. dharuba
impart v. anatupa
impartial adj. adilifu
impartiality n. adilifu
impassable adj. siopitika
impasse n. msuguano
impatience n. shauku
impatient adj. epesi
impeach v. kumshtaki
impeachment n. mashtaka
impede v. taaradhia

impediment *n.* kwazo
impenetrable *adj.* zito
imperative *adj.* muhimu
imperfect *adj.* pungufu
imperfection *n.* imperfection
imperial *adj.* kionjo
imperialism *n.* istiimari
imperil *v.* hatarisha
imperishable *adj.* sioharibika
impersonal *adj.* siohisia
impersonate *v.* iga
impersonation *n.* uigaji
impertinence *n.* mtafiti
impertinent *adj.* kijuvi
impetuosity *n.* mashiko
impetuous *adj.* shika
implement *n.* chombo
implement *v.* tekeleza
implicate *v.* husisha
implication *n.* maana
implicit *adj.* thabiti
implore *v.* nasihi
imply *v.* kuashiria
impolite *adj.* utwana
import *v.* ingiza
import *n.* uingizaji
importance *n.* umuhimu
important *adj.* muhimu
impose *v.* toza
imposing *adj.* kulazimisha
imposition *n.* kuanishwa
impossibility *n.* umuhali
impossible *adj.* muhali
impostor *n.* laghai
imposture *n.* ulaghai
impotence *n.* ukwadi
impotent *adj.* jongoo
impoverish *v.* umaskini
impracticability *n.* muhali
impracticable *adj.* haiwezekani
impress *v.* kandamiza
impression *n.* ono
impressive *adj.* kuvutia

imprint *v.* hisi
imprint *n.* wazo moyoni
imprison *v.* funga
improper *adj.* yasiofaa
impropriety *n.* vibaya (kimatumizi)
improve *v.* dubu
improvement *n.* maendeleo
imprudence *n.* usafihi
imprudent *adj.* msafihi
impulse *n.* mchocheo
impulsive *adj.* msukumo
impunity *n.* ukatili
impure *adj.* najisi
impurity *n.* unajisi
impute *v.* shitaki
in *prep.* katika
inability *n.* kutoweza
inaccurate *adj.* siosahihi
inaction *n.* kutochukua hatua
inactive *adj.* kigoigoi
inadmissible *adj.* siokubalika
inanimate *adj.* kimajina
inapplicable *adj.* isiotumika
inattentive *adj.* sahaulifu
inaudible *adj.* isosikika
inaugural *adj.* uzinduaji
inauguration *n.* uzinduzi
inauspicious *adj.* kibaya
inborn *adj.* wa kuzawa
incalculable *adj.* isohesabika
incapable *adj.* hawezi
incapacity *n.* kushindwa
incarnate *adj.* kimwili
incarnate *v.* aliyefanyika mwili
incarnation *n.* mwili
incense *v.* fukiza
incense *n.* ubani
incentive *n.* kishawishi
inception *n.* kwa hapa
inch *n.* inchi
incident *n.* mkasa
incidental *adj.* muafaka
incite *v.* chochea

inclination n. maelekeo
incline v. betua
include v. zingatia
inclusion n. kuingizwa
inclusive adj. kushirikisha
incoherent adj. kikisa
income n. mapato
incomparable adj. kifani
incompetent adj. uzembe
incomplete a. pungufu
inconsiderate adj. siyofikiriwa
inconvenient adj. tatizo
incorporate v. shirikiza
incorporate adj. kuingiza
incorporation n. kuingizwa
incorrect adj. kosefu
incorrigible adj. siorekebika
incorruptible adj. msalihina
increase n. endeleo
increase v. ongeza
incredible adj. ajabu
increment n. jazi
incriminate v. tia hatarini
incubate v. taga
inculcate v. nuiza
incumbent n. madaraka
incumbent adj. madarakani
incur v. pata
incurable adj. isotibika
indebted adj. kudaiwa
indecency n. uchafu
indecent adj. chafu
indecision n. ajiza
indeed adv. walahi
indefensible adj. isotetewa
indefinite adj. kadha
indemnity n. fidia
indentification n. utambulisho
independence n. uhuru
independent adj. huria
indescribable adj. isioelezeka
index n. fahirisi
indian adj. kihindi

indicate v. ashiria
indication n. ishara
indicative adj. kiashiria
indicator n. kiashirio
indict v. mashitaka
indictment n. shtaka
indifference n. uzembe
indifferent adj. vivu
indigenous adj. kienyeji
indigestible adj. isotafunika
indigestion n. kuvimbiwa
indignant adj. kuchukizwa
indignation n. mwao
indigo n. nili
indirect adj. pengee
indiscipline n. asoadabu
indiscreet adj. ghafilika
indiscretion n. utafiti
indiscriminate adj. kiholela
indispensable adj. lazima
indisposed adj. asiyejisikia
indisputable adj. lisilopingika
indistinct (of sound) adj. vumi
individual adj. akali
individualism n. ubinafsi
individuality n. nafsi
indivisible adj. isotenganishwa
indolent adj. goigoi
indomitable adj. sioshindwa
indoor adj. ndani
indoors adv. ndani ya nyumba
induce v. tumika
inducement n. lukuma
induct v. waingize
induction n. ushughulishaji
induction n. uingizaji
indulge v. jishughulishe
indulgence n. upendelevu
indulgent adj. limbiko
industrial adj. viwanda
industrious adj. bidii
industry n. kiwanda
ineffective adj. batilifu

inert *adj.* tuli
inertia *n.* inesha
inevitable *adj.* sioepukika
inexact *adj.* siokabisa
inexorable *adj.* asosamehe
inexpensive *adj.* rahisi
inexperience *n.* ulimbukeni
inexplicable *adj.* sioelezeka
infallible *adj.* asodosari
infamous *adj.* umaarufu
infamy *n.* ubovu
infancy *n.* uchanga
infant *n.* mchanga
infanticide *n.* watoto wachanga
infantile *adj.* kitoto
infantry *n.* uchanga
infatuate *v.* pumbaa
infatuation *n.* ghururi
infect *v.* ambukiza
infection *n.* ambukizo
infectious *adj.* kiambukizo
infer *v.* dai
inference *n.* madai
inferior *adj.* duni
inferiority *n.* udhalili
infernal *adj.* motoni
infinite *adj.* usio
infinity *n.* milele
infirm *adj.* dhaifu
infirmity *n.* udhaifu
inflame *v.* chochea
inflammable *adj.* kuchomeka
inflammation *n.* kiwasho
inflammatory *adj.* uchochezi
inflation *n.* uvimbe
inflexible *adj.* kakamizi
inflict *v.* pasisha
influence *n.* taathiri
influence *v.* athiri
influential *adj.* uvuto
influenza *n.* bombo
influx *n.* kufurika
inform *v.* arifu

informal *adj.* rasmi
information *n.* maarifa
informative *adj.* taarifa
informer *n.* mdakizi
infringe *v.* kuvunja
infringement *n.* ukandamizaji
infuriate *v.* kasiri
infuse *v.* penyeza
infusion *n.* kupenyeza
ingrained *adj.* ilokomaa
ingratitude *n.* kukosa
ingredient *n.* kiungo
inhabit *v.* kukaa
inhabitable *adj.* yaweza kalika
inhabitant *n.* mzawa
inhale *v.* vuta (pumzi)
inherent *adj.* asili
inherit *v.* rithi
inheritance *n.* urithi
inhibit *v.* kuzuia
inhibition *n.* ilotengwa
inhospitable *adj.* duni
inhuman *adj.* unyama
inimical *adj.* adui
inimitable *adj.* kiadui
initial *adj.* awali
initial *n.* mwanzo
initial *v.* awali
initiate *v.* anzisha
initiative *n.* uzinduzi
inject *v.* dunga (shindano)
injection *n.* shindano
injudicious *adj.* busara
injunction *n.* amri ya mahakama
injure *v.* jeruhi
injurious *adj.* kumdhulumu
injury *n.* jeraha
injustice *n.* dhuluma
ink *n.* wino
inkling *n.* kuweka wino
inland *adv.* bara
inland *adj.* kibara
in-laws *n.* wavyele

inmate *n.* wafungwa
inmost *adj.* yaliomo
inn *n.* nyumba ya wageni
innate *adj.* kindani
inner *adj.* ndani
innermost *adj.* undani
innings *n.* miingio
innocence (in a girl) *n.* ubikira
innocent *adj.* msafihi
innovate *v.* vumbua
innovation *n.* uzushi
innovator *n.* mzuzi
innumerable *adj.* siohesabika
inoculate *v.* chanja
inoculation *n.* chanjo
inoperative *adj.* siofanya
inopportune *adj.* siofaa
input *n.* pembejeo
inquest *n.* uchunguzi
inquire *v.* tafiti
inquiry *n.* utafiti
inquisition *n.* baraza
inquisitive *adj.* pekuzi
insane *adj.* majinuni
insanity *n.* wazimu
insatiable *adj.* lafuko
inscribe *v.* andikwa
inscription *n.* andiko
insect *n.* mdudu
insecticide *n.* dawa
insecure *adj.* isosalama
insecurity *n.* uhaba wa amani
insensibility *n.* kipooza
insensible *adj.* upoozo
inseparable *adj.* kisotenganishwa
insert *v.* ingiza
insertion *n.* kiiongizo
inside *prep.* ndani
inside *adj.* kindani
inside *adv.* ndani
inside *n.* kiini
insight *n.* maarifa
insignificance *n.* uhafifu

insignificant *adj.* dhaifu
insincere *adj.* batili
insincerity *n.* unafiki
insinuate *v.* penyeza
insinuation *n.* penyezi
insipid *adj.* chapwa
insipidity *n.* udufu
insist *v.* ng'ang'ania
insistence *n.* msisitizo
insistent *adj.* chaga
insolence *n.* kinaya
insolent *adj.* fidhuli
insoluble *n.* hakuna
insolvency *n.* ufilisi
insolvent *adj.* isoyayuka
inspect *v.* angalia
inspection *n.* maangalio
inspector *n.* inspekta
inspiration *n.* msukumo
inspire *v.* kuhamasisha
instability *n.* kutokuwa na utulivu
install *v.* enzi
installation *n.* uimarisho
instalment *n.* sehemu
instance *n.* mfano
instant *n.* kwa papo
instant *adj.* papo
instantaneous *adj.* kwa ghafla
instantly *adv.* maramoja
instigate *v.* chonjomoa
instigation *n.* mchocho
instil *v.* kuwafunza
instinct *n.* silika
instinctive *adj.* kiasilika
institute *n.* taasisi
institution *n.* ofisi
instruct *v.* usia
instruction *n.* agizo
instructor *n.* mkufunzi
instrument *n.* kifaa
instrumental *adj.* umuhimu
instrumentalist *n.* muhimu
insubordinate *adj.* wakaidi

insubordination n. ukaidi
insufficient adj. adimu
insular adj. kisiwani
insularity n. utengwaji
insulate v. hami
insulation n. kuhami
insulator n. kizio
insult n. tusi
insult v. chamba
insupportable adj. isosaidika
insurance n. bima
insure v. hakikisha
insurgent n. mwasi
insurgent adj. waasi
insurmountable adj. suala puuzi
insurrection n. uwaasi
intact adj. kamili
intangible adj. zisizogusika
integral adj. muhimu
integrity n. uadilifu
intellect n. uwekevu
intellectual adj. kiakili
intellectual n. msomi
intelligence n. maarifa
intelligence n. ujuzi
intelligent adj. angavu
intelligentsia n. wasomi
intelligible adj. kueweka
intend v. azimia
intense adj. kali
intensify v. kaza
intensity n. ukali
intensity n. uwezo
intensive adj. kamambe
intent n. lengo
intent adj. maksudi
intention n. azimio
intentional adj. kusudi
intercept v. kinga
interception n. kutekwa
interchange n. mageuzi
interchange v. geuza
intercourse (sexual) n. ngono

interdependence n. utegemeano
interdependent adj. ungamana
interest n. masilahi
interested adj. kimaslahi
interesting adj. ya maslahi
interfere v. ingilia
interference n. maingilio
interim n. mpito
interior adj. mambo ya ndani
interior n. kiini
interjection n. kilio
interlock v. funganisha pamoja
interlude n. kuingilia kati
intermediary n. kijumbe
intermediate adj. kati
interminable adj. isoingilika
intermingle v. tangamana
intern n. alika
internal adj. ya ndani
international adj. kimataifa
interplay n. chezeana
interpret v. fasiri
interpreter n. mfasiri
interrogate v. hoji
interrogation n. mahojiano
interrogative adj. kiudadisi
interrogative n. kimahojiano
interrupt v. katiza
interruption n. chachawizo
intersect v. kingama
intersection n. kutano
interval n. nafasi
intervene v. ingilia kati
intervention n. uingiliaji
interview n. mahojiano
interview v. hoji
intestinal adj. kichango
intestine n. utumbo
intimacy n. usuhuba
intimate adj. karibu
intimate v. tisha
intimation n. dokezo
intimidate v. tisha

intimidation *n.* mwogofyo
into *prep.* nadani ya
intolerable *adj.* magumu
intolerance *n.* kutovumilia
intolerant *adj.* siovumilivu
intoxicant *n.* kileo
intoxicate *v.* levya
intoxication *n.* malevi
intransitive *adj. (verb)* iso-mtendewa (nahau)
intrepid *adj.* jasiri
intrepidity *n.* ujasiri
intricate *adj.* nje
intrigue *v.* kanganya
intrigue *n.* utimvi
intrinsic *adj.* asili
introduce *v.* weka
introduction *n.* utangulizi
introductory *adj.* kiutangulizi
introspect *v.* chunguza
introspection *n.* kujichunguza
intrude *v.* dukiza
intrusion *n.* maingilio
intuition *n.* anga
intuitive *adj.* maangavu
invade *v.* shambulia
invalid *adj.* batili
invalid *n.* mwele
invalidate *v.* tangua
invaluable *adj.* mchango mkubwa
invasion *n.* uvamizi
invective *n.* apizo
invent *v.* buni
invention *n.* ubuni
inventive *adj.* uvumbuzi
inventor *n.* mvumbuzi
invert *v.* geuza
invest *v.* wekeza
investigate *v.* dadisi
investigation *n.* udadisi
investment *n.* zingio
invigilate *v.* angaliza
invigilation *n.* uangalizi

invigilator *n.* muangalizi
invincible *adj.* asoshindwa
inviolable *adj.* ulinzi
invisible *adj.* asiyeonekana
invitation *n.* mwaliko
invite *v.* alika
invocation *n.* sala
invoice *n.* orodha
invoke *v.* waomba
involve *v.* husisha
inward *adj.* kindani
inwards *adv.* kwandani
irate *adj.* hasira
ire *n.* kuangaliwa
irish *adj.* kiurashia
irish *n.* uareshia
irksome *adj.* isofaida
iron *n.* chuma
iron *v.* piga (pasi)
ironical *adj.* kushangaza
irony *n.* kinaya
irradiate *v.* ngaa
irrational *adj.* isiyo ya akili
irreconcilable *adj.* isio tatulika
irrecoverable *adj.* isiopatikana
irrefutable *adj.* dhahiri
irregular *adj.* siokawaida
irregularity *n.* chafuko
irrelevant *adj.* lisilo
irrespective *adj.* bila kujali
irresponsible *adj.* habali
irrigate *v.* mwagilia
irrigation *n.* kilimo cha umwagiliaji
irritable *adj.* tukutu
irritant *adj.* kero
irritant *n.* inakereketa
irritate *v.* kereketa
irritation *n.* kiwasho
irritation *n.* uwasho
irruption *n.* kwa uchache
island *n.* kisiwa
isle *n.* kisiwa
isobar *n.* aisoba (kisayansi)

isolate v. chuja
isolation n. utengano
issue v. pokeza
issue n. jambo
issue n. utolewaji
it pron. yeye
italian adj. kiitaliano
italian n. muitaliano
italic adj. italiki
italics n. italiki
itch n. mwasho
itch v. washa
item n. kifaa
ivory n. pembe
ivy n. mmea wa kutambaa

J

jab v. subukua
jabber v. kifaa cha kupanda
jack n. ghulamu
jack v. piga (jeki)
jackal n. mbweha
jacket n. koti
jade n. kata tamaa.
jail n. gereza
jail v. funga
jailer n. jela
jam n. maraba
jam v. sama
janitor n. bawabu
january n. januari
jar n. chombo
jargon n. jagoni
jasmine, jessamine n. yasmin
jaundice n. safura
jaundice v. homa ya manjano
javelin n. mkuki
jaw n. utaya
jay n. jay
jealous adj. wivu
jealousy n. ghera
jeans n. patashika

jeer v. kebehi
jelly n. jeli
jeopardize v. hatarisha
jeopardy n. hatarini
jerk n. mkutuo
jerkin n. jaketi
jerky adj. nyama ya kukauka
jersey n. jezi
jest n. dhaka
jest v. bisha
jet n. ndege
jew n. myahudi
jewel n. johari
jewel v. kito
jeweller n. sonara
jewellery n. vito
jingle n. sauti ya kimetaliki
jingle v. jingo
job n. kazi
jobber n. mfanya kazi
jobbery n. kitenda kazi
jocular adj. mcheshi
jog v. duguda
join v. ambata
joiner n. seremala
joint n. kifundo
joint adj. pamoja
jointly adv. kwa pamoja
joke n. soga
joke v. dhihaki
joker n. kinyago
jollity n. pamoja
jolly adj. chekeshaji
jolt n. duguda
jolt v. duguda
jostle n. makumbano
jostle v. kumbana
jot n. nukta
jot v. weka
journal n. jarida
journalism n. uandishi wa habari
journalist n. muhariri
journey n. usafari

journey v. safiri
jovial adj. bashasha
joviality n. udasisi
joy n. furaha
joyful n. mwenye furaha
joyous n. kifuraha
jubilant adj. wafurahiaji
jubilation n. furaha
jubilee n. yubile
judge n. hakimu
judge v. hukumu
judgement n. maamuzi
judicature n. wahakimu
judicial adj. mahakama
judiciary n. mahakama
judicious adj. busara
jug n. chombo
juggle v. uzauza
juggler n. muuzauza
juice n. utomvu
juicy adj. ya utomvu
jumble n. mburugo
jumble v. changanya
jump n. mruko
jump v. ruka
junction n. makutano
juncture n. katika matukio
jungle n. msitu
junior adj. dogo
junior n. kijana
junk n. makombo
jupiter n. mshtarii
jurisdiction n. mamlaka
jurisprudence n. falsafa ya sheria
jurist n. mwanasheria
juror n. mzee muamuzi
jury n. waamuzi
juryman n. muamuzi
just adj. adilifu
just adv. hasa
justice n. haki
justifiable adj. sadikisha
justification n. uhakikishaji
justify v. kuhakikisha
justly adv. kihaki
jute n. mmea
juvenile adj. changamfu
juxtapose v. jaza
juxtaposed adj. vilivyojaa
juxtaposition n. ujazaji

K

kaffir n. kafiri
kaki n. kaki
kamikaze n. kamikaze
kangaroo n. kangaroo
karat n. karat
keen adj. nia ya
keenness n. shauku
keep v. hifadhi
keeper n. mlindaji
keepsake n. zawadi
kennel n. kibanda
kerchief n. kachifu
kernel n. kiini
kerosene n. kerosini
ketchup n. achali rojo
kettle n. birika
key n. ufunguo
key v. fungua
key adj. kifunguo
keyhole n. shimo ya ufunguo
keypad n. kibofya
keysmith n. mtengeneza vifunguo
keystone n. jiwe la msingi
keyword n. maneno
kick n. mchocheo
kick v. piga (teke)
kid n. mtoto
kidnap v. nyang'anya
kidney n. figo
kill v. ua
kill n. mauwaji
kiln n. joko
kilo n. kilo

kilogram *n.* kilo
kilt *n.* sketi
kilt *v.* vaa sketi
kin *n.* ujamaa
kind *n.* mpole
kind *adj.* jamili
kindergarten *n.* chekechea
kindle *v.* washa
kindly *adv.* tafadhali
kindness *n.* ehsani
kinetic *adj.* kainetiki
king *n.* mfalme
kingdom *n.* ufalme
kinship *n.* ujamaa
kiss *n.* busu
kiss *v.* donoa
kit *n.* kifaa
kitchen *n.* jikoni
kite *n.* portangi
kith *n.* swahiba
kitten *n.* mtoto wa paka
knave *n.* ghulamu
knavery *n.* mtego
knee *n.* goti
kneel *v.* piga (magoti)
knife *n.* kisu
knight *n.* usiku
knight *v.* kesha
knit *v.* fuma
knock *v.* bisha
knot *n.* fundo
knot *v.* funganisha
know *v.* jua
knowledge *n.* hekima
knowledgeable *adj.* mtambuzi
knuckle *n.* nguyu
knuckle *v.* kiganja
koala *n.* koala
koi *n.* koi
krill *n.* samaki

L

label *n.* chapa
label *v.* chapa
labial *adj.* kichapo
laboratory *n.* maabara
laborious *adj.* utumishi
labour *v.* fanya kazi
labour *n.* leba
laboured *adj.* kikufanya kazi
labourer *n.* kibarua
labyrinth *n.* mzingile
lac, lakh *n.* laki
lace *v.t.* lesi
lace *n.* kitani
lace *n.* ukanda
lacerate *v.* papura
lachrymose *adj.* huzuni
lack *n.* kasoro
lack *v.* kosa
lackey *n.* towesha
lacklustre *adj.* laklasta
laconic *adj.* unyonyeshaji
lactate *v.* nyonyesha
lactometer *n.* lactomita
lactose *n.* laktosi
lacuna *n.* pengo
lacy *adj.* kilesi
lad *n.* kijana
ladder *n.* ngazi
lade *v.* vika
ladle *n.* mwiko
ladle *v.* anaweka
lady *n.* bibi
lag *v.* bakia
laggard *n.* kupoteza wakati
lagoon *n.* rasi
lair *n.* malazi
lake *n.* ziwa
lama *n.* lama
lamb *n.* kikondoo
lambaste *v.* piga
lambkin *n.* mwanakondoo

lame adj. kidhaifu
lame v. dhoofisha
lament n. ombolezo
lament v. omboleza
lamentable adj. inaweza laminetiwa
lamentation n. kilio
laminate v. kuweka kilio
lamp n. fanusi
lampoon n. kukejeli
lampoon v. kejeli
lance n. mkuki
lance v. tunga (jipu)
lancer n. kitungio
lancet adj. mnyama wa majini
land n. inchi
land v. teremka
landing n. kutuwa
landscape n. mandari
lane n. mstari
language n. lugha
languish v. zia
languor n. utulivu
lank adj. ndefu
lantern n. lantani
lanugo n. lanugo
lap n. paja
lapse v. pindi
lapse n. pindi
laptop n. komputa
lard n. shahamu
large adj. kubwa
largesse n. mkarimu
lark n. laki
lascivious adj. mbaya
lash adj. kipigo
lash n. fimbo
lass n. banati
last adj. iliopita
last adv. kudumu
last v. ishi
last n. mwisho
lasting adj. dawama

lastly adv. mwishoe
latch n. kia
late adj. marehemu
late adv. mwishoni
lately adv. siku-hizi
latent adj. tulivu
lath n. ufito
lathe n. kerezo
lather n. povu
latitude n. latitudo
latrine n. vyoo
latter adj. mwisho
lattice n. kimiani
laud v. sifu
laud n. mtejani
laudable adj. inayofaa kupongezwa
laugh n. kicheko
laugh v. cheka
laughable adj. chekesha
laughter n. kicheko
launch v. zindua
launch n. uzinduzi
launder v. mfuaji (nguo)
laundress n. dobi
laundry n. ufuaji
laureate adj. mkuu
laureate n. adhimu
laurel n. lureli
lava n. lava
lavatory n. msalani
lavender n. mvinyo
lavish adj. kifahari
lavish v. jifaharishe
law n. sheria
lawful adj. kisheria
lawless adj. mhuni
lawn n. lawni
lawyer n. mwanasheria
lax adj. legevu
laxative n. kwenda haja
laxative adj. kwenda haja
laxity n. ndezi

lay n. utagaji
lay (an egg) v. taga
lay adj. kuweka
layer n. safu
layman n. mlai
laze v. vivu
laziness n. uvivu
lazy n. mvivu
lea n. uwanja wa malisho
leach v. penya
lead n. chubui
lead v. ongoza
lead n. risasi
leaden adj. kimabati
leader n. kiongozi
leadership n. uongozi
leaf n. jani
leaflet n. ukurasa
leafy adj. majani
league n. ligi
leak n. chururu
leak v. tiririka
leakage n. kuvuja
lean n. egemeo
lean v. egama
leap v. chachawa
leap n. ruko
learn v. durusi
learned adj. msomi
learner n. mwanafunzi
learning n. utaalamu
lease n. kodi
lease v. kodisha
least adj. kwa uchache
least adv. angalau
leather n. ngozi
leave n. likizo
leave v. ondoka
lecture n. hotuba
lecture v. hutubia
lecturer n. msomi
ledger n. deftari
lee n. demani

leech n. mruba
leek n. ruba
left adj. kikushoto
left n. kushoto
leftist n. mrengo wa kushoto
leg n. mgu
legacy n. mirathi
legal adj. rasmi
legality n. haki
legalize v. halalisha
legend n. simulizi
legendary adj. hadidhi
leghorn n. kofia (kichina)
legible adj. bayana
legibly adv. sahihi
legion n. jeshi
legionary n. kijeshi
legislate v. tunga sheria
legislation n. sheria
legislative adj. kisheria
legislator n. mbunge
legislature n. bunge
legitimacy n. uhalali
legitimate adj. halali
leisure n. nafasi
leisurely adj. kiburudani
leisurely adv. kiburudani
lemon n. limau
lemonade n. maji ya ndimu
lend v. azima
length n. marefu
lengthen v. nyoosha
lengthy adj. tuili
lenience n. msamaha
leniency n. uhuruma
lenient adj. huruma
lens n. lenzi
lentil n. dengo
leo n. nyota
leonine adj. kisimba
leopard n. chui
leper n. mwenye ukoma
leprosy n. balasi

leprous *adj.* ukoma
less *adj.* kasa
less *n.* chache
less *adv.* sembuse
less *adv.* pungua
lessee *n.* mpunguzaji
lessen *v.* nakisi
lesser *adj.* pungua
lesson *n.* fundisho
lest *conj.* ili
let *v.* kodi
lethal *adj.* sioepukika
lethargic *adj.* kiuchovu
lethargy *n.* uchovu
letter *n.* barua
level *n.* gredi
level *adj.* pana
level *v.* wiana
lever *n.* mpiko
lever *v.* wenzo
leverage *n.* kujiinua
levity *n.* purukushani
levy *v.* ushuru
levy *n.* chango
lewd *adj.* kware
lexicography *n.* leksikografia
lexicon *n.* msamiati
liability *n.* dhima
liable *adj.* kutozwa
liaison *n.* inashirikiana
liar *n.* kadhabu
libel *n.* kashifa
libel *v.t.* kashifu
liberal *adj.* karimu
liberalism *n.* uhuria
liberality *n.* ujazi
liberate *v.* komboa
liberation *n.* ukombozi
liberator *n.* mkombozi
libertine *n.* fisadi
liberty *n.* ruhsa
librarian *n.* mwana maktaba
library *n.* maktaba

licence *n.* leseni
license *v.* rukhsa
licensee *n.* mtoa leseni
licentious *adj.* uasherati
lick *v.* chiririka
lick *n.* chiririko
lid *n.* kifuniko
lie *n.* ghalati
lie *v.* danganya
lie *v.* lebu
lien *n.* mbadala
lieu *n.* badala
lieutenant *n.* luteni
life *n.* maisha
lifeless *adj.* zimwi
lifelong *adj.* maisha
lifestyle *n.* maisha
lift *n.* lifti
lift *v.* inua
light *n.* mwangaza
light *adj.* sahali
light *v.* washa
lighten *v.* sahilisha
lightening *n.* umeme
lighter *n.* kiberiti
lightly *adv.* nyepesi
lignite *n.* muwako
like *v.* penda
like *adv.* shabihi
like *n.* habu
like *prep.* kama
likelihood *n.* uwezekano
likely *adj.* uwezekano
liken *v.* fananisha
likeness *n.* ufananaji
likewise *adv.* vilevile
liking *n.* mapendeleo
lilac *n.* kizambarao
lily *n.* lili
limb *n.* viungo
limber *v.* gari ya silaha
limber *adj.* laini
limber *n.* kilaini

lime *n.* dimu
lime *n.* chokaa
lime *v.* chokaa
limelight *n.* mwangazani
limit *n.* mpaka
limit *v.* ziwia
limitation *n.* kizuizi
limited *adj.* mahadudi
limitless *adj.* bila kikomo
line *n.* mistari
line *v.* tabiki
lineage *n.* nasaba
linen *n.* kitani
linger *v.* tuwama
lingo *n.* hands
lingual *adj.* kilugha
linguist *n.* mwanaisimu
linguistic *adj.* kiwanaisimu
linguistics *n.* uwanaisimu
lining *n.* tabaka
link *n.* kiunga
link *v.* unganisha
linseed *n.* linsidi
lintel *n.* kizingiti
lion *n.* simba
lioness *n.* simba (kike)
lip *n.* mdomo
liquefy *v.* yayusha
liquid *adj.* majimaji
liquid *n.* umajimaji
liquidate *v.* safisha
liquidation *n.* kufilisi
liquor *n.* pombe
lisp *v.* mnong'ono
lisp *n.* kitembe
list *n.* orodha
list *v.* taja
listen *v.* sikiliza
listener *n.* msikizaji
listless *adj.* tepete
literacy *n.* usomaji na kuandika
literal *adj.* halisi
literary *adj.* fasihi

literate *adj.* kusoma na kuandika
literature *n.* fasihi
litigant *n.* mshtaki
litigate *v.* dai
litigation *n.* madai
litre *n.* lita
litter *v.* lita
litter *n.* machela
litterateur *n.* kitabu
little *n.* kidogo
little *adj.* chache
little *adv.* kidogo
littoral *n.* pwani
liturgical *adj.* kiliturujia
live *v.* ishi
live *v.* aliishi
live *adj.* kukaa
live *adv.* kuishi
livelihood *n.* maishilio
lively *adj.* kusisimua
liver *n.* maini
livery *n.* kimaini
living *adj.* ukaaji
living *n.* ukao
lizard *n.* kijusi
load *n.* hamali
load *v.* shindilia
loadstar *n.* kielelezo
loadstone *n.* smaku
loaf *n.* mkate
loaf *v.* zurura
loafer *n.* lofa
loan *n.* kikopo
loan *v.* mkopo
loath *adj.* kinyaa
loathe *v.* nyanyapaa
loathsome *adj.* waliowachukia
lobby *n.* kushawishi
lobe *n.* tundu
lobster *n.* kamba (samaki)
local *adj.* kikwetu
locale *n.* kienyeji
locality *n.* janibu

localize v. kufanya kienyeji
locate v. jasisi
location n. lokesheni
lock n. kufuli
lock v. pinga
locker n. makabati
locket n. ukabati
locomotive n. injini
locus n. nzige
locust n. kululu
locution n. maalum
lodge n. chumba cha kulala
lodge v. lala
lodging n. makaazi
loft n. ghorofa
lofty adj. makuu
log n. kisiki
log n. gogo
log v. kiungia
logarithim n. logarithimu (hesabati)
loggerhead n. logahedi
logic n. mantiki
logical adj. kimantiki
logician n. mwana mantiki
loin n. kiuno
loiter v. kawia
loll v. sairi
lollipop n. switi
lone adj. peke yake
loneliness n. upweke
lonely adj. mpweke
lonesome adj. pweke
long adv ndefu
long v. tamani
long adj. ndefu
longevity n. maisha marefu
longing n. ashiki
longitude n. longitudo
look v. tazama
look interj. tahamaki
loom n. kufungwa
loom v. funga

loop n. kitanzi
loop-hole n. shubaka
loose adj. legevu
loosen v. fumua
loot n. uporaji
loot v. pora
lop v. pagua
lop n. upaguaji
lord n. bwana
lordly adj. saada
lordship n. maulana
lore n. mila
lorry n. lori
lose v. poteza
loss n. upotevu
lot n. tele
lot n. mengi
lotion n. bahati
lottery n. nasibu
lotus n. lotus
loud adj. kubwa
lounge v. pumzika
lounge n. mapumziko
louse n. muovu
lovable adj. pendeza
love n. ashiki
love v. penda
lovely adj. zuri
lover n. mpenzi
loving adj. upendo
low adv. chini
low adj. dhila
low v. shusha
low n. chini
lower v. shusha
lowliness n. unyenyekevu
lowly adj. myenyekevu
loyal adj. adjective
loyalist n. muaminifu
loyalty n. uaminifu
lubricant n. mafuta
lubricate v. sisima
lubrication n. ulainishaji

lucent *adj.* nyepesi
lucerne *n.* alfalfa
lucid *adj.* rahisi
lucidity *n.* mng'ao
luck *n.* bahati
luckily *adv.* haijambo
luckless *adj.* asobahati
lucky *adj.* bahati
lucrative *adj.* faida kubwa
lucre *n.* ya faidi
luggage *n.* mizigo
lukewarm *adj.* fufutende
lull *v.* vina
lull *n.* ukatulia
lullaby *n.* tumbuizo
luminary *n.* kungaa
luminous *adj.* yenye kungaa
lump *n.* pumba
lump *v.* uvimbe
lunacy *n.* kichaa
lunar *adj.* mazunguko ya mwezi
lunatic *n.* majinuni
lunatic *adj.* wazimu
lunch *v.* kula
lunch *n.* chamchana
lung *n.* pafu
lunge *n.* eneo maalumu
lunge *v.* tenga
lurch *n.* uzushi
lurch *v.* wakiyazua
lure *n.* dhiaki
lure *v.* amba
lurk *v.* unajifanya
luscious *adj.* mwenye mvuto
lush *adj.* kuza
lust *n.* mori
lustful *adj.* ufisadi
lustre *n.* uangafu
lustrous *adj.* kifahari
lusty *adj.* kitamaa
lute *n.* kinanda
luxuriance *n.* kianasa
luxuriant *adj.* anasa

luxurious *adj.* taanisi
luxury *n.* ukwasi
lynch *v.* ua
lyre *n.* kinubi
lyric *n.* mistari
lyric *adj.* kimistari
lyrical *adj.* kisanii
lyricist *n.* msanii

M

macadamia *n.* makadamia
mace *n.* rungu
mace *v.* piga rungu
machinate *v.* chimba
machination *n.* kitimbi
machine *n.* injini
machinery *n.* chombo
machinist *n.* dereva
mack *n.* kito
mack *v.* vaa koti
macro *adj.* kijumla
macro *n.* ujumla
macrobiotic *adj.* makrobiyotikia
macrocephaly *n.* mikrosefali
macrofibre *n.* mikrofaiba
macrosphere *n.* microsfia
maculate *v.* hesabu vibaya
maculate *adj.* hesabu mbaya
mad *adj.* majinuni
mad *adv.* wazimu
madam *n.* bibi
madden *v.* fanya majinuni
maddening *adj.* ughadhibishaji
madhouse *n.* nyumba ya wazimu
madness *n.* kichaa
mafia *n.* mwana mafia
magazine *n.* jarida
mage *n.* mega
maggot *n.* funza
magic *n.* kiinimacho
magical *adj.* kichawi
magician *n.* mfumba

magisterial adj. mahakama kuu
magistracy n. uhakimu
magistrate n. hakimu
magma n. magma
magnanimity n. ukarimu
magnanimous adj. takarimu
magnate n. sumaku
magnet n. sumaku
magnetic adj. kisumaku
magnetism n. usumaku
magnificent adj. mkubwa
magnify v. endekeza
magnitude n. ukubwa
magpie n. muokotaji
mahogany n. mahogani
mahout n. mfuga ndovu
maid n. kijakazi
maiden n. mwali
maiden adj. msichana
maiden adj. banati
mail n. barua
mail v. posta
main adj. kuu
main n. ndia
mainly adv. aghlabu
mainstay n. uti wa mgongo
maintain v. dopoa
maintenance n. posho
maize n. mahindi
majestic adj. tukufu
majesty n. utakatifu
majistrature n. uhakimu
major adj. kuu
major n. kuu
major n. ukuu
majority n. wingi
make v. fanya
make v. unda
make n. mwundo
maker n. muundaji
mal adjustment n. haribu
mal administration n. kutoongozwa vyema

maladroit adj. maladroidi
malady n. gonjwa
malaise n. hujuma
malaria n. maleria
malcontent adj. mnuni
malcontent n. ununi
male adj. kiume
male n. ndume
malediction n. laana
malefactor n. mhalifu
maleficent adj. mhalifu
malice n. hadithi
malicious adj. onevu
malign v. maluuni
malign adj. kejeli
malignancy n. donda ndugu
malignant adj. mkorofi
malignity n. ukorofi
malleable adj. yaweza kunjika
malmsey n. mvinyo
malnutrition n. utapiamlo
malpractice n. ukiukwaji
malt n. malta
mal-treatment n. kumdharau
mamma n. wanyama
mammal n. wanyama
mammary adj. matiti
mammon n. mali
mammoth n. wanyama
mammoth adj. wanyama
man v. ongeza mtu
man n. mwanaume
manage v. amuru
manageable adj. sarifika
management n. usimamizi
manager n. meneja
managerial adj. usimamizi
mandate n. mamlaka
mandatory adj. wajibu
mane n. kuu
manes n. kuu
manful adj. kidume
manganese n. manganizi

manger *n.* kihero
mangle *v.* guruta
mango *n.* embe
manhandle *v.* kutowatendea
manhole *n.* shimo
manhood *n.* uume
mania *n.* malevi
maniac *n.* mjinga
manicure *n.* kipodozi
manifest *adj.* bainifu
manifest *v.* bainika
manifestation *n.* udhahiri
manifesto *n.* manifesto
manifold *adj.* chapisha
manipulate *v.* kuendesha
manipulation *n.* kudanganywa
mankind *n.* watu
manlike *adj.* kama watu
manliness *n.* ujanadume
manly *adj.* utu
manna *n.* mana
mannequin *n.* muonyesha vazi
manner *n.* jinsi
mannerism *n.* kinamna
mannerly *adj.* kinamna
manoeuvre *n.* uendeshaji
manoeuvre *v.* endesha
manor *n.* chache
manorial *adj.* kiuchache
mansion *n.* jumba
mantel *n.* vazi
mantle *n.* vazi
mantle *v.* vaa
manual *adj.* mwongozo
manual *n.* muongozo
manufacture *v.* utengenezaji
manufacture *n.* utengenezaji
manufacturer *n.* mtengenezaji
manumission *n.* uwachaji
manumit *v.* aliwaacha
manure *n.* mbolea
manure *v.* rutubisha
manuscript *n.* andiko

many *adj.* wengi
map *v.* chora
map *n.* ramani
mar *v.* mari
marathon *n.* marathoni
maraud *v.* maraudi
marauder *n.* marauderi
marble *n.* gololi
march *n.* machi
march *n.* mwendo
march *v.* nenda
mare *n.* marei
margarine *n.* margarinei
margin *n.* pambizo
marginal *adj.* marginali
marigold *n.* marigoldi
marine *adj.* marinei
mariner *n.* marineri
marionette *n.* marionettei
marital *adj.* maritali
maritime *adj.* maritimei
mark *n.* alama
mark *v.* athiri
marker *n.* kiathiria
market *n.* soko
market *v.* marketi
marketable *adj.* marketablei
marksman *n.* marksmani
marl *n.* marli
marmalade *n.* jem
maroon *n.* marooni
maroon *adj.* marooni
maroon *v.* marooni
marriage *n.* ndoa
marriageable *adj.* marriageablei
marrow *n.* marrowi
marry *v.* owa
mars *n.* marsi
marsh *n.* kinamasi
marshal *n.* marshali
marshal *v.t* marshali
marshy *adj.* marshyi
marsupial *n.* marsupiali

mart *n.* marti
marten *n.* marteni
martial *adj.* martiali
martinet *n.* martineti
martyr *n.* shahidi
martyrdom *n.* ushahidi
marvel *n.* shani
marvel *v.* ajibu
marvellous *adj.* kistajabu
mascot *n.* mascoti
masculine *adj.* kiume
mash *v.* vinya
mash *n.* bokoboko
mask *n.* maskhara
mask *v.* paka (maskhara)
mason *n.* mwashi
masonry *n.* uwashi
masquerade *n.* masqueradei
mass *n.* kauma
mass *v.* kusanya
massacre *n.* ukatili
massacre *v.* chinja
massage *n.* mkando
massage *v.* kanda
masseur *n.* mkandaji
massive *adj.* zima
massy *adj.* massyi
mast *n.* mlingoti
master *n.* maulana
master *n.* sayidi
master *n.* sahibu
master *v.* fuzu
masterly *adj.* masterlyi
masterpiece *n.* masterpiecei
mastery *n.* amri
masticate *v.* masticatei
masturbate *v.* jipupura
mat *n.* jamvi
matador *n .* matadori
match *v.* wiana
match *n.* ushindani
match *n.* kiberiti
match *n.* mechi

matchless *adj.* matchlessi
matchmaker *n.* mposaji
mate *n.* serahangi
mate *v.* matei
mate *n.* matei
mate *v.* matei
material *adj.* materiali
material *n.* kifaa
materialism *n.* materialismi
materialize *v.* materializei
materialize *v.* materializei
maternal *adj.* maternali
maternity *n.* umama
mathematical *adj.* kihesabu
mathematician *n.* mathematiciani
mathematics *n.* hesabu
matinee *n.* matineei
matriarch *n.* matriarchi
matricidal *adj.* matricidali
matricide *n.* matricidei
matriculate *v.* matriculatei
matriculation *n.* matriculationi
matrimonial *adj.* matrimoniali
matrimony *n.* matrimonyi
matrix *n.* matrixi
matron *n.* matroni
matter *n.* hoja
matter *n.* kadhia
matter *v.* matteri
mattock *n.* jembe
mattress *n.* godoro
mature *adj.* pevu
mature *v.* pevua
maturity *n.* upevu
maudlin *adj.* maudlini
maul *n.* mauli
maul *v.* mauli
maulstick *n.* maulsticki
maunder *v.* maunderi
mausoleum *n.* mausoleumi
mawkish *adj.* mawkishi
maxilla *n.* maxillai
maxim *n.* msemo

maximize v. maximizei
maximum n. kipeo
maximum adj. pomoni
may n. mei
may v. mayi
mayor n. meya
maze n. maze
me pron. miye
mead n. meadi
meadow n. meadowi
meagre adj. kichefuchefu
meal n. chakula
mealy adj. mealyi
mean n. dhilifu
mean v. maanisha
mean adj. nyonge
meander v. betabeta
meaning n. maana
meaningful adj. meaningfuli
meaningless adj. tupu
meanness n. choyo
means n. ndia
meanwhile adv. wakati-huku
measles n. ukambi
measurable adj. pimika
measure v. pima
measure n. kadiri
measureless adj. measurelessi
measurement n. measurementi
meat n. nyama
mechanic n. mekanika
mechanic adj. kifundi
mechanical adj. kimekaniki
mechanics n. mechanicsi
mechanism n. mtambo
medal n. medali
medallist n. medallisti
meddle v. doea
median adj. mediani
mediate v. aza
mediation n. usuluhi
mediator n. mpatanishi
medic n. medici

medical adj. utabibu
medicament n. uganga
medicinal adj. weni
medicine n. dawa
medieval adj. medievali
mediocre adj. mediocrei
mediocrity n. mediocrityi
meditate v. tafakari
meditation n. fikara
meditative adj. meditativei
medium n. mediumi
medium adj. wastani
meek adj. dhalili
meet n. meeti
meet n. meeti
meet v. jumuika
meet v. kutana
meeting n. baraza
megalith n. megalithi
megalithic adj. megalithici
megaphone n. megaphonei
melancholia n. melancholiai
melancholic adj. sononefu
melancholy n. ghamu
melancholy adj. melancholyi
melee n. meleei
meliorate v. melioratei
mellow adj. mellowi
melodious adj. melodiousi
melodrama n. melodramai
melodramatic adj. melodramatici
melody n. melodyi
melon n. meloni
melt v. yayusha
member n. memba
membership n. membershipi
membrane n. membranei
memento n. kumbusho
memoir n. memoiri
memorable adj. memorablei
memorandum n. memorandumi
memorial n. ukumbusho
memorial adj. memoriali

memory *n.* kumbukumbu
menace *n.* tisho
menace *v.* tisha
mend *v.* rakibisha
mendacious *adj.* mendaciousi
menial *adj.* meniali
menial *n.* meniali
meningitis *n.* meningitisi
menopause *n.* menopausei
menses *n.* weuo
menstrual *adj.* menstruali
menstruation *n.* hedhi
mental *adj.* mentali
mentality *n.* mentalityi
mention *n.* mtajo
mention *v.* taja
mentor *n.* mentori
menu *n.* menui
mercantile *adj.* mercantilei
mercenary *adj.* mercenaryi
mercerise *v.* mercerisei
merchandise *n.* tijara
merchant *n.* mchunzi
merciful *adj.* rahimu
merciless *adj.* mercilessi
mercurial *adj.* mercuriali
mercury *n.* zabaki
mercy *n.* neema
mere *adj.* tupu
merge *v.* mergei
merger *n.* mergeri
meridian *n.* meridiani
merit *n.* meriti
merit *v.* meriti
meritorious *adj.* meritoriousi
mermaid *n.* mermaidi
merman *n.* mermani
merriment *n.* merrimenti
merry *a* merryi
mesh *n.* meshi
mesh *v.* meshi
mesmerism *n.* mesmerismi
mesmerize *v.* mesmerizei

mess *n.* vurumai
mess *v.* vuruga
message *n.* risala
messenger *n.* rasuli
messiah *n.* masihiya
messrs *n.* messrsi
metabolism *n.* metabolismi
metal *n.* madini
metallic *adj.* metallici
metallurgy *n.* madini
metamorphosis *n.* metamofosis
metaphor *n.* fumbo
metaphysical *adj.* metaphysicali
metaphysics *n.* metafizikia
mete *v.* metei
meteor *n.* kimondo
meteoric *adj.* meteorici
meteorologist *n.* meteorologisti
meteorology *n.* meteorologyi
meter *n.* mita
method *n.* mbinu
methodical *adj.* mtaratibu
metre *n.* mita
metric *adj.* metrici
metrical *adj.* metricali
metropolis *n.* metropolisi
metropolitan *adj.* metropolitani
metropolitan *n.* metropolitani
mettle *n.* mettlei
mettlesome *adj.* mettlesomei
mew *n.* mewi
mew *v.* mewi
mezzanine *n.* mezzaninei
mica *n.* ulanga
microfilm *n.* microfilmi
micrology *n.* micrologyi
micrometer *n.* micrometeri
microphone *n.* microphonei
microscope *n.* microscopei
microscopic *adj.* microscopici
microwave *n.* microwavei
mid *adj.* midi
midday *n.* dohori

middle *n.* kati
middle *adj.* katikati
middleman *n.* mlanguzi
middling *adj.* kuinginlia
midget *n.* kibeti
midland *n.* ardhini
midnight *n.* usiku wa manane
mid-off *n.* mid-offi
mid-on *n.* mid-oni
midriff *n.* midriffi
midst *n.* katikati
midsummer *n.* kati kiangazi
midwife *n.* wakunga
might *n.* enzi
mighty *adj.* nguvu
migraine *n.* migraine (ugonjwa)
migrant *n.* mhamiaji
migrate *v.* hama
migration *n.* uhamiaji
milch *adj.* wanyonyeshao
mild *adj.* anana
mildew *n.* kawa
mile *n.* maili
mileage *n.* kimaili
milestone *n.* mango
milieu *n.* milieui
militant *adj.* kikada
militant *n.* kada
military *adj.* kijeshi
military *n.* jeshi
militate *v.* vinawazuia
militia *n.* mwanamgambo
milk *v.* kama
milk *n.* maziwa
milky *adj.* kimaziwa
mill *v.* sinikizo
mill *n.* saga
millennium *n.* milenia
miller *n.* msaga
millet *n.* mtama
milliner *n.* millineri
millinery *n.* millineryi
million *n.* milioni

millionaire *n.* milionea
millipede *n.* jongoo
mime *n.* mimei
mime *v.* mimei
mimesis *n.* mimesisi
mimic *adj.* uigaji
mimic *n.* uigaji
mimic *v.* iga
mimicry *n.* kejeli
minaret *n.* mnara
mince *v.* katakata
mind *n.* akili
mind *v.t.* jali
mindful *adj.* uangalifu
mindless *adj.* asojali
mine *pron.* miye
mine *n.* chimbo
miner *n.* mchimbaji
mineral *adj.* kimadini
mineral *n.* madini
mineralogist *n.* mwana minarolojia
mineralogy *n.* minarolojia
mingle *v.* changanya
miniature *adj.* vidogo
miniature *n.* kidogo
minim *n.* minimi
minimal *adj.* kwa uchache
minimize *v.* punguza
minimum *adj.* kichache
minimum *n.* uchache
minion *n.* rafiki
minister *v.* ongoza
minister *n.* waziri
ministrant *adj.* mtumishi
ministry *n.* wizara
mink *n.* minki
minor *n.* mdogo
minor *adj.* mdogo
minority *n.* wachache
minster *n.* minsteri
mint *n.* mnanaa
mint *n.* nanaa
mint *v.t.* mnanaa

minus *adj.* kikasoro
minus *n.* kasoro
minus *prep.* kasoro
minuscule *adj.* minusculei
minute *adj.* dakika
minute *n.* dakika
minutely *adv.* kidakika
minx *n.* minki
miracle *n.* mwujiza
miraculous *adj.* kimwujiza
mirage *n.* mazigazi
mire *v.* paka matope
mire *n.* matope
mirror *v.* onyesha
mirror *n.* kioo
mirth *n.* furaha
mirthful *adj.* furaha
misadventure *n.* nafasi mbaya
misalliance *n.* muungano mbaya
misanthrope *n.* misanthropu
misapplication *n.* utumiaji mbovu
misapprehend *v.* kutoelewa
misapprehension *n.* sintafahamu
misappropriate *v.* badiri
misappropriation *n.* tumizi mbaya
misbehave *v.* kosa adabu
misbehaviour *n.* tabiya mbovu
misbelief *n.* kutoamini
miscalculate *v.* panga vibaya
miscalculation *n.* kupanga vibaya
miscall *v.* simu isiopokewa
miscarriage *n.* uavuaji mimba
miscarry *v.* avua
miscellaneous *adj.* kumba
miscellany *n.* vitakataka
mischance *n.* nafasi mbaya
mischief *n.* utundu
mischievous *adj.* nuksani
misconceive *v.* sintafahamu
misconception *n.* ubaya
misconduct *n.* kosa
misconstrue *v.* vibaya
miscreant *n.* mpotovu

misdeed *n.* feli
misdemeanour *n.* kudhalilishwa
misdirect *v.* potosha
misdirection *n.* ubovu
miser *n.* bahili
miserable *adj.* dhalili
miserly *adj.* nyimivu
misery *n.* kinyonge
misfire *v.* lenga vibaya
misfit *n.* isofaa
misfortune *n.* hizaya
misgive *v.* wasi
misgiving *n.* wasiwasi
misguide *v.* poteza
mishap *n.* shani
misjudge *v.* kudhania vibaya
mislead *v.* jinyausha
mismanagement *n.* ubadhirifu
mismatch *v.* sifananishe
misnomer *n.* misnomeri
misplace *v.* poteza
misprint *n.* mategu
misprint *v.* tegusha
misrepresent *v.* sintafamu
misrule *n.* utawala mbovu
miss *v.* pitisha
miss *n.* bi
miss *n.* bibi
missile *n.* kombora
mission *n.* misheni
missionary *n.* mpelekwa
missis, missus *n..* bibi
missive *n.* kutoonekana
mist *n.* kunge
mistake *v.* kosea
mistake *n.* dosari
mister *n.* bwana
mistletoe *n.* mistletoei
mistreat *v.* onea
mistress *n.* mumsahib
mistrust *v.* usimuanimi
mistrust *n.* kutoaminiana
misty *adj.* isiodhahiri

misunderstand v. kutoelewa
misunderstanding n. sintafahamu
misuse n. israfu
misuse v. poteza
mite n. sarafu
mite n. sarafu
mithridate n. mithridatei
mitigate v. kabiliana
mitigation n. kukabiliana
mitre n. kilemba
mitten n. mitteni
mix v. changanya
mixture n. changamano
mnemonic adj. mnemonici
mnemonic n. mnemonici
mnemonization n. mnemonizationi
moan v. guna
moan n. guno
moat n. handaki
moat v. chimba handaki
mob n. wahuni
mob v. kusanya watu
mobile adj. sabili
mobility n. uhuru wa kutembea
mobilize v. tembeza
mock v. chekelea
mock adj. stihizai
mockery n. dhihaka
modality n. mpangilio
mode (of life) n. makazi
model v. eleza
model n. kielezo
moderate adj. kadirifu
moderate v. kadiria
moderation n. tawasufi
modern adj. kisasa
modernity n. utamaduni
modernization n. kuleta maendeleo
modernize v. endeleza
modest adj. itosheleza
modesty n. stara
modicum n. kidogo

modification n. ugeuzaji
modify v. boresha
modulate v. badi sauti
module n. kipengele
moil v. fanya bidii
moist adj. chepechepe
moisten v. nyunyizia
moisture n. unyevu
molar adj. jino
molar n. chrgo
molasses n. maji ya miwa
mole n. jasusi
molecular adj. kichembe chembe
molecule n. chembe
molest v. adhibu
molestation n. fukuzano
mollusc n. konokono
molluscous adj. kikonokono
molten adj. yayushwa
moment n. kipindi
momentary adj. kipindi
momentous adj. muhimu
momentum n. kasi
monarch n. sultani
monarchy n. utawala
monastery n. mfuasi
monasticism n. ufuasi
monday n. jumatatu
monetary adj. kifedha
money n. fulusi
monger n. muuzaji
mongoose n. kimburu
mongrel adj. mbwa
moniformity n. monifomiti
monitor n. mtazamaji
monitor v. tazama
monitory adj. kimtazamo
monk n. monk
monkey n. tumbili
monochromatic adj. kimonokromia
monocle n. rodi
monocular adj. chongo

monody *n.* monody (miziki)
monoestrous *n.* monoesterosi
monogamy *n.* mke moja
monogram *n.* monogramu
monograph *n.* monografia
monogynous *adj.* mwenye mke mmoja
monolatry *n.* muabudu mmoja
monolith *n.* jiwe moja
monologue *n.* mazungumzo
monopolist *n.* bepari
monopolize *v.* kumba
monopoly *n.* ukiritimba
monosyllabic *adj.* sauti moja
monosyllable *n.* sauti moja
monotheism *n.* upwekeshaji
monotheist *n.* mpwekeshaji
monotonous *adj.* kiana moja
monotony *n.* uania moja
monsoon *n.* musimu
monster *n.* hayawani
monstrous *adj.* kihayawani
month *n.* mwezi
monthly *adv.* kimwezi
monthly *n.* kila mwezi
monthly *adj.* kila mwezi
monument *n.* ukumbusho
monumental *adj.* makumbwa
moo *v.* moo
mood *n.* kinyongo
moody *adj.* tukuta
moon *n.* balamwezi
moor *n.* mkaaji wa morocco
moor *v.* egesha
moorings *n.* diko
moot *n.* kupangwa
mop *v.* fagia
mop *n.* fagio
mope *v.* tuondokane
moral *n.* kimaadili
moral *adj.* maadili
morale *n.* ari
moralist *n.* mwenye maadili
morality *n.* maadili
moralize *v.* maadilisha
morbid *adj.* wazimu
morbidity *n.* uwazimu
more *adv.* zaidi
more *adj.* ingine
moreover *adv.* tena
morganatic *adj.* kimochwari
morgue *n.* mochwari
moribund *adj.* moribands
morning *n.* asubuhi
moron *n.* mjinga
morose *adj.* kutokubaliana
morph *n.* ubadili
morph *v.* badili (kitarakilishi)
morphia *n.* mofia
morphine *n.* mofini
morphology *n.* maumbile
morrow *n.* kesho
morse *n.* kipande
morsel *n.* kombo
mortal *n.* kibinadamu
mortal *adj.* mwanaadamu
mortal *adj.* binaadamu
mortality *n.* vifo vya
mortality *n.* vifo vya
mortar *v.* kinu
mortgage *v.* weka (rehani)
mortgage *n.* rehani
mortgagee *n.* mweka rehani
mortgagor *n.* rehani
mortify *v.* hifadhi
mortuary *n.* mochari
mosaic *n.* vilivyotiwa
mosque *n.* msikiti
mosquito *n.* mbu
moss *n.* mossi
most *adj.* kingi
most *adv.* ziada
most *n.* zaidi
mote *n.* kipande
motel *n.* hoteli
moth *n.* kipopo

mother v. zaa
mother n. mama
motherhood n. umama
motherlike adj. kama mama
motherly adj. kimama
motif n. marudio
motion v. azimia
motion n. azimio
motion n. msogeo
motionless adj. zubaa
motivate v. shajiisha
motivation n. motisha
motive n. nia
motley adj. vitu
motor v. tembeza
motor n. mtambo
motorist n. mwendeshaji gari
mottle n. madoa
motto n. wito
mould v. finyanga
mould n. kufinyanga
mould n. ufinyangaji
mouldy adj. kifinyanga
moult v. nyonyoa
mound n. kaburi
mount v. kwea
mount n. pandisha
mount n. uwekaji
mountain n. jabali
mountaineer n. mpanda milima
mountainous adj. milimani
mourn v. omboleza
mourner n. mfiwa
mournful n. mwenye huzuni
mourning n. huzuni
mouse n. kipanya
moustache n. masharubu
mouth v. kula
mouth n. mdomo
mouthful n. funda
movable adj. kisogezwayo
movables n. visogezwazo
move n. hatua

move v. hamisha
movement n. harakati
mover n. msogeza
movies n. sinema
mow v. mow
much adv. chakari
much adj. kingi
mucilage n. mukileji
muck n. tope
mucous adj. kamasi
mucus n. belghamu
mud n. matope
muddle v. dokoa
muddle n. chafuko
muffle v. ficha
muffler n. kitambaa shingoni
mug n. kikombe
muggy adj. joto
mulatto n. chotara
mulberry n. forsadi
mule n. baghala
mulish adj. kiwazo
mull n. kuwaza
mull v. waza
mullah n. imamu
mullion n. dirisha
multifarious adj. sifa nyingi
multiform n. aina nyingi
multilateral adj. vipande
multiparous adj. kuzaa pacha
multiped n. kadhaa
multiple n. tofautiana
multiple adj. kadhaa
multiplex adj. tofautiana
multiplicand n. chakuzidishwa
multiplication n. dharba
multiplicity n. idadi kubwa
multiply v. zidisha
multitude n. kikwi
mum adj. mama
mum n. mama
mumble v. mumunya
mummer n. nung'una

mummy *n.* mama
mummy *n.* mama
mumps *n.* matubwitubwi
munch *v.* mumunya
mundane *adj.* malimwengu
municipal *adj.* manispaa
municipality *n.* manisipali
munificent *adj.* mkarimu
munitions *n.* zana
mural *n.* rangi ya ukutani
mural *adj.* rangi ya ukutani
murder *n.* mauaji
murder *v.* ulia
murderer *n.* katili
murderous *adj.* kikatili
murmur *v.* chakacha
murmur *n.* kivumo
muscle *n.* misuli
muscovite *n.* mkaazi wa mosko
muscular *adj.* shupavu
muse *v.* waza
muse *n.* kuwaza
museum *n.* makumbusho
mushy *adj.* peketevu
mushroom *n.* uyoga
music *n.* muziki
musical *adj.* kimuziki
musician *n.* mwanamuziki
musk *n.* miski
musket *n.* bunduki
musketeer *n.* jeshi
muslim *adj.* kiislamu
muslin *n.* shashi
must *v.* lazimu
must *n.* lazima
mustache *n.* masharubu
mustang *n.* farasi
mustard *n.* mustadi
muster *n.* mtaalamu
muster *v.* jikuze
musty *adj.* nuka
mutation *n.* ukmeaji
mutative *adj.* kimeaji

mute *adj.* kibubu
mute *n.* bubu
mutilate *v.* lemaza
mutilation *n.* ulemavu
mutinous *adj.* iliotenguliwa
mutiny *v.* fitini
mutiny *n.* fitina
mutter *v.* tirivyoga
mutton *n.* nyama ya kondoo
mutual *adj.* baina
muzzle *v.* ashiria bastola
muzzle *n.* kichwa cha bastola
my *interj.* kumbe
myalgia *n.* uchungu misulini
myopia *n.* miopia (ugonjwa)
myopic *adj.* asoona vyema
myosis *n.* miosis (ugonjwa)
myriad *adj.* kingi mno
myriad *n.* isohesabika
myrrh *n.* manukato
myrtle *n.* mayatol (ua)
myself *pron.* binafsi
mysterious *adj.* kidude
mystery *n.* siri
mystic *n.* kisiri
mystic *adj.* usiri
mysticism *n.* usiri fiche
mystify *v.* fumba
myth *n.* hadithi
mythical *adj.* uhadithia
mythological *adj.* kihadithia
mythology *n.* uhadithia

N

nab *v.* lea
nabob *n.* gavana (enzi mugul)
nacho *n.* nacho
nack *v.* sumbua
nacre *n.* nakra
nadger *n.* msumbufu
nadir *n.* nadiri
nadir *n.* nadir

nag v. shutumu
nag n. shutuma
nagging adj. tukutu
nagging n. mzozo
nagotiation n. kujadiliana
nail v. kongomea
nail n. kucha
nail n. msumari
naive adj. mnyonge
naivete n. weupe
naivety n. uweupe
naked adj. uchi
name n. jina
name v. taja
namely adv. yaani
namesake n. somo
nanism n. unani
nanite n. nanit
nanny n. mlezi
nano n. nano
nanobiology n. nanobiolojia
nanobot n. nanoboti
nanochip n. kifaa chembe
nanocircuitry n. nonosakutri
nanocomponent n. nanokomponent
nanocomputer n. nanokomputa
nanoengineer n. mwananano
nanohertz n. naohatzi
nanomechanics n. nanomekaniki
nanoparticle n. chembechembe
nanoplasma n. nanoplazimu
nanotransistor n. nanotransista
nap v. kupia
nap n. kipeo
nap n. usingizi
nape n. kisogo
napkin n. kiwinda
narcissism n. unargisi
narcissus n. nargisi
narcosis n. uzingisi
narcotic n. kulevya
narrate v. hadithia

narration n. masimulizi
narrative adj. usimulizi
narrative n. kisa
narrator n. msimulizi
narrow v. finya
narrow adj. finyu
nasal adj. king'ong'o
nasal n. pua
nascent adj. harufu
nasty adj. makeruhi
natal adj. kujifungua
natant adj. mwenye kujifungua
nation n. taifa
national adj. raia
nationalism n. utaifa
nationalist n. mzalendo
nationality n. raia
nationalization n. utaifishaji
nationalize v. taifisha
native n. mzaliwa
native adj. asilia
nativity n. uasili
natural adj. kikawaida
naturalist n. ukawaida
naturalize v. kawaidisha
naturally adv. kawaida
nature n. hulka
naughty adj. chochote
nausea n. kichefuchefu
nautic(al) adj. kimeli
naval adj. majini
nave n. kitovu
navigable adj. elekezwa
navigate v. elekeza
navigation n. ubaharia
navigator n. baharia
navy n. bali
nay adv. bali
neap adj. mafu
near prep. karibu na
near adv. karibu
near v. karibia
near adj. karibu

nearly adv. kosakosa
neat adj. nadhifu
nebula n. isofasili
necessary adj. lazima
necessary n. manufaa
necessitate v. kulazimisha
necessity n. sharti
neck n. shingo
necklace n. mkufu
necklet n. kipisha shingoni
necromancer n. kaimu
necropolis n. kaburini
nectar n. ua
need v. hitaji
need n. mahitaji
needful adj. mtaka
needle n. shindano
needless adj. napenda
needs adv. masilahi
needy adj. kimaskini
nefarious adj. kiuovu
negate v. kanusha
negation n. kukanusha
negative n. ukanushaji
negative v. kanusha
negative adj. hasi
neglect v. puuza
neglect n. upuuzaji
negligence n. upuuzi
negligent adj. mpuuzi
negligible adj. kidogo
negotiable adj. ijadiliwayo
negotiate v. kujadili
negotiator n. mpatanishi
negress n. mweusi (wa kike)
negro n. gozi
neigh n. jirani
neigh v. karibia
neighbour n. jirani
neighbourhood n. ujirani
neighbourly adj. kijirani
neither conj. wala
nemesis n. nemesis

neolithic adj. neolithiki
neon n. neoni
nephew n. mpwa
nepotism n. upendeleo
neptune n. neptoni
nerve n. mshipa
nerve n. mishipa
nerveless adj. asomishipa
nervous adj. wasiwasi
nescience n. nisayansi
nest n. kiota
nest v. piga (kambi)
nestle v. ota
nestling n. uotaji
net v. wavisha
net adj. kiwavu
net v. avua
net n. wavu
net n. ugavu
nether adj. za chini
nettle n. wavisha
nettle v. kiwavi
network n. kimia
neurologist n. mwana niurolojia
neurology n. niurolojia
neurosis n. ugonjwa
neuter adj. kiwastani
neuter n. wastani
neutral adj. baki
neutralize v. angamiza
neutron n. nyutroni
never adv. kamwe
nevertheless conj. lakini
new adj. kipya
news n. mapya
next adv. aidha
next adj. ijayo
nib n. tafuna
nibble n. kutafuna
nibble v. tafuna
nice adj. jamili
nicely adv. vizuri
nicety n. uzuri

niche n. kidaka
nick n. pengo
nickel n. kipengo
nickname v. mbandike jina
nickname n. jina la utani
nicotine n. nikotini
niece n. mwapwa
niggard n. bakhili
niggardly adj. ubakhili
nigger n. mweusi
nigh adv. karibia
nigh prep. karibu
night n. lela
nightie n. kiusiku
nightingale n. a usiku
nightly adv. usiku
nightmare n. jinamizi
nihilism n. ubatilivyote
nil n. haina
nimble adj. mahiri
nimbus n. wingu
nine n. tisa
nineteen n. tisashara
nineteenth adj. tisashara
ninetieth adj. a tisaini
ninety n. tisaini
ninth adj. a tisa
nip v. finya
nipple (breast) n. kilembwa (titi)
nitrogen n. nitrojeni
no interj. la
no adv. hapana
no v. sivyo
nobility n. heshima
noble adj. sharifu
noble n. vyeo
nobleman n. mbora
nobly adv. ubora
nobody pron. hakuna
nocturnal adj. usiku
nod v. itikia
nod n. kupia
node n. kutikisa kichwa

noise n. kelele
noisy adj. kelele
nomad n. bedawi
nomadic adj. kibedawi
nomenclature n. taratibu la jina
nominal adj. majina
nominate v. teua
nomination n. uteuzi
nominee n. mgombea
non-alignment n. isosambamba
nonchalance n. ukavu
nonchalant adj. kavu
none adv. wala
none pron. hakuna
nonentity n. chaupepeta
nonetheless adv. ingawapo
nonpareil n. isokifani
nonpareil adj. kisokifani
nonplus v. rabishi
nonsense n. upuuzi
nonsensical adj. kipuuzi
nook n. mlango
noon n. adhuhuri
noose n. kitanzi
noose v. tia (kitanzi)
nor conj. wala
norm n. kawaida
normal adj. kawaida
normalcy n. utengamano
normalization n. urejeshaji
normalize v. kurejesha
north adj. kikaskazi
north adv. kaskazi
north n. kaskazini
northerly adv. ukaskazi
northerly adj. kikaskazi
northern adj. kaskazini
nose v. nusa
nose n. pua
nosegay n. nosgei
nosey adj. nosi
nostalgia n. tamaani
nostril n. tundu (la pua)

nostrum *n.* chukua
nosy *adj.* mpelelezi
not *adv.* si
notability *n.* umashuhuri
notable *adj.* panya
notary *n.* malenga
notation *n.* kualamisha
notch *n.* kilingo
note *n.* cheti
note *n.* dondoo
noteworthy *adj.* tazamika
nothing *adv.* hakuna
nothing *n.* sifuri
notice *v.* nabihi
notice *n.* ilani
notification *n.* onyo
notify *v.* onya
notion *n.* mada
notional *adj.* kifikra
notoriety *n.* ubaini
notorious *adj.* vumika
notwithstanding *prep.* bila kujali
notwithstanding *adv.* ingawa
notwithstanding *conj.* walakini
nought *n.* chochote
noun *n.* jina
nourish *v.* boresha
nourishment *n.* riziki
novel *adj.* geni
novel *n.* riwaya
novelette *n.* kijitabu
novelist *n.* mwandishi
novelty *n.* kizushi
november *n.* novemba
novice *n.* jadidi
now *adj* papa
now *adv.* papa-hapa
nowhere *adv.* mahali pa
noxious *adj.* hatari
nozzle *n.* mdomo
nuance *n.* tofautiana
nubile *adj.* walobaleghe
nuclear *adj.* atomiki

nucleus *n.* kiini
nude *adj.* kiuchi
nude *n.* uchi
nudge *v.* mdukuo
nudity *n.* uchi
nugget *n.* batilifu
nuisance *n.* kero
null *adj.* batilifu
nullification *n.* kitanguo
nullify *v.* tangua
numb *adj.* tulivu
number *v.* hesabu
number *n.* nambari
numberless *adj.* isonamba
numeral *adj.* tarakimu
numerator *n.* kadiri
numerical *adj.* namba
numerous *adj.* ingi
nun *n.* mtawa
nunnery *n.* umtawa
nuptial *adj.* kiharusi
nuptials *n.* vya harusi
nurse *v.* hudumia
nurse *n.* mlezi
nursery *n.* kitalu
nursery *n.* kitalu
nurture *v.* lea
nurture *n.* malezi
nut *n.* kokwa
nut *v.* nazi
nutcase *n.* ganda la karanga
nuthouse *n.* ganda la karanga
nutmeg *n.* kungumanga
nutrient *n.* virutunisho
nutrition *n.* malisho
nutritious *adj.* lisho
nutritive *adj.* lishe
nutty *adj.* kikaranga
nuzzle *v.* jipanga
nylon *n.* nailoni
nymph *n.* nimfi
nymphet *n.* nimfeti
nymphomaniac *adj.* nimfomaniak

nymphomaniac n. nimfomaniaki

O

oaf n. mjinga
oafish adj. kijinga
oak n. okk
oaktree n. mti wa okk
oar n. mota (ya mashua)
oarsman n. mwana mashua
oasis n. kisimani
oat n. oti
oath n. halafa
oathbreaker n. mvunja kiapo
oathbreaking n. kivunja halafa
oatmeal n. uji wa oti
oatmeal adj. kiuji
obduct v. obdakti
obduction n. uobdakti
obduracy n. uzembe
obdurate adj. zembea
obedience n. t'aa
obedient adj. sikilivu
obeisance n. unyenyekevu
obesity n. ujazi
obey v. tii
obituary adj. tanzia
object n. dhamira
object v. kataa
objection n. katazo
objectionable adj. kikatazwayo
objective n. lengo
objective adj. kimalengo
oblation n. usahaulifu
obligation n. faradhi
obligatory adj. stahiki
oblige v. lazimisha
oblique adj. hanamu
obliterate v. umbua
obliteration n. mfuto
oblivion n. sahaulika
oblivious adj. kisahauliwayo
oblong adj. mstatili

oblong n. mchi
obnoxious adj. kichochezi
obscene adj. chafu
obscenity n. uchafu
obscure v. fumbo
obscure adj. kimafumbo
obscurity n. mushkeli
observance n. umaangalizi
observant adj. muangalifu
observation n. maangalizi
observatory n. kimaangalizi
observe v. tazama
obsess v. kupenda
obsession n. umajinuni
obsolete adj. kizamani
obstacle n. dokezi
obstetric adj. uzazi
obstetrician n. mtaalamu
obstinacy n. ukaidi
obstinate adj. kaidi
obstruct v. zuia
obstruction n. kizuizi
obstructive adj. pingamizi
obtain v. pata
obtainable adj. adimika
obtuse adj. butu
obvious adj. bayana
obviously adv. kwa bayana
occasion v. tenga (fursa)
occasion n. fursa
occasional adj. kwa mara
occasionally adv. mara-mara
occident n. oksidenti
occidental adj. kioksidenti
occipital adj. kiosopitali
occipital n. osipitali
occlude v. osopitalisha
occlusive adj. oklusivu
occult v. potea
occult n. ghaibuni
occult adj. ughaibu
occupancy n. umiliki
occupant n. mkaazi

occupation n. matendo
occupation n. shughuli
occupier n. mmiliki
occupy v. shikilia
occur v. twaa
occurrence n. jilio
ocean n. bahari
oceanfront n. ufuoni
oceanfront adj. ufuoni
oceanic adj. bahari
oceanographer n picha baharini
oceanographic adj. oshenografiki
oceanologist n. mwana barari
oceanology n. ustadi wa bahari
octagon n. pembenane
octangular adj. kipembenane
octave n. oktavo
october n. oktoba
octogenarian adj. mzee themanini
octogenarian n. mzee themanini
octonionics n. kioktonioniki
octopede n. oktopede
octopus n. pweza mkubwa
octopussy n. upweza
octuple adj. vipande nane
octuple n. kipande nane
octuple v. gawa mara nane
octuplicate n. gawanyika (nane)
octyne n. oktini
ocular adj. kama macho
oculist n. mtaalamu wa macho
odd adj. witiri
odd adj. wituri
oddity n. unukaji
odds n. tabia mbaya
ode n. mbaya
odious adj. kunuka
odium n. mnuko
odometer n. odomita
odontologist n. mwana odontolojia
odontology n. odontolojia
odorous adj. harufu
odour n. ladha

of prep. ya
off prep. zima
offence n. chukio
offend v. chukiza
offender n. mkosaji
offensive n. matusi
offensive adj. makuruhi
offensive adj. safihi
offer n. ununuzi
offer v. dahi
offering n. kutoa
office n. afisi
officer n. afisa
official n. mujibu
official adj. rasmi
officially adv. kirasmi
officiate v. anzisha
officious adj. kiuziwaji
offing n. kuzima
offset n. kutenga
offset v. tenga
offshoot n. tawi
offspring n. kizazi
oft adv. mara nyingi
often adv. mara-kwa-mara
ogle v. angaa
ogle n. zimwi
oil n. mafuta
oil n. mafuta
oil v. sirima
oilrig n. uibaji mafuta
oily adj. mafuta
oink v. lia
oink n. kilio
oinker n. mliaji
ointment n. utakaso
okay adj. vema
okay v. kubali
okay adj. vyema
okay adv. sawasawa
okay int. haya
okayish adj. kisawa
okra n. bamia

old *n.* nzee
old *adj.* chakavu
oleaceous *adj.* kamiti
oleaginous *adj.* udhia
oleochemical *n.* oliokemikali
olfactic *adj.* hisia
olfactics *n.* hisia
olfactory *adj.* kihisia
olfaltive *adj.* kuhisi
oligarch *n.* mtawala
oligarchal *adj.* kiutawala
oligarchy *n.* utawala
olive *n.* zaituni
olympiad *n.* olimpiyad
omega *n.* omega
omelette *n.* mayayi kaanga
omen *n.* dalili
ominous *adj.* korofi
omission *n.* athari
omission *n.* ruko
omit *v.* saza
omittance *n.* utowaji
omitter *n.* kitoa
omnibenevolence *n.* mwema
omnibenevolent *adj.* wema
omnibus *n.* mbariki
omnicompetence *n.* uwezaji wote
omnicompetent *adj.* mweza yote
omnidirectional *adj.* kipande wote
omnidirectionality *n.* upande wote
omniform *adj.* mwenye shikli
omnilingual *n.* mjua lugha zote
omnilingual *adj.* mjua lugha zote
omnipotence *n.* makadara
omnipotent *adj.* jalali
omnipresence *n.* kila mahali
omnipresent *adj.* kila mahali
omniscience *n.* utu
omniscient *adj.* utu
omnivore *n.* mla mimea
omnivorous *adj.* mla mimea
omophagia *n.* omofajia
on *prep.* fi

on *adj* ya
on *adv* juu-ya
once *adv.* kamwe
oncogene *n* onkojeni
oncogenic *adj.* kionkojeniki
oncologist *n* mwana onkolojia
oncology *n.* onkolojia
one *n.* wahedi
one *adj.* wahed
oneness *n.* umoja
onerous *adj.* kutaabisha
onion *n.* kitunguu
on-looker *n.* mashakani
only *adv.* tu
only *conj.* ila
only *adj.* tu
onology *n.* onolojia
onomancy *n.* majina
onomast *n* majina
onomastic *adj.* ustadi wa majina
onomatolgist *n.* mtaalamu majina
onomatology *n.* onomolojia
onomatope *n.* kimajina
onomatopoeia *n.* majina
onrush *n.* mbioni
onset *n.* mwanzo
onslaught *n.* dhidi
ontogenic *adj.* kiontojeni
ontogeny *n* ontojeni
ontologic *adj.* uontolojia
ontological *adj.* kiontolojia
ontologism *n.* uonyolojia
ontologist *n.* mwana ontolojia
ontology *n.* ontolojia
onus *n.* madaraka
onward *adj.* kuendelea
onwards *adv.* kuendelea
ooze *v.* ukitiririka
ooze *n.* kutiririka
opacity *n.* sintafahamu
opal *n.* opal
opaque *adj.* opek
open *v.* fungua

open *adj.* wazi
opening *n.* funuo
openly *adv.* dhahiri
opera *n.* opera (kiigizo)
operability *n.* uopera
operable *adj.* opereshwa
operate *v.* tahiri
operation *n.* kupasuliwa
operative *adj.* ushirika
operator *n.* mfundi
operetta *n.* mfundi
ophtalmic *adj.* kioftamlmia
ophtalmologic *adj.* kioftamolojia
ophtalmologist *n.* mwa.oftamolojia
ophtalmology *n.* oftamolojia
ophtalmoscope *n.* oftamoskop
opiate *adj.* opieti
opiate *n.* mihadarati
opiate *v.* mihadarati
opinator *n.* mtoa maoni
opine *v.* toa maoni
opinioless *adj.* asomaoni
opinion *n.* dhana
opinionate *v.* toa maoni
opinionated *adj.* yalitolawa maoni
opinionnaire *n.* mwenye maoni
opium *n.* afyuni
opponent *n.* adui
opportune *adj.* muafaka
opportunism *n.* ubahatishaji
opportunity *n.* fursa
oppose *v.* bisha
opposite *adj.* kinyume
opposition *n.* halafa
oppress *v.* dhulumu
oppression *n.* dhuluma
oppressive *adj.* kidhalimu
oppressor *n.* dhalimu
opt *v.* chagua
optic *adj.* kimacho
optician *n.* daktari wa macho
optimism *n.* matumaini
optimist *n.* mwenye matumaini

optimistic *adj.* matumaini
optimum *adj.* kilele
optimum *n.* kilele
option *n.* chaguo
optional *adj.* hiari
opulence *n.* utajiri
opulent *adj.* tajiri
oracle *n.* chumba
oracular *adj.* kimaneno
oral *adj.* kimdomo
oral *adj.* mdomo
orally *adv.* mdomo
orange *adj.* kimachungwa
orange *n.* machungwa
oration *n.* hutubia
orator *n.* msemaji
oratorical *adj.* kiusemaji
oratory *n.* usemaji
orb *n.* zunguka
orbit *n.* uzungo
orbital *adj.* kiuzungo
orbital *n.* kiuzungo
orbituary *n.* uzunguko
orca *n.* oka (samaki)
orchard *n.* bustani
orchestra *n.* bendi
orchestral *adj.* kibendi
ordain *v.* teuwa
ordained *adj.* mteule
ordeal *n.* tatizo
order *v.* amrisha
order *n.* intidhamu
orderly *n.* mwaguzi
orderly *adj.* taratibu
ordinance *n.* hukumu
ordinarily *adv.* aghlabu
ordinary *adj.* baradhuli
ordinance *n.* ubaradhuli
ore *n.* madini
organ (of barrel) *n.* senturi
organic *adj.* hai
organism *n.* viumbe
organization *n.* jumuiya

organize v. panga
organograph n. oganografia
organza n.
orgasm n. mshusho
orgasmic adj. shahawa
orgy n. ulafi
orient v. elekeza
orient n. muelekezo
oriental n. maelezo
oriental adj. kimaelezo
orientate v. elekeza
orientational adj. kimaelekezo
oriented adj. ari
orifice n. uwazi
orificial adj. kiwazi
origami n. ojami
origin n. asili
original n. maumbile
original adj. asilia
originality n. uhalisi
originate v. tokana
originator n. muumba
orl n. oli
orn v. oni
ornament n. kipambo
ornament v. remba
ornamental adj. kidaka
ornamentation n. udibaji
ornithologist n. mwana olitholojia
ornithology n. onitholojia
ornithoscopy n. onithoskopia
orogen n. kiorojeni
orogenic adj. orojeniki
orologist n. orolojia
orphan v. yatimu
orphan n. yatima
orphanage n. yatima
orthodox adj. halisi
orthodoxy n. usahihi
orthograph n. kuchapa
orthographer n. mwenye kuchapa
orthographic adj. kikuchapa
orthopaedia n. othropedia

orthopaedical adj. kiothropidiki
orthopaedics n. othropediki
oscillate v. bembea
oscillation n. mangwanji
oscillograph n. osilografia
oscillometric adj. osilometriki
oscilloscope n. osiloskop
osculant adj. zilizofanana
oscular adj. kufanana
osculate v. fanana
osmobiosis n. osmobayosis
osmobiotic adj. osmobayotiki
osmose v. enea
osmosis n. osmosisi
ossify v. kauka
ostensibility n. kizenye
ostensible adj. zenye
ostensibly adv. zenye
ostension n. zenye
ostentation n. umangwaji
ostentatious adj. kimangwaji
ostracize v. tenga
ostrich n. mbuni
other adj. ingine
other pron. mengine
otherwise conj. ila
otherwise adv. vingine
otherworld n. kidunia
otherworldliness n. kidunia
otoscope n. otoskop (kifaa)
otoscopis adj. kiotoskopia
otoscopy n. otoskopia
otter n. ya nje
ottoman n. athmani
ouch int. aii!
ouch n. kilio
ought v. lazimisha
ounce n. ons (kipimo)
our pron. etu
oust v. kumuondoa
out adv. kutoka
out adj. kiinje
out prep. nje

outage n. ukosefu wa
outback n. ndani nje
out-balance v. pima
outbid v. shindwa
outbreak n. kuzuka
outburst n. mlipuko
outcast adj. kiwa
outcast n. mhuni
outcome n. matokeo
outcry adj. mshindo
outdated adj. za zamani
outdo v. shinda
outdoor adj. nje
outer adj. ya nje
outfit n. nguo
outfit v. vaa
outgrow v. kukuwa
outhouse n. nje ya nyumba
outing n. kwenda njee
outlandish adj. isokawaida
outlaw v. kiuka sheria
outlaw n. ukiukaji sheria
outline v. kizunguko
outline n. chuja
outlive v. endeleza
outlook n. mtazamo
outmoded adj. kizamani
outnumber v. wengi kuliko
outpatient n. mjonjwa asolazwa
outpost n. kambi
output n. utowaji
outrage n. jeuri
outrage v. chulkiza
outright adj. kiuwazi
outright adv. wazi
outrun v. watangulie
outset n. awali ya yote
outshine v. ngaa
outside n. njee
outside adv. inje
outside prep. nje
outside adj. kiinje
outsider n. ajnabi

outsize adj. kiasi kubwa
outskirts n.pl. pembizo
outspoken adj. muwazi
outstanding adj. mashuhuri
outward adv. upande wa njee
outward adj. nje
outwardly adv. kiinje
outwards adv. nje
outweigh v. zidisha uzito
outwit v. kalamkia
outworld n. njee
ouzo n. mvinyo
oval n. mvirongo
oval adj. mviringo
ovary n. yai ya kike
ovation n. utoaji yai
oven n. jiko
over adv. kikakiri
over n. kwisha
over prep. juu
overact v. chukua hatua
overall adj. kwa ujumla
overall n. ovaroli
overawe v. dai zaidi
overboard adv. kutoka juu ya
overburden v. kuongezea
overcast adj. shulu
overcharge v. toza zaidi
overcharge n. ghali
overcoat n. koti
overcome v. shinda
overdo v. kufanya kupindukia
overdose v. pitisha kiwango
overdose n. kupita kiwango
overdraft n. mpangilio
overdraw v. kuchora
overdue adj. kupita mda
overhaul n. kubadili
overhaul v. badili
overhear v. sikia
overjoyed adj. amefurahia
overlap n. mwingiliano
overlap v. ingiliana

overleaf *adv.* pindua
overload *n.* upakiaji kupindukia
overload *v.* pakia zaidi
overlook *v.* waacha
overnight *adj.* usiku moja
overnight *adv.* mara moja
overpower *v.* mshinde
overrate *v.* zidisha kipimo
overrule *v.* batilisha
overrun *v.t* tilifisha
oversee *v.* simamia
overseer *n.* msimamizi
overshadow *v.* kivuli
oversight *n.* usimamizi
overt *adj.* waziwazi
overtake *v.* pita
overthrow *n.* kupindua
overthrow *v.* pindua
overtime *n.* ovatimu
overtime *adv.* kiovatimu
overturn *v.* pinduka
overwhelm *v.* lemea
overwork *v.* fanyisha kazi
overwork *n.* kufanya kazi mno
oviferous *adj.* oviferosi
ovular *adj.* kizazi
ovulate *v.* kupata yai (ya uzazi)
ovum *n.* yai ya kike
owe *v.t* wiana
owl *n.* bundi
owlery *n.* ubundi
owly *adj.* kibubdi
own *v.* miliki
own *adj.* binafsi
owner *n.* mwenyewe
ownership *n.* umiliki
ox *n.* ng'ombe
oxbird *n.* ndege
oxcart *n.* mkokoteni (wa ngombe)
oxidant *n.* kioksidishaji
oxidate *v.* iksodisha
oxidate *n.* kuoksidisha
oxidation *n.* uokidishaji

oxide *n.* oksidi
oxidization *n.* kuoksidisha
oxyacid *n.* oksiasidi
oxygen *n.* oksijeni
oxygenate *v.* oksijisha
oxygenated *adj.* kilio oksijishwa
oxygenation *n.* kuoksijisha
oyster *n.* chaza
oyster *adj.* kichaza
oyster *v.* chaza
oysterling *n.* uchazaji
oysterman *n.* mwana chaza
ozonate *n.* kufanyisha ozoni
ozonate *v.* fanya ozoni
ozonation *n.* kuozonisha
ozone *n.* ozoni
ozone layer *n.* tabaka la ozoni

P

pace *v.* piga (hatua)
pace *v.* harakisha
pace *n.* mbio
pace *n.* mwendo
pacemaker *n.* mtangulia
pachydermatous *adj.* kindovu
pachyderm *n.* ndovu
pacific *n.* psifiki
pacific *adj.* kipatanisho
pacifier *n.* mleta amani
pacifism *n.* uleta amani
pacifist *n.* mwana amani
pacify *v.* patanisha
pack *n.* mkebe
pack *v.* fungasha
package *n.* bahasha
package *n.* bunda
packet *n.* paketi
packing *n.* upakiaji
pact *n.* afikiano
pad *v.* twisha
pad *n.* twisho
padding *n.* kitwashio

paddle n. kafi
paddle v. sairi
paddy n. tusi
paedologist n. daktari wa watoto
paedology n. utaalamu wa watoto
paedophiles n. padofila
paedophilia n. pidofilia (ugonjwa)
paedophiliac n. kipidofilia
paedophiliac adj. kipidofilia
pagan n. mpangani
pagan adj. shenzi
paganism n. ushenzi
paganistic adj. kishenzi
page v. andika
page v. andikwa
page n. ukurasa
page n. gombo
pageant n. tamasha
pageantry n. tamasha
pagoda n. hekalu
pail n. kikapu
pain v. uma
pain n. maumivu
painful adj. chungu
painstaking adj. kujali
paint v. chora
paint n. rangi
painter n. mchoraji
painting n. uchoraji
painting n. kuchora
pair n. jozi
pair v. ungana
pal n. sahibu
palace n. jumba
palanquin n. vinywaji
palatable adj. kubalika
palatal adj. kikasri
palate n. kaakaa
palatial adj. kikasri
pale adj. chunju
pale v. safurisha
pale n. safura
paleness n. usafura

paleobiolist n. mwanapaliobiolojia
paleobiological adj. kipaliobiolojia
paleobiology n. paleobiolojia
paleoecologist n. mwana paliokolojia
paleoecology n. paliokolojia
paleolithic adj. paliothilik
paleolithic n. paliothilik
paleontologist n. mpaliontolojia
paleontology n. paliontolojia
palette n. rangi
palm n. mkono
palm n. kiganja
palm v. kikofi
palmist n. mwanamkono
palmistry n. mtabiri
palpable adj. kamatika
palpitate v. papa
palpitation n. kiherehere
palsy n. kupooza
paltry adj. kidogo
pamper v. enga
pamphlet n. kijitabu
pamphleteer n. kijitabu
panacea n. tiba
pandemonium n. changanyikio
pane n. kidirisha
panegyric n. kuzo
panel v. weka kibao
panel n. kibao
pang n. maumivu
panic n. utisho
panic v. tisha
panorama n. panorama
pant n. surwali
pant v. koroma
pantaloon n. surwali
pantheism n. maombi
pantheist n. muombaji
panther n. chui
pantomime n. kibubu
pantry n. sto (ya chakula)
papacy n. serikali ya kiroma

papal *adj.* kipapa
paper *n.* karatasi
par *n.* kulingana
parable *n.* mithali
parachute *n.* miamvuli
parachutist *n.* mwana mwamvuli
parade *v.* gwaride
parade *n.* paredi
paradise *n.* ferdausi
paradox *n.* kitendawili
paradoxical *adj.* kikitendawili
paraffin *n.* mafuta ya taa
paragon *n.* paragoni
paragraph *n.* aya
parallel *v.* sambamba
parallel *adv.* sambamba
parallelism *n.* usambamba
parallelogram *n.* sambamba
paralyse *v.* pooza
paralysis *n.* upooza
paralytic *adj.* kiupoozo
paramount *n.* mkubwa
paramour *n.* hawara
paraphernalia *n. pl* parafenilia
paraphrase *v.* fafanua
paraphrase *n.* ufafanuzi
parasite *n.* mdoezi
parcel *v.* tuma
parcel *n.* furushi
parch *v.* kausha
pardon *n.* ghofira
pardon *v.* afuan
pardonable *adj.* achilika
parent *n.* mzazi
parentage *n.* uzalishaji
parental *adj.* wazazi
parenthesis *n.* mabano
parish *n.* parokia
parity *n.* usawa
park *n.* paki
park *v.* egesha
parlance *n.* uparley
parley *v.* suhubia

parley *n.* patana
parliament *n.* bunge
parliamentarian *n.* mbunge
parliamentary *adj.* kibunge
parlour *n.* chumba
parody *v.* mbishi
parody *n.* ubishi
parole *v.* achilia huru
parole *n.* kuwacha huru
parricide *n.* parisid
parrot *n.* kasuku
parry *n.* ubekuzi
parry *v.* bekua
parsley *n.* mmea
parson *n.* imamu
part *v.* achana
part *n.* fungu
partake *v.* kushiriki
partial *adv.* pendelevu
partial *adj.* sehemu
partiality *n.* mapendeleo
participant *n.* mshiriki
participate *v.* shiriki
participation *n.* ushiriki
particle *adj.* chenga
particular *n.* hususa
particular *adj.* makhsusi
particularly *adv.* afadhali
partiotism *n.* uzalendo
partisan *adj.* ufuasi
partisan *n.* wafuasi
partition *v.* gawa
partition *n.* kisetiri
partner *n.* msharika
partnership *n.* bia
party *n.* hafla
pass *n.* tikiti
pass *v.* pita
passage *n.* mpito
passenger *n.* abiria
passion *n.* hashiki
passionate *adj.* harara
passive *adj.* watazamaji

passport n. paspoti
past n. kale
past prep. nyuma
past adj. mapito
paste v. kuweka
paste n. malhamu
paste n. gundi
pastel adj. kiua
pastel n. uwa
pastime n. zungumzo
pastoral adj. ufugaji
pasture v. lisha
pasture n. malishoni
pat n. kishindo
pat adv. ushidani
pat v.t. shindana
patch n. kiraka
patch v. piga (kiraka)
patent n. leseni
patent v. ruhusu
patent adj. ruhusu
paternal adj. kuume
path n. njia
pathetic adj. ovyo
pathos n. ugonjwa
patience n. ustahimilivu
patient n. subira
patient adj. vumilivu
patricide n. tenga
patrimony n. patrimoni
patriot n. mzalendo
patriotic adj. kizalendo
patrol n. doria
patrol v. zunguka
patron n. zamu
patronage n. tegemeo
patronize v. shajiisha
pattern n. kielezo
paucity n. uchechefu
pauper n. kibapara
pause v. poa
pause n. mapumziko
pave v. sakifu

pavement n. lami
pavilion n. kibanda
paw v. chakura
paw n. kono
pay n. malipo
pay v. lipa
payable adj. lipishwa
payee n. mlipa
payment n. ada
paydge n. ulipaji
pea n. njegere
peace n. amani
peaceable adj. suluhivu
peaceful adj. shwari
peach n. ongezea
peacock n. dausi
peahen n. kuku
peak n. kilele
pear n. dunga
pearl n. lulu
peasant n. mkulima
peasantry n. wakulima
pebble n. changawe
peck v. donoa
peck n. busu
peculiar adj. zungu
peculiarity n. uzungu
pecuniary adj. kifedha
pedagogue n. mlezi
pedagogy n. uwalimu
pedal n. kanyagio
pedal v. kanyaga
pedant n. mfuata sheria
pedantic n. kitiifu
pedantry n. utiifu
pedestal n. weko
pedestrian n. mtembea mguu
pedigree n. nasaba
peel n. mmenyo
peel v. menya
peep n. chungulio
peep v. chungulia
peer n. rika

peerless *adj.* asorika
peg *v.* tundika
peg *v.* shikilia
peg *n.* kijiti
pelt *n.* ngozi
pell-mell *adv.* fujo
pen *v.* andika
pen *n.* kalamu
pen *n.* zizi
penal *adj.* adhabu
penalize *v.* adhibu
penalty *n.* adhabu
pencil *v.* chora
pencil *n.* penseli
pending *prep.* inasubiria
pending *adj.* kusubiria
pendulum *n.* mizani
penetrate *v.* penya
penetration *n.* mpenyo
penis *n.* dhakari
penniless *adj.* kutokuwa na senti
penny *n.* peni
pension *v.* pensheni
pension *n.* pensheni
pensioner *n.* mwana pensheni
pensive *adj.* tamaa
pentagon *n.* pembetano
peon *n.* piomi
people *n.* watu
people *n.* umma
pepper *n.* pilipili
pepper *v.* tia (pilipili)
per *prep.* kwa kila
per cent *adv.* asilimia
perambulator *n.* mpiga papara
perceive *v.* hisi
perceive *v.* nabihi
percentage *n.* asilimia
perceptible *adj.* utambuliziwa
perception *n.* utambulizi
perceptive *adj.* muelewa
perch *v.* shikanisha
perch *n.* bandiko

perennial *n.* kukua
perennial *adj.* kukuwa
perfect *adj.* barabara
perfect *v.* kamilika
perfection *n.* ukamili
perfidity *n.* uhaini
perforate *v.* dudumia
perforce *adv.* kwa nguvu
perform *v.* fanya
performance *n.* tamthilia
performer *n.* mwonyeshaji
perfume *n.* ituri
perfume *v.* nukia
perhaps *adv.* henda
peril *v.* haribu
peril *n.* maafa
perilous *adj.* kimaafa
period *n.* kipindi
periodical *adj.* kitarigia
periodical *n.* tarigia
periphery *n.* mzingo
perish *v.* angamia
perishable *adj.* angamivu
perjure *v.* apa
perjury *n.* zuri
permanence *n.* umilele
permanent *adj.* dawamu
permissible *adj.* kujuzu
permission *n.* rukhsa
permit *v.* idhini
permit *v.* halalisha
permit *n.* leseni
permutation *n.* mbadiliko
pernicious *adj.* harabu
perpendicular *adj.* kiwima
perpendicular *n.* wima
perpetual *adj.* daima
perpetuate *v.* angaza
perplex *v.* tatanisha
perplexity *n.* tatanisho
persecute *v.* adhibu
persecution *n.* adhabu
perseverance *n.* udumu

persevere v. stahimili
persist v. sisitiza
persist n. sisitizo
persist n. lazimishaji
persistence n. hima
persistent adj. ng'ang'anivu
persistent adj. stahimilivu
person n. mja
personage n. mtu
personal adj. pekee
personality n. haiba
personification n. utambulisho
personify v. tambulisha
personnel n. wafanyikazi
perspective n. mtazamo
perspiration n. jasho
perspire v. jasho
persuade v. shawishi
persuasion n. ushawishi
pertain v. husu
pertinent adj. muhimu
perturb v. vuruga
perusal n. hifadhi
peruse v. uhifadhi
pervade v. tambaa
perverse adj. kilichopotoka
perversion n. upotovu
perversity n. upoteo
pervert v. pevua
pessimism n. uhuo
pessimist n. uhuo
pessimistic adj. huo
pest n. wadudu
pesticide n. dawa ya dudu
pestilence n. balaa
pet v. bembeleza
pet n. mpendwa
petal n. petali
petition v. nasihi
petition n. nasaha
petitioner n. mhitaji
petrol n. petroli
petroleum n. petroli

petticoat n. kijikoti
petty adj. ndogo ndogo
petulance n. kujishaua
petulant adj. tukutu
phagic adj. kilabakteria
phalange n. mnyama
phalanx n. mfupa ya kidole
phallic adj. feliki
phallus n. falasi
phantasmagoria n. phantasmagoria
phantasmal adj. fantasmal
phantom n. mizuka
pharmaceutic adj. kidawa
pharmaceutical n. madawa
pharmaceutical adj. kimadawa
pharmaceutist n. amuuza dawa
pharmacist n. mchanganya-dawa
pharmacy n. dispensari
phase n. awamu
phenomenal adj. matukio
phenomenon n. ishara
phial n. mkebe
philanthist n. philanthist
philander n. uhuni
philander v. hunia
philanderer n. mhuni
philandry n. ushoga
philanthropy n. ukubwa
philological adj. kifilolojia
philologist n. mwana filolojia
philology n. filolojia
philosopher n. mwana filosofia
philosophical adj. kifilosofia
philosophy n. filosofia
phone n. simu
phonetic adj. sauti
phonetics n. kisimu simu
phosphate n. fosfeti (kemikali)
phosphorus n. kifosfeti
photo n. foto
photograph n. picha
photograph v. piga (picha)

photographer n. mpiga (picha)
photographic adj. kipicha
photography n. picha
phrase v. tamka
phrase n. maneno
phraseology n. ustadi wa maneno
physic v. fiziki
physic n. fiziki
physical adj. kifiziki
physical adj. kifiziki
physician n. tabibu
physicist n. mwana fiziki
physics n. fizikia
physiognomy n. fizionomia
physique n. umbo
pianist n. mpiga (kinanda)
piano n. kinanda
pick n. chaguo
pick v. chuma
picket v. vyama
picket n. vyama
pickle v. tia (kachumbari)
pickle n. kachumbari
picnic v. nenda pikniki
picnic n. pikniki
pictorial adj. mchoro
picture v. chora (picha)
picture n. taswira
picturesque adj. kipicha
piece n. fungu
piece v. gawa
pierce v. bomoa
piercing n. kutoboa
piercing adj. kutoboa
piety n. ucha mungu
pig n. hanziri
pigeon n. njiwa
pigmy n. mbilikimo
pile v. panganya
pile n. chungu
piles n. mrundo
pilfer v. kimenya
pilgrim n. haji

pilgrimage n. hiji
pill n. kidonge
pillar n. magadi
pillow v. lalia
pillow n. mto
pilot v. ongoza
pilot n. rubani
pimple n. kipele
pin v. toboa
pin n. kpini
pinch v. finya
pinch v. bana
pine v. dhii
pine n. dhii
pineapple n. nanasi
pink adj. zambarao
pink n. zambarao
pinkish adj. upinki
pinnacle n. gongo
pioneer v. muanzilishi
pioneer n. mkurugenzi
pious adj. tawa
pipe n. fereji
pipe n. mlizamu
pipe n. mrija
pipe v. pitisha
piquant adj. harufu
piracy n. uharamia
pirate v. iba
pirate n. haramia
pistol n. bastola
piston n. michi (mashine)
pit v. chimbo
pit n. shimo
pitch n. lami
pitch n. bereu
pitch v. pigisha
pitch v. piga
pitcher n. gudulia
pitcher n. mtungi
piteous adj. hurumiwa
pitfall n. shimo
pitiable adj. mwenye mashaka

pitiful *adj.* huruma
pitiless *adj.* asohuruma
pitman *n.* pitman
pittance *n.* isotosha
pity *v.* hurumia
pity *n.* huruma
pivot *n.* egemea
pivot *v.* muhimu
pixel *n.* saizi
pixelate *v.* toshanisha
pizza *n.* piza
pizzeria *n.* pizaria
placable *adj.* kuwekwa
placate *v.* sahihisha
placative *adj.* usahihishaji
placatory *adj.* kusahihisha
place *v.* weka
place *n.* mahali
placebic *adj.* kidawa
placebo *n.* dawa
placement *n.* weka
placenta *n.* zalio
placid *adj.* bahari tulivu
plague *v.* adhibu
plague *adj.* adhabu
plain *adj.* bainifu
plain *n.* kiwara
plaintiff *n.* mshtaki
plan *v.* andaa
plan *n.* azimio
plane *v.* piga (randa)
plane *adj.* ndege abiria
plane *n.* randa
plane *n.* ubapa
planet *n.* sayari
planetary *adj.* kisayari
plank *v.* vinja
plank *n.* ubao
plant *n.* mmea
plant *v.* panda
plantain *n.* ndizi
plantation *n.* shamba
plaster *v.* tomea

plaster *n.* marhamu
plastic *n.* plastiki
plastic *adj.* plastiki
plate *n.* kombe
plate *n.* sahani
plate *v.* weka kwa sahani
plateau *n.* mpando
platform *n.* jukwaa
platinum *n.* kipimo
platinum *adj.* platinamu
platonic *adj.* kiplatonia
platoon *n.* platuni
play *v.* cheza
play *n.* mchezo
playback *n.* kuchezeshwa
playcard *n.* kadi ya mchezo
playdate *n.* tarehe ya mchezo
player *n.* chezaji
playfield *n.* uwanja wa kucheza
playful *adj.* purupuru
playground *n.* uwanja
playhouse *n.* pambizo
plea *n.* ikirari
plead *v.* ng'ang'ania
pleader *n.* mnenea
pleasant *adj.* anisi
pleasantry *n.* kinono
please *v.* furahisha
please *adv.* taanisa
pleasure *n.* anasa
plebiscite *n.* rai
pledge *v.* poni
pledge *n.* rahani
plenty *n.* tele
plight *n.* olewa
plod *v.* mwenda pole
plot *v.* tega
plot *n.* njama
plough *v.* lima
plough *n.* plau (nyota)
ploughman *n.* mkulima
pluck *n.* kichuma
pluck *v.* chuma

plug v. chmeka
plug n. mzibo
plum n. zambarau
plumber n. fundi-bomba
plunder n. utekaji
plunder v. teka
plunge n. kachombe
plunge v. zamisha
plural adj. wingi
plurality n. uwingi
plus adj. kijumla
plus n. jumla
plush adj. plushi
plush n. plushi
plutocrat adj. plutocrati
plutonic adj. plutoniki
plutonium n. plutoniamu
pluvial adj. pluvial
pluvial n. pluvial
pluviometer n. pluviomita
ply n. plai
ply v. ameplai
plyer n. playa
plywood n. plaiwudi
pneudraulics n. neodraliki
pneuma n. nyumatiki
pneumatic n. nyumatiki
pneumatic adj. kinyumatiki
pneumatological adj. kinyumatolojia
pneumatology n. nyumatolojia
pneumogastric adj. nyumogastric
pneumology n. nyumolojia
pneumonia n. bombo
pneumoniac n. kibombo
pneumonic adj. ubombo
pneumotherapy n. nyumotherapia
poach v. jangilisha
poached adj. majangili
poacher n. ujangili
pocket v. chukua
pocket n. mfuko
pod n. chunga

pod v. maganda
podcast n. upeperushaji
podcast v. peperusha
podcaster n. kipeperushi
podgy adj. kimaganda
podiatric adj. podriatiki
podiatrist n. mwana podiriatiki
podium n. kinara
podium v. vinara
poem n. shairi
poesy n. kishairi
poet n. malenga
poetaster n. malenga
poetess n. malenga (wa kike)
poetic adj. kimashairi
poetics n. kishairi
poetry n. ushairi
poignacy n. usisitizaji
poignant adj. msisitizo
point n. nukta
point v.t. elekeza
pointblank adv. bayana
pointed adj. chonge
pointedly adv. kichonge
pointedness n chongwa
pointerless adj. isomchongo
pointful adj. ilochongwa
pointillism n. mchoro
pointillist n. mchoraji
pointless adj. isomaana
pointwork n. kazi ya mchongo
poise n. kuning'inia
poise v. ninginia
poison v. sumu
poison n. kiunguzo
poisonous adj. mtupa
poke n. mdukuo
poke v. chocha
poker n. kichocheo
polar adj. kipola
polarazing adj. mgawanyiko
polarity n. mgawanyiko
polarize v. gawanya

polaroid n. polaroidi
polary adj. kiincha
pole v. ncha ya dunia
pole n. banzi
pole dancer n. mcheza (banzi)
polearm n. polam
polecat n. polekati
polemic adj. malumbano
polemic n. malumbano
polenta n. sima
police n. polisi
police v. chunga
police beat n. mashua ya polisi
policeboat n. mashua ya polisi
policeless adj. asopolisi
policeman n. afisa wa polisi
policy n. siasa
polish n. mng'aro
polish v. ng'arisha
polite adj. adibu
politeness n. umuruwa
politic adj. siasa
political adj. kisiasa
politician n. mwanasiasa
politics n. siasa
polity n. usia
poll v. chagua
poll n. uchaguzi
pollen n. mbelewele
pollute v. chafua
pollution n. janaba
polo n. polo
polyacetylene n. polisentilina
polyander n. kuoa (kwa waume wengi)
polyandrianism n. poliyandriani
polyandry n. poliyandri
polybutene n. polibutini
polybutylene n. polibutylene
polycarbonate n. polikabonet
polycentric adj. polisentriki
polycentrism n. polisentrism
polychrome adj. polickromi

polycracy n. policrasia
polyene n. poliyeni
polyform n. polifom
polygamous adj. wake wengi
polygamy n. mitala
polyglot n. poligloti
polyglot adj. poligloti
polyloquent adj. polilokwenti
polymath n. polimathi
polymer n. polima
polymerize v. polimarize
polymetallic adj. polimetaliki
polymethine n. polimethina
polymethylene n. polimethilina
polymicrobial adj. polimikrobia
polymiotic adj. polimiotiki
polymolecular adj. polimolekula
polymorph n. polimof
polymorphic adj. polimofiki
polymorphism n. polimofizim
polymorphosis n. polimofosis
polynucleate adj. polinukleit
polypharmacal adj. polifamakol
polypropylene n. polipropilini
polyprotein n. poliprotini
polysemia n. polisemia
polytechnic adj. veta
polytechnic n. veta
polytheism n. ushirikina
polytheist n. mshirikina
polytheistic adj. washirikina
pomp n. adhama
pomposity n. uadhama
pompous adj. ulodi
pond n. kidimbwi
ponder v. dhamiria
pony n. farasi (za kiamerika)
pony n. farasi (za kiamerika)
poor adj. dhalili
pop v. chomoka
pop n. baba
pope n. papa
poplar n. popla (mti)

poplin *n.* paplini
populace *n.* poplisi
popular *adj.* maarufu
popularity *n.* umaarufu
popularize *v.* wanatangaza
populate *v.* wekeza
populate *v.* tangaza
population *n.* umma
populous *adj.* wakazi
porcelain *n.* umma
porch *n.* ukumbi
pore *n.* tundu
pork *n.* nguruwe
porridge *n.* poroja
port *n.* bandari
portable *adj.* inayobebeka
portage *n.* ubebaji
portal *n.* lengo
portend *v.* ishara
porter *n.* mbeba mizigo
portfolio *n.* kwingineko
portico *n.* ukumbi
portion *n.* fungu
portion *v.* sehemu
portrait *n.* taswira
portraiture *n.* picha
portray *v.* kuonyesha
portrayal *n.* viigiza
pose *v.* chukua mkao
pose *v.* keti
pose *n.* mkao
position *n.* cheo
position *v.* jipandishe
positive *adj.* chaya
possess *v.* miliki
possession *n.* umiliki
possibility *n.* yamkini
possible *adj.* uwezekano
post *n.* mwegamo
post *v.* posta
post *n.* nguzo
post *n.* wima
post *adv.* baada ya

postage *n.* gharama (ya posta)
postal *adj.* posta
post-date *v.* tarehe (ya kutuma)
poster *n.* bango
posterity *n.* ukoo
posthumous *adj.* baada ya kifo
postman *n.* tarishi
postmaster *n.* mwana posta
post-mortem *adj.* uchunguzi (wa kifo)
post-mortem *n.* uchunguzi (wa kifo)
post-office *n.* idara ya posta
postpone *v.* kawisha
postponement *n.* cheleo
postscript *n.* ujumbe mfupi
posture *n.* mkao
pot *n.* dumu
pot *v.* sufuria
potash *n.* potasi
potassium *n.* potashiamu
potato *n.* kiazi
potency *n.* uwezo
potent *adj.* unguvu
potential *n.* uwezo
potential *adj.* uwezaji
potentiality *n.* uwezo
potter *n.* mfinyanzi
pottery *n.* ufinyanzi
pouch *n.* mkoba
poultry *n.* kuku
pounce *n.* shambulia
pounce *v.* daka
pound *n.* poundi
pound *v.* paaza
pour *v.* chimbuka
poverty *n.* ufukara
powder *v.* paka (poda)
powder *n.* poda
power *n.* nguvu
powerful *adj.* hodari
practicability *n.* utendaji
practicable *adj.* wezekana

practical *adj.* kivitendo
practically *adv.* kivitendo
practice *n.* zoezi
practise *v.* zoea
practitioner *n.* wataalamu
pragmatic *adj.* kikweli
pragmatism *n.* ukweli
praise *n.* masifu
praise *v.* sifu
praiseworthy *adj.* mstahili-sifa
pram *n.* kijigari (ya mtoto)
prank *n.* kejeli
prattle *v.* romoka
prattle *n.* upumbavu
pray *v.* omba
prayer *n.* sala
preach *v.* hubiri
preacher *n.* hatibu
preamble *n.* yaliotangulia
precaution *n.* matayarisho
precautionary *adj.* kimatayarisho
precede *v.* kadamisha
precedence *n.* ukandamishaji
precedent *n.* utangulio
precept *n.* mafunzo
preceptor *n.* mkufunzi
precious *adj.* azizi
precis *n.* muhtasari
precise *n.* madhubuti
precision *n.* usahihi
preclude *v.* zuia
precursor *n.* mtangulizi
predecessor *n.* mtangulizi
predestination *n.* masaibu
predetermine *v.* kwama
predicament *n.* magumu
predicate *n.* prediketo
predict *v.* agulia
prediction *n.* uaguzi
predominance *n.* ubora
predominant *adj.* kamilifu
predominate *v.* kamilifu
pre-eminence *n.* umajivuno

pre-eminent *adj.* majivuno kuu
preemptive *adj.* kizuizi
preen *n.* kushangilia
preen *v.* shangilia
preexistence *n.* ukuuaji
preface *n.* utangulizi
preface *v.* utangulizi
prefect *n.* kiranja
prefer *v.* hiari
preference *n.* mapendeleo
preferential *adj.* kimapendeleo
prefix *n.* kiambishi
prefix *v.* ambisha
pregnancy *n.* uja-uzito
pregnant *adj.* zito
prehistoric *adj.* kabla ya historia
prejudice *n.* tatizo
prelate *n.* kiongozi
preliminary *adj.* utangulizo
preliminary *n.* kitangulizo
prelude *n.* kitangulizi
prelude *v.* tanguliza
premarital *adj.* kabla ndoa
premature *adj.* tangulifu
premeditate *v.* nuia
premeditation *n.* kunuia
premier *adj.* primia
premier *n.* primia
premiere *n.* uongozi
premium *n.* uhondo
premonition *n.* tabiri
preoccupation *n.* jaza
preoccupy *v.* zubaa
preparation *n.* andalio
preparatory *adj.* chekecheya
prepare *v.* tayarisha
preponderance *n.* uzito
preponderate *v.* kizito zaidi
preposition *n.* kihusishi
prerequisite *adj.* kisharti
prerequisite *n.* sharti
prerogative *n.* haki
prescience *n.* kisayansi

prescribe v. eleza
prescription n. dawa
presence n. hudhurio
present adj. kisasa
present n. hiba
present n. jazua
present v. kidhi
presentation n. utoaji
presently adv. kisasa
preservation n. kingojo
preservative n. vihifadhi
preservative adj. kihifadhi
preserve v. hifadhi
preserve n. uhifadhi
preside v. mwenyekiti
president n. rais
presidential adj. kiraisi
press v. fyata
press n. mkandamizo
pressure n. shindiko
pressurize v. finyilia
prestige n. fahari
prestigious adj. kifahari
presume v. kisi
presumption n. ghururi
presuppose v. fikiria vibaya
presupposition n. fikira potofu
pretence n. uwongo
pretend v. jjifanya
pretension n. ushau
pretentious adj. shau
pretext n. hila
prettiness n. uzuri
pretty adj. zuri
pretty adv. kianashati
prevail v. stawi
prevalence n. ustawi
prevalent adj. imefika
prevent v. kataza
prevention n. ukatazaji
preventive adj. kizuizi
previous adj. jana
prey n. windo

prey v. winda
price n. thamani
price v. thamini
prick v. sikia
prick n. chomo
pride n. kiburi
pride v. jivune
priest n. kasisi
priestess n. kasisi (wa kike)
priesthood n. ukasisi
prima facie adv. prima fesi
primarily adv. kimsingi
primary adj. msingi
prime v. tanguliza
prime adj. utukufu
prime n. ukubwa
primer n. mkuu
primeval adj. kijahilia
primitive adj. kijahilia
prince n. kibwana
princely adj. kiubwana
princess n. kibibi
principal n. mkuu
principal adj. kikuu
principle n. kanuni
print v. chapa
print n. toleo
printer n. mchapaji
prior adj. awali
prior n. kabla
prioress n. uawali
priority n. kipaumbele
prison n. gereza
prisoner n. habusu
privacy n. faragha
private adj. binafsi
privation n. mashaka
privilege n. ufadhili
prize n. zawadi
prize v. tunuku
probability n. yamkini
probable adj. yamkini
probably adv. labda

probation *n.* majaribu
probationer *n.* mjaribu
probe *v.* chunguza
probe *n.* uchunguzi
problem *n.* matatizo
problematic *adj.* kimatatizo
procedure *n.* harakati
proceed *v.* endelea
proceeding *n.* endelezo
proceeds *n.* mapato
process *n.* mfumo
procession *n.* mkururo
proclaim *v.* eneza
proclamation *n.* ilani
proclivity *n.* uilani
procrastinate *v.* ahiri
procrastination *n.* uajizi
proctor *n.* mwangalizi
proctor *v.* angaliza
procure *v.* kununua
procurement *n.* mpato
prodigal *adj.* mtumiaji
prodigality *n.* asharati
produce *v.* changaniza
produce *n.* mazao
product *n.* tunda
production *n.* uzalishaji
productive *adj.* faidisha
productivity *n.* tija
profane *v.* najisi
profane *adj.* najisi
profess *v.* wanaokariri
profession *n.* amali
professional *adj.* ustadi
professor *n.* profesa
proficiency *n.* ufundi
proficient *adj.* arifu
profile *n.* mazao
profile *v.* faidi
profit *n.* faida
profit *v.* faidi
profitable *adj.* faidi
profiteer *n.* mfaidikaji

profiteer *v.* mfaidi
profligacy *n.* washerati
profligate *adj.* fasiki
profound *adj.* makubwa
profundity *n.* ukubwa
profuse *adj.* ridhika
profusion *n.* jazi
progeny *n.* dhuria
programme *n.* maazimio
programme *v.* panga
progress *n.* endeleo
progress *v.* endelea
progressive *adv.* changamka
prohibit *v.* harimu
prohibition *n.* katazo
prohibitive *adj.* kikwazo
prohibitory *adj.* kikwazo
project *n.* mradi
project *v.* chomoza
projectile *n.* mchomozo
projectile *adj.* kichomoza
projection *n.* mchomozo
projector *n.* madomo
proliferate *v.* eneza
proliferation *n.* kuenea kwa
prolific *adj.* kienea
prologue *n.* yaliotangulia
prolong *v.* tawilisha
prolongation *n.* muendelezo
prominence *n.* utukufu
prominent *adj.* mashuhuri
promise *v.* ahidi
promise *n.* mihadi
promising *adj.* ahidi
promissory *adj.* ahadi
promote *v.* ongoza
promote *v.* saidia
promotion *n.* ukuzaji
promotion *n.* upandishaji-cheo
prompt *adj.* taslimu
prompt *v.* wahi
prompter *n.* mnong'oni
prone *adj.* kukabiliwa

pronoun *n.* kijina
pronounce *v.* tamko
pronunciation *n.* lafudhi
proof *n.* ithibati
proof *adj.* thibitisho
prop *n.* kiweko
prop *v.* egemeza
propaganda *n.* porojo
propagandist *n.* mueneza porojo
propagate *v.* tangaza
propagation *n.* uzalishaji
propel *v.* sawa
proper *adj.* barabara
property *n.* mali
prophecy *n.* ubashiri
prophesy *v.* agua
prophet *n.* mbashiri
prophetic *adj.* kinabii
proportion *n.* uwiano
proportion *v.* wania
proportional *adj.* uwiano
proportionate *adj.* muiyano
proposal *n.* azimio
propose *v.* ania
proposition *n.* pendekezo
propound *v.* pendekeza
proprietary *adj.* usahihi
proprietor *n.* mwenyeji
propriety *n.* jamala
prorogue *v.* kuahirisha
prosaic *adj.* kinadharia
prose *n.* nathari
prosecute *v.* shitaki
prosecution *n.* mashtaka
prosecutor *n.* hakimu
prosody *n.* prosodi (ustadi)
prospect *n.* matarajio
prospective *adj.* kimatarajio
prospectus *n.* muongozo
prosper *v.* stawi
prosperity *n.* baraka
prosperous *adj.* neemefu
prostitute *n.* danguro

prostitute *v.* jiuze
prostitution *n.* ukahaba
prostrate *adj.* sujudu
prostrate *v.* sujudia
prostration *n.* kusujudu
protagonist *n.* mhusika mkuu
protect *v.* linda
protection *n.* hifadhi
protective *adj.* kago
protector *n.* mlinda
protein *n.* unyama
protest *n.* ukinzani
protest *v.* teta
protestation *n.* utetaji
prototype *n.* mfano
proud *adj.* kinaifu
prove *v.* hakikisha
proverb *n.* mithali
proverbial *adj.* kimethali
provide *v.* auni
providence *n.* uungu
provident *adj.* mungu
providential *adj.* mungu
province *n.* wilaya
provincial *adj.* muda
provincialism *n.* ushamba
provision *n.* andao
provisional *adj.* kimasharti
proviso *n.* masharti
provocation *n.* tashtiti
provocative *adj.* kichochezi
provoke *v.* chokoza
prowess *n.* maume
proximate *adj.* kadiria
proximity *n.* karibu
proxy *n.* wakala
prude *n.* busara
prudence *n.* busara
prudent *adj.* hodari
prudential *adj.* kihodari
prune *v.* pogoa
pry *v.* ingilia
psalm *n.* zaburi

pseudonym *n.* kisimbo
psyche *n.* saiki (kisayansi)
psychiatrist *n.* mwana saikayatri
psychiatry *n.* saikayatri
psychic *adj.* kiwazimu
psychological *adj.* kisaikolojia
psychologist *n.* saykolojia
psychology *n.* saikolojia
psychopath *n.* wazimu
psychosis *n.* saykosis (ugonjwa)
psychotherapy *n.* saikotherapia
puberty *n.* ubaleghi
public *adv.* hadharani
public *n.* hadhira
publication *n.* ilani
publicity *n.* tangazo
publicize *v.* tangaza
publish *v.* hadhiri
publisher *n.* mchapaji
pudding *n.* faluda
puddle *n.* kibwawa
puddle *v.* pika uji
puerile *adj.* kitoto
puff *n.* kipenga
puff *v.* penga
pull *v.* burura
pull *n.* kuburura
pulley *n.* ayari
pullover *n.* sweta
pulp *n.* shapo
pulp *v.* menya
pulpit *adj.* jukwani
pulpy *adj.* imeiva
pulsate *v.* pwita
pulsation *n.* mpapatiko
pulse *n.* mshipa
pulse *v.* cheza
pump *n.* pambpu
pump *v.* dadisi
pumpkin *n.* boga
pun *n.* utani
pun *v.* tania
punch *n.* ngumi

punch *v.* piga (ngumi)
punctual *adj.* kwa wakati
punctuality *n.* mchunga wakati
punctuate *v.* gawanya
punctuation *n.* kigawanyi
puncture *n.* udumivu
puncture *v.* dudumia
pungency *n.* uangalifu
pungent *adj.* muangalifu
punish *v.* adhibu
punishment *n.* adhabu
punitive *adj.* adhabu
puny *adj.* dhaifu
pupil *n.* mwanafunzi
puppet *n.* karangosi
puppy *n.* mbwa
purblind *n.* asoona vizuri
purchase *v.* nunua
purchase *n.* uguzi
pure *adj* safi
purgation *n.* tohara
purgative *n.* kitohara
purgative *adj.* kiudhia
purgatory *n.* udhia
purge *v.* harisha
purification *n.* mtakaso
purify *v.* chuja
purist *n.* makinifu
puritan *n.* mukhlisina
puritan *n.* mchaji
puritanical *adj.* kiuchaji mungu
purity *n.* usafi
purple *adj./n.* hudhurungi
purport *n.* jionyeshe
purport *v.* kujionyesha
purpose *n.* azimio
purpose *v.* ukilia
purposely *adv.* ukitaka
purr *n.* mkoromo
purr *v.* koroma
purse *v.* toboa
purse *n.* pochi
pursuance *n.* kusaka

pursue v. fuata
pursuit n. masumbuko
purview n. matarajio
pus n. ujusi
push v. sukuma
push n. mchocheo
put v. weka
put n. kuweka
puzzle n. fumbo
puzzle v. emeza
pygmy n. mtwa
pyorrhoea n. piyoriya (ugonjwa)
pyramid n. piramidi
pyre n. paya
pyromantic adj kikuwasha moto
pyromantic n. kupenda kuchoma
python n. chatu

Q

quack n. mponyi
quack v. ponya
quackery n. viombo vya kuvunjika
quadrangle n. pembe nne
quadrangular adj. kipembenne
quadrilateral n. pembenne
quadrilateral adj. kisehemu nne
quadruped n. mnyama miguu nne
quadruple adj. kisehemu nne
quadruple v. maranne
quail n. tomboro
quaint adj. ajabu
quake n. tetemeko
quake v. tetemeka
qualification n. ufundi
qualify v. hitimu
qualitative adj. ubora
quality n. gredi
quandary n. kuchanganyikiwa
quantitative adj. upimaji ,
quantity n. idadi
quantum n. kuantamu
quarrel v. husumu

quarrel n. fitina
quarrelsome adj. gomvi
quarry v. machimbo
quarry n. windo
quarry n. uwindo
quarter v. robo
quarter n. mtaa
quarterly adj. kirobo
queen n. kwini
queer adj. kishoga
queer v. shoga
queer n. shoga
quell v. zima
quench v. zima
query v. ulizia
query n. swala
quest n. jitahidi
quest v.t. jitihada
question v. swalisha
question n. swala
questionable adj. utata
questionnaire n. hojaji
queue n. lini
queue v. tundama
quibble v. bisha
quibble n. ubishi
quick n. haraka
quick adj. epesi
quicksand n. matuta (mchanga)
quicksilver n. zebaki
quiet adj. kimya
quiet n. unyamavu
quiet v.t. poza
quilt n. firashi
quinine n. kwinini
quintessence n. utulivu
quit v. acha
quite adv. kabisa
quiver v. dapa
quiver n. podo
quixotic adj. pumbaa
quiz v. uliza
quiz n. mtihani

quorum n. yakama
quota n. mapendeleo
quotation n. dondoo
quote v. dondoa
quotient n. hisa

R

rabbi n. kuhani
rabbit n. sungura
rabble n. yahe
rabies n. kalab
race v. mburuzo
race n. shindano
racial adj. ubaguzi wa rangi
racialism n. ubaguzi wa rangi
racism n. ukabila
racist adj. mbaguzi
rack n. susu
rack v. piga
racket n. kuhusu
racket n. kujihusisha
radiance n. anga
radiant adj. nawiri
radiate v. ngaa
radiation n. ungaaji
radical adj. mbomoshi
radio n. radio
radio v. peperusha
radiogram n. radiogramu
radiography n. radiografia
radiolocation n. radiolokesheni
radiology n. mionzi
radiomercury n. radiomercury
radiommunology n. radiomnolojia
radion n. radoni
radiophone n. kingamuzi
radioscan n. radioskan
radiotelegraphy n. radiotelegrafia
radious adj. uradio
radish n. figili
radium n. radiyumu
radius n. nusukipenyo

rag v. kitambaa
rag n. kinguo
rage v. fura
rage n. mafutu
raid v. vamia
raid n. uvamizi
rail v. ukingo
rail n. reli
railing n. egemeo
raillery n. ureli
railway n. relwe
rain n. mvua
rain v. nyesha
rainy adj. masika
raise v. inua
raisin n. zabibu
rally n. makutano ya hadharani
rally v. fanya mkutano
ram v. ponda
ram n. kondoo
ramble n. ukulaji
ramble v. kula
rampage n. vurumai
rampage v. vuruga
rampant adj. mwepesi
rampant adj. uwepesi
rampart n. ngome
ranch n. ranchi
ranch v. kiranchi
rancid adj. kuvunda
rancidify v. uvundaji
rancour n. mvunda
random adj. ovyoovyo
randomise v. kiovyo
range n. mfiko
range v. kisia
ranger n. mwanamsitu
rank v. cheo
rank adj. kicheo
rank n. digrii
ransack v. fukua (mizizi)
ransom v. fidi
ransom n. ufidio

rape v. najisi
rape n. ugono
rapid adj. haraka
rapidity n. wepesi
rapier n. rapia
rapport n. uhusiano
rapt adj. nyakua
rapture n. unyakuzi
rare adj. adimu
rarefy v. adimisha
rarely adv. nadra
rareness n. uadimu
rarity n. kuadimisha
rascal n. mtwana
rash adj. kimbia
rash n. balashi
rasp n. tupa
rasp v. kereza
raspberry n. tunda
raspberry adj. tunda
raspy adj. kikerezo
rasta n. rasta
rasure n. rashua
rat v. panya
rat n. panya
rate n. kiwango
rate v. hesabu
rather adv. afadhali
ratify v. kiri
ratio n. uwiano
ration n. resheni
rational adj. mantiki
rationale n. kimantiki
rationality n. umantiki
rationalize v. stawisha
rattle n. kayamba
rattle v. titima
ravage v. wayiro
ravage n. ganjo
rave v. payapaya
raven n. kunguru
ravine n. genge
raw adj. biti

ray n. mshale
raze v. waraze
razor n. wembe
reabsorb v. nyonya
reabsorption n. unyonyaji
reaccept v. kubali
reach n. mfiko
reach v. fikia
react v. kuguswa
reaction n. majibu
reactionary adj. kibaraka
reactionist n. kibaraka
reactivate v. washa tena
reactivation n. uwashaji upya
reactive adj. tendaji
reactor n. mtambo
read v.t. soma
reader n. msomaji
readily adv. tayari
readiness n. utayari
ready adj. tayari
reak n. riki
real adj. asilia
realism n. ukweli
realist n. mkweli
realistic adj. kikweli
reality n. ukweli
realization n. ufahamu
realize v. tahamaki
reallocate v. hama
reallocation n. uhamiaji
really conj. walahi
really int. kee!
realm adj. ulimwengu
realtor n. mkodishaji
realty n. ukodishaji
ream n. rimu
ream v. rimu
reamer n. mweka rimu
reamplify v. uwekaji
reamputation n. kutolewa viungo
reanimate adj. kuhuwisha
reanimate v. huwisha

reanimation n. uhuwishaji
reannex v. jenga tena
reannexation n. ujenzi tena
reap n. kuvuna
reap v. chuma
reaper n. uvuno
reappear v. kuonekana tena
reappearance n. kuonekana tena
reapplication n. utumiz upya
reapply v. umba tena
reappoint v. chagua tena
reappraisal n. sifu tena
reappraise v. sifu tena
reapproach v. fuata tena
reappropriate v. kubali tena
reapproval n. kubali tena
rear v. latamia
rear adv. nyuma
rear n. kinyume
rear adj. kinyuma
rearrange v. panga upya
rearticulate v. sisitiza
rearview adj. mtazamo wa mwisho
reason v. fikiria
reason n. akili
reasonable adj. elekevu
reassure v. liwaza
rebate n. marupurupu
rebel v. asi
rebel n. mwasi
rebellion n. fitina
rebellious adj. halifu
rebirth n. kuzaliwa tena
rebound v. duta
rebound n. duta
rebuff v. kataa
rebuff n. kukataa
rebuke n. karipio
rebuke v. karipia
recall n. kumbuka
recall v. tanabahi
recede v. kupungua
receipt n. risiti

receive v. pokea
receiver n. mpokeaji
recent adj. karibu
recently adv. karibuni
reception n. pokezi
receptive adj. kupokea
recess n. mapumziko.
recession n. uchumi
recipe n. maelekezo
recipient n. wapokeaji
reciprocal adj. kubadilishana
reciprocate v. fidia
recital n. kusoma
recitation n. usomaji
recite v. kariri
reckless adj. asojali
reckon v. hesabu
reclaim v. kurudisha
reclamation n. madai
reclamation n. udai
recluse n. mtawa
recognition n. utambuzi
recognize v. tambua
recoil v. nywea
recoil adv. nywea
recollect v. kumbuka
recollection n. kumbukumbu
recommend v. pendeleza
recommendation n. pendekezo
recompense n. lipo
recompense v. lipa
reconcile v. patanisha
reconciliation n. masilahi
recondensation n. kupoa tena
recondense v. poesha tena
recondition v. tengeza upya
reconductor n. elekeza tena
reconfigurate v. panga tena
reconfiguration n. upangaji upya
reconquer v. tawala tena
reconsider v. upya
reconsolidate v. kubali tena
record v. rekodi

record n. sahini
recorder n. kisajilia
recount v. hesabu tena
recoup v. pambana tena
recourse n. fanya tena
recourse n. somatena
recover v. pona
recover v. nafuu
recovery n. buheri
recovery n. utengamano
recreation n. burudisho
recreational adj. kiburudisho
recreative adj. kiuburudisho
recriminate v. choma tena
recrimination n. uchomaji tena
recrudency n. usafishaji tena
recruit v. andika
recruit n. kurutu
rectangle n. maraba
rectangular adj. maraba
rectification n. usahihishaji
rectify v. sahihisha
rectum n. mjiko
recur v. chamka
recurrence n. utendekaji upya
recurrent adj. kitendo tena
red n. nyekundu
red adj. nyekundu
redden v. itajaa
reddish adj. nyukundu
redeem v. komboa
redemption n. makombozi
redouble v. mara mbili
redress n. kurekebisha
redress v. rekebisha
reduce v. hafifisha
reduction n. kipunguo
redundance n. kurudia
redundant adj. marudio
reel n. lewa
reel v. yumba
reel v. yumbayumba
refer v. rejea

referee n. rifirii
reference n. marejeo
referendum n. kura ya maoni
refine v. anda
refinement n. ustaarabu
refinery n. kiwanda cha kusafisha
reflect v. nurisha
reflection n. taamuli
reflective adj. kiashiria
reflector n. kiashirio
reflex adj. taswira
reflex n. taswira
reflexive adj. kitaswira
reform n. mageuzo
reform v. geuza
reformation n. matengenezo
reformatory n. kimatengenezo
reformatory adj. kimatengenezo
reformer n. mzuzi
refrain n. itikio
refrain v. jihini
refresh v. burudisha
refreshment n. burudisho
refrigerate v. baridisha
refrigeration n. majokofu
refrigerator n. jokofu
refuge n. kimbilio
refugee n. mkimbizi
refulgence n. kungaa
refulgent adj. kinang'aa
refund v. rudisha
refund n. lipa deni
refusal n. kano
refuse v. gomba
refuse n. ususaji
refutation n. ukadhibishaji
refute v. kadhibisha
regal adj. regali
regard n. ustahiki
regard v. jali
regenerate v. upya
regeneration n. upya
regicide n. fuata

regime *n.* serikali
regiment *n.* umma
regiment *v.* kusanya watu
region *n.* jimbo
regional *adj.* kimkanda
register *n.* orodha
register *v.* sajili
registrar *n.* msajili
registration *n.* usajili
registry *n.* usajili
regret *n.* majuto
regret *v.* juta
regular *adj.* barabara
regularity *n.* tora
regulate *v.* tengeneza
regulation *n.* agizo
regulator *n.* kirekebisho
rehabilitate *v.* karabati
rehabilitation *n.* ukarabati
rehearsal *n.* mazoezi
rehearse *v.* fanya zoezi
reign *v.* tawala
reign *n.* utawala
reimburse *v.* fidia
reimbursement *n.* fidia
rein *v.* shinda
rein *n.* kigwe
reinforce *v.* imarisha
reinforcement *n.* tomea
reinstate *v.* kurejesha
reinstatement *n.* urejeshaji
reiterate *v.* elezea tena
reiteration *n.* kuelezea upya
reject *v.* kana
rejection *n.* mardudi
rejoice *v.* furahi
rejoin *v.* ungana tena
rejoin *v.* unganisha tena
rejoinder *n.* magombezi
rejuvenate *v.* shangilia
rejuvenation *n.* ushangiliaji
relapse *adj.* chamko
relapse *v.* chamka

relate *v.* husiana
relation *n.* wiano
relative *n.* husu
relative *adj.* kuhusu
relax *v.* tulia
relaxation *n.* burudisho
relay *n.* kufikisha
relay *v.* fikisha
release *n.* mfunguo
release *v.* achilia
relent *v.* inahusu
relentless *adj.* haina uhsiano
relevance *n.* uhusiano
relevant *adj.* kuhusu
reliable *adj.* madhubuti
reliance *n.* utegemeaji
relic *n.* masalia
relief *n.* burudisho
relief *n.* faraja
relieve *v.* fariji
religion *n.* dini
religious *adj.* tawa
relinquish *v.* achari
relish *n.* kitoweo
relish *v.* tayarisha kitoweo
reluctance *n.* kusita
reluctant *adj.* usitaji
rely *v.* tumaini
remain *v.* aishi
remainder *n.* masalia
remains *n.* masalia
remand *n.* remand
remand *v.* mahabusu
remark *v.* jali
remark *n.* kujali
remarkable *adj.* ajabu
remedial *adj.* kitiba
remedy *n.* tiba
remedy *v.* tibu
remember *v.* kumbuka
remembrance *n.* ukumbukaji
remind *v.* kimbusha
reminder *n.* kukusho

reminiscence n. kumbukumbu
reminiscent adj. mkumbushaji
remission n. kuwaondolea
remit v. samehe
remit v. buria
remittance n. upelekaji fedha
remorse n. majuto
remote adj. chache
removable adj. kuondolewa
removal n. ondokeo
remove v. bandua
remunerate v. lipa
remuneration n. masilahi
remunerative adj. kimalipo
renaissance n. mwamko
render v. kutoa
rendevous n. mtoaji
renew v. fufua
renewal n. ufufuko
renounce v. bihi
renovate v. karabati
renovation n. ukarabati
renown n. umaarufu
renowned adj. maarufu
rent v. kodisha
rent n. ijara
renunciation n. ukatavu
repair n. rekebisho
repair v. rekebisha
repairable adj. yaweza ekebika
repartee n. mrudishwa
repatriate v. rudisha
repatriate n. marudisho
repatriation n. uhamishwaji
repay v. lipa
repayment n. malipo
repeal n. tanguo
repeal v. tangua
repeat v. kariri
repel v. kurudisha
repellent n. kirudisha
repellent adj. kirudisha
repent v. tubu

repentance n. kitubio
repentant adj. kirudisha
repercussion n. matokeo
repetition n. utondoti
replace v. pokea
replacement n. badala
replenish v. jaza tena
replete adj. paka tena
replica n. mfano
reply v. itikia
reply n. itikio
report n. lumba
report v. arifu
reporter n. msimulizi
repose v. mapumziko.
repose n. mustarehe
repository n. weka
represent v. walkilisha
representation n. uwakala
representative adj. uwakilishaji
representative n. naibu
repress v. zima
repression n. kukandamiza
reprimand v. kabili
reprimand n. kukabili
reprint v. chapisha
reprint n. kuchapishwa
reproach n. kanyo
reproach v. laumu
reproduce v. zaa
reproduce v. zaa
reproduction n. uzaazi
reproduction n. uzaazi
reproductive adj. uzazi
reproof n. kuonya
reptile n. mtambaazi
republic n. jamhuri
republican n. mwanajamhuri
republican adj. mwanajamhuri
repudiate v. kukataa
repudiation n. kana
repugnance n. bughudha
repugnant adj. bughudha

repulse n. kuwatimua
repulse v. timua
repulsion n. utimuaji
repulsive adj. chapwa
reputation n. kilemba
repute n. sifa
repute v. sifu
request n. hitaji
request v. itisha
requiem n. itishio
require v. hitaji
requirement n. haja
requisite n. mahitaji
requisite adj. zinazohitajika
requisition n. shokoa
requisition v. shokoa
requite v. jazi
rescue v. komboa
rescue n. makombozi
research v. chunguza
research n. uchunguzi
resemblance n. mfanano
resemble v. fanana
resent v. tuma tena
resentment n. kinyongo
reservation n. rizavu
reserve v. malimbiko
reservoir n. tanaki
reside v. kaa
residence n. chengo
resident adj. mkaaji
resident n. mkaaji
residual adj. mabaki
residue n. mabaki
resign v. jiuzulu
resignation n. ukulifu
resist v. gomea
resistance n. upingaji
resistant adj. ukataaji
resolute adj. imara
resolution n. azimio
resolve v. nuia
resonance n. usambazaji

resonant adj. kusambaza
resort v. pumzika
resort n. mapumziko.
resound v. hanikiza
resource n. rasilmali
resourceful adj. mbunifu
respect v. heshimu
respect n. hadhi
respectful adj. heshima
respective adj. husika
respiration n. kupumua
respire v. pumua
resplendent adj. ajabu
respond v. jibu
respondent n. jawabu
response n. kitikio
responsibility n. jukumu
responsible adj. daraka
rest v. pumzika
rest n. mapumziko.
restaurant n. mkahawa
restive adj. kimapumziko
restoration n. maongozi.
restoration n. urudishaji.
restore v. rudisha
restore v. tengemaa
restrain v. ziwia
restrict v. ziwia
restriction n. kizuizi
restrictive adj. vikwazo
result v. tokana
result n. tokeo
resume v. rejelea
resume n. muhtasari
resumption n. kuanza
resurgence n. kuanza tena
resurgent adj. muanza tena
retail v. nunua
retail n. rejareja
retail adv. kirejareja
retail adj. rejareja
retailer n. muuza rejareja
retain v. hifadhi

retaliate v. lipiza
retaliation n. lipizi
retard v. viza
retardation n. ulemavu
retention n. utolewaji
retentive adj. kiotoaji
reticence n. unyenyekevu
reticent adj. mnyenyekevu
retina n. retina
retinue n. mfuatano
retire v. staafu
retirement n. faragha
retort v. kinza
retort n. magombezi
retouch v. gusa upya
retrace v. fuata
retread v. uza tena
retread n. kuuza tena
retreat v. rejea (nyuma)
retrench v. kupunguzwa
retrenchment n. chekecheke
retrieve v. jirejea
retrospect n. marejeleo
retrospection n. marejeleo
retrospective adj. kimarejeo
return v. rejea
return n. ritani
revel v. ile
revel n. mandari
revelation n. inkishafi
reveller n. ile ile
revelry n. kamsa
revenge v. lipiza
revenge n. kulipiza
revengeful adj. mlipizaji
revenue n. maduhuli
revere v. stahi
reverence n. iibada
reverend adj. mchungaji
reverent adj. heshima
reverential adj. kiheshima
reverie n. mheshimiwa
reversal n. kinyume

reverse adv. kinyume
reverse n. kubadili
reverse v. pindua
reversible adj. kubadilishwa
revert v. hubaki
review n. marudio
review v. rudia
revise v. tadhibiri
revise v. tadubiri
revision n. mchakuro
revision n. sahihisho
revival n. ufufuo
revive v. fufua
revocable adj. kurekebisha
revocation n. kuondolewa
revoke v. batili
revolt v. asi
revolt n. fitina
revolution n. mapinduzi
revolutionary adj. mwana-mapinduzi
revolutionary n. kithaura
revolve v. zunguka
revolver n. pistola
reward n. jazi
reward v. tuza
rhetoric n. kejeli
rhetorical adj. kikejeli
rheumatic adj. reumatika
rheumatism n. reumatika
rhinoceros n. kifaru
rhyme n. shairi
rhyme v. fananisha
rhymester n. mgfananishi
rhythm b. uzani
rhythmic adj. mizani
rib n. taruma
ribbon n. jamdani
rice n. wali
rich adj. kwasi
riches n. utajiri
richness adj. utajiri
rick n. madereva

rickets *n.* nyongea
rickety *v.* legalega
rickshaw *n.* rikshow
rid *v.* jipapatua
riddle *n.* kitendawili
riddle *v.* tega (kitendawili)
ride *n.* rakiba
ride *v.* rakibu
rider *n.* mpandaji
ridge *n.* mgongo
ridicule *v.* dhihaki
ridicule *n.* dhihaka
ridiculous *adj.* ujinga
rifle *v.* bunduki
rifle *n.* bunduki
rift *n.* ufa
right *adj.* adilifu
right *adv* tayibu
right *n.* kulia
right *v.* sawa
righteous *adj.* adilifu
rigid *adj.* yabisi
rigorous *adj.* ukali
rigour *n.* kali
rim *n.* mdomo
ring *n.* kikuku
ring *v.* pete
ringlet *n.* zingo
ringworm *n.* bato
rinse *v.* sunza
riot *n.* ghasia
riot *v.* vuruga
rip *v.* papua
ripe *adj.* bivu
ripen *v.* iva
ripple *n.* kiwimbi
ripple *v.* alika
rise *v.* amka
rise *n.* uamko
risk *v.* hatarisha
risk *n.* uhatarishaji
risky *adj.* hatari
rite *n.* ibada

ritual *n.* mila
ritual *adj.* desturi
rival *n.* mshindani
rival *v.* mpinzani
rivalry *n.* ushindani
river *n.* mto
rivet *n.* funga
rivet *v.* funga
rivulet *n.* kijito
roach *n.* hima
road *n.* njia
road race *n.* mashindano
road rage *n.* mashindano ya gari
roadblock *n.* kizuizi ya barabarani
roadblock *v.* zuia barabara
roadhouse *n.* nyumba barabarani
roadkill *n.* kifo cha barabarani
roadrunner *n.* mkimbiaji
roadshow *n.* onyesho barabarani
roadster *n.* mwana barabara
roam *v.* zurura
roar *n.* kema
roar *v.* nguruma
roast *v.* choma
roast *adj.* pika
roast *n.* dhalilisha
rob *v.* pora
robber *n.* haramia
robbery *n.* uharamia
robe *n.* kasiki
robe *v.* mavazi
robot *n.* roboti
robust *adj.* imara
rock *v.* angaika
rock *n.* mwamba
rock climber *n.* mpanda-mwamba
rock-bottom *v.* zama
rocker *n.* mwanamuziki
rocket *n.* kombora
rocket scientist *n.* msomi kombora
rocketeer *n.* mwanaroketi
rocketman *n.* mwana-kombora
rockfall *n.* kuanguka

rockfish n. samaki
rocking adj. kifurahisha
rod n. banzi
rodent n. panya
roe n. paa
rogue n. jambazi
roguery n. ujambazi
roguish adj. kijambazi
role n. jukumu
roll n. upeto
roll v. gaga
roll-call n. kiito
roller n. gabi
romance n. riwaya
romantic adj. kimapenzi
romp v. guonga
romp n. kizuizi
rood n. rudi
roof n. dari
roof v. weka (dari)
rook n. kunyima
rook n. danganya
rook v. nyima
room n. nafasi
roomy adj. wazi
roost n. kiota
rooster n. jogoo
root n. mzizi
root v. ng'oa (mizizi)
rope n. kamba
rope v. funga
rosary n. tasbihi
rose n. waridi
roseate adj. rositi (rangi)
rostrum n. jukwaa
rosy adj. matumaini
rot n. kuoza
rot v. oza
rotary adj. uzungushaji
rotate v. zunguka
rotation n. ubadilishaji
rote n. haribika
rouble n. robu

rough adj. chepe
round adj. mviringo
round adv. raundi
round n. mzungusho
round v. zunguka
rouse v. wahimize
rout v. fanya matanga
rout n. matanga
route n. mwendo
routine n. dasturi
routine adj. kidesturi
rove v. tafuta
rover n. uwangaji
rover n. kuwanga
row n. mistari
row v. pangisha
row n. mstari
row n. zefe
row v. panga
rowdy adj. dhalimu
royal adj. kifalme
royal adj. kiutukufu
royalist n. mrihaba
royalist n. mrihaba
royalty n. urahaba
royalty n. mrahaba
rub v. sugua
rubber n. mpira
rubber bullet n. risasi ya mpira
rubber duck n. bata ya mpira
rubber tree n. mti wa mpira
rubberneck n. shingo ya mpira
rubberneck v. funga
rubbing n. mpururo
rubbish n. fusi
rubble n. saruji
rubblework n. uvunjaji
rubeola n. rubeola (ugonjwa)
rubian n. kirubia
rubican adj. mpaka
rubicon n. mpaka
rubify v. kutengeneza yakuti
rubric n. vazi ya yakuti

rubricate v. paka yakuti
ruby n. yakuti
ruck n. mkusanyiko
ruck v. kusanyika
rucksack n. kusanya
ruckus n. ukusanyi
rudder n. mpira
rudderpost n. mpira
ruddy adj. wekundu
rude adj. jeuri
rudiment n. mtawala
rudimentary adj. kiutawala
rue v. hurumia
rue n. pakanga
rueful adj. kipakanga
ruffian n. mfidhuli
ruffle n. usambazaji
ruffle v. sambaza
rug n. zulia
rugged adj. dhalilishwa
ruin n. angamizi
ruin v. angamiza
rule n. kutawala
rule v. tawala
rulebook n. katiba
rulebound adj. mfuatasheria
rulebraker n. mvunja sheria
rulebreaking n. uvunjaji sheria
ruler n. mtawali
ruling n. utawala
rum n. rom
rum adj. kirom
rumble v. vuma
rumble n. fumi
ruminant adj. mcheua
ruminant n. cheua
ruminate v. cheua
rumination n. matafuni
rummage v. pekua
rummage n. upekuzi
rummy n. mlevi
rumour n. uzushi
rumour v. zua

run v. kimbia
run n. masafa
run v. timka
run n. mkondo
runabout n. zunguka
runaway n. mtoro
runback n. rudi
runcation n. uranki
runcible adj. kiranki
rundown n. mnyonge
rune n. haribu
rung n. pandio
runner n. mkimbiaji
runs n. anaendesha
rupee n. rupia
rupture v. kupasuka
rupture n. halafa
rural adj. kimashamba
ruse n. ubaramaki
rush n. hujuma
rush v. timuka
rush n. kikaka
rust n. kutu
rust v. kutu
rustic adj. kishamba
rustic n. ushamba
rusticate v. kejeli
rustication n. ushamba
rusticity n. ukutu
rusty adj. kutu
rut adj. matairi
rut n. unyege
ruthless adj. asohuruma
rye n. rai

S

sabbath n. sabato
sabbatical n. kisabato
sabbatical adj. kiusabato
sabotage n. ususaji
sabotage v. susia
sabre n. sabir

sabre *v.* sabirisha
saccharin *n.* sakarini
saccharine *adj.* kitamu
sack *n.* gunia
sack *v.* magunia
sacrament *n.* sacramenti
sacred *adj.* tukufu
sacrifice *n.* kafara
sacrifice *v.* dahi
sacrificial *adj.* kafara
sacrilege *n.* ukafiri
sacrilegious *adj.* kufuru
sacrosanct *adj.* takatifu
sad *adj.* huzuni
sadden *v.* ghafla
saddle *n.* saruji
saddle *v.* sarujisha
sadism *n.* uhasidi
sadist *n.* hasidi
sadness *n.* simanzi
safe *adj.* salama
safe *n.* sefu
safe harbour *n.* stara
safebox *n.* sanduku
safebraker *n.* mvunja sanduku
safe-conduct *n.* vyema
safecracker *n.* kufuli
safe-deposit *n.* kisanduku
safeguard *n.* kutunza
safeguard *v.* tunza
safehouse *n.* hifadhi
safekeeping *n.* kuhifadhi
safely *adv.* kiusalama
safety *n.* usalama
saffron *n.* zafarani
saffron *adj.* zafarani
sag *n.* kuninginiza
sag *v.* ninginiza
saga *n.* kashfa
sagacious *adj.* mjuzi
sagacity *n.* busara
sage *n.* wahenga
sage *adj.* kihekima
sagebrush *n.* mimea
sage-green *n.* kijani (rangi)
sageness *n.* hekima
saggy *adj.* kuninginiza
sagittary *n.* alama (kifalaki)
sahib *n.* rafiki
sail *v.* tanga
sail *n.* tanga
sailboard *n.* sailbodi cha kuelea
sailboard *v.* elea
sailboarder *n.* abiria (wa meli)
sailboat *n.* mashua
sailboater *n.* mashua
sailboating *n.* mashua
sailcraft *n.* meli
sailing *adj.* kimeli
sailing *n.* meli
sailor *n.* baharia
saint *n.* mtakatifu
saintly *adj.* kitakatifu
sake *n.* ajili
salable *adj.* yaweza uzwa
salad *n.* saladi
salamander *n.* kichocha moto
salamander *v.* chochea moto
salary *n.* malipo
sale *n.* uuzaji
salebrosity *n.* selebrosia
salesforce *v.* wauzaji
salesman *n.* muuzaji
salient *adj.* enye chumvi
saline *adj.* chumvi
salinity *n.* chumvi
saliva *n.* mate
sally *n.* ushambulizi
sally *v.* shambulia
saloon *n.* saluni
salt *n.* chumvi
salt *v.* tia chumvi
salty *adj.* chumvi
salutary *adj.* kimaamkizi
salutation *n.* maamkizi
salute *v.* salimia

salute *n.* salamu
salvage *n.* kuokoa
salvage *v.* okoa
salvation *n.* wokovu
samaritan *n.* msamaria
samba *n.* samba
samba *v.* densi samba
sambuca *n.* sambuka
same *adj.* sawa
samely *adv.* kisawa
samite *n.* silki
samovar *n.* samovar
sample *n.* kionjo
sample *v.* fananisha
sampler *n.* mfananishi
sampling *n.* ufananishi
samsonite *n.* maadini (samsonite)
samurai *n.* samurai
sanability *n.* sanabilia
sanatorium *n.* kisanatori
sanctification *n.* utkuzaji
sanctify *v.* tukuza
sanction *n.* uradhi.
sanction *v.* zuia
sanctity *n.* utakatifu
sanctuary *n.* patakatifu
sand *n.* mchanga
sand *adj.* kimchanga
sand *v.* mwagilia mchanga
sandal *n.* viatu
sandalwood *n.* sandali
sandbank *n.* changarawe
sandbell *n.* changarawe
sandboard *n.* kichota changarawe
sandboard *v.* chota changarawe
sandbox *n.* kibeba changarawe
sandcastle *n.* kasri ya changarawe
sandfish *n.* samaki ya changarawe
sandglass *n.* glasi ya changarawe
sandhill *n.* kijimlima
sandpaper *n.* msasa
sandpaper *v.* piga msasa
sandscape *n.* kuchota mchanga

sandstorm *n.* kivumbi
sandwich *n.* sandwichi
sandwich *v.* weka katikati
sandy *adj.* kichanga
sane *adj.* mwenye akili
sanely *adv.* kiakili
sanguine *adj.* matumaini
sanitary *adj.* usafi
sanity *n.* kiusafi
sap *n.* maji ya miti
sap *n.* mjinga
sap *v.* chimbeni
sap *v.* chimbua
sapidity *n.* ladha
sapience *n.* mwerevu
sapiens *n.* kiwanadamu
sapient *adj.* mwerevu
sapling *n.* fido
sapphire *n.* yakuti
sarcasm *n.* kejeli
sarcastic *adj.* kavu
sardonic *adj.* kejeli
satan *n.* shetani
satanic *adj.* kishetani
satanically *adv.* kiushetani
satchel *n.* mzigo
satellite *n.* kimwezi
satiable *adj.* kinaifu
satiate *v.* kinaisha
satiety *n.* ujalifu
satin *n.* hariri
satin *adj.* kihariri
satire *n.* dhihaki
satirical *adj.* kidhihaki
satirist *n.* mdhihaki
satirize *v.* dhihaki
satisfaction *n.* majilipo
satisfactory *adj.* salaama
satisfy *v.* taradhia
saturate *v.* eneza
saturation *n.* kueneza
saturday *n.* jumamosi
sauce *n.* mchuzi

sauce *v.* pika mchuzi
saucer *n.* mchuzi
saucy *adj.* kimchuzi
sauna *n.* sauna
sauna *v.* ogea sauna
saunter *v.* zurura
saunter *n.* kuzurura
saunterer *n.* mzururaji
sausage *n.* soseji
saute *v.* chemsha
savable *adj.* yaweza pakuliwa
savage *adj.* shenzi
savage *n.* mshenzi
savage *v.* kaidi
savagely *adv.* kishenzi
savagery *n.* ushenzi
savant *n.* mja
save *v.* hifadhi
save *v.* weka
save *prep.* okoa
saviour *n.* mwokozi
savour *n.* kiburudisho
savour *v.* okoa
savour *n.* mkombozi
savour *v.* okoa
savour *v.* nukia
saw *n.* msumeno
saw *v.* keketa
saw *n.* methali
sawbench *n.* bembea
sawbill *n.* bata
sawbones *n.* daktari mpasuaji
sawbuck *n.* kishikilia miti
sawdust *n.* pumba
sawfish *n.* samaki
sawgrass *n.* mabaki ya manyasi
sawhorse *n.* kishika mbao
sawmill *n.* kisiyagi
sawn *n.* virika
sawpit *n.* msumeno
sawtooth *n.* msumeno
sawyer *n.* mpiga msumeno
saxophone *n.* saksafoni

saxophonist *n.* msaksafoni
say *v.* sema
say *n.* msemo
say *v.* tamka
say *n.* tamko
say *adv.* kusema
scab *n.* kigaga
scab *v.* chochota
scabbard *n.* ala
scabies *n.* upele
scaffold *n.* jukwaa
scale *n.* taraju
scale *v.* ongezea
scale *n.* mizani
scale *v.* pima
scale *n.* kipimio
scale *v.* pima
scalp *n.* kichwani
scamp *n.* mtukutu
scamper *v.* kimbia
scamper *n.* kukimbia
scan *v.* chuja
scan *n.* skani
scandal *n.* aibu
scandalize *v.* mashaka
scandalous *adj.* kashfa
scandalously *adv.* kikashfa
scant *v.* dunisha
scant *n.* mdogo mno
scant *adj.* kidogo
scanty *adj.* nyimivu
scape *n.* kimbelembele
scape *v.* mapepe
scapegoat *v.* kijisababu
scapegoat *n.* azazeli
scapeless *adj.* asokikombe
scapula *n.* kombe
scapular *n.* kombe
scapular *adj.* kikombe
scar *n.* kovu
scar *v.* athiri
scarab *n.* mdudu
scarce *adj.* nadra

scarcely adv. chupuchupu
scarcity n. uhaba
scare n. tisho
scare v. tisha
scarf n. kashda
scatter v. tapakaa
scatterbrain n. asomsimamo
scatterbrained adj. asomsimamo
scattered adj. mtawanyiko
scattergun n. kitawanya
scatteringly adv. kitawanyiko
scattery adj. utawanyikaji
scatty adj. mtawanyiko
scavenge v. okoteza
scavenger n. topas
scenario n. mfano
scenarist n. mwana mandhari
scene v. onyesha
scene n. mandhari
scenery n. mandhari
scenic adj. kivutio
scent n. harufu
scent v. nukia
scent v. nuka
sceptic n. wasi
sceptical adj. wasiwasi
scepticism n. wasiwasi
sceptre n. fimbo
schedule n. jedwali
schedule v. panga
schematic n. mchoro
schematic adj. kimchoro
schematically adv. uchoro
schematist n. mchoraji
scheme n. azimio
scheme v. azimia
schemer n. mtetezi
schism n. mgawanyiko
scholar n. mtaalamu
scholarly adj. kiutaalamu
scholarship n. udhamini
scholarship n. udhamini
scholastic adj. mfuata-mafunzo

schooolyard n. kiwanja
school n. chuo
school v. funza
schoolfekkow n. mwenza
schoolhouse n. shuleni
schoolmaster n. malimu mkuu
schoolmate n. mwenza
schoolteacher n. mwalimu
schooner n. barakinya
schyzophrenia n. chizoferenia
schyzophreniac adj. kichizoferenia
schyzophreniac n. uchizoferenia
sciatic adj. kisaiatiki
sciatica n. saiatika
science n. sayansi
scientific adj. kisayansi
scientist n. mwanasayansi
scintillate v. ngaa
scintillation n. ung'araji
scissors n. mkasi
scoff n. utaniaji
scoff v. tania
scold v. shutumu
scooter n. pikipiki
scope n. wigo
scorch v. unguza
scorch n. unguzo
score n. bao
score v. tinga
scoreboard n. kibao cha usajili
scorebook n. kitabu cha usajili
scorebox n. kasha la alama
scorecard n. kadi la alama
scorekeeper n. msajili
scorekeeping n. usajili
scorepad n. ubao
scorer n. mfungaji
scorn n. dhihaka
scorn v. dharau
scorpion n. nge
scot n. mskoti
scot n. kiskoti
scotch adj. kizuizi

scotch *n.* uzuizi
scot-free *adj.* kisoskoti
scoundrel *n.* mlaghai
scourge *n.* uharibifu
scourge *v.* kaharibia
scourge *n.* janga
scourge *v.* haribu
scout *n.* mchunguzi
scout *v.* kwangua
scowl *v.* kasirisha
scowl *n.* kasiriko
scragg *n.* mkonde
scragg *v.* konda
scragged *adj.* kiukonde
scraggy *adj.* mkonde
scramble *v.* vuruga
scramble *n.* vurumai
scrambled *adj.* kavurugwa
scrap *v.* chakavu
scrap *n.* tabu
scrapbook *n.* kitabu chakavu
scrape *n.* chakuro
scrape *v.* chakura
scraper *n.* suguo
scratch *n.* mpapuro
scratch *v.* pekua
scratch *adj.* kwaruio
scratchboard *n.* kikwaruzio
scratchbush *n.* kikwaruzio
scratched *adj.* kwaruzika
scratchpad *n.* kikwaruzio
scratchy *adj.* mkwaruzo
scrawl *n.* mpapuro
scrawl *v.* papura
scream *n.* kilio
scream *v.* kelelesha
screen *v.* onyesha
screen *n.* pazia
screen name *n.* jina la usani
screenable *adj.* kikpeperusho
screencast *n.* peperusha
screendoor *n.* pazia ya mlango
screenprint *n.* picha ya pazia

screensaver *n.* picha
screenshot *n.* picha
screenwork *n.* uchunguzi
screw *v.* kaza
screw *n.* hesi
scribble *n.* mchoro
scribble *v.* chorachora
script *n.* mwandiko
scripture *n.* andiko
scroll *n.* kitabu
scrooge *n.* mchoyo
scrotum *n.* korodani
scrub *n.* usuguaji
scrub *v.* sugua
scrub *adj.* kusugua
scrubby *adj.* kiusuguaji
scruff *n.* shingoni
scruff *v.* funga (shingoni)
scruffiness *n.* kishingoni
scrumble *n.* vurugu
scrump *v.* ridhisha
scrumptious *adj.* kamu
scruple *n.* shuku
scruple *v.* wasiwasi
scrupleless *adj.* asowasi
scrupulous *adj.* kiwasiwasi
scrupulously *adv.* kibabaiko
scrutinize *v.* chunguza
scrutiny *n.* uchunguzi
scuffle *v.* bumburushana
scuffle *n.* kakara
sculpt *v.* chora
sculptor *n.* mchongaji
sculptural *adj.* kimchoro
sculpture *n.* mchoro
sculpture *n.* bombwe
sculpturist *n.* mwana michoro
scum *n.* utandu
scum *v.* kutu
scumbag *n.* kibebakutu
scurry *v.* kimbelembele
scutllebutt *n.* ripoti
scuttle *n.* jiko

scuttle v. washa jiko
scythe v. mundua
scythe n. mundu
sea n. bahari
seabase n. kiyuo cha baharini
seabeach n. ufuoni
seabird n. ndege wa maji
seaboat n. mashua
seaborn adj. a baharini
seacliff n. kijiwe
seadog n. samaki-mbwa
seafarer n. baharia
seafloor n. chini baharini
seafoam n. povu
seafood n. dagaa
seagull n. shakwe
seajack n. utekajinyara
seajack v. teka-nyara
seajacker n. haramia
seak n. siki
seakeeping n. uchungaji bahari
seal n. muhuri
seal v. ziba
seal n. nembo
sealab n. silabu
sealability n. uzibaji
sealant n. kizibo
sealed adj. muhuriwa
sealion n. silayon (aina ya samaki)
sealjacking n. muhuri
sealskin n. akavua
seam v. kunga
seam n. kikunjo
seamy adj. kiukunjo
sear n. unguza
sear v. unguza
search v. tafuta
search n. utafutaji
search warrant n. kibali utafiti
searchability n. kutafutwa
searching n. kutafuta
searching adj. kutafuta
searchlight n. kurunzi

seared adj. unguzo
seashore n. bandari
season v. towelea
season n. wakati
seasonable adj. wakati muhimu
seasonal adj. kiwakati
seat v. pangisha
seat n. ukao
secede v. kujitenga
secession n. utngaji
secessionist n. mttenga
seclude v. tawa
secluded adj. tawa
seclusion n. usufii
second adj. pili
second n. sekunde
second v. saidia
secondary adj. sekondari
seconder n. msaidizi
secrecy n. faragha
secret n. siri
secret adj. siri
secretariat (e) n. ukatibu
secretary n. karani
secrete v. siri
secretion n. shusho
secretive adj. ya siri
sect n. faraka
sectarian adj. kimadhehebu
section n. upande
sector n. handaki
secure adj. thabiti
secure v. hifadhi
security n. usalama
sedan n. sedani
sedate v. tulia
sedate adj. kitulizo
sedative n. tulizo
sedative adj. tuli
sedentary adj. watulivu
sediment n. shapo
sedition n. uchochezi
seditious adj. uchochezi

seduce v. tongoza
seduction n. utongozi
seductive adj. kuvutia
see v. ona
seed n. mbegu
seed v. mbegu
seek v. tafuta
seem v. inaonekana
seemly adj. haimpasi
seep v. mtiririko
seer n. muonaji
seethe v. kutokosa
segment v. gawa
segment n. sehemu
segregate v. tenga
segregation n. utengaji
seimicity n. uzilizala
seismic adj. kizilizala
seismogram n. kifaa
seismograph n. picha (kisismografia)
seismography n. sismografia
seismologist n. mwana sismolojia
seismology n. ustadi wa zilizala
seismoscope n. sesimoskopi
seize v. kamata
seizure n. upokonyo
seldom adv. mara chache
select adj. teule
select v. chagua
selection n. uchaguo
selective adj. kuchagua
self n. nafsi
self-abuse n. kujidhuru
self-appointed adj. kujichagua
self-centered adj. kujimudu
self-confident adj. kujiaminia
self-conscious adj. kijifahamu
self-control n. kujielekeza
self-destruct v. kujiharibu
self-doubt n. kujishuku
selfie n. picha
selfish adj. mgamu

selfless adj. mkombozi
sell v. uza
seller n. muuzaji
semblance n. dhahiri
semen n. manii
semester n. muhula
semiamusing adj. kifurahisho
semiautomatic adj. semiauto
semicircle n. nusuduara
semiconductor n. kipenya
semi-finalist n. msemifainali
semi-formal adj. kawaida
seminal adj. semina
seminar n. semina
senate n. seneti
senator n. seneta
senatorial adj. useneta
send v. tuma
senile adj. zee
senility n. uzee
senior n. mwandamizi
senior adj. mkuu
seniority n. cheo
sensation n. kizushi
sensational adj. a kusisimua
sense v. hisi
sense n. hisia
senseless adj. asohisia
sensibility n. utu
sensible adj. zingativu
sensitive adj. ororo
sensitivity n. unyeti
sensual adj. ukware
sensualist n. mkwara
sensuality n. ukware
sensuous adj. kikwara
sentence v. adhibu
sentence n. hukumu
sentence n. kauli
sentience n. uamuzi
sentient adj. maamuzi
sentiment n. hisia
sentimental adj. mnyonge

sentimental adj. huruma
sentinel n. mwangalizi
sentry n. zamu
separable adj. ungulika
separate v. tenga
separate adj. kando
separation n. utengano
sepsis n. sepsis (ugonjwa)
september n. septemba
septic adj. septiki
sepulchre n. kaburi
sepulture n. kuzika
sequel n. tokeo
sequence n. andamano
sequester v. nyonya
serendipitous adj. kibahati
serendipity n. bahati
serene adj. kunjufu
serenity n. mwenye furaha
serf n. nokoa
serge n. sajini
sergeant n. bishaushi
serial n. majarida
serial adj. jarida
series n. safu
serious adj. zito
sermon n. hotuba
sermonize v. hotubia
serpent n. nyoka
serpentine n. kinyoka
servant n. mhudumu
serve n. tumikia
serve v. hudumia
service v. rekebisha
service n. huduma
serviceable adj. kihudumiwa
servile adj. nyenyekevu
servility n. utiifu
servitude n. utumwa
sesame n. ufuta
sesamin n. mafuta
session n. kikao
sessional n. kivikao

sessional adj. kiukao
sessionless adj. asokikao
set adj. kuweka
set n. seti
set v. twa
setback n. kikwazo
setlist n. usajili
settee n. mwekewa
settle v. kaa
settle v. tuliza
settlement n. maafikiano
settlement n. makao
settler n. setla
seven adj. saba
seven n. saba
seventeen n., a sabatashara
seventeenth adj. asabatashara
seventh adj. saba
seventieth adj. asabini
seventy n., a sabini
sever v. gawanya
several adj. kadha
severance n. ugumu
severe adj. gumu
severity n. uzito
sew v. shona
sewage n. mtaro
sewer n. fereji
sewer n. mfereji
sewerage n. majitaka
sex v. ingilia
sex n. ngono
sexily adv. kingono
sexual adj. kijinsia
sexuality n. kingono
sexy adj. mvutia (kishahawia)
shabby adj. nyimivu .
shack n. kibanda
shack v. bandisha
shackle v. funga
shackle n. kipingu
shade v. kinga
shade n. kivuli

shadow v. jasisi
shadow n. kivuli
shadowy adj. kikivuli
shaft n. chimbo
shake n. kutikisa
shake v. tikisa
shaky adj. tikisika
shallow adj. kina
sham n. puluki
sham n. singizio
sham adj. bandia
sham v. shindika
shaman n. mganga
shamble v. sambaratika
shambles n. umesambaratika
shambolic adj. vurugika
shame v. aibisha
shame n. tahayuri.
shameful adj. hanidhi
shameless adj. pujuzi
shampoo v. osha (kwa shampuu)
shampoo n. shampuu
shanty adj. duni
shape v. sawiri
shape n. umbile
shapely adj. kiumbile
shapeshift v. badili-sura
shapeshifter n. mbadili-sura
shapeup n. jenga
shapnel n. shapneli
shard n kigae
shard v. kigea
share v. gawa
share n. tarafu
share n. ugawanyaji
share v. hisa
sharebeam n. kichuma
sharebroker n. dalali wa hisa
sharecrop n. wakulima wadogo
shareholder n. mwanahisa
shareholding adj. kiwanahisa
shareholding n. uwanahisa
sharemarket n. soko la hisa

shark n. papa
sharp adv. kikali
sharp adv. mkali
sharp adj. chungu
sharp adj. kali
sharp adj. kamili
sharpen v. noa
sharpener n. kichongi
sharper n. kali
shatter v. vunja
shave n. kunyoa
shave v. nyoa
shaven adj. kunyolewa
shavings n. kidondo
shaving n. machujo
shawarma n. shawarma (chakula)
shawl n. kashida
she pron. yeye
sheading n. kuzuia
sheaf n. mganda
shear v. nyoa
shears n. pl. pazia
shearwall n. manyoa
shear n. nyoa
sheath n. ala
sheath v. jihami
sheathe v. ala
shed n. zizi
shed v. mwaga
sheep n. kondoo
sheepish adj. kikondoo
sheer adj. tupu
sheet n. shuka
sheet v. karatasi
sheet n. demani
shelf n. rafu
shell v. menya
shell n. ganda
shell n. gamba
shelter v. kinga
shelter n. ukingo
shelve v. weka (rafuni)
shepherd n. mchungaji

shide *n.* shid
shield *v.* kinga
shield *n.* ngao
shift *n.* zamu
shift *v.* hama
shifty *adj.* kimabadiliko
shilling *n.* shilingi
shilly-shally *v.* kishilishali
shilly-shally *n.* shili-shali
shin *n.* kidevu
shine *n.* mng'aro
shine *v.* angaa
shiny *adj.* ng'aa
ship *v.* pakia
ship *n.* safina
shipboard *n.* ndali ya meli
shipboard *adj.* melini
shipborne *adj.* kimeli
shipbuilder *n.* wajenga-meli
shiplap *n.* mwendo (wa melini)
shipload *n.* mizigo
shipmaster *n.* nahodha
shipmate *n.* wasafiri
shipment *n.* usafirishaji
shipowner *n.* mwenye-meli
shipped *adj.* safirishwa
shipping *n.* ubaharia
shipshape *adj.* kama-meli
shipwreck *n.* mabaki (ya meli)
shipwreck *v.* vinja
shipyard *n.* makuli
shire *n.* mkoa
shirk *v.* epa
shirker *n.* muepaji
shirt *n.* shati
shive *n.* kutetema
shiver *v.* tetemeka
shoal *n.* chemichemi
shoal *n.* chemichemi
shock *v.* gutusha
shock *n.* dharba
shoe *v.* kiatu
shoe *n.* kiatu
shoot *n.* ufiyatuaji
shoot *n.* kupiga
shoot *v.* piga
shoot *v.* chapa
shoot *v.* risasi
shoot *v.* fiyatua
shop *v.* nunua
shop *n.* duka
shopaholic *n.* mpenda-kununua
shopbook *n.* kitabu cha dukani
shopfloor *n.* sakafuni
shopfront *n.* mbeleni
shopkeep *n.* uchunuzi
shopkeeper *n.* mchunuzi
shoplift *v.* iba
shoplifter *n.* mwizi
shopowner *n.* mchuruzi
shore *n.* pwani
shore *v.* egeza
shorefront *n.* ufuo
shoreline *n.* ufukwe
shoreward *adj.* kipepo
shoreward *adv.* upepo
shoreweed *n.* barizi
short *adv.* kiufupi
short *n.* fupi
short *adj.* kifupi
shortbread *n.* mkate
shortcake *n.* keki
shortcoming *n.* kasoro
shorten *v.* fupisha
shortening *n.* ufupishaji
shortfall *n.* upungufu
shorthand *n.* andiko-haraka
shortish *adj.* kifupi
shortlist *v.* sajili
shortlisted *adj.* sajiliwa
shortly *adv.* muda mfupi
shorts *n. pl.* kaputula
shot *n.* shuti
shot *adj.* kirisasi
shot *int.* alas
shotgun *n.* bastola

shotproof *adj.* kisofupishika
shottie *n.* kafupi
should *v.* lazima
shoulder *v.* gadimu
shoulder *n.* bega
shout *v.* foka
shout *n.* kifijo
shove *n.* kikumbo
shove *v.* kumba
shovel *v.* chimba
shovel *n.* sepeto
show *n.* tamasha
show *v.* onyesha
shower *v.* oga
shower *n.* kuoga
showerhead *n.* mfereji ya kuogea
showerless *adj.* kutooga
showerproof *adj.* kisooga
showery *adj.* uogaji
showoff *n.* majivuni
showpiece *n.* kielelezo
showstopper *n.* maonyesho bora
showup *n.* hudhuria
shpaholism *n.* ushipaholia
shred *n.* kipasuaji
shred *v.* upasuaji
shreder *n.* kipasua
shrew *n.* kirukanjia
shrew *n.* kirukanjia
shrewd *adj.* erevu
shriek *v.* piga mayoe
shriek *n.* mayoe
shrill *adj.* kilio
shrine *n.* ziara
shrink *v.* nywea
shrinkage *n.* uogofia
shroud *v.* sanda
shroud *n.* kijiba
shrub *n.* njiti
shrug *n.* kukataa (kibega)
shrug *v.* kataa
shudder *n.* papa
shudder *v.* msisimko

shuffle *n.* mchanganyiko
shuffle *n.* kuchanganya
shuffle *v.* changanya
shuffle *v.* changa
shun *v.* hepukana
shunt *v.* mshipa
shut *v.* funga
shutter *n.* kifuniko
shuttle *v.* hamisha
shuttle *n.* kuhamisha
shuttlecock *n.* shatokok
shy *v.* ogopa
shy *n.* haya
siamese *adj.* kisayamisi
sibilant *adj.* herufi
sibilate *v.* tamka
sibilating *n.* utamkaji
sic *n.* hasira
sick *adj.* gonjwa
sickbag *n.* begi la wagonjwa
sickbay *n.* chumba cha matibabu
sickbed *n.* kitanda cha mgonjwa
sicken *v.* ugua
sickened *adj.* kuuguza
sickle *n.* mundu
sickly *adj.* dhaifu
sickness *n.* maradhi
side *v.* egemeza
side *n.* upande
sidearm *n.* bunduki (ndogo)
sidearm *v.* beba- bunduki
sidearm *adj.* kibastola
sideband *n.* kitambaa
sidebar *n.* muhtasari
sideboard *n.* mbao (ya kitanda)
sidebox *n.* sanduku (la vifaa)
sideburn *n.* nyele (mbele ya sikio)
sideburns *n.* nyele (mbele ya sikio)
sidecar *n.* gari ya ziada
sideline *n.* kuhepuka
sideline *v.* ondoka
sidereal *adj.* nyota
sidesaddle *n.* kuketi kiupande

sidesaddle *adv.* kiupande
sideshow *n.* nyongeza
sidestream *n.* onyesha kando
sidestroke *n.* mbizi
sidetrack *n.* pembeni
sidetrack *v.* tembelea
sidewalk *n.* njia (ya kutembelea)
sidewall *n.* ukuta
sideway *n.* kandokando
sideway *adj.* tanitani
sideway *adv.* kandokando
sidewind *n.* bawa
siege *n.* mazingiwa
siege *v.* zingira
siesta *n.* pumziko
sieve *v.* chunga
sieve *n.* kichungi
sift *v.* kung'uta
sigh *v.* koroma
sigh *n.* koroma
sight *v.* tazama
sight *n.* mandhari
sightly *adj.* kimbele
sign *v.* sahihi
sign *n.* dalili
signal *adj.* ishara
signal *v.* ashiria
signal *n.* ishara
signatory *n.* saini
signature *n.* saini
significance *n.* umuhimu
significant *adj.* muhimu
signification *n.* maana
signify *v.* maanisha
silence *v.* nyamazisha
silence *n.* unyamavu
silencer *n.* kinyamazisho
silent *adj.* nyamavu
silhouette *n.* maonyesho
silica *n.* silika
siliceous *n.* kisiliki
silicon *n.* silikoni
silk *n.* hariri

silken *adj.* haririsha
silky *adj.* kihariri
silly *adj.* puzi
silt *v.* chinja
silt *n.* mchonjo
silver *n.* fedha
silver *adj.* kifedha
silver *v.* fedha
similar *adj.* pachapacha
similarity *n.* ufananaji
simile *n.* msemo
similitude *n.* mithali
simmer *v.* pika
simmer *v.* pikiwa
simple *adj.* rahisi
simpleton *n.* baradhuli
simplicity *n.* dufu
simplification *n.* kurahisisha
simplify *v.* rekebisha
simultaneous *adj.* sambamba
sin *v.* kosa
sin *n.* dhambi
since *conj.* maadamu
since *adv.* tokeapo
since *prep.* tangu
sincere *adj.* waziwazi
sincerity *n.* usafi
sinful *adj.* dhambi
sing *v.* imba
singe *n.* unguza
singe *v.* unguza
singer *n.* mwimbaji
single *n.* moja
single *n.* kimoja
single *n.* kipekee
single *v.* tenga
single *adj.* amoja
single *adj.* umoja
single *adj.* kimoja
singular *adj.* ajabu
singularity *n.* uchache
singularly *adv.* kipekee
sinister *adj.* tishio

sink n. kuzama
sink v. tota
sinner n. mkosaji
sinuous adj. kikoseaji
sip n. konga
sip v. kunya
sir n. bwana
siren n. king'ora
sister n. dada
sisterhood n. udada
sisterly adj. kidada
sit v. keti
site n. tovuti
situation n. hali
six n., a sita
sixteen n., adj. sitashara
sixteenth adj. a sitaashara
sixth adj. asita
sixtieth adj. asitini
sixty n., adj. sitini
sizable adj. kitosheao
size n. kipimo
size v. pima
sizzle n. kuchacharika
sizzle v. chacharika
skate n. kuteleza
skate v. teleza
skein n. sikeni
skeleton n. mifupa
sketch v. andika
sketch n. ramanai
sketchy adj. kijanja
skid n. mtelezo
skid v. teleza
skilful adj. mahiri
skill n. maarifa
skin v. chunua
skin n. ngozi
skip n. kuhepuka
skip n. kuruka
skip v. hepuka
skip v. ruka
skipper n. nahodha

skirmish v. vutana
skirmish n. pigano
skirt v. ambaa
skirt n. sketi
skit n. kichekesho
skull n. fuvu
sky v. angaza
sky n. anga
slab n. jiwe
slack adj. ajiza
slacken v. kosa
slacks n. patashika
slake v. shindwa
slam n. ubanifu
slam v. bana
slander n. masingizio
slander v. singizia
slanderous adj. kashfa
slang n. misimu
slant n. mshazari
slant v. mshazari
slap v. zaba
slap n. kofi
slash n. chanjo
slash v. tema
slate n. mpango
slattern n. mkoo
slatternly adj. kimkoo
slaughter v. chinja
slaughter n. chinjo
slave v. tumiwa
slave n. mtumwa
slavery n. utumwa
slavish adj. kitumwa
slay v. kuua
sleek adj. lainisha
sleep n. usingizi
sleep v. lala
sleeper n. mlalaji
sleepy adj. usingizi
sleeve n. mkono (wa nguo)
sleight n. hila
slender n. udole

slice v. lenga
slice n. mbale
slick adj. mjanja
slide n. poromoka
slide v. teleza
slight n. kidogo
slight v. dharau
slight adj. haba
slim v. ndogo
slim adj. embamba
slime n. kinamasi
slimy adj. kikinamasi
sling n. ukumbuo
sling n. panda
slip n. kipandikizo
slip v. teleza
slipper n. sapatu
slippery adj. telezi
slipshod adj. chafu
slit v. chana
slit n. chane
slogan n. msemo
slope v. teremka
slope n. mteremko
sloth n. uvivu
slothful n. wavivu
slough v. papatusha
slough n. jipapatua
slough n. jipapatua
slovenly adj. kukusa
slow v. shuka
slow adj. henezi
slowly adv. polepole
slowness n. upolepole
sluggard n. mvivu
sluggish adj. uvivu
sluice n. mtaro
slum n. makazi duni
slumber n. usingizi
slumber v. lala
slump v. shuka
slump n. kushuka
slur n. tope

slush n. maptope
slushy adj. chafua
slut n. mkoo
sly adj. mahiri
smack v. piga kofi
smack n. kofi
smack v. chapa
smack n. kichapo
small n. kichoro
small adj. dogo
smallness adv. udogo
smallpox n. dudu
smart v. chenesha
smart n. mchomo
smart adj. hodari
smart adj. maridadi
smash n. vamia
smash v. vunja
smear n. talizo
smear v. taliza
smell v. nukia
smell n. harufu
smelt v. chomelea
smile v. tabasamu
smile n. tabasamu
smith n. mfua
smock n. kanzu
smog n. wingu
smoke v. fukiza
smoke n. fuka
smoky adj. soseji
smooth v. lainika
smooth adj. laini
smother v. lainika
smoulder v. moshi
smug adj. kiburi
smuggle v. penyeza
smuggler n. mpenyeza
snack n. kumbwe
snag n. vikwazo
snail n. kikoa
snake v. kamata
snake n. nyoka

snap *n.* mwaliko
snap *adj.* kimwaliko
snap *v.* fyetua
snare *v.* tega
snare *n.* mitego
snarl *v.* gwafua
snarl *n.* gwafuaji
snatch *n.* kuwatoa
snatch *v.* nyang'anya
sneak *n.* chakubimbi
sneak *v.* chabo
sneer *n.* dhihaki
sneer *v.* kejeli
sneeze *n.* kuchafya
sneeze *v.* chemua
sniff *n.* vuta
sniff *v.* nukilia
snob *n.* dharau
snobbery *n.* mapuuza
snobbish *v.* kipuuzi
snore *n.* koromo
snore *v.* koroma
snort *n.* koroma
snort *v.* koroma
snout *n.* pua
snow *v.* kausha
snow *n.* theluji
snowy *adj.* kitheluji
snub *n.* kupuuza
snub *adj.* kipuuzi
snub *v.* puuza
snuff *n.* ugoro
snug *n.* mafichoni
so *adv.* vilevile
so *conj.* hata
soak *n.* lowesha
soak *v.* loweka
soap *v.* paka (sabuni)
soap *n.* sabuni
soapy *adj.* sabuni
soar (of birds) *v.* umbia
sob *n.* pumu
sob *v.* kosa kupumua

sober *adj.* kiasi
sobriety *n.* moyo wa kiasi
sociability *n.* udamisi
sociable *adj.* mpendamawasiliano
social *n.* maingiano
socialism *n.* ujamaa
socialist *n,a* mjamaa
society *n.* jamii
sociology *n.* sosholojia
sock *n.* soksi
socket *n.* soketi
sod *n.* mchangani
sodomite *n.* mfiraji
sodomy *n.* kulawiti
sofa *n.* kochi
soft *n.* laini
soften *v.* lainisha
soil *v.* chafua
soil *n.* udongo
sojourn *n.* kukaa
sojourn *v.* keti
solace *v.* furahisha
solace *n.* furaha
solar *adj.* nishati (ya jua)
solder *v.* tia (risasi)
solder *n.* risasi
soldier *v.* askari
soldier *n.* mwanajeshi
sole *v.* mpwekeshe
sole *adj.* pekee
sole *n.* soli
sole *n.* unyayo
solemn *adj.* makini
solemnity *n.* uhalalisho
solemnize *v.* halalisha
solicit *v.* kutafuta
solicitation *n.* kutafuta
solicitor *n.* wakili
solicitous *adj.* wasiwasi
solicitude *n.* juhudi
solid *n.* imara
solid *adj.* zima
solidarity *n.* mashikamano

soliloquy *n.* kujishauri
solitary *adj.* faragha
solitude *n.* upweke
solo *adj.* kipweke
solo *adv.* upweke
solo *n.* pweke
soloist *n.* kongwe
solubility *n.* umumunyifu
soluble *adj.* mumunyifu
solution *n.* myeyusho
solution *n.* ufumbuzi
solve *v.* fumbua
solvency *n.* uchanganyaji
solvency *n.* solvensi
solvent *n.* kutengeneza
solvent *adj.* kitengeneza
sombre *adj.* isorangi
some *pron.* baadhi
some *adj.* ingine
somebody *n.* mtu
somebody *pron.* mtu
somehow *adv.* hobela
someone *pron.* mwengine
somersault *v.* mapindu
somersault *n.* kichwamgomba
something *adv.* kitu fulani
something *pron.* kitu
sometime *adv.* wakati mwengine
sometimes *adv.* maramara
somewhat *adv.* kiasi
somewhere *adv.* mahali fulani
somnambulism *n.* tembea usingizi
somnambulist *n.* mtembea usingizi
somnolence *n.* sinzia
somnolent *n.* sinzia
son *n.* wadi
song *n.* wimbo
songster *n.* mwimbaji
sonic *adj.* kisauti
sonnet *n.* wimbo
sonority *n.* koroma
soon *adv.* karibuni
soot *v.* masizi

soot *n.* mashizi
soothe *v.* bembeleza
sophism *n.* tapeli
sophist *n.* mtapeli
sophisticate *v.* shangaza
sophisticated *adj.* kinashangaza
sophistication *n.* changanya
sorcerer *n.* mchawi
sorcery *n.* uchawi
sordid *adj.* dhalilifu
sore *n.* chubuko
sore *adj.* kidonda
sorrow *v.* huzuni
sorrow *n.* huzuni
sorry *adj.* samahani
sort *n.* aina
sort *v.* chuja
soul *n.* nafsi
sound *v.* piga
sound *n.* kilio
sound *adj.* nakawa
soup *n.* supu
sour *v.* siki
sour *adj.* chungu
source *n.* chanzo
south *n.* kusini
south *adj.* kusini
south *adv.* kusini
southerly *adj.* kikusini
southern *adj.* kusini
souvenir *n.* kumbusho.
sovereign *adj.* uhuru
sovereign *n.* huru
sovereignty *n.* enzi
sow *v.* panda
sow *n.* nguruwe (jike)
space *v.* weka
space *n.* nafasi
spacious *adj.* wasaa
spade *v.* jembe
spade *n.* kolego
span *v.* weka
span *n.* futuri

spaniard *n.* mspain
spaniel *n.* muwispania
spanish *n.* wispania
spanish *adj.* kiwispania
spanner *n.* spana
spare *adj.* kunzo
spare *n.* vipuri
spare *v.* tunza
spark *v.* ngaa
spark *n.* cheche
sparkle *n.* kimeta
sparkle *v.* ng'aa
sparrow *n.* jurawa
sparse *adj.* nyepesi
spasm *n.* kifafa
spasmodic *adj.* kuganda misuli
spate *n.* mate
spatial *adj.* anga
spawn *v.* imetoa
spawn *n.* kutoa
speak *v.* sema
speaker *n.* msemaji
spear *v.* dunga
spear *n.* mkuki
spearhead *v.* ongoza
spearhead *n.* ukengee
special *adj.* spesheli
specialist *n.* bingwa
speciality *n.* amali
specialization *n.* utaalamu
specialize *v.* utaalamu
species *n.* mbegu
specific *adj.* maalum
specification *n.* vipimo
specify *v.* baini
specimen *n.* kiolezo
speck *n.* ibura
spectacle *n.* miwani
spectacular *adj.* kuvutia
spectator *n.* mtazamaji
spectre *n.* spectra
speculate *v.* bahatisha
speculation *n.* ubazazi

speech *n.* hotuba
speed *v.* harakisha
speed *n.* kasi
speedily *adv.* chapuchapu
speedy *adj.* haraka
spell *v.* endeleza
spell *n.* fingo
spell *n.* dua
spend *v.* gharamia
spend *v.* tumia
spendthrift *n.* suta
sperm *n.* shahawa
sphere *n.* mviringo
spherical *adj.* kiviringo
spice *v.* viungo
spice *n.* kiungo
spicy *adj.* pilipilli
spider *n.* buibui
spike *v.* mwiba
spike *n.* kununu
spill *n.* mimina
spill *v.* mwaga
spin *n.* sokota
spin *v.* sokota
spinach *n.* mchicha
spinal *adj.* uti
spindle *n.* pia
spine *n.* uti
spinner *n.* kinazunguka
spinster *n.* mjane
spiral *adj.* hesi
spiral *n.* ond
spirit *n.* zimwi
spirited *adj.* kiroho
spiritual *adj.* kiroho
spiritualism *n.* mizimu
spiritualist *n.* mchawi
spirituality *n.* kiroho
spit *n.* mshikaki
spit *v.* tema
spite *n.* shari
spittle *n.* mate
spittoon *n.* kitemeo

splash n. chezacheza
splash v. alika
spleen n. wengu
splendid adj. zuri
splendour n. adhama
splinter v. kivunjo
splinter n. chenga
split n. mpasuko
split v. pasua
spoil v. potosha
spoil v. haribu
spoil n. nyara
spoke n. uchukuti
spokesman n. msemaji
sponge v. rondea
sponge n. sifinjo
sponsor v. dhamini
sponsor n. mdhamini
spontaneity n. kihiari
spontaneous adj. hiari
spoon n. kijiko
spoon v. chota
spoonful n. kijiko
sporadic adj. uhaba
sport v. tia zoezi
sport n. michezo
sportive adj. kimichezo
sportsman n. mwanariadha
spot v. tia-doa
spot n. athari
spotless adj. doa
spousal n. utashi wake
spouse n. mke
spout v. chimbuka
spout n. mlizamu
sprain n. mshtuko
sprain v. tegua
spray v. fukizia
spray n. mrashi
spread n. pl. maenezi
spread n. enezi
spread v. tangaza
spread v. eneza

spree n. changamka
sprig n. kitengo
sprightly adj. kijana
spring n. chemichemi
spring v. ota
sprinkle v. nyunyiza
sprint n. mbio
sprint v. timka
sprout n. chipukizi
sprout v. chipuka
spur v. sukuma
spur n. kichokoo
spurious adj. nyonge
spurn v. dharauliwa
spurt n. mwago
spurt v. mwaga
sputnik n. sayari
sputum n. ukohozi
spy v. jasisi
spy n. jasusi
squad n. kikosi
squadron n. kikundi
squalid adj. machafu
squalor n. mazingira-chafu
squander v. tawanya
square adj. kimraba
square v. mraba
square n. wanda
square n. mraba
squash n. boga
squash v. fyanda
squat v. chutama
squeak v. lia
squeak n. kulia (kwa sauti)
squeeze v. bana
squint n. kengeza
squint v. kengeza
squire n. mheshimiwa
squirrel n. chindi
stab n. chomo
stab v. choma
stability n. uimara
stabilization n. utengemano

stabilize v. imarisha
stable n. banda
stable v. tungama
stable adj. mathubuti
stadium n. uwanja
staff v. fimbo
staff n. ukongojo
staff n. mkongojo
stag n. ayala
stage v. fanya
stage n. jukwaa
stagger n. kongoja
stagger v. yumba
stagnant adj. palepale
stagnate v. vilia
stagnation n. mavilio
staid adj. mheshimiwa
stain v. chafua
stain n. doa
stainless adj. cha
stair n. ngazi
stake v. hatarini
stake n. kigingi
stake n. sherti
stale v. zuia
stale adj. dhidi
stalemate n. uadui
stalk v. nyemelea
stalk n. bua
stall v. uza
stall n. duka
stall n. duka
stallion n. farasi
stalwart adj. kimakada
stalwart n. makada
stamina n. hima
stammer v. dodosa
stammer n. kigugumizi
stamp v. chapa
stamp n. muhuri
stampede v. kanyagana
stampede n. kukanyagana
stand n. msimamo

stand v. simama
standard adj. sanifu
standard n. wastani
standardization n. viwangogezi
standardize v. stawisha
standing n. msimamo
standpoint n. upande
standstill n. kusimama
stanza n. ubeti
staple adj. kimazao
staple v. kuza
staple n. mazao
staple n. kikuu
star v. nyota
star n. nyota
starch v. wanga
starch n. nishaa
stare n. kuangalia
stare v. tazama
stark adj. kikabisa
stark adv. kabisa
starry adj. kihoja
start n. mwanzo
start v. anza
startle v. stusha
starvation n. njaa
starve v. njaa
state v. arifu
state n. dola
stateliness n. kidola
stately adj. kihali
statement n. taarifa
statesman n. waziri
static n. tuli
static adj. kituli
statics n. tuli
station n. stesheni
station v. kituo
stationary adj. imara
stationer n. mwana-vifaa
stationery n. vifaa
statistical adj. kitakwimu
statistician n. mwana-takwimu

statistics n. takwimu
statue n. samnamu
stature n. umbile
status n. hadhi
statute n. mkataba
statutory adj. kisheria
staunchly adj. kambi
stay n. gadi
stay v. baki
steadfast adj. thabiti
steadiness n. uthabiti
steady v. simama
steady adj. thabiti
steal v. iba
stealthily adv. kifichoficho
steam n. mvuke
steam v. chemsha
steamer n. kuitoa-mvuke
steed n. badala
steel n. chuma
steep v. inua
steep adj. mwinuko
steeple n. mnara
steer v. endeshe
stellar adj. muigizaji mkuu
stem v. tokanisha
stem n. uti
stench n. shuzi
stencil v. ashiria
stencil n. kiashiria
stenographer n. mwanastenografi
stenography n. stenografia
step v. kanyaga
step n. hatua
steppe n. nyika
stereotype v. bagua
stereotype n. ubaguzi
stereotyped adj. zilizozoeleka
sterile adj. gumba
sterility n. utasa
sterilization n. usafishaji
sterilize v. safisha
sterling n. starlingi

sterling adj. bora
stern n. sherti
stern adj. wakati
stethoscope n. stethokopu
stew v. kaanga
stew n. mchuzi
steward n. mngojezi.
stick v. ambata
stick n. njiti
sticker n. kibandiko
stickler n. mnato
sticky n. nata
stiff n. ngumu
stiffen v. kaza
stifle v. kandamiza
stigma n. tua
still adv. tuli
still v. nyamaa
still n. bado
still adj. nyamafu
stillness n. utulivu
stilt n. mlonjo
stimulant n. kisisimuzi
stimulate v. sisimsha
stimulus n. unyege
sting n. umo
sting v. uma
stingy adj. bahili
stink n. uvundo
stink v. nuka
stipend n. fedha
stipulate v. inasema
stipulation n. shurutisho
stir v. peketa
stirrup n. koroga
stitch v. shona
stitch n. shulu
stock v. hisa
stock adj. kihisa
stock n. stoo
stock n. akiba
stocking n. patia
stoic n. ukakamavu

stoke v. chunga
stoker (of fire) n. mchocheaji
stomach v. kula
stomach n. tumbo
stone v. rusha
stone n. mawe
stony adj. mawe
stool n. choo
stoop n. kuinamisha
stoop v. inamisha
stop n. stesheni
stop v. koma
stoppage n. mzibo
storage n. weko
store v. hifadhi
store n. stoo
storey n. ghorofa
stork n. koikoi
storm v. dhoruba
storm n. tufani
stormy adj. dhruba
story n. hadithi
stout adj. mafuta
stove n. jiko
stow v. pakia
straggle v. ng'ang'ania
straggler n. mng'ang'ania
straight adv. wima
straight adj. nyofu
straighten v. nyoosha
straightforward adj. moja kimoja
straightway adv. mara
strain n. kite
strain n. matatizo
strain v. bidi
strait n. kilango
straiten v. sumbua
strand n. uzi
strand v. wachwa
strange adj. ajabu
stranger n. mgeni
strangle v. nyonga
strangulation n. nyonga

strap v. funga
strap n. mkanda
stratagem n. busara
strategic adj. kimkakati
strategist n. mwana-mikakati
strategy n. mbinu
stratum n. pangilio
straw n. majani
strawberry n. tunda
stray adj. potofu
stray n. kupotea
stray v. potea
stream v. kijito
stream n. mto
streamer n. kipitisha
streamlet n. chemichemi
street n. njia
strength n. uthabiti
strengthen v. thibitisha
strenuous adj. enye nguvu
stress v. tamka
stress v. sisitiza
stress n. kikazo
stress n. tamko
stretch n. kunyoosha
stretch v. vuta
stretcher n. machela
strew v. nitaweka
strict adj. kali
stricture n. ukali
stride n. jitihada
stride v. tagaa
strident adj. ukali
strife n. fitina
strike v. chapa
strike n. ugomaji
striker n. mshambulizi
string v. funga
string n. kamba
stringency n. ugumu
stringent adj. masharti magumu
strip v. jipujua
strip n. ubale

stripe *v.* pigwa
stripe *n.* kitengele
strive *v.* kakamua
stroke *v.* chapa
stroke *n.* dharba
stroke *n.* mtikiso
stroke *n.* bakora
stroll *n.* matembezi
stroll *v.* tembea
strong *adj.* thabiti
stronghold *n.* ngome
structural *adj.* miundo
structure *n.* taratibu
struggle *n.* misukosuko
struggle *v.* kukurika
strumpet *n.* mzinifu
strut *n.* kutamba
strut *v.* tamba
stub *n.* butu
stubble *n.* mabua
stubborn *adj.* tundu
stud *v.* tamani
stud *n.* dume
student *n.* mwanachuo
studio *n.* studio
studious *adj.* kimasomo
study *n.* taaluma
study *n.* taalimu
study *v.* durusu
stuff *v.* shindilia
stuff *n.* shindilia
stuffy *adj.* vuguvugu
stumble *n.* mashaka
stumble *v.* kwaa
stump *v.* kisiki
stump *n.* kibubutu
stun *v.* shangaza
stunt *n.* kuhatarisha
stunt *v.* hatarisha
stupefy *v.* sangaa
stupendous *adj.* kimsangao
stupid *adj.* jinga
stupidity *n.* kijinga

sturdy *adj.* uchovu
sty *n.* chekenene
sty *n.* chokea
style *n.* mtindo
style *n.* fesheni
subdue *v.* tiisha
subject *adj.* maudhui
subject *n.* maudhui
subject *v.* somo
subjection *n.* chini
subjective *adj.* kibinafsi
subjudice *adj.* dhulumu
subjugate *v.* sumbua
subjugation *n.* sumbulio
sublet *v.* kodisha
sublimate *v.* sablimisha
sublime *n.* tukufu
sublime *adj.* kiutukufu
sublimity *n.* utukufu
submarine *adj.* kimanowari
submarine *n.* manowari
submerge *v.* chovya
submission *n.* utiifu
submissive *adj.* tiifu
submit *v.* sujudia
subordinate *adj.* kiusaidizi
subordinate *n.* chini
subordinate *v.* tii
subordination *n.* utiifu
subscribe *v.* kujiunga
subscription *n.* michango
subsequent *adj.* baadae
subservience *n.* utumiaji
subservient *adj.* vitumike
subside *v.* kupungua
subsidiary *adj.* tanzu
subsidize *v.* gharamia
subsidy *n.* ruzuku
subsist *v.* zimesimama
subsistence *n.* maponea
substance *n.* dutu
substantial *adj.* kikubwa
substantially *adv.* kikubwa

substantiate v. thibitisha
substantiation n. kuthibitisha
substitute v. badili
substitute n. badala
substitution n. ubadilifu
subterranean adj. chini ya ardhi
subtle n. hila
subtlety n. hila
subtract v. toa
subtraction n. utoaji
suburb n. pambizo
suburban adj. miji
subversion n. hujuma
subversive adj. kihujuma
subvert v. hujumu
succeed v. faulu
success n. fanikio
successful adj fani
succession n. urithi
successive adj. mfululizo
successor n. halifa
succour v. nusuru
succour n. makelele
succumb v. kukabiliwa
such pron. kama
such adj. fulani
suck n. nyonya
suck v. mumunya
suckle v. nyonya
suckling n. nyonyesha
sudden n. ghafla
suddenly adv. ghafla
sue v. shitaki
suffer v. teseka
suffice v. tosha
sufficiency n. utoshelezi
sufficient adj. maridhawa
suffix v. ambisha
suffix n. kiambishi
suffocate v. kaba
suffocation n. ukosaji-hewa
suffrage n. haki (kupiga kura)
sugar v. fanya-tamu

sugar n. sukari
suggest v. dokeza
suggestion n. dokezo
suggestive adj. kidokezo
suicidal adj. kujiua
suicide n. kujiua
suit v. faa
suit n. posa
suitability n. kufaa
suitable adj. linganifu.
suite n. mwandamano
suitor n. mposa
sullen adj. zimbaa
sulphur n. burati
sulphuric adj. salfuriki
sultry adj. kishahawia
sum v. hesabu
sum n. jumla
summarily adv. papo
summarize v. jumlisha
summary adj. muhtasari
summary n. ufupisho
summer n. kiangazi
summit n. upeo
summon v. ita
summons n. mwito
sumptuous adj. kasri
sun v. jua
sun n. jua
sundae adj. barafu-tamu
sunday n. jumapili
sunder v. igawa
sunny adj. majua
sup v. chensha
sup n. supu
superabundance n. miminiko
superabundant adj. umiminiko
superb adj. vizuri
superficial adj. ovyo
superficiality n. purukushani
superfine adj. bora-zaidi
superfluity n. mbobo
superfluous adj. bila-sababu

superhuman *adj.* mtu-mbora
superintend *v.* kagua
superintendence *n.* ukaimu
superintendent *n.* kaimu
superior *adj.* mkuu
superiority *n.* ukuu
superlative *n.* masifa
superlative *adj.* sifa
superman *n.* mjuizi
supernatural *adj.* miujiza
supersede *v.* huyaondoa
supersonic *adj.* kasi (kuliko sauti)
superstition *n.* ushirikina
superstitious *adj.* kishirikina
supertax *n.* ushuru
supervise *v.* simamia
supervision *n.* maangalizi
supervisor *n.* msimamizi
supper *n.* chajio
supple *adj.* nyepesi
supplement *n.* kuongezea
supplement *v.* ongezea
supplementary *adj.* ziada
supplier *n.* msambazaji
supply *n.* uletaji
supply *v.* usambazaji
support *n.* msaada
support *v.* auni
suppose *v.* dhani
supposition *n.* makisio
suppress *v.* husuru
suppression *n.* ukandamizaji
supremacy *n.* ukuu
supreme *adj.* kuu
surcharge *v.* bebesha
surcharge *n.* kubebeshwa
sure *adj.* kihakika
sure *adj.* uhakika
surely *adv.* ina
surety *n.* dhamana
surf *n.* mawimbi
surf *v.* elea
surface *n.* wajihi

surface *v.* enea
surfeit *n.* jaa-pomoni
surge *v.* tandaza
surge *n.* kusambaa
surge *n.* kusambaa
surgeon *n.* mpasuaji
surgery *n.* upasuaji
surmise *v.* dhana
surmise *n.* kissi
surmount *v.* kiuka
surname *n.* jina la kifamilia
surpass *v.* zidi
surplus *n.* ziada
surprise *v.* shangaza
surprise *n.* ajabu
surrender *n.* jisalimishe
surrender *v.* salimu
surround *v.* zingira
surroundings *n.* mazingo
surtax *n.* ada
surveillance *n.* ulinzi
survey *n.* muhtasari
survey *v.* kagua
survival *n.* uishaji
survive *v.* ishi
suspect *n.* mtuhumiwa
suspect *v.* dhania
suspect *adj.* kituhuma
suspend *v.* tundikia
suspense *n.* mashaka
suspension *n.* tanguo
suspicion *n.* dhana
suspicious *adj.* tuhuma
sustain *v.* dumisha
sustenance *n.* riziki
swagger *n.* maringo
swagger *v.* ringa
swallow *n.* umezaji
swallow *n.* kumeza
swallow *v.* meza
swamp *v.* namasisha
swamp *n.* bwawa
swan *n.* bata

swarm v. tandua
swarm n. tando
swarthy adj. mweusi
sway n. kucheza-cheza
sway n. kuyonga
sway v. yonga
sway v. yumba
swear v. apa
sweat v. hari
sweat n. jasho
sweater n. sweta
sweep n. kufagia
sweep v. fagia
sweeper n. mfagiaji
sweet n. tamu
sweet adj. utamu
sweeten v. furahisha
sweetmeat n. lawalawa
sweetness n. utamu
swell n. wimbi
swell v. fura
swift adj. mwepesi
swim n. elea
swim v. ogelea
swimmer n. mwogeleaji
swindle n. ulaghai
swindle v. laghai
swindler n. mlaghai
swine n. nguruwe
swing n. bembea
swing v. bembea
swiss adj. kisuizi
swiss n. uswizi
switch v. badili
switch n. fido
swoon v. amezimia
swoon n. kuzimia
swoop v. saka
swoop n. uvamizi
sword n. upanga
sycamore n. mkuyu
sycophancy n. upandaji
sycophant n. mpandaji

syllabic n. kisilabi
syllable n. silabu
syllabus n. muhtasari
sylph n. banati
sylviculturist n. mwana-silvicalcha
symbiosis n. mategemeano
symbiote n. mtegemea
symbol n. ishara
symbolic adj. kiashiria
symbolism n. mfano
symbolize v. mfano
symmetrical adj. linganifu.
symmetry n. ulinganifu
sympathetic adj. kihuruma
sympathize v. sikitikia
sympathy n. huruma
symphony n. sauti muruwa
symposium n. kongamano
symptom n. ishara
symptomatic adj. kiishara
synergy n. harambee
synonym n. kisawe
synonymous adj. sawa
synopsis n. muhtasari
syntax n. nahau
synthesis n. awali
synthetic n. kusanidiwa
synthetic adj. a kusanidiwa
syringe v. dunga
syringe n. sindano
syrup n. sharubeti
system n. mfumo
systematic adj. utaratibu
systematize v. pangilia

T

table v. onyesha
table v. wekelea (mezani)
table n. jedwali
table n. meza
tablet n. benge
tablet n. kidonge

tablet *v.* meza (vidonge)
tabloid *n.* gazeti
taboo *adj.* laana
taboo *v.* haramisha
taboo *n.* mwiko
tabular *adj.* kijedwali
tabulate *v.* panga (kijedwali)
tabulation *n.* namna
tabulator *n.* mpanga-jedwali
tacit *adj.* bainika
taciturn *adj.* nyamavu
tack *n.* kifungo
tack *v.* bisha
tackle *v.* pambana
tackle *n.* kukabiliana
tact *n.* siasa
tactful *adj.* busara
tactician *n.* mtaalamu
tactics *n.* umahiri
tactile *adj.* kipapasio
tag *n.* ankara
tag *v.* ashiria
tail *n.* mkia
tail *v.* fuata
tailor *v.* shona
tailor *n.* mshono
taint *v.* chafua
taint *n.* uchafu
take *v.* chukua
takeaway *adj.* uchukuaji
takeaway *n.* beba
taken *adj.* kimechukuliwacho
takeoff *n.* kupaa
takeout *adj.* mchujo
takeout *n* kutoa
takeover *n.* chukua-nafasi
taker *n.* mchukuaji
tala *n.* tala (aina ya muziki)
talbot *n.* talbot (aina ya mbwa)
talc *n.* ulanga
tale *n.* hekaya
taleable *adj.* kihekaya
talebear *v.* mfitini

talebearer *n.* mbea
talebearing *n.* umbea
talebook *n.* kitabu (cha hekaya)
talent *n.* kipaji
talisman *n.* hirizi
talk *n.* msemo
talk *v.* sema
talkative *adj.* limi
talkativeness *n.* usemaji
talkatively *adv.* kimaneno-mingi
talkback *n.* jibu
talkboard *n.* ilani
talkfast *n.* kunena haraka
tall *adj.* mrefu
tallow *n.* mori
tally *v.* rekodi
tally *adj.* kialama
tally *n.* alama
talon *n.* kucha
taloned *adj.* kaashiriwa
tamarind *n.* ukwaju
tame *v.* lea
tame *adj.* malezi
tamper *v.* haribu
tamper *n.* uharibifu
tamperproof *adj.* kisoharibiwa
tampon *n.* pamba
tampon *v.* futa (kwa pamba)
tan *adj.* kitan (rangi ya ngozi)
tan *v.* kausha (ngozi)
tan *n.* rangi (ya ngozi)
tanbark *n.* tanbak (aina ya miti)
tandem *n.* sanjari
tandem *v.* andamana
tandem *adj.* kisanjari
tandoor *n.* tanduri
tang *n.* harufu
tang *v.* nuka
tanged *adj.* uvundo
tangent *n.* badili
tangible *adj.* kamatika
tangle *v.* tatanisha
tangle *n.* matata

tango *n.* tango (aina ya densi)
tango *v.* densi (tango)
tank *n.* pipa
tank (of military) *n.* kifaru
tankard *n.* jagi
tanker *n.* gari la maji
tanner *n.* mtengenezaji wangozi
tannery *n.* kitaalamu ya ngozi
tantalize *v.* kejeli
tantamount *adj.* muhimu
tantamount *v.* himiza
tantra *n.* tantra
tantric *adj.* kitantra
tap *n.* biluli
tap *n.* kizibo
tap *v.* gota
tap *v.* gonga
tape *v.* funga (mkanda)
tape *n.* ukanda
tape player *n.* kicheza kanda
tapeless *adj.* kiso-mkanda
tapeline *n.* mkanda-wa-kupima
taper *n.* ukondaji
taper *v.* kondesha
tapestry *n.* ukanda
tar *v.* nyunyizia (lami)
tar *n.* lami
taramite *n.* taramait (maadini)
tarantism *n.* densi
tardiness *n.* uchelewaji
tardy *adj.* kuchelewa
target *n.* lengo
tariff *n.* mtozo
tarnish *v.* chafua
task *v.* pea (jukumu)
task *n.* jukumu
taste *v.* dhuku
taste *n.* ladha
tasteful *adj.* nzuri
tasty *adj.* tamu
tatter *v.* vuruga
tatter *n.* vurugu
tattoo *v.* toja

tattoo *n.* nembo
taunt *n.* ubishi
taunt *v.* bisha
taunter *n.* mbishi
taunting *adj.* ubishani
tauntingly *adv.* kibishi
tauromachy *n.* pambano (ngombe)
taut *adj.* mpangilio
tautly *adv.* kimpango
tavern *n.* baa
taverner *n.* mwenye baa
tavernkeeper *n.* mwenye baa
taw *v.* paka (maskhara ya ngozi)
taw *n* herufi (kiibrania)
tawer *n.* mtaalamu wa ngozi
tax *v.* lipisha
tax *n.* kodi
taxable *adj.* kikatwa-ushuru
taxation *n.* ushuru
taxi *v.* abiri (taxi)
taxi *n.* katara
taxibus *n.* basi
taxicab *n.* teksi
taxidermal *adj.* kiurembeshaji
taxidermic *adj.* mrembo
taxidermist *n.* mremba
taxidermy *n.* kupamba (na ngozi)
t-bone *n.* mfupa
t-bone *v.* tandaza
tchick *n.* sauti "chik"
tchick *int.* chik
tchick *v.* tamka "chik"
tea *v.* kunya (chai)
tea *n.* chai
teabag *n.* chai
teabagging *n.* kupakia chai
teabox *n.* boksi ya chai
teacake *n.* keki ya chai
teach *v.* fundisha
teacheable *adj.* sikilivu
teacher *n.* mkufunzi
teachercentric *adj.* makinifu
teachings *n.* mafunzo

teacup n. kikombe (cha chai)
teagle n. kifaa (cha kunyanyua)
teahouse n. mkahawa
teak n. tiki (aina ya mti)
teak v. sahihisha
team v. ungana
team n. timu
teamaker n. mpika-chai
teambuilder n. kikuza-umoja
teamed adj. kikundi
teammate n. mwenza
teamwise adv. kikiundi
teamwork n. kazi (ya pamoja)
teapot n. buli
tear n. pasua
tear v. chana
tear n. machozi
tearful adj. huzuni
tease v. dhihaki
tease n. kudhihaki
teaser n. kionjo
teasing n. mzaha
teasingly adv. kikejeli
teat n. titi
technical n. kiufundi
technicality n. kiutaalamu
technician n. fundisanifu
technique n. ujuzi
technological adj. kiteknolojia
technologist n. mwanateknologia
technology n. teknolojia
technomad n. mwanamtandao
technomania n. mwanatechnologia
technomusic n. mziki ya tekno
technophile n. mwanatechnologia
technophobe n. upendaji mtandao
techy n. pupa
tect adj. fiche
tect n. dari
tectonic adj. kiujenzi
tedious adj. kulivu
tedium n. uchovu
teem v. shiba

teenager n. kijana
teens n. pl. vijana
teethe v. mea-meno
teetotal adj. hepuka
teetotaller n. muhepuka
telebanking n. benki ya kisimu
telecast n. upeperushaji
telecast v. peperusha
telecommunications n. mawasiliano
telecomputing n. simu tarakilishi
teleconference n. mkutano wa kisimu
telecopier n. telekopia
telecourse n. ustadi wa simu
telefax n. telefaxi
telegram n. simu ya maandishi
telegraph v. tuma
telegraph n. nyumba ya simu
telegraphic adj. za simu
telegraphist n. mwana simu
telegraphy n. simu upepo
teleguide n. muongozo wa simu
telejournalism n. uhariri-simu
telekinesis n. telekinesis
telekinetic adj. telekainetiki
telemarket v. tangaza-kisimu
telemarketing n. tangazo la simu
telematic adj. kitelematia
telemetry n. telemita (kifaa)
teleologic adj. kiteleolojia
teleologist n. mwanateleolojia
teleology n. teleolojia
teleoperator n. mjuzi (wa simu)
telepathic adj. kiusomi-akili
telepathist n. msoma-akili
telepathy n. kusoma-akili
telephone n. simu
telephone v. simu
teleport v. safiri (kichawi)
teleport n. usafiri
teleportation n. safari (wakichawi)
teleprint n. kichapisho

teleprint v. chapisha
teleprompt v. utangazaji
telescope n. darubini
telescopic adj. kidarubini
telescopy n. a darubini
teleshopper n. mnunuzi wa simu
teleshopping n. ununuzi wa simu
teletext n. ujumbe (wa simu)
televise v. peperusha
television n. televisheni
tell v. elezea
teller n. muelezea
telling adj. usemi
telling n. kusema
telling-off n. kusomea
telltale n. masengenyo
telltale adj. msengenyi
tellural adj. kiteluriumu
telluric adj. kiardhi
temeritous adj. kishupavu
temerity n. ujasiri
temper v. zimua
temper n. hamaki
temperament n. enye bidii
temperamental adj. kibidii
temperance n. ukadirifu
temperate v. kadiria
temperate adj. kadirifu
temperature n. harara
tempest n. tufani
tempestuous adj. mkali
templar n. wana-hekalu
template v. tayarisha (kigezo)
template n. kigezo
temple n. paji
temple n. panja
temporal adj. muda
temporary adj. muda
tempt v. shawishi
temptation n. ushawishi
tempter n. mshawishi
ten n. kumi
tenable adj. gawishika

tenacious adj. stahimilivu
tenacity n. ushupavu
tenancy n. upangaji
tenant n. mpangaji
tend v. chunga
tendefoot n. tendefuti
tendency n. mwelekeo
tender v. ununuzi
tender n. zubani
tender (of meat) adj. tefu
tender n. zubani
tenderhearted adj. moyo huruma
tenderize v. tia-viungo
tenderizer n. kilainisha
tenderly adv. upole
tenderness n. wororo
tending n. uchungaji
tendinitis n. tendinitisi
tendril n. ukono
tenebrose adj. vuguvugu
tenebrosity n. uvuguvugu
tenebrous adj. kivuguvugu
tenant n. mpangaji
tenet n. malengo
tenfold adj. kimafungu kumi
tenfold adv. fungu kumi
tennis n. tenisi
tenor n. mujibu
tenor adj. kimujibu
tense v. pindana
tense adj. kiwakati
tense adj. kiwakati
tense n. wakati
tensely adv. kiwakati
tensible adj. a wakati
tensile adj. dhidi ya mshtuko
tensility n. udhibiti wa mshtuko
tension n. hamkani
tension v. shitua
tensioned adj. tishiwa
tensor n. muoga
tensor adj. kiuoga
tensor v. ogofya

tent n. hema
tentative adj. kimajaribu
tentative n. a kujaribia
tentativeness n. ujaribio
tenth adj. akumi
tentmaker n. mjenga-hema
tentpole n. mlingoti
tenue n. nyembamba
tenuous adj. wembamba
tenuously adv. kwa-wembamba
tenure v. miliki
tenure n. umiliki
tepid adj. fufutende
tepidity n. uvuguvugu
tepidly adv. kivuguvugu
tequila n. mvinyo
terabase n. istilahi (kisayansi)
terabit n. kipimo (kikompyuta)
terabyte n. kipimo (kikompyuta)
terajoule n. kipimo.
term n. kipindi
term n. muda
term n. muhula
term v. mrefu
terminable adj. akugawishwa
terminal n. kituo
terminal adj. stendi
terminate v. tilifu
termination n. hatima
terminological adj. kiistilahi
terminology n. istilahi
terminus n. kistendi
termite n. mchwa
termiticide n. dawa ya mchwa
terp n. mguso
terp v. gusa
terrace n. matuta
terrace v. suka
terracotta n. terakota
terracotta adj. kiterakota
terraforming n. ukuaji wa aina
terrain n. ardi (ya eneo)
terrestrial n. duniani

terrestrial adj. kiduniani
terrible adj. kutisha
terrier n. tishio
terrific adj. kali
terrify v. ogopesha
territorial adj. kitaifa
territory n. bara
terror n. tishio
terrorism n. ugaidi
terrorist n. gaidi
terrorize v. tishia
terse adj. fupi
tersely adv. kifupi
tertian adj. kitashi
tertian n. mtashi
tertiary n. elimu (ya juu)
tertiary adj. kielimu
tesseract n. ufupisho
test n. jaribio
test v. jaribu
testament n. agano
testicle n. mapumbu
testify v. kushuhudia
testimonial n. ushuhuda
testimony n. ushahidi
testosterone n. testosteron
tete-a-tete n. tete-a-tete
tether v. funga
tether n. ufungaji
tetra n. mara-nne
text n. andiko
textbook n. mwongozo
textbook adj. kitabu (ya kiada)
textbookish adj. kikitabu
textile n. utambaa
textile adj. nguo
textual n. kinguo
texture n. mfumo
thank v. shukuru
thankful adj. shukrani
thankless adj. asoshukrani
thanks n. shukrani
that dem. pron. ambalo

that *rel. pron.* kile
that *adv.* kule
that *conj.* kwamba
that *adj.* kwamba
thatch *v.* ezeka
thatch *n.* kuezekea
thaw *v.* fanya-vugu
thaw *n.* uvuguvugu
theatre (of movies) *n.* sinema
theatrical *adj.* maonyesho
theft *n.* uwizi
their *adj.* wao
theirs *pron.* mwao
theism *n.* uwao
theist *n.* mwa-wao
them *pron.* wao
thematic *adj.* theomatia
theme *n.* insha
then *adj.* pale
then *adv.* tena
then *adv.* thama
thence *adv.* huko
theocracy *n.* theocrasia
theologian *n.* mwanateolojia
theological *adj.* kiteolojia
theology *n.* tauhidi
theorem *n.* theorem
theoretical *adj.* maandishi
theorist *n.* nadharia
theorize *v.* dhania
theory *n.* nadharia
therapy *n.* tiba
there *adv.* kule
thereabouts *adv.* hilo
thereafter *adv.* kisha
thereby *adv.* hivyo
therefore *adv.* alimradi
thermal *adj.* mafuta
thermometer *n.* thamometa
thermos (flask) *n.* thamosi
thesis *n.* tasnifu
thick *adj.* kinene
thick *n.* nzito

thick *adv.* nene
thicken *v.* ganda
thicket *n.* chaka
thief *n.* mwizi
thigh *n.* upaja
thimble *n.* kastabini
thin *v.* chunjua
thin *adj.* gofu
thin *adj.* nyembamba
thing *n.* kitu
think *v.* tafakari
thinker *n.* mfikiria
third *n.* thuluthi
third *adj.* tatu
thirdly *adv.* atatu
thirst *v.* nyima-maji
thirst *n.* kiu
thirsty *adj.* kikiu
thirsty *adj.* kiu
thirteen *n.* thelathashara.
thirteen *adj.* thelathashara.
thirteenth *adj.* athalathashara
thirtieth *n.* thelathini
thirtieth *adj.* athalathini
thirty *adj.* thelathini
thirty *n.* thelathini
thistle *n.* mbigili
thither *adv.* huko
thorax *n.* sehemu (ya mwili)
thorn *n.* miiba
thorny *adj.* mwiba
thorough *adj.* uhakika
thoroughfare *n.* kabisa
though *adv.* ijapokuwa
though *conj.* walau
thought *n.* wazo
thoughtful *adj.* zingativu
thousand *adj.* alfu
thousand *n.* elfu
thrall *n.* tanashati
thralldom *n.* utanashati
thrash *v.* ezeka
thread *v.* shona

thread *n.* uzi
threadbare *adj.* anyuzi
threat *n.* tisho
threaten *v.* tishia
three *adj.* kitatu
three *n.* tatu
thresh *v.* pura
thresher *n.* mpura
threshold *n.* kizingiti
thrice *adv.* mara-tatu
thrift *n.* mlimbiko
thrifty *adj.* kabidhi
thrill *v.* shitua
thrill *n.* tishia
thrive *v.* stakimu
throat *n.* kinywa
throaty *adj.* kikoo
throb *n.* tutusika
throb *v.* papa
throe *n.* thro
throne *v.* tukuza
throne *n.* kiti (cha enzi)
throng *n.* msongo
throng *v.* songa
throttle *v.* nyonga
throttle *n.* transfoma-ndogo
through *adv.* pitia
through *adj.* kupitia
through *prep.* katikati
throughout *prep.* wakati-wote
throughout *adv.* koro
throw *n.* rusho
throw *v.* rusha
thrust *n.* kumbo
thrust *v.* tia
thud *v.* gawa
thud *n.* thuluthi
thug *n.* nduli
thumb *v.* valisha (kidoleni)
thumb *n.* gumba
thump *v.* ridhia
thump *n.* kidole
thunder *v.* vuruga

thunder *n.* radi
thunderous *adj.* kiradi
thursday *n.* alhamisi
thus *adv.* vilevile
thwart *v.* pinga
tiara *n.* tiara
tick *v.* sahihishwa
tick *v.* sahihisha
tick *n.* kupe
tick (of cattle) *n.* kupe
tick *n.* papasi
ticket *n.* tikiti
tickle *v.* tekenya
ticklish *adj.* mcheshi
tidal *adj.* kimawimbi
tide *n.* wimbi
tidiness *n.* usafi
tidings *n. pl.* habari
tidy *v.* kwatuka
tidy *adj.* nadhifu
tie *v.* funga
tie *n.* sare
tier *n.* rusu
tiger *n.* chui
tight *adj.* mkazo
tighten *v.* kaza
tigress *n.* chui (kike)
tile *v.* weka- tofali
tile *n.* tofali
till *conj.* hadi
till *v.* pangisha-fileni
till *n.* mpaka
till *prep.* hadi
tilt *v.* inamisha
tilt *n.* kuinama
timber *n.* ubao
time *v.* subiria
time *n.* wakati
time *n.* saa
time *n.* majira
timely *adj.* wakati
timid *adj.* oga
timidity *n.* woga

timorous *adj.* tisha
tin *v.* pakia (kwenye debe)
tin *n.* debe
tin *n.* mkebe
tincture *v.* weka-mabati
tincture *n.* kimabati
tingle *v.* chacharika
tingle *n.* machachari
tinker *n.* mchezea
tinsel *n.* puluki
tint *v.* ficha
tint *n.* ficho
tiny *adj.* kadogo
tip *v.* toboa
tip *v.* dunga
tip *n.* kipeo
tip *n.* ncha
tip *v.* ncha
tip *n.* kilele
tip *n.* bakhshishi
tip (off) *v.* tunuku
tipsy *adj.* mlevi
tired *n.* mchovu
tire *v.* chosa
tire *n.* tairi
tiresome *adj.* uchovu
tissue *n.* shashi
titanic *adj.* taitaniki
tithe *n.* zakati
title *n.* andiko
title *n.* cheo
title *v.* teua
titular *adj.* kicheo
toad *n.* chura
toast *v.* banika
toast *n.* mkate (wa kubanika)
tobacco *n.* tumbaku
today *n.* leo
today *adv.* leo
toenail *n.* ukucha
toe *n.* kidole
toffee *n.* tofi
toggle *n.* kugeuza

together *adv.* sharika
toil *v.* taabisha
toil *n.* taabu
toilet *n.* msalani
toils *n. pl.* taabu
token *n.* dalili
tolerable *adj.* akuvumilia
tolerance *n.* uvumilivu
tolerant *adj.* mvumilivu
tolerate *v.* vumilia
toleration *n.* uvumilivu
toll *n.* mlio
toll *v.* lia
toll *n.* ushuru
tomato *n.* nyanya
tomb *n.* kaburi
tomboy *n.* tomboi
tomcat *n.* duzi
tom *n.* tom
tomorrow *adv.* kesho
tomorrow *n.* kesho
ton *n.* tani
tone *n.* toni
tone *n.* toni
tone *v.* toa (sauti kitoni)
tongs *n. pl.* koleo
tongue *n.* lisani
tonic *n.* kitoni
tonic *n.* mkuyati
tonic *adj.* kitoni
tonight *adv.* kileo-usiku
tonight *n.* usiku (wa leo)
tonne *n.* tani
tonsil *n.* kifuko
tonsure *n.* kimtindo
too *adv.* vile
tool *n.* zana
tooth *n.* jino
toothache *n.* maumivu (ya meno)
toothsome *adj.* kimenomeno
top *v.* rakibisha
top *n.* juu
top *n.* kifuniko

topaz n. topazi
topic n. maudhui
topical adj. kimaudhui
topographer n. mwana topografia
topographical adj. sura ya nchi
topography n. topografia
topple v. pindua
topsy turvy adj. kigumu
topsy turvy adv. vigumu
torch n. kurunzi
torment n. masumbuko
torment v. sumbua
tornado n. chamchela
torpedo v. chamchelesha
torpedo n. topito
torrent n. mfo
torrential adj. iliyonyesha
torrsi n. kiwiliwili
tortoise n. kobe
torturous adj. kimateso
torture v. tesa
torture n. teso
toss n. rusha juu
toss v. gaagaa
total n. jumla
total v. unga
total adj. kubwa
totalitarian adj. kiimla
totality n. ujumla
touch n. mguso
touch v. gusa
touchy adj. kiuguso
tough adj. shupavu
toughen v. shupaza
tour v. tembea
tour n. tembezi
tourism n. utalii
tourist n. mtalii
tournament n. mashindano
tow n. ukokotaji
tow v. kokota
towards prep. kuelekea
towboat n. mashua ya ukokotaji

towel v. futa
towel n. taulo
tower v. pandisha
tower n. mnara
town n. mji
township adj. vitongoji
toxemia n. teksemia
toxic adj. sumu
toxicity n. sumu
toxicologist n. mwana-toxikolojia
toxicology n. toxicolojia
toxification n. udhurifu wa sumu
toxin n. sumu
toy v. cheza
toy n. sesere
toyhouse n. jengo la sesere
toymaker n. mtengeneza sesere
toyseller n. muuza sesere
toystore n. duka sesere
trace v. eleza
trace n. athari
traceable adj. kielezo
trachea n. bomba (za pumzi)
tracheal adj. kibomba
tracheole n. mizizi (za bomba)
tracheoscopy n. trachioskopia
track v. fuatilia
track n. nyayo
trackable adj. akufatwa
trackback n. kumbukumbu
trackball n. mpira wa kufuatilia
tracker n. mfuatilia
tracklist n. ratiba (za ngoma)
tracksuit n. surwali
tract n. mapito
tract n. njia
traction n. mtuvo
tractor n. trekta
trade v. chuuza
trade n. biashara
trader n. muuzaji
tradesman n. mtenzi
tradition n. desturi

traditional *adj.* kijadi
traffic *v.* uza
traffic *n.* trafiki
tragedian *n.* mwana-majanga
tragedy *n.* janga
tragic *adj.* kutisha
trail *v.* chagua
trail *n.* mkwaruzo
trail *n.* utambaazi
trailer *n.* trela
train *v.* elimisha
train *n.* garimoshi
trainee *n.* kurutu
training *n.* zoezi
trait *n.* tabia
traitor *n.* msaliti
tram *n.* tremu
trample *v.* kanyaga
trance *n.* maono
tranquil *adj.* tulivu
tranquility *n.* salama
tranquillize *v.* starehesha
tranquillizer *n.* gandisha
transact *v.* shughulisha
transaction *n.* shughuli
transboarder *n.* mpitamipaka
transboundery *n.* kipita-mipaka
transceive *v.* pokea
transceiver *n.* upokeaji
transcend *v.* vukisha
transcendent *adj.* mvukaji
transcendental *adj.* kimabara
transcendentalize *v.* vusha
transcendentally *adv.* kimabara
transcendingly *adv.* kiuvukaji
transcribe *v.* nakili
transcriber *n.* mnakili
transcription *v.* fuatisha
transfer *v.* hamisha
transfer *n.* uhamisho
transferable *adj.* kihamishwacho
transfiguration *n.* ubadilishaji
transfigure *v.* badilisha

transform *v.* badilisha
transformation *n.* badilisho
transgress *v.* taadi
transgression *n.* uhalifu
transit *n.* mapito
transit *v.* pitia
transition *n.* ukiuaji
transitive *n.* kimapito
transitory *adj.* a kimapito
translate *v.* nuku
translation *n.* nukulu
transmigration *n.* uhamiaji
transmission *n.* usambazaji
transmission *n.* upelekaji
transmit *v.* rithisha
transmit *v.* peleka
transmitter *n.* kisambaza
transparent *adj.* uangafu
transplant *v.* pandikiza
transplant *n.* kupanda
transplantation *n.* upandaji
transplantee *n.* kitachopandwa
transport *n.* usafiri
transport *v.* beba
transportation *n.* usafirishaji
trap *v.* nasa
trap *n.* mnaso
trapball *n.* mpira-mnaso
trapdoor *n.* kingilia-mnaso
trapeze *n.* kubembea
trapeze *v.* bembea
trapezist *n.* mbembeaji
trapezoid *n.* trapzoidi
trapline *n.* kamba mnaso
trash *n.* takataka
trashed *adj.* ukiwa
trauma *n.* mshtuko
traumatic *adj.* kiwewe
traumatism *n.* ushtushaji
traumatology *n.* traumatolojia
traunch *n* sehemu
traunch *v.* gawa
traunch *adj.* kipengele

travel v. safiri
travel n. sarari
traveller n. msafiri
travelogue n. maelekezo ya safari
traversable adj. avukika
traverse v. vuka
traverse n. uvukaji
travetime n. wakati wa kunyonya
trawl n. nyavu
trawl v. nyavua
trawlboat n. mashua (ya uvuvi)
tray v. beba (kwa sinia)
tray n. sinia
treacherous adj. kimakhaini
treachery n. hiana
tread n. kutembea
tread v. tembea
treader n. mtembeaji
treadmill n. kitembeleo (cha zoezi)
treadplate n. chuma
treadwheel n. jigurudumu
treason n. hiana
treasure v. thamini
treasure n. kanzi
treasurer n. hasibu
treasury n. hazina
treat n. tiba
treat v. tenda
treat v. tibu
treatise n. makala
treatment n. maponyo
treatment n. mgango
treaty n. mkataba
tree n. mti
trek n. matembezi
trek v. tembea
tremble v. tetema
tremendous adj. kikubwa
tremor n. tetemeko
trench v. mtaro
trench n. shimo
trend n. mwelekeo
trespass n. vuko

trespass v. vuka
trial n. onjo
triangle n. pembetatu
triangular adj. kipembetatu
tribal adj. kikabila
tribe n. mbari
tribulation n. dhiki
tribunal n. tume
tributary n. pengee
tributary adj. mchango
tribute n. hongo
trick v. hadaa
trick n. hila
trickery n. ushabaki
trickle v. chiririka
trickle n. chururu
trickster n. mjanja
tricky adj. vigumu
tricolour n. rangitatu
tricolour adj. kirangitatu
tricycle n. baisikeli miguu mitatu
trifle v. dunisha
trifle n. kidude
trifle n. dagaa
trigger n. triga
trigger v. sababisha
trim n. pungufu
trim v. kunga
trim adj. kipunguzo
trinity n. utatu
trio n. utatu
trip n. usafiri
trip v. kwaa
tripartite adj. pandetatu
triple adj. kimaratatu
triple v.t., mara-tatu
triplicate n. pacha-tatu
triplicate v. chapisha -vitatu
triplicate adj. vipacha tatu
triplication n. uchapishaji tatu.
tripod n. meza (miguu mitatu)
triumph v. simanga
triumph n. ushindi

triumphal *adj.* kufuzu
triumphant *adj.* ushindi
trivial *adj.* hafifu
troop *v.* ungana
troop *n.* kikosi
trooper *n.* mwanajeshi
trophy *n.* kombe
tropic *n.* tropiki
tropical *adj.* kitrpiki
trot *n.* matiti
trot *v.* timka
trouble *v.* sumbua
trouble *n.* balaa
troublesome *adj.* sumbufu
troupe *n.* kundi
trousers *n. pl* suruali
trowel *n.* mwiko
truce *n.* suluhu
truck *n.* matwana
true *adj.* sahihi
trump *v.* boresha
trump *n.* mbora
trumpet *v.* tarumbeta
trumpet *n.* tarumbeta
trunk *n.* sanduku
trust *v.* amini
trust *n.* imani
trustee *n.* mdhamini
trustful *adj.* kiaminifu
trustworthy *adj.* aminifu
trusty *n.* tegemeo
truth *n.* kweli
truthful *adj.* sadikika
try *n.* jaribio
try *v.* jaribu
trying *adj.* kujaribu
tryst *n.* uaminifu
tub *n.* bafu (ya kulala)
tube *n.* mrija
tuberculosis *n.* tiyubaculosis (ugonjwa)
tubular *adj.* kimrija
tug *v.* tishari

tuition *n.* masomo
tuition *n.* masomo
tumble *n.* kudondoka
tumble *v.* dondoko
tumbler *n.* bilauri
tumbler *n.* bilauri
tumour *n.* kivimbe
tumult *n.* rabsha
tumultuous *adj.* misukosuko
tune *v.* rekebisha
tune *n.* tuni
tunnel *v.* handaki
tunnel *n.* handaki
turban *n.* kilemba
turbine *n.* kilemba
turbulence *n.* mawimbi
turbulent *adj.* kimawimbi
turf *n.* kufukuza
turkey *n.* uturuki
turmeric *n.* manjano
turmoil *n.* mtafaruku
turn *n.* zingo
turn *n.* zamu
turn *v.* geuza
turn *v.* geuka
turner *n.* mkereza
turnip *n.* tanip
turpentine *n.* terafini
turtle *n.* kobe
tusk *n.* pembe
tussle *v.* piga
tussle *n.* vita
tutor *n.* msomeshaji
tutorial *n.* mafunzo
tutorial *adj.* kimafunzo
twelfth *n.* thinashara
twelfth *adj.* kithinashara
twelve *n.* theneashara
twentieth *n.* ya ishirini
twentieth *adj.* ishirini
twenty *n.* ishirini
twenty *adj.* asherini
twice *adv.* maradufu

twig *n.* njiti
twilight *n.* kisikusiku
twin *adj.* kipacha
twin *n.* pacha
twinkle *n.* ng'aa-ng'aa
twinkle *v.* meremeta
twist *n.* mshazari
twist *n.* pindi
twist *v.* pinda
twitter *v.* lia
twitter *n.* twita
two *adj.* pili
two *n.* mbili
twofold *adj.* maradufu
type *v.* chapisha
type *n.* modeli
typhoid *n.* taifod
typhoon *n.* tufani
typhus *n.* taifas
typical *adj.* kikawaida
typify *v.* chapisha
typist *n.* mchapishaji
tyranny *n.* udhalimu
tyrant *n.* dhalimu
tyre *n.* gurudumu

U

uber *adj.* kiuba
uber *adv* uba (aina ya texi)
ubergeek *n.* mpenda uba
uberous *adj.* kiuba
ubersexual *n.* dume
ubersexual *adj.* kidume
ubicity *n.* ufahamu
ubiquity *n.* kimejumlishwa
udder *n.* wele
ufo *n.* kisofahamika-angani
ufologist *n.* mwana-yufolojia
ufology *n.* yufolojia
uglify *v.* haribu
ugliness *n.* ubaya
ugly *v.* sawijika

ukelele *n.* yukelele (ala za muziki)
ukeleleist *n.* mpiga-yukelelei
ulcer *n.* kidonda
ulcerous *adj.* kisababisha-kidonda
ulterior *adj.* chinichini
ultimate *adj.* mwisho
ultimately *adv.* hatimaye
ultimatum *n.* maamuzi
ultracasual *adj.* kikawaida mno
ultracompact *adj.* altrakompakt
ultraconservative *adj.* kihafidhina
ultraconservative *n.* mhafidhina
ultrasecure *adj.* kihifadhikuu
ultrasonic *adj.* altrasoni
ultrasonics *n.* kialtrasoni
ultraviolet *adj.* altraviolet (sayansi)
ultraviolet *n.* altraviolet (sayansi)
ululate *v.* vigelegele
ululation *n.* kigelegele
umbrella *n.* mwamvuli
umpire *n.* mwamuzi
umpire *n* hakimu
unabashed *adj.* kutohaya
unabashedly *adv.* Kukosa haya
unable *adj.* kisowezekana
unabridged *adj.* kisokasoro
unacceptable *adj.* kisokubaliwa
unaccessible *adj.* kisofikiwa
unaccommodating *adj.* kisofaidisha
unaccurate *adj.* kisosawa
unachievable *adj.* kisowezekana
unacquainted *adj.* kisofahamika
unadapted *adj.* kisochukuliwa
unaffected *adj.* asodhurika
unaffectionate *adj.* asohuba
unajusted *adj.* kisorekebishwa
unambiguous *adj.* dhabiti
unambivalence *n.* mbabaiko
unamused *adj.* huzuni
unanimity *n.* mwafaka
unanimous *adj.* mwafaka
unannounced *adj.* kisotangazwa

unappealing *adj.* kisovutia
unapproved *adj.* kisodhibitishwa
unavoidable *adj.* siyoepukika
unaware *adj.* kutojua
unawares *adv.* kutojua
unburden *v.* tuwa
uncanny *adj.* uchawi
uncertain *adj.* geugeu
uncle *n.* ami
uncouth *adj.* shenzi
under *prep.* uvunguni
under *adv.* chini
under *adj.* kichini
undercurrent *n.* mtiririko
underdog *n.* mshindwa
undergo *v.* pitia
undergraduate *n.* shahada
underhand *adj.* kijambazi
underline *v.* sisitiza
undermine *v.* tekua
underneath *adv.* chini
underneath *prep.* mvunguni
underneath *adj.* kichini
understand *v.* elewa
undertake *v.* diriki
undertone *n.* nong'oneza
underwear *n.* chupi
underworld *n.* kuzimu
undo *v.* fumua
undo *v.* umbua
undue *adj.* kibaya
undulate *v.* pindapinda
undulate *v.* pinda
undulation *n.* pindo
unearth *v.* fukua
uneasy *adj.* wasiwasi
unfair *adj.* jeuri
unfold *v.* kunjua
unfortunate *adj.* nuksi
ungainly *adj.* kisomazao
unhappy *adj.* asofuraha
unification *n.* mwungamano
union *n.* umoja

unionist *n.* mwana-umoja
unique *adv.* pekee
uniquous *adj.* kipekee
unision *n.* mlingano
unit *n.* sehemu
unite *v.* ungana
unity *n.* umoja
universal *adj.* zima
universality *n.* umoja
universe *n.* ulimwengu
university *n.* chuo kikuu
unjust *adj.* dhalimu
unless *conj.* ila
unlike *adj.* kinyume
unlike *prep.* tofauti na
unlikely *adj.* uwezekano
unmanned *adj.* kisomtu
unmannerly *adj.* fedhulika
unprincipled *adj.* mpotevu
unreliable *adj.* bovu
unrest *n.* ghasia
unruly *adj.* gaidi
unsettle *v.* sumbuka
unsheathe *v.* funua
until *prep.* mpaka
until *conj.* hadi
untoward *adj.* kinuksi
unwell *adj.* mgonjwa
unwillingly *adv.* bahati-mbaya
up *adv.* juu
up *prep.* juu
upbraid *v.* shutumu
upheaval *n.* mapinduzi
uphold *v.* dumisha
upkeep *n.* kuza
uplift *v.* inua
uplift *n.* nyanyua
upon *prep.* pindi
upper *adj.* kichwani
upright *adj.* wima
uprising *n.* mnyanyuko
uproar *n.* udhia
uproarious *adj.* kighasia

uproot v. ng'oa
upset v. taabisha
upset v. sumbua
upshot n. matokeo
upstart n. mwenye bidii
up-to-date adj. kisasa
upward adj. upande wa juu
upwards adv. kijuujuu
urban adj. mjini
urbane adj. kimjini
urbanity n. umjini
urchin n. chanui
urchin n. mwanamizi
urge v. himiza
urge n. haja
urgency n. uharaka
urgent adj. muhimu
urinal n. choo
urinary adj. mkojo
urinate v. kojoa
urination n. choo
urine n. mkojo
urn n. samawari
usage n. desturi
use n. utumizi
use v. tumia
useful adj. sahili
usher n. mpokeaji
usher v. karibisha
usual adj. kikawaida
usually adv. kawaida
usurer n. mkopeshi
usurp v. nyakua
usurpation n. unyang'anyaji.
usury n. riba
utensil n. vifaa
uterus n. chupa
utilitarian adj. kishirika
utility n. manufaa
utilization n. utumizi
utilize v. tumia
utmost adj. kikubwa
utmost n. mkubwa

utopia n. utopia
utopian adj. myutopia
utter v. tamka
utter adj. kubwa
utterance n. msemo
utterly adv. mbali

V

vacancy n. fargha
vacant adj. tupu
vacate v. hama
vacation n. pumziko
vaccinate v. chanja
vaccination n. chanjo
vaccinator n. mdunga vaksini
vaccine n. vaksini
vacillate v. sita
vacuum n. uvungu
vacuum v. uvungu
vagabond adj. mtanga
vagabond n. mtanga
vagary n. ubadilifu
vagina n. kuma
vague adj. sioeleweka
vagueness n. unyenyezi
vain adj. bure
vainglorious adj. bayana
vainglory n. ubayana
vainly adv. utupu
vale n. bonde
valiant adj. shupavu
valid adj. sahihifu
validate v. sahihi
validity n. uhalali
valley n. bonde
valour n. ushujaa
valuable adj. kanzi
valuation n. upimaji
value v. thamini
value n. thamani
valve n. kilango
van n. rukwama

vanish v. tokomea
vanity n. ubatili
vanquish v. shinda
vaporize v. chemsha
vaporous adj. kimvuke
vapour n. mvuke
variable adj. tofauti
variance n. ugomvi
variation n. badilisho
varied adj. tofauti
variety n. aina
various adj. kadhaa
varnish v. potea
varnish n. kupotea
vary v. kutofautiana
vase n. chombo
vasectomy n. kufunga kizazi
vaseline n. mafuta
vast adj. kubwa
vault n. guba
vault v. chapa majini
vault n. kivimbo
vector n. wadudu
vector v. wadudu
vectorial adj. kiwadudu
vegan n. mla mboga
vegan adj. mla mboga
vegetable adj. mimboga
vegetable n. mboga
vegetarian n. mla mboga
vegetarian adj. mboga
vegetation n. mmea
vehemence n. uharara
vehement adj. kasi
vehicle n. gari
vehicular adj. kigari
veil v. pazia
veil n. utandu
vein n. moshipa
vein n. mshipa
vein v. vena
velocity n. ukasi
velvet n. mahameli

velvety adj. kimahameli
venal adj. muovu
venality n. uovu
vendor n. wachuuzi
venerable adj. tukufu
venerate v. tukuza
veneration n. utukuzaji
vengeance n. nakama
venial adj. ndogo
venom n. sumu
venomous adj. yenye sumu
vent n. tundu
ventilate v. petesha hewa safi
ventilation n. dirisha
ventilator n. upepeo
ventriloquism n. mlinga sauti
ventriloquist n. mgeuza auti
ventriloquistic adj. kiulinga sauti
ventriloquize v. linga sauti
venture v. diriki
venture n. jasiri
venturesome adj. mjasiri
venturous adj. jasiri
venue n. ukumbi
veracity n. uaminifu
verb n. kiarifa
verbal adj. matusi
verbal adj. kimatusi
verbally adv. maneno
verbatim adv. nukuu
verbatim adj. kunukuu
verbose adj. maneno (mengi)
verbosity n. upuuzi
verdant adj. vardant
verdict n. amuzi
verendah n. veranda
verge n. hatihati
verification n. thibitisho
verify v. hakikisha
verisimilitude n. varisimilitude
veritable adj. varitibo
vermillion adj. nyekundu
vermillion n. nyekundu

vernacular *adj.* kienyeji
vernacular *n.* kienyeji
vernal *adj.* kichanga
versatile *adj.* hodari
versatility *n.* uhodari
verse *n.* fungu
versed *adj.* mistari
versification *n.* mashairi
versify *v.* toa
version *n.* matoleo
versus *prep.* dhidi
vertical *adv.* wima
verve *n.* changamfu
very *adv.* kabisa
vessel *n.* chombo
vest *v.* vaa
vest *n.* fulana
vested *adj.* yaliopo
vestige *n.* masalio
vestment *n.* mavazi
veteran *adj.* mustaafu
veteran *n.* mustaafu
veterinary *adj.* mifugo
veto *v.* piga vito
veto *n.* kura ya vio
vex *v.* udhi
vexation *n.* ghadhabu
via *prep.* kupitia
viable *adj.* faida
vial *n.* bakuli
vibrate *v.* tetemeka
vibration *n.* mtetemko
vicar *n.* wakili
vicarious *adj.* niaba
vice *v.* jiriwa
vice *n.* ufisadi
viceroy *n.* vaiseroi
vice-versa *adv.* kinyume
vicinity *n.* ujirani
vicious *adj.* matata
vicissitude *n.* uzembe
victim *n.* mteswa.
victimize *v.* mhanga

victor *n.* mshindi
victorious *adj.* mshindi
victory *n.* ushindi
victuals *n. pl* maakuli
video *n.* video
video *v.* video
videoblogger *n.* mpeperusha video
videobook *n.* kitabu (cha video)
videocassette *n.* kanda (ya video)
videogame *n.* sega
videotape *n.* kanda (ya video)
videotape *v.* rekodi
videotelephone *n.* simu ya video
vie *v.* ng'ang'ania
view *n.* mtazamo
view *n.* mawazo
view *v.* tazama
vigil *n.* kesha
vigilance *n.* uvinjari.
vigilant *adj.* macho
vigorous *adj.* tipwa
vile *adj.* nyonge
vilify *v.* hakiri
villa *n.* jengo (la kifakhari)
village *n.* kijiji
villager *n.* mwanakijiji
villain *n.* wabaya
vindicate *v.* thibitisha
vindication *n.* uthibitisho
vine *n.* mzabibu
vinegar *n.* siki
vintage *n.* mavuno
violate *v.* halifu
violation *n.* uhalifu
violence *n.* udhalimu
violent *adj.* dhalimu
violet *n.* urujuani
violin *n.* fidla
violinist *n.* mcheza fidla
virgin *adj.* ubikira
virgin *n.* bikira
virginity *n.* ubikira
virile *adj.* mwanaume

virility *n.* uanaume
virtual *adj.* kikaribu
virtue *n.* nguvu
virtuous *adj.* wema
virulence *n.* uovu
virulent *adj.* ovu
virus *n.* virusi
visage *n.* uso
visibility *n.* kuonekana
visible *adj.* onekana
vision *n.* maono
visionary *n.* maono
visionary *adj.* kimaono
visit *n.* ziara
visit *v.* zuru
visitor *n.* mgeni
vista *n.* vista
visual *adj.* a macho
visualize *v.* taswira
vital *adj.* muhimu
vitality *n.* umuhimu
vitalize *v.* himiza
vitamin *n.* vitamini
vitiate *v.* dhoofisha
viva voce *adj.* mahojiano
viva voce *n.* mazungumzo
viva voce *adv.* ongelewa
vivacious *adj.* vurumai
vivacity *n.* uwazi
vivid *adj.* wazi
vixen *n.* mhuni
vocabulary *n.* msamiati
vocal *adj.* mijadala
vocalist *n.* muimbaji
vocation *n.* mwito
vogue *n.* ladha
voice *v.* eleza
voice *n.* sauti
void *v.* batili
void *n.* isokubalika
void *adj.* utupu
volcanic *adj.* kivolkano
volcano *n.* vikano

volition *n.* hiari
volley *v.* kikapu
volley *n.* weka kikapuni
volt *n.* volti
voltage *n.* volteji
volume *n.* ukubwa
voluminous *adj.* kubwa
voluntarily *adv.* kwa hiari
voluntary *adj.* hiari
volunteer *v.* jitolea
volunteer *n.* hiari
voluptuary *n.* maridhawa
voluptuous *adj.* kimaridhawa
vomit *n.* tapishi
vomit *v.* tapika
voracious *adj.* lafua
vortex *n.* kizunguko
votary *n.* upigaji kura
vote *v.* chagua
vote *n.* kura
vote *n.* kura
voter *n.* mchaguaji
vouch *v.* dhamini
voucher *n.* vicha
vouchsafe *v.* atajaalia
vow *v.* ahidi
vow *n.* apa
vowel *n.* vokali
voyage *v.* safiri
voyage *n.* safari
voyager *n.* msafiri
voyeur *n.* mchungulia uchi
voyeurism *n.* uchunguliaji uchi
vulgar *adj.* upuuzi
vulgarity *n.* matule
vulnerable *adj.* iliohatarini
vulnerable *adj.* iliohatarini
vulture *n.* tumbusi

W

wabble *v.* yumbayumba
wabbly *adj.* kiyumbayumba

wack *adj.* kimaajabu
wack *n.* maajabu
wacko *adj.* kiajabu
wacko *n.* ajabu
waddle *v.* tamba
wade *v.* kuogelea
waft *n.* harufu
waft *v.* pepea
wag *n.* mtetemko
wag *v.* tetema
wage *n.* malipo
wage *v.* lipa
wager *v.* bahatisha
wager *n.* bahatisho
wagon *n.* gari
wail *n.* kuomboleza
wail *v.* omboleza
wain *n.* mkokoteni
waist *n.* kiuno
waistband *n.* kifungwa mkononi
waistcoat *n.* kijiti (ya ndani)
wait *n.* subra
wait *v.* suburia
waiter *n.* mhudumu (kiume)
waitress *n.* mhudumu (kike)
waive *v.* samehe
waiver *n.* msamaha
wake *n.* ukeshaji
wake *n.* mkesha
wake *v.* amsha
wakeful *adj.* ukeshaji
walk *n.* matembezi
walk *v.* tembea
wall *v.* ziba
wall *n.* ukuta
wallet *n.* mkoba
wallop *v.* chapa
wallow *v.* gaa
walnut *n.* njugu
walrus *n.* waras (samaki)
wan *adj.* unyonge
wand *n.* ishara
wander *v.* zurura

wane *n.* udhoofu
wane *v.* dhoofika
want *n.* matakwa
want *v.* wanataka
wanton *adj.* anasa
war *v.* pigana
war *n.* vita
warble *n.* mbinja
warble *v.* piga (mbinja)
warbler *n.* mweusi
ward *v.* kataa
ward *n.* kitengo (hospitalini)
warden *n.* mwangalizi
warder *n.* mlinzi
wardrobe *n.* mavazi
wardship *n.* mlezi
ware *n.* kazi
warehouse *v.* hifadhi
warfare *n.* vita
warlike *adj.* kivita
warm *adj.* kijoto
warm *v.* changamsha
warmth *n.* joto
warn *v.* onya
warning *n.* onyo
warrant *v.* idhinisha
warrant *n.* kibali
warrantee *n.* mdhaminiwa
warrantor *n.* mdhamini
warranty *n.* dhamana
warren *n.* kambi
warrior *n.* shujaa
wart *n.* sugu
wary *adj.* hofu
wash *n.* muosho
wash *v.* osha
washable *adj.* kitakacho-oshwa
washer *n.* muoshaji
wasp *n.* nyigu
waspish *adj.* kinyigu
wassail *n.* mvinyoo
wastage *n.* ubadhirifu
wastage *n.* takataka

waste *n.* taka
waste *v.* chafua
waste *v.* hasarisha
waste *adj.* hasara
wasteful *adj.* fujo
watch *n.* saa
watch *v.* tazama
watchful *adj.* uangalizi
watchword *n.* msemo / mwito
water *v.* palilia
water *n.* maji
waterfall *n.* maporomoko-ya-maji
water-melon *n.* tikitimaji
waterproof *n.* uzuizi wa maji
waterproof *v.* zuia (maji)
waterproof *adj.* kizuiamaji
watertight *adj.* kizuiamaji
watery *adj.* majimaji
watt *n.* watt
wave *v.* punga
wave *n.* mauja
waver *v.* regarega
wavy *adj.* kiwimbi
wax *v.* paka (nta)
wax *n.* nta
way *n.* jiha
wayfarer *n.* wasafiri
waylay *v.* vizia
wayward *adj.* potea
weak *adj.* nyonge
weaken *v.t. & i* dhoofisha
weakling *n.* mnyonge
weakness *n.* ajiza
weal *n.* nyalio
wealth *n.* ukwasi
wealthy *adj.* kwasi
wean *v.* likiza
weapon *n.* silaha
wear *v.* vaa
weary *adj.* pumbazo
weary *v.* taabani
weather *n.* anga
weather *v.* kausha

weave *v.* suka
weaver *n.* msuka
web *n.* mtandao
webby *adj.* kimtandao
webcam *n.* kamera (tarakilishi)
webcasting *n.* upeperushaji
webinar *n.* mawasiliano kimtandao
webisode *n.* matangazo kibiashara
webmaster *n.* mtaalamu tarakilishi
wed *v.* oa
wedding *n.* harusi
wedge *v.* finyanga
wedge *n.* shiku
wedlock *n.* ndoa
wednesday *n.* jumatano
weed *v.* palilia
weed *n.* palizi
week *n.* wiki
weekly *adv.* kilajuma
weekly *n.* kulawiki
weekly *adj.* kila-wiki
weep *v.* lilia
weevil *n.* vidudu
weigh *v.* pima
weight *n.* wizani
weightage *n.* kipimo
weighty *adj.* kizito
weir *n.* kizingiti
weird *adj.* kiajabu-ajabu
welcome *n.* karibisho
welcome *v.* karibisha
welcome *adj.* karibu
weld *n.* patanisha
weld *v.* tambuza
welfare *n.* maslahi
well *adv.* tayibu
well *n.* vyema
well *v.* boresha
well *adj.* peketevu
wellington *n.* wilingtoni
well-known *adj.* bayana
well-read *adj.* usomi (wa kina)
well-timed *adj.* udirifu

well-to-do *adj.* ukwasi
welt *n.* walio
welter *n.* sintafahamu
wen *n.* mjini
wench *n.* banati
west *adj.* kimagharibi
west *adv.* magharibi
west *n.* magharibi
westerly *adv.* magharibuni
westerly *adj.* kimagharibi
western *adj.* magharibi
wet *v.* lowesha
wet *adj.* nyuevu
wetness *n.* rutuba
whack *v.* gawa
whale *n.* nyangumi.
wharfage *n.* kijibandari
what *adj.* vipi
what *pron.* nini
what *interj.* nini
whatever *pron.* chochote
wheat *n.* ngano
wheedle *v.* tongoza
wheel *v.* zungusha
wheel *n.* gurudumu
whelm *v.* zama
whelp *n.* dogo
when *conj.* iwapo
when *adv.* panapo
whence *adv.* wapi
whenever *conj.* wakati-wowote
whenever *adv.* wakati-ambapo
where *conj.* pale
where *adj.* panapo
whereabout *adv.* wapi
whereabout *n.* kuhusu
whereas *conj.* ambapo
whereat *conj.* kilicho
wherein *adv.* ambacho
whereupon *conj.* kisha
wherever *adv.* popote
whet *v.* noa
whether *conj.* kama

which *pron.* gani
which *adj.* ambalo
whichever *pron* chochote
whiff *n.* kijiupepo
while *conj.* ilhali
while *v.* nung'una
while *n.* wakati
whim *n.* mradi
whimper *v.* nuna
whimsical *adj.* badilifu
whine *n.* mnong'ono
whine *v.* nung'una
whip *n.* mjeledi
whip *v.* piga
whipcord *n.* kikoto
whir *n.* zunguka
whirl *n.* kizingia
whirl *v.* vurumisha
whirligig *n.* mzunguko
whirlpool *n.* zungusho
whirlwind *n.* kimbunga
whisk *n.* kifagio
whisk *v.* fagilia
whisker *n.* ndevu
whisky *n.* whiskey
whisper *n.* mnong'ono
whisper *v.* nong'oneza
whistle *n.* kipenga
whistle *v.* piga kipenga
white *n.* weupe
white *adj.* nyeupe
whiten *v.* nyeupisha
whitewash *v.* rasharasha
whitewash *v.* rasha
whitewash *n.* mpako
whitewash *n.* chokaa
whither *adv.* kokote
whitish *adj.* nyeupe
whittle *v.* punguza
whiz *v.* guruma
who *pron.* nani
whoever *pron.* yeyote
whole *n.* kamili

whole *adj.* chote / kamili
whole-hearted *adj.* kujitolelea
wholesale *adj.* pukupuku
wholesale *adv.* duka (la kijumla)
wholesale *n.* jumla
wholesaler *n.* muuza-kijumla
wholesome *adj.* kamilifu
wholly *adv.* hasa.
whom *pron.* nani
whore *n.* danguro
whose *pron.* ya nani
why *pron.* mbona
wick *n.* utambi
wicked *adj.* ovu
wicker *n.* dhaifu
wicket *n.* kidirisha
wide *adv.* panuka
wide *adj.* pana
widen *v.* tanuka
widespread *adj.* mtawanyiko
widow *v.* mtie - ujane
widow *n.* mjane
widower *n.* mjane
width *n.* upana
wield *v.* hukumu
wife *n.* mke
wig *n.* wigi
wigwam *n.* boma
wild *adj.* kali
wilderness *n.* porini
wile *n.* ujanja
will *v.* nuia
will *n.* matakwa
will *n.* penzi
will *n.* wasia
willing *adj.* radhi
willingness *n.* utayari
willow *n.* mti
wily *adj.* tatai
wimble *n.* kifaa (cha kuchimba)
wimple *n.* hijabu
win *n.* ushindi
win *v.* fuzu

wince *v.* mshtuko
winch *n.* winji
wind *v.* tatia
wind *n.* upepo
wind *v.* biringa
windbag *n.* mzushi
winder *n.* mpuliza
windlass *v.* duwara
windmill *n.* kititia
window *n.* dirisha
windy *adj.* kipepo
wine *n.* mvinyo
wing *n.* bawa
wink *v.* kopesa
wink *n.* pesa / mkonyezo
winner *n.* mshinda
winnow *v.* peta / kung'uta
winsome *adj.* mkarimu
winter *v.* kujimudu (baridini)
winter *n.* baridini (msimu)
wintry *adj.* kibaridi-baridi
wipe *n.* kifuto
wipe *v.* futa
wire *v.* funga-waya
wire *n.* dodi
wireless *n.* usowaya
wireless *adj.* kiso-waya
wiring *n.* ufungaji-waya
wisdom *n.* hekima
wisdom-tooth *n.* jino (la hekima)
wise *adj.* staarabu
wish *v.* tumai
wish *n.* hiari
wishful *adj.* kimatamanio
wisp *n.* nyesi
wistful *adj.* legevu
wit *n.* ukavu
witch *n.* mchawi
witchcraft *n.* uchawi.
witchery *n.* uchawi.
with *prep.* pamoja
withal *adv.* yawoye
withdraw *v.* jitoa

withdrawal *n.* utengo
withe *n.* jiti
wither *v.* nyauka
withhold *v.* kushikilia
within *adv.* ndani
within *n.* baina
within *prep.* katika
without *adv.* ghairi ya
without *n.* kavu
without *prep.* pasina
withstand *v.* pingana
witless *adj.* mjinga
witness *v.* shuhudia
witness *n.* ushahidi
witticism *n.* uerevu
witty *adj.* cheshi
wizard *n.* mchawi
wobble *v.* yua
woe *n.* ole
woebegone *adj.* mbovu
woeful *n.* huzuni
wolf *n.* mbwa-mwitu
woman *n.* mwanamke
womanhood *n.* uke
womanise *v.* zini
womaniser *n.* mzinzi (kiume)
womanish *n.* kike
womb *n.* uzazi
wonder *v.* shangaa
wonder *n.* ajabu
wonderful *adj.* ibura
wondrous *adj.* maajabu
wont *n.* uzoefu
wont *adj.* kuzoea
wonted *adj.* kiada
woo *v.* bembeleza
wood *n.* mti
wooden *adj.* ambao
woodland *n.* mapori
woods *n.* miti
woof *n.* lilosokotwa
wool *n.* sufu
woollen *n.* usufi

woollen *adj.* kisufu
word *v.* usemi
word *n.* neno
wordy *adj.* kimaneno
work *v.* shughulika
work *n.* shughuli / utendi
workable *adj.* kilasiku
workaday *adj.* kawaida
worker *n.* mfanyakazi
workman *n.* mekanika
workmanship *n.* umekanika
workshop *n.* warsha
world *n.* ulimwengu / dunia
worldling *n.* anasa
worldly *adj.* malimwengu
worm *n.* funza
wormwood *n.* pakanga
worn *adj.* chakavu
worry *v.* jali
worry *n.* wasiwasi
worsen *v.* rebuka
worship *v.* abudu
worship *n.* ibada
worshipper *n.* muomba
worst *n.* mbaya (kupindukia)
worst *adj.* mbovu
worst *v.* haribu
worsted *n.* sufu
worth *adj.* bahasa
worth *n.* thamani
worthless *adj.* duni
worthy *adj.* stahili
would-be *adj.* yanaotaka-kuwa
wound *v.* jeruhi
wound *n.* jeraha
wrack *n.* uharibifu
wrath *n.* kiruhu
wrangle *n.* hasimu
wrangle *v.* bishana
wrap *n.* kifungio
wrap *v.* kafini
wrapper *n.* kipindo
wrath *n.* kiruu

wreath *n.* pambo
wreathe *v.* pamba
wreck *v.* ikaanguka
wreck *n.* gharika
wreckage *n.* uvunjo
wrecker *n.* kivuta-gharika
wren *n.* reni
wrench *v.* stua
wrench *n.* popotoa
wrest *v.* nyang'anya
wrestle *v.* pambana
wrestler *n.* mwanamieleka
wretch *n.* udhalili
wretched *adj.* dhalili
wrick *v.* kaza
wriggle *n.* kutetema
wriggle *v.* vivinyuka
wring *v.* kamua
wrinkle *v.* vuruga
wrinkle *n.* kikunjo
wrist *n.* kilimbi
writ *n.* sheria
write *v.* andika
writer *n.* muandishi
writhe *v.* nungunika
wrong *adv.* kombo
wrong *v.* kosa
wrong *adj.* makuruhi
wrongful *adj.* kimakosa
wry *adj.* potofu

X

xenobiology *n.* zenobayolojia
xenogenesis *n.* zenogenesis
xeromania *n.* zenomania (ugonjwa)
xeromorphic *adj.* kisokawaida
xenophile *n.* mpenda-vigeni
xenophobe *n.* husda
xenophobia *n.* chuki
xerox *n.* zeroksi
xerox *n.* chapisho
xerox *v.* chapisha

xmas *n.* krismasi
x-ray *n.* ex-rayi (kimatibabu)
x-ray *v.* piga (exrayi)
xylophagous *adj.* kiozeshambao
xylophilous *adj.* wamsituni
xylophone *n.* chondo

Y

yacht *n.* jahazi
yacht *v.* endesha (jahazi)
yak *n.* zubaa
yak *n.* yak (myama)
yak *v.* domo
yap *n.* kubweka
yap *v.* bweka
yard *n.* kiwanja
yarn *n.* nyuzi
yarn *n.* uzi
yawn *v.* piga- miayo
yawn *n.* miayo
year *n.* sanati / mwaka
yearly *adj.* kila-mwaka
yearly *adv.* kulamwaka
yearn *v.* tamani
yearning *n.* tamaa
yeast *n.* hamira
yell *v.* foka
yell *n.* kema
yellow *adj.* kimanjano
yellow *adj.* manjano
yellow *n.* hudhurungu
yellow *v.* pakiza (hudhurungi)
yellowish *adj.* kihudhurungi
yen *n.* yeni
yen *n.* tamaa
yen *v.* tamani
yes *adv.* ndio / naam
yesterday *n.* jana
yesterday *adv.* jana
yet *adv.* bado
yet *conj.* ama
yield *v.* achia/ salimu

yield n. zao
yodle n. wimbo
yodle v. imba
yoga n. yoga
yogi n. mwanayoga
yogurt n. mgando
yoke n. nira
yoke v. joku
yoke v. nira
yolk n. kiini
yonder adj. umbele
yonder adv. mbele
yonder n. mbeleni
young adj. ujana
young n. vijana
young n. kijana.
youngster n. barubaru
youth n. ushababu
youthful adj. ujana

Z

zany n. mfuasi
zany adj. kiutumwa
zeal n. uharara
zealot n. juhudi
zealous adj. kiharara
zebra n. punda milia
zenith n. kilele
zephyr n. upepo (mwanana)
zero n. sufuri
zest n. utamu
zest v. onja
zesty adj tamu
zig n. mpindo
zig v. pinda
zigzag n. gorong'odwa
zigzag adj. uzigizagi
zigzag adv. kiyumbayumba
zigzag v. yumbayumba
zinc n. bati
zip n. zipu
zip n. zipu

zip v. funga (zipu)
zipper n. zipu
zodiac n. kizodiaki
zonal adj. kanda
zone n. eneo
zoo n. mbuga
zoological adj. kinyama
zoologist n. mstadi wanyamama
zoology n. wanyama
zoom n. ukuzaji
zoom v. kuza

Swahili - English

A

a *art.* a
a **baharini** *adj.* seaborn
a **chini** *prep.* below
a **darubini** *n.* telescopy
a **faida** *adj.* benefic
a **kimapito** *adj.* transitory
a **kujaribia** *n.* tentative
a **kujitolea** *adj.* dedicatory
a **kujivuta** *n.* goo
a **kusanidiwa** *adj.* synthetic
a **kusisimua** *adj.* sensational
a **macho** *adj.* visual
a **mfupa** *adj.* boneheaded
a **pili** *adj.* beta
a **sitaashara** *adj.* sixteenth
a **surambili** *adj.* bifacial
a **tisa** *adj.* ninth
a **tisaini** *adj.* ninetieth
a **usiku** *n.* nightingale
a **wakati** *adj.* tensible
aache *v.* eschew
a-awali *adj.* former
abiri *v.* commute
abiri (taxi) *v.* taxi
abiria *n.* passenger
abiria (wa meli) *n.* sailboarder
abudu *v.* worship
acha *v.* discontinue
acha *v.* forbear
acha *v.* quit
achali rojo *n.* ketchup
achama *v.* gasp
achana *v.* part
achari *v.* relinquish
achia/ salimu *v.* yield
achilia *v.* release
achilia huru *v.* parole
achilika *adj.* pardonable
ada *n.* payment
ada *n.* surtax
adawa *n.* hostility

adha *n.* discomfort
adhabu *n.* displeasure
adhabu *adj.* penal
adhabu *n.* penalty
adhabu *n.* persecution
adhabu *adj.* plague
adhabu *n.* punishment
adhabu *adj.* punitive
adhabu muafaka *adj.* condign
adhama *n.* dignity
adhama *n.* fame
adhama *n.* glory
adhama *n.* grandeur
adhama *n.* honour
adhama *n.* pomp
adhama *n.* splendour
adhibu *v.* chastise
adhibu *v.* molest
adhibu *v.* penalize
adhibu *v.* persecute
adhibu *v.* plague
adhibu *v.* punish
adhibu *v.* sentence
adhimisha *v.* celebrate
adhimisha *v.* commemorate
adhimisha *v.* dignify
adhimisha *v.* enthrone
adhimisha *v.* exalt
adhimisho *n.* celebration
adhimisho *n.* commemoration
adhimu *adj.* elephantine
adhimu *v.* glorify
adhimu *adj.* great
adhimu *n.* laureate
adhiri *v.* defame
adhuhuri *n.* noon
adibu *adj.* polite
adilifu *n.* fibrosis
adilifu *adj.* impartial
adilifu *n.* impartiality
adilifu *adj.* just
adilifu *adj.* right
adilifu *adj.* righteous

adimika *adj.* obtainable
adimisha *v.* rarefy
adimu *adj.* insufficient
adimu *adj.* rare
adjective *adj.* loyal
admirali *n.* admiral
adscripti (kisheria) *adj.* adscript
adui *n.* enemy
adui *n.* foe
adui *adj.* inimical
adui *n.* opponent
afadhali *adv.* better
afadhali *adv.* particularly
afadhali *adv.* rather
afasia *n.* aphasia
afia *n.* health
afiki *v.* agree
afiki *v.* fit
afikiana *v.* compromise
afikiano *n.* pact
afisa *n.* officer
afisa wa polisi *n.* policeman
afisi *n.* office
afluenza (ugonjwa) *n.* affluenza
afua *v.* free
afuan *v.* pardon
afyuni *n.* opium
agano *n.* covenant
agano *n.* farewell
agano *n.* testament
aghlabu *adv.* mainly
aghlabu *adv.* ordinarily
agiza *v.* allude
agiza *v.* charge
agiza *v.* depute
agizo *n.* direction
agizo *n.* instruction
agizo *n.* regulation
agnasi *n.* agnus
agorafobia *n.* agoraphobia
agosti. *n.* august
agosti. *adj.* august
agrologia *n.* agrology

agronomia *n.* agronomy
agua *v.* prophesy
agulia *v.* predict
ahadi *adj.* promissory
ahera *n.* hereafter
ahidi *v.* promise
ahidi *adj.* promising
ahidi *v.* vow
ahiri *v.* procrastinate
ahirisha *v.* adjourn
aibika *adj.* ashamed
aibisha *v.* embarrass
aibisha *v.* humiliate
aibisha *v.* shame
aibisho *n.* humiliation
aibu *adj.* embarrassing
aibu *interj* fie
aibu *n.* scandal
aidha *adv.* besides
aidha *adv.* next
aii! *int.* ouch
aina *n.* class
aina *n.* sort
aina *n.* variety
aina nyingi *n.* multiform
aina ya wanyama *n.* canid
aini *v.* define
ainisha *v.* classify
ainisha *v.* distinguish
airobayologia *n.* aerobiology
airobiki (sayansi) *adj.* aerobic
airodaynamiki *adj.* aerodynamic
airosoli *adj.* aerosol
airostatiki *n.* aerostatics
aishi *v.* remain
aisoba (sayansi) *n.* isobar
ajabu *adj.* anomalous
ajabu *adj.* bizarre
ajabu *adj.* grotesque
ajabu *adj.* incredible
ajabu *adj.* quaint
ajabu *adj.* remarkable
ajabu *adj.* resplendent

ajabu *adj.* singular
ajabu *adj.* strange
ajabu *n.* surprise
ajabu *n.* wacko
ajabu *n.* wonder
ajali *n.* accident
ajari *n.* appetizer
ajenda *n.* agenda
ajibu *v.* marvel
ajili *n.* cause
ajili *n.* sake
ajinabi *adj.* alien
ajinabi *adj.* foreign
ajiri *v.* enlist
ajiri *v.* hire
ajiza *n.* indecision
ajiza *adj.* slack
ajiza *n.* weakness
ajizi *adj.* hesitant
ajnabi *n.* outsider
akali *adj.* individual
akatikati *adj.* asymmetrical
akavua *n.* sealskin
akhera *adj.* doomsday
akia *v.* gorge
akiba *n.* stock
akidi *v.* conclude
akifu *v.* curb
akili *n.* mind
akili *n.* reason
akineshia *n.* akinesia
akni (ugonjwa) *n.* acne
akufatwa *adj.* trackable
akugawishwa *adj.* terminable
akumi *adj.* tenth
akupumua na kula *adj.* aerodigestive
akuvumilia *adj.* tolerable
ala *interj.* alas
ala *n.* appliance
ala *n.* scabbard
ala *n.* sheath
ala *v.* sheathe
ala kulli hali. *adv.* anyway
alabasta *n.* alabaster
alaji *n.* allergy
alama *n.* book-mark
alama *n.* grade
alama *n.* mark
alama *n.* tally
alama (kifalaki) *n.* sagittary
alama (ya familia) *n.* blazon
alama (ya hubba) *n.* cupid
alama (ya ubaya) *n.* demerit
alama ya jicho *n.* eyespot
alamsiki *interj.* farewell
alamsiki *interj.* good-bye
alamu/ bendera *n.* banner
alas *int.* shot
alasiri *n.* afternoon
albamu *n.* album
alchemi *n.* alchemy
alchemisti *n.* alchemist
alfa *n.* alfa
alfabeti *n.* alphabet
alfajiri *n.* dawn
alfajiri *n.* dawnlight
alfalfa *n.* lucerne
alfu *adj.* thousand
algebra *n.* algebra
alhamisi *n.* thursday
alhasil *adv.* hence
alibarikiwa *adj.* gifted
alielezea *v.* illustrate
aliishi *v.* live
alika *v.* beckon
alika *v.* call
alika *n.* intern
alika *v.* invite
alika *v.* ripple
alika *v.* splash
aliki *v.* attach
alimradi *adv.* therefore
alisha *v.* click
aliwaacha *v.* manumit
aliyasi *n.* alias

aliyefanyika mwili *v.* incarnate
alkali *n.* alkali
alkali *adj.* alkaline
almaarufu *adj.* dubious
almasi *n.* diamond
aloi. *n.* alloy
alpini *n.* alpine
alto *n.* alto
altrakompakt *adj.* ultracompact
altrasoni *adj.* ultrasonic
altraviolet (sayansi) *adj.* ultraviolet
altraviolet (sayansi) *n.* ultraviolet
aluminiamu *n.* aluminium
alumnia *v.* aluminate
alveoli *n.* alveoli
ama *adv.* either
ama *conj.* yet
amali *v.* behave
amali *n.* profession
amali *n.* speciality
amani *n.* peace
amba *v.* lure
ambaa *v.* skirt
ambacho *adv.* wherein
ambalo *dem. pron.* that
ambalo *adj.* which
ambao *adj.* wooden
ambapo *conj.* whereas
ambata *v.* adhere
ambata *v.* join
ambata *v.* stick
ambatana *adj.* cohesive
ambisha *v.* prefix
ambisha *v.* suffix
ambriti *n.* ambrite
ambua *v.* detach
ambukiza *v.* infect
ambukizo *n.* infection
ambulensi *n.* ambulance
amefurahia *adj.* overjoyed
amelala *adv.* asleep

amenoria (ugonjwa) *n.* amenorrhoea
ameplai *v.* ply
amezimia *v.* swoon
amfibia *adj.* amphibious
ami *n.* uncle
amigada *n.* amygdala
amina *interj.* amen
amini *v.* believe
amini *v.* entrust
amini *v.* trust
aminifu *adj.* bailable
aminifu *adj.* faithful
aminifu *adj.* honest
aminifu *adj.* trustworthy
amiri *n.* colonel
amiri *n.* commander
amka *v.* rise
amkua *v.* greet
amneshia (ugonjwa) *n.* amnesia
amof *n.* amorph
amoja *adj.* single
amonia (aina ya gesi) *n.* ammonia
ampea *n.* ampere
amplitudi (kipimo) *n.* amplitude
amri *n.* authority
amri *n.* command
amri *n.* commandment
amri *n.* decrement
amri *n.* dictum
amri *n.* edict
amri *n.* mastery
amri (musitoke nje!) *n.* curfew
amri ya kotini *n.* garnishment
amri ya mahakama *n.* injunction
amrisha *v.* emendate
amrisha *v.* order
amsha *v.* activate
amsha *v.* wake
amua *v.* arbitrate
amua *v.* decide
amuru *v.* administer

amuru *n.* command
amuru *v.* command
amuru *v.* decree
amuru *v.* manage
amuuza dawa *n.* pharmaceutist
amuzi *n.* verdict
anaboliki *n.* anabolic
anaendesha *n.* runs
anamofia *adj.* anamorphosis
anana *adj.* mild
anasa *adj.* luxuriant
anasa *n.* pleasure
anasa *adj.* wanton
anasa *n.* worldling
anatomia *n.* anatomy
anatomia *n.* antonym
anatupa *v.* impart
anaweka *v.* ladle
anayetenda *v.* commit
anda *v.* refine
andaa *v.* cater
andaa *v.* equip
andaa *v.* frame
andaa *v.* plan
andalio *n.* preparation
andaliwa *v.* frame
andama *v.* haunt
andamana *v.* accompany
andamana *v.* tandem
andamano *n.* sequence
andamo *adj.* consecutive
andao *n.* provision
andika *v.* encrypt
andika *v.* enrol
andika *v.* page
andika *v.* pen
andika *v.* recruit
andika *v.* sketch
andika *v.* write
andikisha *v.* dictate
andiko *n.* book
andiko *n.* communiqué
andiko *n.* document

andiko *adv.* headlong
andiko *n.* inscription
andiko *n.* manuscript
andiko *n.* scripture
andiko *n.* text
andiko *n.* title
andiko-haraka *n.* shorthand
andikwa *v.* inscribe
andikwa *v.* page
androfagia *n.* androphagi
anemia *n.* anaemia
anesthesia *n.* anaesthesia
anesthetic *n.* anaesthetic
anga *n.* atmosphere
anga *n.* brilliance
anga *v.* compute
anga *n.* firmament
anga *n.* intuition
anga *n.* radiance
anga *n.* sky
anga *adj.* spatial
anga *n.* weather
angaa *n.* illumination
angaa *v.* ogle
angaa *v.* shine
angaika *v.* rock
angalau *conj.* albeit
angalau *adv.* even
angalau *adv.* least
angalia *v.* check
angalia *n.* checkout
angalia *v.* inspect
angalifu *adj.* careful
angalifu *adj.* cautious
angalifu *adj.* conscious
angalifu *adj.* considerate
angaliza *v.* invigilate
angaliza *v.* proctor
angamia *v.* perish
angamivu *adj.* perishable
angamiza *v.* annihilate
angamiza *v.* decimate
angamiza *v.* neutralize

angamiza v. ruin
angamizi n. ruin
angani n. aerial
angavu adj. gleaming
angavu adj. intelligent
angaza v. englobe
angaza v. illuminate
angaza v. perpetuate
angaza v. sky
angina (ugonjwa) n. angina
anguka v. collapse
anguka v. crash
anguka v. drop
anguka v. fall
anguko n. crash
anguko n. fall
angusha v. cadence
angusha v. droop
ania v. propose
animomita (kifaa) n. anemometer
anisi adj. pleasant
ankara n. tag
antaktika adj. antarctic
antiacid (dawa) adj. antacid
antibiotiki n. antibiotic
anwani n. address
anyuzi adj. threadbare
anza v. begin
anza v. commence
anza v. start
anzisha v. constitute
anzisha v. engulf
anzisha v. establish
anzisha v. found
anzisha v. initiate
anzisha v. officiate
aomatherapia (taaluma) n. aromatherapy
aota (mshipa) n. aorta
apa v. forswear
apa v. perjure
apa v. swear
apa n. vow

apizo n. invective
apoteze v. beguile
appendicitisi (ugonjwa) n. appendicitis
aprili n. april
aproni n. apron
aquiriamu n. aquarium
arbatashara n. fourteen
ardhi n. earth
ardhi n. ground
ardhi sawa n. flatland
ardhini n. midland
ardi (ya eneo) n. terrain
argonaunti n. argonaut
ari n. morale
ari adj. oriented
aridhia v. demonstrate
arifu v. inform
arifu adj. proficient
arifu v. report
arifu v. state
arisi (nyota) n. aries
arkedi n. arcade
arobaini n. forty
arseniki n. arsenic
arudishe v. evoke
asa v. counsel
asabatashara adj. seventeenth
asabini adj. seventieth
asali n. honey
asefali (kisayansi) n. acephaly
asentriki adj. acentric
asetoni n. acetone
asharati n. excess
asharati n. prodigality
asherini adj. twenty
ashiki v. enamour
ashiki n. longing
ashiki n. love
ashiria v. blazon
ashiria v. indicate
ashiria v. signal
ashiria v. stencil

ashiria v. tag
ashiria bastola v. muzzle
asi v. rebel
asi v. revolt
asili n. basis
asili n. etymology
asili adj. genuine
asili adj. inherent
asili adj. intrinsic
asili n. origin
asilia adj. native
asilia adj. original
asilia adj. real
asilimia adv. per cent
asilimia n. percentage
asini n. acene
asita adj. sixth
asitini adj. sixtieth
asiyejisikia adj. indisposed
asiyeonekana adj. invisible
askari n. bailiff
askari n. footman
askari v. soldier
askofu n. bishop
asoadabu n. indiscipline
asoakili adj. brainless
asobahati adj. luckless
asodhurika adj. unaffected
asodosari adj. infallible
asofuraha adj. cheerless
asofuraha adj. unhappy
asohisia adj. senseless
asohisia (kimapenzi) adj. frigid
asohuba adj. unaffectionate
asohuruma adj. pitiless
asohuruma adj. ruthless
asojali adj. mindless
asojali adj. reckless
asojiweza adj. forlorn
asojulikana adj. anonymous
asokawaida adj. eccentric
asokawaida n. geek
asokikao adj. sessionless

asokikombe adj. scapeless
asomaoni adj. opinioless
asomapunbu adj. gelded
asomishipa adj. nerveless
asomsimamo n. scatterbrain
asomsimamo adj. scatterbrained
asondevu adj. beardless
asoona vizuri n. purblind
asoona vyema adj. myopic
asopolisi adj. policeless
asorika adj. peerless
asosamehe adj. inexorable
asosanaa adj. artless
asoshindwa adj. invincible
asoshukrani adj. thankless
asotahiriwa n. boar
asotamani n. asexuality
asotasa adj. fecund
asoona rangi adj. colour-blind
asoulinzi adj. defenceless
asowasi adj. scrupleless
asparagasi (mmea) n. asparagus
asubuhi n. morning
atajaalia v. vouchsafe
atatu adv. thirdly
ateri n. artery
athalathashara adj. thirteenth
athalathini adj. thirtieth
athari n. aftereffect
athari n. blemish
athari n. effect
athari n. omission
athari n. spot
athari n. trace
athiri v. affect
athiri v. effect
athiri v. influence
athiri v. mark
athiri v. scar
athmani n. ottoman
athraitis (ugonjwa) n. arthritis
atlasi n. atlas
atomi n. atom

atomiki *adj.* nuclear
atropini *n.* atropine
atua *v.* crack
auni *v.* provide
auni *v.* support
aura *n.* aura
avia *v.* abort
avua *v.* net
avua *v.* miscarry
avukika *adj.* traversable
awadha. *v.* allot
awali *prep.* afore
awali *prep.* before
awali *adv.* before
awali *n.* first
awali *adj.* foremost
awali *adj.* initial
awali *v.* initial
awali *adj.* prior
awali *n.* synthesis
awali ya yote *n.* outset
awamu *n.* phase
aware *n.* awareness
aya *n.* paragraph
ayala *n.* stag
ayari *n.* pulley
aza *v.* mediate
azali *adj.* eternal
azazeli *n.* scapegoat
azima *v.* borrow
azima *v.* lend
azimia *v.* intend
azimia *v.* motion
azimia *v.* scheme
azimio *n.* accord
azimio *n.* intention
azimio *n.* motion
azimio *n.* plan
azimio *n.* proposal
azimio *n.* purpose
azimio *n.* resolution
azimio *n.* scheme
azimu *v.* cast

azizi *adj.* precious
azotemia *n.* azotemia

B

baa *n.* bar
baa *v.* bar
baa *n.* tavern
baada *prep.* after
baada *prep.* after
baada *adv.* behind
baada ya *adv.* after
baada ya *adv.* post
baada ya kifo *adj.* posthumous
baadae *adj.* subsequent
baadaye *adj.* after
baadaye *adv.* afterwards
baadein *adj.* after
baadhi *pron.* some
baba *n.* dad
baba *n.* daddy
baba *n.* father
baba *n.* pop
babaika *v.* babble
babaika *v.* fumble
babaishi *adj.* equivocal
babatika *v.* flutter
babatiko *n.* flutter
bacteria *n.* bacteria
badala *n.* lieu
badala *n.* replacement
badala *n.* steed
badala *n.* substitute
badi sauti *v.* modulate
badili *v.* alternate
badili *v.* barter
badili *n.* countercharge
badili *v.* exchange
badili *v.* overhaul
badili *v.* substitute
badili *v.* switch
badili *n.* tangent
badili (kitarakilishi) *v.* morph

badili. *v.* change
badilifu *adj.* whimsical
badilisha *v.* transfigure
badilisha *v.* transform
badilisho *n.* transformation
badilisho *n.* variation
badilisho/geuzo *n.* alteration
badili-sura *v.* shapeshift
badiri *v.* misappropriate
badmintoni *n.* badminton
bado *n.* still
bado *adv.* yet
bafu (ya kulala) *n.* tub
baghala *n.* mule
bagpipu (ala) *n.* bagpipe
bagua *v.* stereotype
bahari *adj.* immeasurable
bahari *n.* ocean
bahari *adj.* oceanic
bahari *n.* sea
bahari tulivu *adj.* placid
baharia *n.* navigator
baharia *n.* sailor
baharia *n.* seafarer
bahasa *adj.* worth
bahasha *n.* envelope
bahasha *n.* package
bahashishi *n.* gratuity
bahati *n.* fate
bahati *n.* fortune
bahati *n.* lotion
bahati *n.* luck
bahati *adj.* lucky
bahati *n.* serendipity
bahati-mbaya *adv.* unwillingly
bahatinasibu *adj.* aleatory
bahatisha *v.* fate
bahatisha *v.* hazard
bahatisha *v.* speculate
bahatisha *v.* wager
bahatisho *n.* wager
bahili *n.* miser
bahili *adj.* stingy

baiaksia *adj.* biaxial
baiantenari *adj.* biantennary
baina *prep.* between
baina *prep.* betwixt
baina *adj.* mutual
baina *n.* within
baina ya *adj.* bilateral
baini *v.* adduce
baini *v.* specify
bainifu *adj.* apparent
bainifu *adj.* evident
bainifu *adj.* manifest
bainifu *adj.* plain
bainika *v.* manifest
bainika *adj.* tacit
bainisha *v.* code
bainisha *v.* detail
bainisha *v.* emote
baisikeli *n.* bicycle
baisikeli miguu mitatu *n.* tricycle
baisoni *n.* bison
baja (mnyama) *n.* badger
bajeti *n.* budget
baka / ndugu *n.* birthmark
bakhili *n.* niggard
bakhshishi *n.* tip
baki *adj.* neutral
baki *v.* stay
bakia *v.* lag
bakora *n.* stroke
bakshishi *n.* bonus
bakuli *n.* bawn
bakuli *n.* bowl
bakuli *n.* casserole
bakuli *n.* vial
balaa *n.* pestilence
balaa *n.* trouble
balamwezi *n.* moon
balashi *n.* rash
balasi *n.* eruption
balasi *n.* leprosy
balbu *n.* bulb
balbu *n.* bulb

balet (aina ya densi) sn. ballet
bali n. navy
bali adv. nay
balia n. catastrophe
balin (samaki) n. baleen
balozi n. ambassador
bam n. bam
bamba n. cardboard
bamba v. hold
bamba/nasa v. arrest
bambika v. dip
bamia n. okra
bamu n. berm
bana v. bracket
bana v. pinch
bana v. slam
bana v. squeeze
banati n. damsel
banati n. lass
banati adj. maiden
banati n. sylph
banati n. wench
banda n. barn
banda n. stable
bandari n. anchorage
bandari n. harbour
bandari v. harbour
bandari n. haven
bandari n. port
bandari n. seashore
bandarini n. dockyard
bandia adj. sham
bandika v. affix
bandika v. attach
bandika v. glue
bandiko n. perch
bandisha v. shack
bandua v. remove
bangi n. dope
bangi n. hemp
bangili adj. armlet
bangili adj. armlet
bangili n. bangle

bangili n. bracelet
bango n. poster
baniani n. banyan
banika v. toast
banikoli n. barnacle
banki n. bank
bantam (mizani) n. bantam
banzi n. pole
banzi n. rod
bao n. score
bao / ufunga n. bench
bapa n. blade
bara n. continent
bara adv. inland
bara n. territory
barabara n. avenue
barabara adv. exactly
barabara adj. perfect
barabara adj. proper
barabara adj. regular
baradhuli adj. ordinary
baradhuli n. simpleton
barafu n. glacier
barafu n. ice
barafu n. iceblock
barafu n. icecap
barafu-tamu adj. sundae
baraka n. benediction
baraka n. prosperity
baraka / hisani n. benefaction
baraka / hisani n. bloom
barakinya n. schooner
baraza n. committee
baraza n. council
baraza n. meeting
baraza n. inquisition
baraza (la mawaziri) n. cabinet
bariamu n. barium
baridi n. arctic
baridi n. chill
baridi adj. cold
baridi n. cold
baridi n. damp

baridi *n.* frost
baridi *adj.* humid
baridini (msimu) *n.* winter
baridisha *v.* ice
baridisha *v.* refrigerate
baridisho *n.* cooler
bariki *v.* bless
bariki *v.* bloom
bariti *n.* baritone
barizi *n.* shoreweed
barua *n.* letter
barua *n.* mail
barua pepe *n* email
barubaru *n.* youngster
baruti *n.* cracker
baruti *n.* dynamite
bashasha *adj.* jovial
basi *n.* taxibus
basikeli *n.* bike
bastola *n.* pistol
bastola *n.* shotgun
bata *n.* duck
bata *n.* sawbill
bata *n.* swan
bata ya mpira *n.* rubber duck
bati *n.* zinc
batili *adj.* insincere
batili *adj.* invalid
batili *v.* revoke
batili *v.* void
batilifu *adj.* deceitful
batilifu *adj.* dishonest
batilifu *adj.* ineffective
batilifu *n.* nugget
batilifu *adj.* null
batilisha *v.* annul
batilisha *v.* cancel
batilisha *v.* overrule
batiza +*v.t.* baptize
bato *n.* ringworm
bawa *n.* flank
bawa *n.* sidewind
bawa *n.* wing

bawabu *n.* janitor
baya *adj.* deadly
baya *adj.* disgusting
baya *adv.* ill
bayana *n.* clarity
bayana *adj.* elaborate
bayana *adj.* enunciatory
bayana *adj.* legible
bayana *adj.* obvious
bayana *adv.* pointblank
bayana *adj.* vainglorious
bayana *adj.* well-known
bayoabsorption *n.* bioabsorption
bayoactiviti *n.* bioactivity
bayodegradashen *n.* biodegradation
bayoegenti *n.* bioagent
bayofuel *n.* biofuel
bayohazads *adj.* biohazardous
bayoinjinia *n.* bioengineering
bayokemikali *adj.* biochemical
bayoklaimet *n.* bioclimate
bayolojia *n.* biology
bayomass *n.* biomass
bayometriki *adj.* biometric
bayoniki *adj.* bionic
bayopsi *n.* biopsy
bayopsi *v.* biopsy
bayoskopi *n.* bioscope
bayoskopia *n.* bioscopy
bazai *n.* dealer
bazazi *n.* hawker
bazuka *n.* bazooka
beba *v.* carry
beba *n.* takeaway
beba *v.* transport
beba (begi) *v.* backpack
beba (begi) *v.* bag
beba (kwa sinia) *v.* tray
beba- bunduki *v.* sidearm
bebesha *v.* surcharge
bedawi *n.* nomad
bega *n.* shoulder

begi *n.* bag
begi (ya mgogoni) *n.* backpack
begi la wagonjwa *n.* sickbag
begi ya hewa *n.* airbag
beit *n.* house
beji *n.* badge
bekua *v.* parry
belbedia *n.* belvedere
belghamu *n.* mucus
beluga *n.* beluga
bemba *v.* flirt
bembea *v.* dandle
bembea *v.* oscillate
bembea *n.* sawbench
bembea *n.* swing
bembea *v.* swing
bembea *v.* trapeze
bembeleza *v.* caress
bembeleza *v.* coax
bembeleza *v.* comfort
bembeleza *v.* pet
bembeleza *v.* soothe
bembeleza *v.* woo
bendera *n.* crimson
bendera *n.* crimson
bendera *n.* flag
bendi *n.* orchestra
beneti *n.* bayonet
benge *n.* tablet
beni *n.* band
benibeni *adv.* amiss
benki *n.* bank
benki *n.* bunk
benki ya kisimu *n.* telebanking
benziden *n.* benzidine
benzini *n.* benzene
bepari *n.* capitalist
bepari *n.* monopolist
bereu *n.* pitch
berili *n.* beryllium
besheni *n.* bidet
beta *n.* beta
betabeta *v.* meander

beteri *n.* battery
beti *n.* berth
betua *v.* incline
beua *v.* detest
beua *v.* displease
bi *pref* bi
bi *n.* miss
bia *n.* beer
bia *n.* partnership
biashara *n.* business
biashara *n.* commerce
biashara *n.* trade
bibi *n.* lady
bibi *n.* madam
bibi *n.* miss
bibi *n..* missis, missus
bibilia *n.* bible
biboko *n.* caning
bibu *n.* bib
bichi *n.* beech
bichi *adj.* fresh
bichi *adj.* immature
bidhaa *n.* commodity
bidi *v.* strain
bidii *adj.* ardent
bidii *n.* effort
bidii *adj.* fervent
bidii *adj.* industrious
bigadi *v.* begird
bighairi *conj.* except
bigili *n.* arena
biharusi *n.* bride
bihi *v.* renounce
bikini *n.* bikini
bikira *n.* virgin
bikiri *v.* deflower
bikoni *n.* beacon
bila *adj.* blank
bila *n.* defiance
bila *adj.* devoid
bila kikomo *adj.* limitless
bila kujali *adj.* irrespective
bila kujali *prep.* notwithstanding

bila-sababu *adj.* superfluous
bilauri *n.* crystal
bilauri *n.* glasses
bilauri *n.* tumbler
bilauri *n.* tumbler
biliadi *n.* billiard
bilioni *n.* billion
biluli *n.* tap
bima *n.* insurance
bimaski *v.* bemask
binaadamu *adj.* mortal
binadamu *n.* humanity
binafsi *pron.* myself
binafsi *adj.* own
binafsi *adj.* private
bin-ami *n.* cousin
binda *v.* bind
binduki *n.* artillery
bingwa *adj.* competent
bingwa *n.* specialist
bini *adj.* counterfeit
bini *v.* fake
binti *n.* daughter
bipu *v.* blip
birika *n.* kettle
biringa *v.* wind
biringanya *n.* brinjal
bisak *adj.* beserk
bisha *v.* argue
bisha *v.* gainsay
bisha *v.* jest
bisha *v.* knock
bisha *v.* oppose
bisha *v.* quibble
bisha *v.* tack
bisha *v.* taunt
bisha *v.* demur
bishana *v.* wrangle
bishano *n.* argument
bishano *n.* argument
bishaushi *n.* sergeant
bishop *n.* archbishop
biskiti *n.* cracker

biskuti *n.* biscuit
bithaa (kando) *n.* by-product
biti *adj.* raw
bitruti *n.* beetroot
bivu *adj.* ripe
bizi *adj.* busy
blangeti *n.* duvet
blanketi *n.* blanket
blauzi *n.* blouse
bluu *adj.* blue
boa *n.* boa
bobari *n.* chisel
boboka *n.* blabber
bodi *v.* board
bofya *n.* click
boga *n.* pumpkin
boga *n.* squash
bohari *n.* chronicle
bohari *n.* depot
bokoboko *n.* mash
boksi *n.* carton
boksi ya chai *n.* teabox
bolero (densi) *n.* bolero
boma *n.* fortress
boma *n.* wigwam
bomba *n.* dram
bomba (la majitaka) *n.* culvert
bomba (za pumzi) *n.* trachea
bomba la maji *n.* drainpipe
bombo *n.* influenza
bombo *n.* pneumonia
bombwe *n.* sculpture
bomoa *v.* deconstruct
bomoa *v.* demolish
bomoa *v.* pierce
bonde *n.* basin
bonde *adj.* hollow
bonde *n.* vale
bonde *n.* valley
boneti *n.* bonnet
bonfaya *n.* bonfire
bonge *n.* clod
bongo *n.* brain

bora *adj.* auspicious
bora *adj.* better
bora *v.* better
bora *adj.* convenient
bora *n.* ideal
bora *adj.* sterling
bora-zaidi *adj.* superfine
boresha *v.* ameliorate
boresha *v.* conduce
boresha *v.* modify
boresha *v.* nourish
boresha *v.* trump
boresha *v.* well
boriti *v.* beam
boriti *n.* girder
boronga *v.* botch
boronga *v.* bungle
boronga *v.* confuse
borongo *n.* confusion
bosi *n.* boss
botania *n.* botany
bovu *adj.* unreliable
boya *n.* buoy
braili *n.* braille
brandi *n.* brandy
brango *v.* brangle
brashi *n.* brush
brastol *v.* brustle
breki *n.* airbrake
brigedia *n.* brigade
brigedia *n.* brigadier
brisak *n.* berserk
brokoli *n.* broccoli
bromiti *n.* bromite
bua *n.* stalk
buabua *v.* hew
bubazi *adj.* corrosive
bubu *n.* mute
bubwi *adj.* dumb
buga *n.* cadge
bughudha *n.* repugnance
bughudha *adj.* repugnant
bughudha/karaha *n.* abhorrence

bughudhi *v.* abhor
bugia *v.* cadge
bugia *v.* fist
buheri *n.* recovery
buibui *n.* spider
bukini (bata) *n.* goose
buku *n.* beaver
buli *n.* teapot
bulimia (ugonjwa) *n.* bulimia
buluu *n.* bleach
bumbuaza *v.* hypnotize
bumbuazi *n.* dismay
bumburuka *v.* bolt
bumburushana *v.* scuffle
bumbuwazi *n.* embarrassment
bunda *n.* bundle
bunda *n.* package
bundi *n.* owl
bunduki *n.* gun
bunduki *n.* musket
bunduki *v.* rifle
bunduki *n.* rifle
bunduki (ndogo) *n.* sidearm
bunduki kubwa *n.* cannon
bunge *n.* congress
bunge *n.* legislature
bunge *n.* parliament
buni *v.* compose
buni *v.* construct
buni *v.* invent
bunisha *v.* devote
buraha *n.* comfort
burai *v.* acquit
burati *n.* sulphur
bure *adv.* gratis
bure *adj.* vain
buria *v.* remit
burudisha *v.* appease
burudisha *v.* cool
burudisha *v.* refresh
burudisho *n.* recreation
burudisho *n.* refreshment
burudisho *n.* relaxation

burudisho *n.* relief
buruji *n.* battlement
buruji *n.* bugle
burura *v.* pull
buruta *v.* drag
buryani *interj.* ahoy
busara *n.* foresight
busara *adj.* injudicious
busara *adj.* judicious
busara *n.* prude
busara *n.* prudence
busara *n.* sagacity
busara *n.* stratagem
busara *adj.* tactful
bustani *n.* garden
bustani *n.* orchard
busu *n.* kiss
busu *n.* peck
buti *n.* boot
butu *adj.* blunt
butu *adj.* dull
butu *adj.* obtuse
butu *n.* stub
butua *v.* amputate
butua *v.* dull
buyuka / pasuka *v.* burst
bwaga *v.* dumbfound
bwana *n.* bog
bwana *n.* lord
bwana *n.* mister
bwana *n.* sir
bwanaarusi *n.* bridegroom
bwanaharusi *n.* groom
bwawa *n.* dam
bwawa *n.* swamp
bweka *v.* bark
bweka *n.* bark
bweka *v.* bark
bweka *v.* yap
bweni *n.* dormitory
bwenyenye *n.* croesus
bweta *n.* coffer

C

cha *adj.* stainless
cha kale *adj.* antiquated
cha kale *adj.* antique
cha-awali *pron* former
chabo *v.* sneak
chacha *v.* foam
chacharika *v.* sizzle
chacharika *v.* tingle
chachawa *v.* leap
chachawizo *n.* interruption
chache *adj.* distant
chache *adj.* few
chache *n.* less
chache *adj.* little
chache *n.* manor
chache *adj.* remote
chachisha *v.* challenge
chafu *adj.* dirty
chafu *adj.* indecent
chafu *adj.* obscene
chafu *adj.* slipshod
chafua *v.* bemire
chafua *v.* disturb
chafua *v.* pollute
chafua *adj.* slushy
chafua *v.* soil
chafua *v.* stain
chafua *v.* taint
chafua *v.* tarnish
chafua *v.* waste
chafuko *n.* irregularity
chafuko *n.* muddle
chaga *v.* emulate
chaga *adj.* insistent
chagina *adj.* bold
chagua *v.* choose
chagua *v.* distort
chagua *v.* elect
chagua *v.* opt
chagua *v.* poll
chagua *v.* select

chagua *v.* trail
chagua *v.* vote
chagua tena *v.* reappoint
chaguo *n.* option
chaguo *n.* pick
chai *n.* tea
chai *n.* teabag
chaji *n.* charger
chajiendesha *adj.* automatic
chajio *n.* diner
chajio *n.* supper
chaka *n.* thicket
chakacha *v.* murmur
chakari *adj.* drunk
chakari *adv.* much
chakavu *adj.* old
chakavu *v.* scrap
chakavu *adj.* worn
chaki *n.* chalk
chakubimbi *n.* sneak
chakula *n.* aliment
chakula *v.* diet
chakula *n.* food
chakula *n.* meal
chakula (cha ngombe) *n.* forage
chakura *v.* paw
chakura *v.* scrape
chakuro *n.* scrape
chakuzidishwa *n.* multiplicand
chale *n.* comic
chama *v.* gild
chama *n.* group
chama *n.* guild
chamba *v.* insult
chambua *v.* analyse
chamchana *n.* lunch
chamchela *n.* tornado
chamchelesha *v.* torpedo
chamka *v.* recur
chamka *v.* relapse
chamkano *n.* fraction
chamko *adj.* relapse
championi *n.* champion

chana *v.* slit
chana *v.* tear
chandarua *n.* canopy
chandarua *n.* canvas
chandarua *n.* hood
chane *n.* slit
changa *v.* contribute
changa *v.* shuffle
changamana *v.* border
changamana. *v.* adjoin
changamano *n.* blend
changamano *n.* mixture
changamfu *adj.* alacrious
changamfu *adj.* effusive
changamfu *adj.* elate
changamfu *adj.* gay
changamfu *adj.* juvenile
changamfu *n.* verve
changamka *v.* ebulliate
changamka *v.* elate
changamka *adv.* progressive
changamka *n.* spree
changamko *n.* amusement
changamko *n.* entertainment
changamko *n.* game
changamoto *n.* challenge
changamoto *n.* conundrum
changamsha *v.* amuse
changamsha *v.* enliven
changamsha *n.* gay
changamsha *v.* warm
changaniza *v.* forge
changaniza *v.* produce
changanua *v.* dissect
changanya *v.* bemuse
changanya *v.* blend
changanya *v.* confuse
changanya *v.* dilute
changanya *v.* fuzz
changanya *v.* jumble
changanya *v.* mingle
changanya *v.* mix
changanya *v.* shuffle

changanya *n.* sophistication
changanyikio *n.* pandemonium
changarawe *n.* sandbank
changarawe *n.* sandbell
changawe *n.* pebble
changia *v.* donate
chango *n.* hook
chango *n.* levy
chanja *v.* gash
chanja *v.* inoculate
chanja *v.* vaccinate
chanje *n.* crab
chanjo *n.* cut
chanjo *n.* gash
chanjo *v.* immunize
chanjo *n.* inoculation
chanjo *n.* slash
chanjo *n.* vaccination
chanua *v.* blossom
chanua *v.* comb
chanui *n.* urchin
chanzo *n.* cause
chanzo *n.* source
chapa *v.* beat
chapa *n.* blow
chapa *n.* brand
chapa *n.* brand
chapa *n.* brass
chapa *v.* hit
chapa *n.* label
chapa *v.* label
chapa *v.* print
chapa *v.* shoot
chapa *v.* smack
chapa *v.* stamp
chapa *v.* strike
chapa *v.* stroke
chapa *v.* wallop
chapa majini *v.* vault
chapisha *adj.* manifold
chapisha *v.* reprint
chapisha *v.* teleprint
chapisha *v.* type

chapisha *v.* typify
chapisha *v.* xerox
chapisha dungwa *v.* cyclostyle
chapisha -vitatu *v.* triplicate
chapisho *n.* xerox
chapuchapu *adv.* speedily
chapuka. *v.* accelerate
chapwa *adj.* insipid
chapwa *adj.* repulsive
chata *v.* buzz
chati *n.* chart
chatu *n.* python
chaupepeta *n.* nonentity
chaya *adj.* positive
chaza *n.* oyster
chaza *v.* oyster
cheche *n.* spark
cheda (mji) *n.* cheddar
chege *adj.* damp
cheka *v.* laugh
chekacheka *v.* giggle
chekechea *n.* kindergarten
chekecheke *n.* retrenchment
chekecheya *adj.* preparatory
chekelea *v.* mock
chekenene *n.* sty
chekesha *adj.* burlesque
chekesha *v.* gag
chekesha *adj.* laughable
chekeshaji *adj.* jolly
cheki *n.* check
chekmet *n.* checkmate
chelea *adj.* apprehensive
chelea *adj.* apprehensive
cheleo *n.* postponement
chelewa *v.* delay
chemba *adv.* apart
chembe *n.* crumb
chembe *n.* grain
chembe *n.* molecule
chembechembe *n.* nanoparticle
chemichemi *n.* shoal
chemichemi *n.* shoal

chemichemi *n.* spring
chemichemi *n.* streamlet
chemichemi moto *n.* geyser
chemka *n.* bubble
chemsha *v.* boil
chemsha *v.* saute
chemsha *v.* steam
chemsha *v.* vaporize
chemua *v.* sneeze
chenene *n.* cricket
chenesha *v.* smart
chenga *n.* chip
chenga *v.* dodge
chenga *v.* dribble
chenga *n.* evasion
chenga *adj.* particle
chenga *n.* splinter
chengo *n.* residence
chensha *v.* sup
cheo *n.* position
cheo *v.* rank
cheo *n.* seniority
cheo *n.* title
chepe *adj.* coarse
chepe *adj.* rough
chepechepe *adj.* moist
cheshi *adj.* comical
cheshi *n.* funny
cheshi *adj.* witty
chetezo *n.* censer
cheti *n.* chit
cheti *n.* note
cheua *v.* belch
cheua *n.* ruminant
cheua *v.* ruminate
chevalia *n.* chevalier
chewa *n.* cod
cheza *v.* cavort
cheza *v.* frolic
cheza *v.* game
cheza *v.* play
cheza *v.* pulse
cheza *v.* toy

chezacheza *n.* splash
chezaji *n.* player
chezea *v.* fiddle
chezeana *n.* interplay
chi (taba ya kichina) *n.* chi
chia *n.* chia
chik *int.* tchick
chiladi *n.* chiliad
chimba *v.* dig
chimba *v.* drill
chimba *v.* excavate
chimba *v.* machinate
chimba *v.* shovel
chimba handaki *v.* moat
chimbeni *v.* sap
chimbi *n.* cook
chimbo *n.* mine
chimbo *v.* pit
chimbo *n.* shaft
chimbua *v.* sap
chimbuka *v.* pour
chimbuka *v.* spout
chimbuko *n.* excavation
chimera *n.* chimera
chimoni *n.* dungeon
chindi *n.* squirrel
chini *prep.* below
chini *adv.* below
chini *prep.* beneath
chini *n.* bottom
chini *adv.* down
chini *prep.* down
chini *adj.* downstairs
chini *n.* floor
chini *n.* ground
chini *adv.* low
chini *n.* low
chini *n.* subjection
chini *n.* subordinate
chini *adv.* under
chini *adv.* underneath
chini baharini *n.* seafloor
chini ya *adv.* below

chini ya *adv.* below
chini ya *prep.* beneath
chini ya ardhi *adj.* subterranean
chinichini *adj.* ulterior
chinja *v.* behead
chinja *v.* butcher
chinja *v.* massacre
chinja *v.* silt
chinja *v.* slaughter
chinjo *n.* bloodshed
chinjo *n.* slaughter
chinjo. *n.* carnage
chipuka *adj.* gashing
chipuka *v.* sprout
chipukizi *n.* sprout
chiriku *n.* canary
chirikua *v.* canary
chiririka *v.* drip
chiririka *v.* lick
chiririka *v.* trickle
chiririko *n.* lick
chizi *adj.* crook
chizoferenia (ugonjwa) *n.* schyzophrenia
chmeka *v.* plug
chocha *v.* poke
chochea *v.* abet
chochea *v.* energize
chochea *v.* incite
chochea *v.* inflame
chochea moto *v.* salamander
chocheleza *v.* enrage
chochota *v.* scab
chochote *pron* anything
chochote *n.* aught
chochote *adj.* naughty
chochote *n.* nought
chochote *pron.* whatever
chochote *pron* whichever
chokaa *n.* lime
chokaa *v.* lime
chokaa *n.* whitewash
chokea *n.* sty

chokesha *v.* fatigue
choki *v.* chalk
chokoa *v.* goad
chokoleti *n.* chocolate
chokora *v.* fidget
chokoza *v.* bully
chokoza *v.* provoke
chokozi *n.* belligerent
choma *v.* burn
choma *v.* roast
choma *v.* stab
choma maiti *v.* cremate
choma tena *v.* recriminate
chombo *n.* belonging
chombo *n.* implement
chombo *n.* jar
chombo *n.* jug
chombo *n.* machinery
chombo *n.* vase
chombo *n.* vessel
chombo *n.* board
chomelea *v.* smelt
chomo *n.* burn
chomo *n.* prick
chomo *n.* stab
chomoa *v.* extract
chomoka *v.* pop
chomoza *v.* project
chondo *n.* xylophone
chonga *v.* acuate
chonga *v.* cameo
chonga *v.* carve
chonga *v.* chop
chonga *v.* forge
chonge *adj.* pointed
chongo *adj.* monocular
chongwa *n* pointedness
chonjo *adv.* astir
chonjomoa *v.* instigate
choo *n.* stool
choo *n.* urination
choo *n.* urinal
chopa *n.* hawk

chora *v.* carve
chora *v.* draft
chora *v.* draw
chora *v.* engrave
chora *v.* map
chora *v.* paint
chora *v.* pencil
chora *v.* sculpt
chora (picha) *v.* picture
chorachora *v.* scribble
chosa *v.* tire
chosha *n.* bore
chosha *v.* exhaust
chota *v.* fetch
chota *v.* spoon
chota changarawe *v.* sandboard
chotara *n.* mulatto
chote / kamili *adj.* whole
choto *n.* bit
chovya *v.* dunk
chovya *v.* immerse
chovya *v.* submerge
choyo *n.* meanness
chrgo *n.* molar
chubui *n.* lead
chubuko *n.* bruise
chubuko *n.* sore
chudi *n.* capricorn
chui *n.* leopard
chui *n.* panther
chui *n.* tiger
chui (kike) *n.* tigress
chuja *v.* cleanse
chuja *v.* filter
chuja *v.* isolate
chuja *n.* outline
chuja *v.* purify
chuja *v.* scan
chuja *v.* sort
chujio *n.* filter
chuki *v.* grudge
chuki *n.* xenophobia
chukia *v.* despise

chukia *v.* dislike
chukia *v.* hate
chukio *n.* offence
chukivu *n.* gross
chukiza *v.* offend
chukua *v.* bear
chukua *n.* nostrum
chukua *v.* pocket
chukua *v.* take
chukua hatua *v.* overact
chukua mkao *v.* pose
chukua-nafasi *n.* takeover
chukulia *v.* consider
chulkiza *v.* outrage
chuma *n.* iron
chuma *v.* pick
chuma *v.* pluck
chuma *v.* reap
chuma *n.* steel
chuma *n.* treadplate
chumba *n.* chamber
chumba *n.* cubby
chumba *n.* oracle
chumba *n.* parlour
chumba (mashua) *n.* boathouse
chumba (matibabu) *n.* sickbay
chumba cha kulala *n.* bedroom
chumba cha kulala *n.* lodge
chumba cha rubani *n.* cock-pit
chumbani *n.* closet
chumbisha *v.* betroth
chumbishwa *adj.* bespoke
chumvi *adj.* saline
chumvi *n.* salinity
chumvi *n.* salt
chumvi *adj.* salty
chumvi *n.* acetate
chumwa *v.* gain
chunga *n.* pod
chunga *v.* police
chunga *v.* sieve
chunga *v.* stoke
chunga *v.* tend

chungu *adj.* bitter
chungu *adj.* dolorous
chungu *adj.* grievous
chungu *adj.* harsh
chungu *adj.* painful
chungu *n.* pile
chungu *adj.* sharp
chungu *adj.* sour
chungulia *v.* peep
chungulio *n.* peep
chunguza *v.* introspect
chunguza *v.* probe
chunguza *v.* research
chunguza *v.* scrutinize
chunju *adj.* pale
chunjua *v.* thin
chunua *v.* skin
chunusi *n.* blain
chuo *n.* academy
chuo *n.* campus
chuo *n.* college
chuo *n.* school
chuo kikuu *n.* university
chupa *n.* bottle
chupa *n.* flask
chupa *n.* uterus
chupi *n.* biker
chupi *n.* underwear
chupia *v.* gallop
chupuchupu *adv.* scarcely
chura *n.* frog
chura *n.* toad
churura *v.* drain
chururu *n.* leak
chururu *n.* trickle
chutama *v.* bend
chutama *v.* crouch
chutama *v.* squat
chuuza *v.* trade
comonwealth *n.* commonwealth

D

dada *n.* sister
dadisa *v.* gird
dadisi *v.* investigate
dadisi *v.* pump
dado *n.* dice
dado *n.* die
dafodili *n.* daffodil
dafrau *n.* bumper
daftari *n.* catalogue
dagaa *n.* seafood
dagaa *n.* trifle
daha *n.* claim
daha *n.* demand
dahari *n.* century
dahari *n.* epoch
dahi *v.* offer
dahi *v.* sacrifice
dai *v.* claim
dai *v.* demand
dai *v.* infer
dai *v.* litigate
dai utukufu *v.* canonize
dai zaidi *v.* overawe
daima *adv.* always
daima *adj.* continual
daima *adj.* everlasting
daima *adv.* forever
daima *adj.* perpetual
daima kijani *adj.* evergreen
daima kijani *n.* evergreen
dainamo *n.* dynamo
daka *v.* pounce
dakika *adj.* minute
dakika *n.* minute
daktari *n.* doc
daktari *n.* doctor
daktari meno *n.* dentist
daktari mpasuaji *n.* sawbones
daktari wa macho *n.* optician
daktari wa watoto *n.* paedologist
dalali *n.* agent
dalali *n.* broker
dalali *n.* dealmaker

dalali wa hisa *n.* sharebroker
dalili *n.* omen
dalili *n.* sign
dalili *n.* token
damask *n.* damask
damik *adj.* dermic
damu *n.* blood
dandelion *n.* dandelion
danganya *v.* bluff
danganya *v.* cheat
danganya *adj.* deluded
danganya *v.* fool
danganya *v.* lie
danganya *n.* rook
danganyifu *adj.* deceptive
danganyo *n.* deceit
danganyo *n.* deception
danganyo *n.* hypocrisy
danguro *n.* brothel
danguro *n.* prostitute
danguro *n.* whore
dap *v.* dap
dapa *v.* quiver
daraja *v.* grade
darajani *n.* causeway
daraka *adj.* responsible
darasa *n.* class
daraza *n.* embroidery
dari *n.* ceiling
dari *n.* roof
dari *n.* tect
darubani *adj.* binocular
darubini *n.* binoculars
darubini *n.* telescope
dasturi *n.* routine
databanki *n.* databank
dau *adj.* betting
dausi *n.* peacock
dawa *adj.* cerated
dawa *n.* drug
dawa *n.* insecticide
dawa *n.* medicine
dawa *n.* placebo

dawa *n.* prescription
dawa ya dudu *n.* pesticide
dawa ya mchwa *n.* termiticide
dawama *adj.* constant
dawama *adj.* lasting
dawamu *adv.* eternally
dawamu *adj.* permanent
dawati *n.* desk
dazan *n.* dozen
debari *v.* debar
debe *n.* tin
debwedebwe *adj.* diluted
debwedebwe *adj.* fluid
decilioni *n.* decillion
decimita *n.* decimetre
deftari *n.* ledger
dege *n.* bird
dekriminalizashon *n.* decriminalization
delipidesheni *n.* delipidation
delipidet *adj.* delipidate
delipidet *v.* delipidate
deliriant *n.* deliriant
delta *n.* delta
deltoidi *n.* deltoid
demabrashoni *n.* dermabrasion
demani *n.* lee
demani *n.* sheet
dematerialized *n.* demasculinization
dematerialized *n.* dematerialisation
dematerialized *v.* dematerialize
demisako *n.* demicircle
dengo *n.* lentil
deni *n.* debt
densi *n.* dance
densi *n.* tarantism
densi (tango) *v.* tango
densi samba *v.* samba
depauperate *v.* depauperate
dereva *n.* chauffeur
dereva *n.* machinist

desemba *n.* december
desibel *n.* decibel
desturi *n.* custom
desturi *n.* habit
desturi *adj.* ritual
desturi *n.* tradition
desturi *n.* usage
deturpashoni *n.* deturpation
dhabiti *adj.* unambiguous
dhahabia *adj.* golden
dhahabu *n.* gold
dhahiri *adj.* irrefutable
dhahiri *adv.* openly
dhahiri *n.* semblance
dhaifu *adj.* feeble
dhaifu *adj.* fragile
dhaifu *adj.* frail
dhaifu *adj.* infirm
dhaifu *adj.* insignificant
dhaifu *adj.* puny
dhaifu *adj.* sickly
dhaifu *n.* wicker
dhaka *n.* jest
dhakari *n.* penis
dhalili *adj.* meek
dhalili *adj.* miserable
dhalili *adj.* poor
dhalili *adj.* wretched
dhalilifu *adj.* sordid
dhalilisha *v.* asperse
dhalilisha *v.* digress
dhalilisha *n.* roast
dhalilishwa *adj.* rugged
dhalimu *adj.* cruel
dhalimu *n.* oppressor
dhalimu *adj.* rowdy
dhalimu *n.* tyrant
dhalimu *adj.* unjust
dhalimu *adj.* violent
dhamana *n.* bail
dhamana *n.* guarantee
dhamana *n.* surety
dhamana *n.* warranty

dhambi *n.* crime
dhambi *n.* sin
dhambi *adj.* sinful
dhamini *v.* bail
dhamini *v.* guarantee
dhamini *v.* sponsor
dhamini *v.* vouch
dhamira *n.* aim
dhamira *n.* conscience
dhamira *n.* object
dhamiria *v.* contemplate
dhamiria *v.* ponder
dhana *n.* assumption
dhana *n.* concept
dhana *n.* conjecture
dhana *n.* idea
dhana *n.* opinion
dhana *v.* surmise
dhana *n.* suspicion
dhani *v.* conjecture
dhani *v.* imagine
dhani *v.* suppose
dhania *v.* suspect
dhania *v.* theorize
dhanio *n.* hypothesis
dhara *n.* hurt
dharau *n.* byword
dharau *adj.* dank
dharau *adj.* derogatory
dharau *v.* disregard
dharau *v.* scorn
dharau *v.* slight
dharau *n.* snob
dharauliwa *v.* spurn
dharba *n.* multiplication
dharba *n.* shock
dharba *n.* stroke
dharuba *n.* impact
dharura *n.* contingency
dharura *n.* deal
dharura *n.* emergency
dhashi *n.* fraud
dhati *n.* character

dhati *adj.* doubtless
dhehebu *n.* denomination
dhiaki *n.* lure
dhibiti *v.* control
dhibiti *v.* guard
dhidi *prep.* against
dhidi *pref.* anti
dhidi *adj.* stale
dhidi *prep.* versus
dhidi *n.* onslaught
dhidi ya moto *adj.* fireproof
dhidi ya moto *v.* fireproof
dhidi ya mshtuko *adj.* tensile
dhifa *n.* generosity
dhihaka *n.* mockery
dhihaka *n.* ridicule
dhihaka *n.* scorn
dhihaki *v.* joke
dhihaki *v.* ridicule
dhihaki *n.* satire
dhihaki *v.* satirize
dhihaki *n.* sneer
dhihaki *v.* tease
dhihirisha *v.* expose
dhii *v.* dwindle
dhii *v.* pine
dhii *n.* pine
dhiki *n.* tribulation
dhila *adj.* abject
dhila *v.* degrade
dhila *adj.* low
dhilifu *n.* mean
dhima *n.* liability
dhiraa *n.* cubit
dhoofika *v.* wane
dhoofisha *v.* destabilize
dhoofisha *v.* emaciate
dhoofisha *v.* enfeeble
dhoofisha *v.* lame
dhoofisha *v.* vitiate
dhoofisha *v.t. & i* weaken
dhoruba *v.* storm
dhoruba (theluji) *n.* blizzard

dhoufisha *v.* atrophy
dhruba *adj.* stormy
dhuku *v.* taste
dhulma *n.* domino
dhuluma *n.* injustice
dhuluma *n.* oppression
dhulumu *v.* exploit
dhulumu *v.* oppress
dhulumu *adj.* subjudice
dhuria *n.* progeny
dhuru *v.* afflict
dhuru *n.* airborne
dhuru *v.* damage
dhuru *v.* hurt
dibaf *n.* debuff
dibu *n.* dib
dibua *v.* dib
didimika *v.* bore
diflesh *v.* deflesh
digrii *n.* degree
digrii *n.* rank
dihumidify *v.* dehumidify
dikalsifikashon *n.* decalcification
diko *n.* moorings
dikteshin *n.* dictation
dikteta *n.* dictator
dimu *n.* lime
dini *n.* religion
dioksia *adj.* deoxy
dioksidation *n.* deoxidation
dioksidi *n.* dioxide
diontolojia *n.* deontology
diplomasia *n.* diplomacy
dira *n.* compass
diriki *v.* achieve
diriki *v.* attain
diriki *v.* dare
diriki *v.* undertake
diriki *v.* venture
dirisha *n.* counter
dirisha *n.* mullion
dirisha *n.* ventilation
dirisha *n.* window

dishi *n.* crockery
dishi *n.* dish
diski *n.* disc
disolvet *v.* desolvate
dispensari *n.* pharmacy
distopia *n.* dystopia
divisheni *n.* division
diwani *n.* councillor
dizel *n.* diesel
dizi *n.* daisy
doa *n.* blot
doa *adj.* spotless
doa *n.* stain
dobi *v.* dob
dobi *n.* dob
dobi *n.* laundress
dodi *n.* wire
dodosa *v.* stammer
doea *v.* meddle
dogo *adj.* junior
dogo *adj.* small
dogo *n.* whelp
dohori *n.* midday
dokeza *v.* hint
dokeza *v.* suggest
dokezi *n.* obstacle
dokezo *n.* intimation
dokezo *n.* suggestion
dokhani *n.* chimney
dokoa *v.* muddle
dokoa. *n.* breakoff
dola *n.* country
dola *n.* dollar
dola *n.* state
dolola *v.* drool
domo *n.* cape
domo *v.* yak
donati *n.* doughnut
donda ndugu *n.* gangster
donda ndugu *n.* malignancy
dondo *n.* gloss
dondoa *v.* quote
dondoko *v.* tumble

dondoo *n.* excerpt
dondoo *n.* note
dondoo *n.* quotation
donge *n.* clot
donoa *v.* bite
donoa *v.* kiss
donoa *v.* peck
dopoa *v.* maintain
doria *n.* patrol
dosari *v.* blemish
dosari *n.* defect
dosari *n.* fault
dosari *n.* mistake
doti *v.* doating
dredi *n.* dreadlock
dredi *v.* dreadlock
dua *n.* spell
duara *adj.* circular
duaradufu *n.* ellipse
dubu *n.* bear
dubu *n.* elk
dubu *v.* improve
dubwana *adj.* excessive
dubwana *adj.* extreme
dubwana *adj.* gigantic
dudu *n.* smallpox
dudumia *v.* perforate
dudumia *v.* puncture
dufu *n.* simplicity
duguda *v.* jog
duguda *n.* jolt
duguda *v.* jolt
duka *n.* shop
duka *n.* stall
duka *n.* stall
duka (la kijumla) *adv.* wholesale
duka (la mkate) *n.* bakery
duka la dawa *n.* chemist
duka sesere *n.* toystore
dukat *n.* ducat
dukiza *v.* eavesdrop
dukiza *v.* intrude
dukizo *n.* eavesdrop

dukuduku *n.* apprehension
dume *n.* stud
dume *n.* ubersexual
dumisha *v.* eternalize
dumisha *v.* immortalize
dumisha *v.* sustain
dumisha *v.* uphold
dumu *n.* pot
dunda *v.* beat
dundisha *v.* drum
dunga *n.* pear
dunga *v.* spear
dunga *v.* syringe
dunga *v.* tip
dunga (shindano) *v.* inject
dungusi *n.* cactus
duni *adj.* inferior
duni *adj.* inhospitable
duni *adj.* shanty
duni *adj.* worthless
dunia *n.* globe
duniani *n.* terrestrial
dunisha *v.* scant
dunisha *v.* trifle
dupa *n.* file
durusi *v.* learn
durusu *v.* study
duta *v.* rebound
duta *n.* rebound
dutu *n.* substance
duwa *v.* duel
duwara *n.* circle
duwara *v.* windlass
duzi *n.* tomcat

E

eclampsia *n.* eclampsia
edema (ugonjwa) *n.* edema
egama *v.* lean
egemea *v.* abut
egemea *n.* pivot
egemeo *n.* abutment
egemeo *n.* lean
egemeo *n.* railing
egemeza *v.* prop
egemeza *v.* side
egesha *v.* moor
egesha *v.* park
egeza *v.* shore
ehsani *n.* kindness
ekari *n.* acre
ekari *n.* acreage
ekinidi *adj.* echinid
ekolojia *n.* ecology
ekspart *adj.* ex-parte
ekspart *adv.* ex-parte
ekzema *n.* eczema
elea *v.* float
elea *v.* sailboard
elea *v.* surf
elea *n.* swim
elekevu *adj.* apt
elekevu *adj.* apt
elekevu *adj.* apt
elekevu *adj.* reasonable
elekeza *v.* direct
elekeza *v.* navigate
elekeza *v.* orient
elekeza *v.* orientate
elekeza *v.t.* point
elekeza tena *n.* reconductor
elekezwa *adj.* navigable
elektrolait *n.* electrolyte
elektroni *n.* electron
elementi *n.* element
elewa *v.* comprehend
elewa *v.* understand
eleza *v.* elucidate
eleza *v.* escribe
eleza *v.* explain
eleza *v.* model
eleza *v.* prescribe
eleza *v.* trace
eleza *v.* voice
elezea *v.* annotate

elezea v. elaborate
elezea v. evince
elezea v. eviscerate
elezea v. tell
elezea tena v. reiterate
elfu n. thousand
eliksa n. elixir
elimisha v. train
elimu n. education
elimu (ya juu) n. tertiary
embamba adj. delicate
embamba adj. slim
embe n. mango
emeza v. puzzle
emoji n. emoji
endekeza v. magnify
endelea v. engross
endelea v. proceed
endelea v. progress
endeleo n. increase
endeleo n. progress
endeleza v. modernize
endeleza v. outlive
endeleza v. spell
endelezo n. enhancement
endelezo n. proceeding
endemiolojia n. endemiology
endesha v. conduct
endesha v. drive
endesha v. manoeuvre
endesha (jahazi) v. yacht
endeshaji n. drive
endeshe v. steer
endoskopia n. endoscopy
enea v. osmose
enea v. surface
eneo n. area
eneo n. compound
eneo v. compound
eneo n. zone
eneo maalumu n. lunge
eneza v. diffuse
eneza v. proclaim
eneza v. proliferate
eneza v. saturate
eneza v. spread
enezi n. spread
enga v. pamper
enkokadiogramu n. echocardiogram
ensaiklopidia n. encyclopaedia
enthrali v. enthral
entomolojia n. entomology
entrpia n. entropy
enye bidii n. temperament
enye chumvi adj. salient
enye nguvu adj. strenuous
enzi adj. immemorial
enzi v. install
enzi n. might
enzi n. sovereignty
epa v. shirk
epesi adj. easy
epesi adj. energetic
epesi adj. handy
epesi adj. impatient
epesi adj. quick
epibol n. epibole
epidurali n. epidural
epifania n. epiphany
epiglitis n. epiglittis
epigramu n. epigram
epikua n. epicure
epikuro adj. epicurean
epikuro n. epicurean
epilojia n. epilogue
epuka v. deviate
erevu adj. clever
erevu adj. cunning
erevu adj. shrewd
erevusha v. enlighten
esofajil adj. esophageal
espesheli adv. especially
estragoni n. estragon
estrojeni n. estrogen
etha n. ether

etu *pron.* our
eusi *adj.* dark
eusi *adj.* gloomy
evagled *n.* everglade
ex-rai (kimatibabu) *n.* x-ray
ezeka *v.* thatch
ezeka *v.* thrash

F

faa *v.* suit
fadhila *n.* bounty
fadhila *n.* hallmark
fafanua *v.* clarify
fafanua *v.* paraphrase
fagia *v.* mop
fagia *v.* sweep
fagilia *v.* whisk
fagio *n.* mop
fagot *n.* faggot
fahali *n.* bull
fahamu *v.* assibilate
fahamu *n.* comprehension
fahari *n.* prestige
fahirisi *n.* index
faibaglasi *n.* fiberglass
faibroid (ugonjwa) *adj.* fibroid
faibto-maskula *adj.* fibromuscular
faida *n.* advantage
faida *n.* profit
faida *adj.* viable
faida kubwa *adj.* lucrative
faidi *v.* advantage
faidi *v.* avail
faidi *n.* gain
faidi *v.* profile
faidi *v.* profit
faidi *adj.* profitable
faidia *n.* benefice
faidia *v.* benefit
faidisha *adj.* advantageous
faidisha *adj.* productive
faili *n.* file

faili *v.* file
faini *n.* fine
fakiri *adj.* deadbeat
falaki *n.* astronomy
falasi *n.* phallus
falsafa ya sheria *n.* jurisprudence
faluda *n.* pudding
familia *n.* family
fanana *v.* osculate
fanana *v.* resemble
fanana. *adv.* alike
fananisha *v.* compare
fananisha *v.* dummy
fananisha *v.* equate
fananisha *v.* liken
fananisha *v.* rhyme
fananisha *v.* sample
fanano *n.* couplet
fani *adj.* favourable
fani *adj* successful
fanicha *n.* furniture
fanikio *n.* success
fanisisha *adj.* effeminate
fantasmal *adj.* phantasmal
fanusi *n.* lamp
fanya *v.* do
fanya *v.* make
fanya *v.* perform
fanya *v.* stage
fanya bidii *v.* moil
fanya gesi *v.* gasify
fanya glasi *v.* glassify
fanya kazi *v.* labour
fanya kosa *v.* blunder
fanya majinuni *v.* madden
fanya matanga *v.* rout
fanya mkutano *v.* rally
fanya ozoni *v.* ozonate
fanya tena *n.* recourse
fanya tope *v.* daub
fanya zoezi *v.* rehearse
fanya-tamu *v.* sugar
fanya-vugu *v.* thaw

fanyisha kazi v. overwork
faradhi n. obligation
faragha n. privacy
faragha n. retirement
faragha n. secrecy
faragha adj. solitary
faraja n. consolation
faraja n. relief
faraka n. sect
farakana v. estrange
farakano n. faction
faransa n. french
farasi n. cavalry
farasi n. horse
farasi n. mustang
farasi n. stallion
farasi (za kiamerika) n. pony
farasi (za kiamerika) n. pony
farasi isomapumbu n. gelding
fargha n. vacancy
fariji v. relieve
fasaha adj. eloquent
fasihi adj. literary
fasihi n. literature
fasiki adj. profligate
fasili n. descendant
fasiri v. interpret
fataki n. fireworks
faulu v. succeed
fauna n. fauna
faxi n. fax
februari n. february
fedha n. currency
fedha n. finance
fedha adj. fiscal
fedha n. silver
fedha v. silver
fedha n. stipend
fedheheka v. abash
fedhehesha n. abashing
fedhehesha v. dishonour
fedheheshwa adj. abashed
fedhuli adj. arrogant

fedhulika adj. unmannerly
feleji n. canal
feleti v. absolve
feleti v. discharge
feli v. fail
feli n. misdeed
feliki adj. phallic
ferdausi n. paradise
fereji n. pipe
fereji n. sewer
feri n. ferryboat
fesheni n. fashion
fesheni n. style
fi prep. on
ficha v. hide
ficha v. muffle
ficha v. tint
fiche n. encryption
fiche adj. tect
ficho n. tint
fichua v. expose
fidhuli adj. insolent
fidhulika adj. defiant
fidi v. ransom
fidia n. indemnity
fidia v. reciprocate
fidia v. reimburse
fidia n. reimbursement
fidia / mfungo n. bond
fidla n. fiddle
fidla n. violin
fido n. sapling
fido n. switch
fieka adj. arable
fifia n. attenuance
fifia v. fade
fifiza v. dampen
figili n. celery
figili n. radish
figo n. kidney
fikara n. meditation
fikia n. access
fikia v. reach

fikira v. brainstorm
fikira potofu n. presupposition
fikiria v. reason
fikiria vibaya v. presuppose
fikisha v. relay
fikra n. genius
filamu n. film
filimbi v. flute
filisi n. bankrupt
filolojia n. philology
filosofia n. philosophy
fima n. femur
fimbo n. birch
fimbo n. cane
fimbo n. lash
fimbo n. sceptre
fimbo v. staff
fingo n. spell
finika. v. conceal
finya v. constrict
finya v. decompress
finya v. narrow
finya v. nip
finya v. pinch
finyanga v. mould
finyanga v. wedge
finyilia v. pressurize
finyu adj. narrow
fir (miti) n. fir
fira n. cobra
firashi n. quilt
fisadi n. libertine
fisi n. hyaena, hyena
fisidi v. corrupt
fistula (ugonjwa) n. fistula
fitina n. bruit
fitina n. mutiny
fitina n. quarrel
fitina n. rebellion
fitina n. revolt
fitina n. strife
fitini v. bruit
fitini n. discord

fitini v. mutiny
fiwa adj. bereaved
fiyatua v. shoot
fiziki v. physic
fiziki n. physic
fizikia n. physics
fizionomia n. physiognomy
flaneli n. flannel
flora n. flora
fobodi v. forbode
foka v. bawl
foka v. blare
foka v. erupt
foka v. shout
foka v. yell
folda n. fondler
fomu n. blank
fomu n. form
fomyula n. formula
fonti n. font
foresta n. forester
forsadi n. mulberry
forseps (kifaa) n. forceps
fosfeti (kemikali) n. phosphate
foto n. photo
friji n. fridge
fu adj. dead
fua v. forge
fuadi n. heart
fuata v. conglutinate
fuata v. follow
fuata v. pursue
fuata n. regicide
fuata v. tail
fuata v. retrace
fuata tena v. reapproach
fuatana v. ensue
fuatilia v. track
fuatisha v. transcription
fuawe n. anvil
fucharolojia n. futurology
fufua v. renew
fufua v. revive

fufutende *adj.* lukewarm
fufutende *adj.* tepid
fuga *v.* breed
fuga *v.* domesticate
fugo *n.* breed
fujo *adj.* aggressive
fujo *n.* chaos
fujo *adv.* pell-mell
fujo *adj.* wasteful
fuka *n.* smoke
fukiza *v.* cense
fukiza *v.* incense
fukiza *v.* smoke
fukizia *v.* spray
fukua *v.* unearth
fukua (mizizi) *v.* ransack
fukuo *n.* cavity
fukuza *v.* banish
fukuza *v.* dismiss
fukuza *v.* dog
fukuza *v.* evict
fukuza *v.* exile
fukuzano *n.* expulsion
fukuzano *n.* molestation
fulana *n.* vest
fulani *adj.* certain
fulani *adj.* such
fulusi *n.* cash
fulusi *n.* money
fuma *v.* knit
fumba *v.* cipher
fumba *v.* disguise
fumba *v.* mystify
fumba macho *v.* blindfold
fumbata *v.* clutch
fumbi *n.* drain
fumbi *n.* gutter
fumbo *n.* allusion
fumbo *n.* cipher
fumbo *n.* enigma
fumbo *n.* metaphor
fumbo *v.* obscure
fumbo *n.* puzzle

fumbu *n.* bouquet
fumbua *v.* disclose
fumbua *v.* figure
fumbua *v.* solve
fumi *n.* rumble
fumua *v.* loosen
fumua *v.* undo
funda *n.* mouthful
fundi-bomba *n.* plumber
fundisanifu *n.* technician
fundisha *v.* teach
fundisho *n.* lesson
fundo *n.* knot
funga *v.* bewind
funga *v.* bound
funga *v.* buckle
funga *v.* button
funga *v.* close
funga *v.* deadbolt
funga *v.* duct
funga *v.* imprison
funga *v.* jail
funga *v.* loom
funga *n.* rivet
funga *v.* rivet
funga *v.* rope
funga *v.* rubberneck
funga *v.* shackle
funga *v.* shut
funga *v.* strap
funga *v.* string
funga *v.* tether
funga *v.* tie
funga (saumu) *v.* fast
funga (bandeji) *v.* bandage
funga (mkanda) *v.* tape
funga (pingu) *v.* handcuff
funga (shingoni) *v.* scruff
funga (zipu) *v.* zip
funga bibu *v.* bib
funga kizimbani *v.* cage
funga pingu *v.* fetter
funganisha *v.* knot

funganisha pamoja *v.* interlock
fungasha *v.* bag
fungasha *v.* pack
fungata *n.* annulet
fungate *n.* honeymoon
funga-waya *v.* wire
fungia *v.* confine
fungu *n.* part
fungu *n.* piece
fungu *n.* portion
fungu *n.* verse
fungu kumi *n.* decennary
fungu kumi *adv.* tenfold
fungua *v.* key
fungua *v.* open
fungwa *v.* convict
funika *n.* coat
funika *v.* cover
funika *v.* encase
funika *v.* envelop
funua *v.* unsheathe
fununu *n.* hearsay
funuo *n.* opening
funza *v.* coach
funza *v.* educate
funza *n.* maggot
funza *v.* school
funza *n.* worm
funzo *n.* doctrine
fupi *adj.* brief
fupi *adj.* concise
fupi *n.* short
fupi *adj.* terse
fupisha *v.* abbreviate
fupisha *v.* dwarf
fupisha *v.* shorten
fupisho *n.* abbreviation
fura *v.* rage
fura *v.* swell
furaha *adv.* delightedly
furaha *adj.* ecstatic
furaha *n.* elation
furaha *n.* gaiety
furaha *adj.* glad
furaha *n.* gratification
furaha *n.* happiness
furaha *n.* joy
furaha *n.* jubilation
furaha *n.* mirth
furaha *adj.* mirthful
furaha *n.* solace
furahi *v.* rejoice
furahia *n.* ectasy
furahia *v.* enjoy
furahifu *adj.* happy
furahisha *v.* delight
furahisha *v.* entertain
furahisha *v.* please
furahisha *v.* solace
furahisha *v.* sweeten
furahishwa *v.* gladden
fursa *n.* chance
fursa *n.* occasion
fursa *n.* opportunity
furungu *n.* anklet
furusha *v.* disperse
furushi *n.* parcel
fusi *n.* debris
fusi *n.* rubbish
futa *v.* allay
futa *v.* delete
futa *v.* erase
futa *v.* towel
futa *v.* wipe
futa (kwa pamba) *v.* tampon
futishwa *adj.* deletable
futuri *n.* span
futwa *v.* countermand
fuvu *n.* skull
fuwelea *v.* crystalize
fuzu *v.* master
fuzu *v.* win
fyanda *v.* squash
fyata *v.* press
fyetua *v.* snap
fyoa. *adj.* abusive

fyozi *adj.* contemptuous
fyozo *n.* hiss
fyuzi *n.* fuse

G

gaa *v.* wallow
gaagaa *v.* toss
gabi *n.* roller
gadi *n.* stay
gadimu *v.* shoulder
gaga *n.* coating
gaga *v.* roll
gaidi *n.* terrorist
gaidi *adj.* unruly
gaidi. *n.* bandit
galaksia *n.* galaxy
galetini (proteini) *n.* gelatin
galoni *n.* gallon
galvanometa *n.* galvanometer
galvanoskop *n.* galvanoscope
gama *n.* gamma
gamba *v.* brag
gamba *n.* shell
ganda *v.* clasp
ganda *v.* congeal
ganda *n.* crust
ganda *v.* ferment
ganda *v.* freeze
ganda *n.* shell
ganda *v.* thicken
ganda la karanga *n.* nutcase
ganda la karanga *n.* nuthouse
gandamiza *v.* compress
gandisha *v.* curd
gandisha *n.* tranquillizer
ganga *v.* doctor
gango *n.* bandage
gango *n.* brace
gani *pron.* which
ganjo *n.* ravage
ganza *v.* falter
garamia *v.* expend

gari *n.* car
gari *n.* cart
gari *n.* gondola
gari *n.* vehicle
gari *n.* wagon
gari (la zima moto) *n.* firetruck
gari la maji *n.* tanker
gari ya silaha *v.* limber
gari ya ziada *n.* sidecar
garimoshi *n.* train
gastronomia *n.* gastronomy
gati *n.* dock
gauni *n.* gown
gavana *n.* governor
gavana (enzi za mugul) *n.* nabob
gawa *v.* apportion
gawa *v.* defragment
gawa *v.* distribute
gawa *v.* divide
gawa *v.* partition
gawa *v.* piece
gawa *v.* segment
gawa *v.* share
gawa *v.* thud
gawa *v.* traunch
gawa *v.* whack
gawa mara nane *v.* octuple
gawakati *v.* bisect
gawanya *v.* polarize
gawanya *v.* punctuate
gawanya *v.* sever
vipande nane *n.* octuplicate
gawia *v.* give
gawishika *adj.* tenable
gazeti *n.* tabloid
gemini (nyota) *n.* gemini
genge *n.* brink
genge *n.* ravine
gengrene *n.* gangrene
geni *adj.* novel
gereji *n.* garage
gereza *n.* fort
gereza *n.* jail

gereza *n.* prison
geto *n.* ghetto
geugeu *adj.* uncertain
geuka *v.* turn
geuza *v.* alter
geuza *v.* flip
geuza *v.* interchange
geuza *v.* invert
geuza *v.* reform
geuza *v.* turn
geuza (iwe siki) *v.* acetify
geuza gesi *adj.* gasified
ghadhabu *n.* fury
ghadhabu *n.* vexation
ghafalisha *v.* divert
ghafilika *adj.* indiscreet
ghafla *n.* abruption
ghafla *v.* sadden
ghafla *n.* sudden
ghafla *adv.* suddenly
ghaibu *adj.* absent
ghaibuni *n.* occult
ghairi ya *adv.* without
ghala *n.* granary
ghalati *n.* falsehood
ghalati *n.* lie
ghali *adj.* costly
ghali *adj.* expensive
ghali *n.* overcharge
ghamu *n.* grief
ghamu *n.* melancholy
ghana *n.* genre
gharama *n.* cost
gharama *n.* expense
gharama (ya posta) *n.* postage
gharamia *v.* finance
gharamia *v.* spend
gharamia *v.* subsidize
gharika *n.* wreck
gharikisha *v.* flood
gharimu *v.* cost
ghasia *n.* riot
ghasia *n.* unrest

ghera *n.* distrust
ghera *n.* jealousy
ghilibu *v.* compete
ghofira *n.* pardon
ghorofa *n.* floor
ghorofa *n.* loft
ghorofa *n.* storey
ghuba *n.* gulf
ghuba / kubba *n.* bay
ghubari *n.* dust
ghulamu *n.* jack
ghulamu *n.* knave
ghururi *n.* conceit
ghururi *n.* infatuation
ghururi *n.* presumption
ghushi *adj.* artificial
ghushi *n.* fake
ghusubu *v.* coerce
gia *n.* gear
gia *n.* gearset
giaboksi *n.* gearbox
gibbon *n.* gibbon
gibu *n.* gib
gibu *v.* gib
gigabait *n.* gigabyte
gigabit *n.* gigabit
gitaa *n.* guitar
giza *n.* darkness
gland *n.* gland
glaserini *n.* glycerine
glasi *n.* glass
glasi ya changarawe *n.* sandglass
glaukoma (ugonjwa) *n.* glaucoma
glavu *n.* glove
goana *n.* goanna
goboa *v.* break
gobul *n.* gobble
godi *n.* gourd
godoro *n.* cushion
godoro *n.* mattress
gofisha *v.* emaculate

gofu *adj.* emaciated
gofu *n.* golf
gofu *adj.* thin
gogo *n.* log
goigoi *adj.* indolent
goka *v.* gag
goli *n.* goal
gololi *n.* marble
goma *v.* boycott
gomba *v.* refuse
gombana *v.* bicker
gombana *v.* feud
gombo *n.* page
gomea *v.* resist
gomvi *adj.* quarrelsome
gonadi *n.* gonads
gonga *v.* bang
gonga *v.* batter
gonga *v.* collide
gonga *v.* tap
gongo *n.* cudgel
gongo *n.* pinnacle
gonjwa *adj.* ill
gonjwa *n.* malady
gonjwa *adj.* sick
gorofa *n.* apartment
gorofa *n.* flat
gorong'odwa *n.* zigzag
gorong'ondwa. *n.* crawl
gota *v.* tap
gothiki *n.* gothic
goti *n.* knee
gotota. *v.* hammer
gozi *n.* negro
gramafoni *n.* gramophone
gramu *n.* gramme
gredi *n.* grade
gredi *n.* level
gredi *n.* quality
grisi *n.* grease
guba *n.* vault
gudulia *n.* pitcher
gugumia *v.* gulp

gumba *adj.* sterile
gumba *n.* thumb
gumu *n.* compact
gumu *adj.* difficult
gumu *adj.* hard
gumu *adj.* severe
gumzo *n.* chord
gumzo *v.* gabble
guna *v.* grunt
guna *v.* moan
gundi *n.* asafoetida
gundi *n.* glue
gundi *n.* paste
gundi. *adj.* adhesive
gungua *v.* discover
guni *n.* gooney
gunia *n.* sack
guno *n.* groan
guno *n.* grunt
guno *n.* moan
guonga *v.* romp
gurudumu *n.* gearwheel
gurudumu *n.* tyre
gurudumu *n.* wheel
guruma *v.* crump
guruma *v.* whiz
guruta *v.* mangle
gusa *v.* contact
gusa *v.* handle
gusa *v.* terp
gusa *v.* touch
gusa upya *v.* retouch
guta *v.* gore
gutu *adj.* blunt
gutusha *v.* shock
gwafua *v.* snarl
gwafuaji *n.* snarl
gwaride *v.* parade

H

haba *adj.* slight
habali *adj.* irresponsible

habari *n. pl.* tidings
habibu *n.* amour
habibu *adj.* beloved
habibu *adj.* dear
habithi *n.* cruelty
habithi *n.* dishonesty
habu *n.* like
habusu *n.* prisoner
hadaa *n.* artifice
hadaa *v.* deceive
hadaa *v.* trick
hadharani *adj.* brown
hadharani *adv.* public
hadhari *n.* caution
hadharisha *v.* caution
hadhi *n.* respect
hadhi *n.* status
hadhira *n.* audience
hadhira *n.* public
hadhira (kotini) *n.* courtier
hadhiri *v.* publish
hadi *adv.* as
hadi *prop.* as
hadi *conj.* till
hadi *prep.* till
hadi *conj.* until
hadidhi *adj.* legendary
hadithi *n.* malice
hadithi *n.* myth
hadithi *n.* story
hadithia *v.* narrate
hafifisha *v.* diminish
hafifisha *v.* flake
hafifisha *v.* reduce
hafifu *n.* debilitant
hafifu *n.* flake
hafifu *adj.* flaking
hafifu *adj.* trivial
hafla *n.* ceremony
hafla *n.* party
haggadi (mwandishi) *adj.* haggard
hai *adj.* animate

hai *adj.* organic
hai. *adj.* alive
haiba *n.* charm
haiba *n.* personality
haidrojeni *n.* hydrogen
haijambo *adv.* luckily
haiko *adj.* extinct
haimpasi *adj.* seemly
haina *n.* nil
haina uhsiano *adj.* relentless
haisteria (ugonjwa) *n.* hysteria
haiwezekani *adj.* impracticable
haja *n.* requirement
haja *n.* urge
haji *n.* pilgrim
hajirisha *v.* deport
haki *adj.* eligible
haki *n.* justice
haki *n.* legality
haki *n.* prerogative
haki (kupiga kura) *n.* suffrage
hakika. *n.* accuracy
hakika. *adv.* actually
hakikisha *v.* ascertain
hakikisha *v.* certify
hakikisha *v.* ensure
hakikisha *v.* insure
hakikisha *v.* prove
hakikisha *v.* verify
hakimu *n.* arbiter
hakimu *n.* judge
hakimu *n.* magistrate
hakimu *n.* prosecutor
hakimu *n* umpire
hakiri *v.* vilify
hakirisha *v.* abuse
hakulini *adj.* herculean
hakuna *n.* insoluble
hakuna *pron.* nobody
hakuna *pron.* none
hakuna *adv.* nothing
halafa *n.* oath
halafa *n.* opposition

halafa n. rupture
halaiki n. crowd
halali adj. legitimate
halalisha v. legalize
halalisha v. permit
halalisha v. solemnize
halan adv. immediate
hali n. circumstance
hali n. condition
hali n. situation
halifa n. successor
halifu v. disobey
halifu adj. rebellious
halifu v. violate
halimaututi adj. alamort
halisi v. assoil
halisi adj. concrete
halisi adj. definite
halisi adj. exact
halisi adj. literal
halisi adj. orthodox
halisi. adj. accurate
halisi. adj. actual
halisisha v. concrete
hama v. emigrate
hama v. migrate
hama v. reallocate
hama v. shift
hama v. vacate
hamaki adj. acrid
hamaki n. temper
hamali n. burden
hamali n. carrier
hamali v. forsake
hamali n. freight
hamali n. load
hami v. insulate
hamira n. yeast
hamisha v. expel
hamisha v. move
hamisha v. shuttle
hamisha v. transfer
hamisha pamoja n. cotransfer

hamishwa v. immigrate
hamkani n. frenzy
hamkani n. tension
hamsini n. fifty
hamstashara n. fifteen
hanamu n. bow
hanamu n. edge
hanamu adj. oblique
handaki n. bunker
handaki n. channel (of water)
handaki n. ditch
handaki n. moat
handaki n. sector
handaki v. tunnel
handaki n. tunnel
hands n. lingo
hangaiko adj. anxiety
hangaiko n. frustration
hangaisha adj. anxious
hani v. condole
hanidhi adj. shameful
hanikiza v. echo
hanikiza v. resound
hanjari n. dagger
hanziri n. pig
hapa adv. here
hapa adv. hither
hapana adv. no
harabu adj. pernicious
haragwe n. bean
haraja n. consumption
haraka adv. apace
haraka adj. fast
haraka n. haste
haraka n. quick
haraka adj. rapid
haraka adj. speedy
haraka haraka adj. cursory
harakati n. movement
harakati n. procedure
harakisha v. hasten
harakisha v. pace
harakisha v. speed

harambee *n.* synergy
haramia *n.* pirate
haramia *n.* robber
haramia *n.* seajacker
haramisha *v.* taboo
haramu *adj.* forbidden
haramu *adj.* illegal
haramu *adj.* illegitimate
haramu *adj.* illicit
harara *adj.* enthusiastic
harara *n.* heat
harara *adj.* passionate
harara *n.* temperature
harasa *n.* damage
hari *v.* sweat
haribifu *n.* default
haribika *n.* rote
haribu *v.* depredate
haribu *v.* peril
haribu *n.* rune
haribu *v.* scourge
haribu *v.* spoil
haribu *v.* tamper
haribu *v.* uglify
haribu *v.* worst
harimisha *v.* excommunicate
harimu *v.* prohibit
hariri *n.* satin
hariri *n.* silk
haririsha *adj.* silken
harisha *v.* purge
harisho *n.* diarrhea
harufu *n.* aroma
harufu *adj.* odorous
harufu *adj.* piquant
harufu *n.* scent
harufu *n.* smell
harufu *n.* tang
harufu *n.* waft
harufu *adj.* balmlike
harufu *adj.* nascent
harusi *n.* wedding
hasa *adv.* just

hasa. *adv.* wholly
hasara *adj.* damn
hasara *adj.* waste
hasarisha *v.* waste
hashiki *n.* passion
hasi *v.* geld
hasi *adj.* negative
hasibu *n.* treasurer
hasidi *v.* bias
hasidi *v.* envy
hasidi *n.* sadist
hasimu *n.* wrangle
hasira *n.* acrimony
hasira *n.* anger
hasira *n.* animus
hasira *n.* goof
hasira *adj.* goofy
hasira *adj.* irate
hasira *n.* sic
hasirika *v.* decay
hata *adv.* even
hata *adv.* even
hata *conj.* so
hatamu *n.* bridle
hatari *n.* bleak
hatari *n.* danger
hatari *adj.* dangerous
hatari *n.* hazard
hatari *adj.* noxious
hatari *adj.* risky
hatarini *adj.* bleak
hatarini *n.* jeopardy
hatarini *v.* stake
hatarisha *v.* endanger
hatarisha *v.* imperil
hatarisha *v.* jeopardize
hatarisha *v.* risk
hatarisha *v.* stunt
hati *n.* blank
hati *n.* chit
hati *n.* form
hatia *n.* error
hatia *n.* guilt

hatia *adj.* guilty
hatia (kimitandao) *n.* cybercrime
hatiani *n.* convict
hatibu *n.* preacher
hatihati *n.* verge
hatima *n.* conclusion
hatima *n.* end
hatima *n.* finish
hatima *n.* termination
hatimaye *adv.* eventually
hatimaye *adv.* ultimately
hatua *n.* move
hatua *n.* step
haujaanza *n.* gin
hawa *n.* concubine
hawara *n.* paramour
hawezi *adj.* incapable
hawili *v.* convert
hawilisha *v.* convey
haya *interj.* bye-bye
haya *int.* okay
haya *n.* shy
hayawani *n.* animal
hayawani *n.* beast
hayawani *n.* brute
hayawani *n.* monster
hazina *n.* treasury
hedashara *n.* eleven
hedhi *n.* menstruation
hekalu *n.* pagoda
hekaya *n.* anecdote
hekaya *n.* tale
hekima *n.* knowledge
hekima *n.* sageness
hekima *n.* wisdom
heko *interj.* hurrah
hema *n.* tent
hemesha *v.* adrenalise
henda *adv.* perhaps
henezi *adj.* slow
henzarani *n.* bamboo
hepuka *v.* evade
hepuka *v.* skip

hepuka *adj.* teetotal
hepukana *v.* shun
heri-a-heri *adj.* fortunate
heroini (kulevya) *n.* heroine
herufi *adj.* sibilant
herufi (kiibrania) *n* taw
hesabia *n.* arithmetic
hesabika *adj.* countable
hesabu *v.* bill
hesabu *v.* count
hesabu *n.* mathematics
hesabu *v.* number
hesabu *v.* rate
hesabu *v.* reckon
hesabu *v.* sum
hesabu mbaya *adj.* maculate
hesabu tena *v.* recount
hesabu vibaya *v.* maculate
hesabu/akaunti *n.* account
heshima *n.* esteem
heshima *n.* homage
heshima *adj.* honorary
heshima *n.* nobility
heshima *adj.* respectful
heshima *adj.* reverent
heshimu *v.* esteem
heshimu *v.* honour
heshimu *v.* respect
hesi *n.* screw
hesi *adj.* spiral
hewa *n.* air
hewa *n.* climate
hewa *n.* gas
hiana *adj.* disloyal
hiana *n.* treachery
hiana *n.* treason
hiari *n.* choice
hiari *adj.* optional
hiari *v.* prefer
hiari *adj.* spontaneous
hiari *n.* volition
hiari *adj.* voluntary
hiari *n.* volunteer

hiari *n.* wish
hiba *n.* present
hibias kopas *n.* habeas corpus
hifadhi *n.* conservation
hifadhi *v.* conserve
hifadhi *v.* keep
hifadhi *v.* mortify
hifadhi *n.* perusal
hifadhi *v.* preserve
hifadhi *n.* protection
hifadhi *v.* retain
hifadhi *n.* safehouse
hifadhi *v.* save
hifadhi *v.* secure
hifadhi *v.* store
hifadhi *v.* warehouse
hifadhi (benkini) *v.* bank
hifadhi (fedha) *v.* debit
hifadhi (ya zana) *n.* armoury
hifadhi ya usajili *n.* database
hijabu *n.* wimple
hiji *n.* pilgrimage
hila *n.* cunning
hila *n.* pretext
hila *n.* sleight
hila *n.* subtle
hila *n.* subtlety
hila *n.* trick
hilo *adv.* thereabouts
hima *n.* ado
hima *n.* energy
hima *adj.* fast
hima *n.* hurry
hima *n.* persistence
hima *n.* roach
hima *n.* stamina
himili *v.* bear
himiza *v.* encourage
himiza *v.* hurry
himiza *v.* tantamount
himiza *v.* urge
himiza *v.* vitalize
hirizi *n.* amulet

hirizi *n.* talisman
hisa *n.* quotient
hisa *v.* share
hisa *v.* stock
hisani *n.* favour
hisi *v.* feel
hisi *v.* imprint
hisi *v.* perceive
hisi *v.* sense
hisia *n.* empath
hisia *n.* feeling
hisia *adj.* olfactic
hisia *n.* olfactics
hisia *n.* sense
hisia *n.* sentiment
historia *n.* archaeology
historia *n.* history
hitaji *v.* need
hitaji *n.* request
hitaji *v.* require
hitilafiana *v.* contradict
hitilafiana *v.* disagree
hitilafu *n.* contradiction
hitilafu *v.* differ
hitilafu *n.* exception
hitimu *v.* end
hitimu *v.* finish
hitimu *v.* graduate
hitimu *v.* qualify
hivyo *adv.* thereby
hizaya *n.* dishonour
hizaya *n.* misfortune
hobela *adv.* badly
hobela *adv.* somehow
hodari *n.* daredevil
hodari *adj.* deft
hodari *adj.* diligent
hodari *adj.* earnest
hodari *adj.* formidable
hodari *adj.* powerful
hodari *adj.* prudent
hodari *adj.* smart
hodari *adj.* versatile

hodhi *n.* boiler
hofu *adj.* afraid
hofu *adj.* dread
hofu *n.* fear
hofu *adj.* frantic
hofu *n.* fright
hofu *adj.* wary
hohehahe *adj.* destitute
hoi *adj.* helpless
hoja *v.* compel
hoja *n.* evidence
hoja *n.* exhibit
hoja *n.* matter
hojaji *n.* questionnaire
hoji *v.* interrogate
hoji *v.* interview
hoki *n.* hockey
homa *n.* fever
homa ya manjano *v.* jaundice
honga *v.* bribe
honga *v.* graft
hongera *n.* congratulation
hongera *int.* felicitations
hongeza *v.* blackmail
hongeza *v.* congratulate
hongo *n.* blackmail
hongo *n.* bribe
hongo *n.* graft
hongo *n.* tribute
honi *n.* horn
hori *n.* creek
hospitali *n.* hospital
hosteli *n.* hostel
hoteli *n.* hotel
hoteli *n.* motel
hotuba *n.* lecture
hotuba *n.* sermon
hotuba *n.* speech
hotuba *n.* baccalaureate
hotubia *v.* sermonize
hubaki *v.* revert
hubiri *v.* preach
hudhuria *v.* attend

hudhuria *n.* showup
hudhurio *n.* attendance
hudhurio *n.* presence
hudhurisha *v.* convene
hudhurungi *adj./n.* purple
hudhurungu *n.* yellow
huduma *n.* service
hudumia *v.* nurse
hudumia *v.* serve
huisha *v.* animate
hujuma *n.* assault
hujuma *n.* attack
hujuma *n.* malaise
hujuma *n.* rush
hujuma *n.* subversion
hujumu *v.* assault
hujumu *v.* attack
hujumu *v.* subvert
huko *adv.* thence
huko *adv.* thither
huku *adv.* hereabouts
hukumu *n.* condemnation
hukumu *n.* decree
hukumu *v.* judge
hukumu *n.* ordinance
hukumu *n.* sentence
hukumu *v.* wield
hulia *v.* bray
huliwa *n.* caviar
hulka *n.* nature
huluku *v.* create
hundi *n.* draft
hundi /hoja *n.* bill
hunia *v.* philander
huo *adj.* pessimistic
huonekana *adj.* conspicuous
huria *n.* freedom
huria *adj.* independent
huru *n.* anarchist
huru *adj.* autonomous
huru *adj.* emancipation
huru *adj.* free
huru *n.* sovereign

huruma *n.* compassion
huruma *n.* decency
huruma *n.* empathy
huruma *adj.* lenient
huruma *adj.* pitiful
huruma *n.* pity
huruma *adj.* sentimental
huruma *n.* sympathy
hurumia *v.* commiserate
hurumia *v.* pity
hurumia *v.* rue
hurumiwa *adj.* piteous
husda *n.* xenophobe
husiana *adj.* annectent
husiana *v.* correlate
husiana *v.* relate
husika *adj.* respective
husisha *v.* consist
husisha *v.* implicate
husisha *v.* involve
husisho *adj.* allusive
husu *adj.* accusatory
husu *v.* belong
husu *v.* belong
husu *v.* concern
husu *v.* pertain
husu *n.* relative
husudio *adj.* enviable
husudu *v.* envy
husuma *n.* enmity
husumu *v.* quarrel
husuni *n.* castle
husuru *v.* suppress
hususa *adv.* fully
hususa *n.* particular
hususan *adj.* especial
hutubia *v.* address
hutubia *v.* lecture
hutubia *n.* oration
huwisha *v.* reanimate
huyaondoa *v.* supersede
huzuni *n.* agony
huzuni *n.* depression
huzuni *n.* distress
huzuni *adj.* lachrymose
huzuni *n.* mourning
huzuni *adj.* sad
huzuni *v.* sorrow
huzuni *n.* sorrow
huzuni *adj.* tearful
huzuni *adj.* unamused
huzuni *n.* woeful
huzunisha *v.* aggrieve
huzunisha *v.* agonize
huzunisha *v.* depress
huzunisha *v.* grieve

I

iambu *adj.* iambic
iba *v.* pirate
iba *v.* shoplift
iba *v.* steal
ibada *n.* cult
ibada *n.* rite
ibada *n.* worship
ibada ya kigiriki *n.* bacchanal
ibara *n.* clause
ibilisi *n.* devil
ibua *v.* elicitate
ibura *n.* speck
ibura *adj.* wonderful
idadi *n.* amount
idadi *n.* quantity
idadi kubwa *n.* gazillion
idadi kubwa *n.* multiplicity
idara *n.* department
idara ya posta *n.* post-office
idhaa *n.* broadcast
idhini *v.* confirm
idhini *adj.* consensual
idhini *v.* permit
idhinisha *v.* endorse
idhinisha *v.* warrant
idhinisha. *v.* authorize
idili *n.* enthusiasm

ifuta v. abrogate
ifutikayo adj. effable
iga v. caricature
iga v. impersonate
iga v. mimic
igawa v. sunder
igiza v. copy
igiza v. imitate
iibada n. reverence
ijadiliwayo adj. negotiable
ijapokuwa adv. though
ijara v. earn
ijara n. rent
ijayo adj. next
ijumaa n. friday
ikaanguka v. wreck
ikirari n. plea
iksodisha v. oxidate
ila conj. else
ila conj. only
ila conj. otherwise
ila conj. unless
ilani n. declaration
ilani n. notice
ilani n. proclamation
ilani n. publication
ilani n. talkboard
ile v. revel
ile ile n. reveller
ilhali conj. while
ilhali prep. amid
ili conj. lest
iliki n. cardamom
iliohatarini adj. vulnerable
iliohatarini adj. vulnerable
iliopita adv. ago
iliopita adv. ago
iliopita adj. last
iliotenguliwa adj. mutinous
iliyoishia v. culminate
iliyonyesha adj. torrential
iliyotajwa adj. aforesaid
ilo na hadhi adj. classic

ilo na mbegu n. germin
iloanguka n. fallen
iloashiriwa adj. blazoned
ilochongwa adj. pointful
ilogumu n. compact
ilohewa adj. gasesous
ilohindiwa adj. billable
ilojumlishwa adj. generable
ilokamba adj. corded
ilokomaa adj. ingrained
ilokurubiana adj. contiguous
ilombengu adj. geminal
ilonafasi adj. capacious
ilonyele adj. fuzzy
ilopambwa adj. encrusted
iloshonwa adj. filamented
ilostiriwa adj. encrypted
ilotarehe adj. dated
ilotengwa n. inhibition
ilotulia adj. dormant
imamu n. abbot
imamu n. mullah
imamu n. parson
imani n. belief
imani n. confidence
imani n. creed
imani n. faith
imani n. trust
imara adj. firm
imara adj. hardy
imara adj. resolute
imara adj. robust
imara n. solid
imara adj. stationary
imarisha v. reinforce
imarisha v. stabilize
imba v. chant
imba v. duet
imba v. sing
imba v. yodle
imefika adj. prevalent
imeiva adj. pulpy
imet (dudu) n. emmet

imetoa *v.* spawn
imnama *v.* bow
imperfection *n.* imperfection
ina *adv.* surely
inadumu *adj.* abiding
inahusu *v.* relent
inakereketa *n.* irritant
inalenga *v.* envisage
inamisha *v.* stoop
inamisha *v.* tilt
inaonekana *v.* seem
inasema *v.* stipulate
inashirikiana *n.* liaison
inasikitisha *adj.* deplorable
inasubiria *prep.* pending
inaweza *v.* could
ilaminetiwayo *adj.* lamentable
inayobebeka *adj.* portable
ipongezwayo *adj.* laudable
inayofanana *adj.* akin
inayohusisha *v.* enshrine
inayosaidia *n.* complement
inchi *n.* inch
inchi *n.* land
inesha *n.* inertia
ingawa *adv.* notwithstanding
ingawapo *adv.* nonetheless
ingi *adj.* numerous
ingia *v.* enter
ingia (maungoni) *v.* fondle
ingilia *v.* cohabit
ingilia *v.* interfere
ingilia *v.* pry
ingilia *v.* sex
ingilia kati *v.* intervene
ingiliana *v.* overlap
ingine *adj.* more
ingine *adj.* other
ingine *adj.* some
ingiza *v.* adhibit
ingiza *v.* fill
ingiza *v.* import
ingiza *v.* insert

inje *adv.* outside
inje ya dunia *n.* extraterrestrial
injili *n.* evangel
injili *n.* gospel
injini *n.* engine
injini *n.* locomotive
injini *n.* machine
injini (ya ndege) *n.* aeropulse
inkishafi *n.* revelation
inkwisha *adj.* depleted
insha *n.* theme
inspekta *n.* inspector
intidhamu *n.* order
inua *v.* elevate
inua *v.* lift
inua *v.* raise
inua *v.* steep
inua *v.* uplift
inua uso *v.* facelift
inzi *n.* fly
ioliki *adj.* aeolic
ioni *n.* eon
ipasavyo *adv.* accordingly
iquinoksi *n.* equinox
isha *n.* essay
ishara *n.* emoticon
ishara *n.* gesture
ishara *n.* indication
ishara *n.* phenomenon
ishara *v.* portend
ishara *adj.* signal
ishara *n.* signal
ishara *n.* symbol
ishara *n.* symptom
ishara *n.* wand
ishi *v.* exist
ishi *v.* last
ishi *v.* live
ishi *v.* survive
ishirini *adj.* twentieth
ishirini *n.* twenty
isio tatulika *adj.* irreconcilable
isiodhahiri *adj.* misty

isioelezeka *adj.* indescribable
isiohamishika *adj.* immovable
isiopatikana *adj.* irrecoverable
isiotumika *adj.* inapplicable
isiyo ya akili *adj.* irrational
iso msingi *adj.* baseless
isoada *n.* aberration
isodumu *n.* ephemera
isodumu *adj.* ephemeral
isodumu *adj.* ephemeric
isofa *n.* anachronism
isofaa *n.* misfit
isofaida *adj.* irksome
isofasili *n.* nebula
isogumu *adj.* effortless
isohaki *adj.* extrajuducial
isohesabika *adj.* incalculable
isohesabika *n.* myriad
isoingilika *adj.* interminable
isokamba *adj.* cordless
isokawaida *adj.* abnormal
isokawaida *n.* abnormality
isokawaida *adj.* outlandish
isokifani *n.* nonpareil
isokubalika *n.* void
isokwisha *adj.* endless
isomaana *adj.* ignoble
isomaana *adj.* pointless
isomchongo *adj.* pointerless
isomfupa *adj.* boneless
isompango *n.* gaffe
isomtendewa *adj.* intransitive
isonamba *adj.* numberless
isongumu *adj.* dauntless
isoonekana vyema *n.* blur
isorangi *adj.* achromatic
isorangi *adj.* coclourless
isorangi *adj.* sombre
isosaidika *adj.* insupportable
isosalama *adj.* insecure
isosambamba *n.* non-alignment
isosawa *adj.* atypic
isosikika *adj.* inaudible

isositishwa *adj.* ceaseless
isotafunika *adj.* indigestible
isotambulika *n.* gizmo
isotenganishwa *adj.* indivisible
isotetewa *adj.* indefensible
isotibika *adj.* incurable
isotosha *n.* pittance
isowima *adj.* flimsy
isoyayuka *adj.* insolvent
israfu *n.* misuse
istiimari *n.* imperialism
istilahi *n.* terminology
istilahi (kisayansi) *n.* terabase
istiwai *n.* equator
ita *v.* dub
ita *v.* summon
itajaa *v.* redden
itakayotolewa *v.* emanate
itakidi *v.* believe
italiki *adj.* italic
italiki *n.* italics
ithibati *n.* confirmation
ithibati *n.* proof
itibiwayo *adj.* curable
itikadi *n.* belief
itikadi *n.* deism
itikadi *n.* dogma
itikia *v.* nod
itikia *v.* reply
itikio *n.* approval
itikio *n.* echo
itikio *n.* refrain
itikio *n.* reply
itisha *v.* request
itishio *n.* requiem
itosheleza *adj.* modest
ituri *n.* perfume
iulaji wenziwe *n.* cannibalism
iva *v.* ripen
iwapo *conj.* although
iwapo *conj.* when

J

jaa-pomoni *n.* surfeit
jabali *n.* cliff
jabali *n.* mountain
jadi *n.* ancestor
jadi *n.* ancestry
jadi *adj.* classical
jadi *n.* forefather
jadidi *n.* novice
jadiliano *v.* debate
jadiliano *n.* debate
jadiliano *v.* discuss
jagi *n.* tankard
jagoni *n.* jargon
jahanamu *adj.* hell
jahazi *n.* yacht
jahili *adj.* ignorant
jahili *adj.* illiterate
jaketi *n.* jerkin
jalala *n.* dump
jalala *n.* dumpster
jalali *adj.* omnipotent
jali *v.* care
jali *v.t.* mind
jali *v.* regard
jali *v.* remark
jali *v.* worry
jalia *v.* enable
jalia *v.* grant
jamaa *n.* comrade
jamaa *n.* fellow
jamala *n.* decorum
jamala *n.* propriety
jamala / uzuri *n.* beauty
jambazi *adj.* criminal
jambazi *n.* rogue
jambo *n.* fact
jambo *n.* issue
jamdani *n.* ribbon
jamhuri *n.* republic
jamii *n.* community
jamii *v.* copulate
jamii *n.* society
jamili *adj.* kind
jamili *adj.* nice
jamvi *n.* mat
jana *adj.* previous
jana *n.* yesterday
jana *adv.* yesterday
janaba *n.* pollution
janga *adj.* catastrophic
janga *n.* difficulty
janga *n.* scourge
janga *n.* tragedy
jangilisha *v.* poach
jangwa *n.* desert
jani *n.* leaf
janibu *n.* locality
janikiwiti *adj.* green
janja *adj.* artful
janjaua *v.* gimmick
januari *n.* january
jaribio *n.* attempt
jaribio *n.* experiment
jaribio *n.* test
jaribio *n.* try
jaribu *v.* attempt
jaribu *v.* experience
jaribu *v.* test
jaribu *v.* try
jarida *n.* journal
jarida *n.* magazine
jarida *adj.* serial
jasho *n.* perspiration
jasho *v.* perspire
jasho *n.* sweat
jasiri *n.* adamant
jasiri *adj.* courageous
jasiri *v.* daresay
jasiri *adj.* daring
jasiri *adj.* intrepid
jasiri *n.* venture
jasiri *adj.* venturous
jasisi *v.* locate
jasisi *v.* shadow

jasisi v. spy
jasusi n. mole
jasusi n. spy
jawabu n. answer
jawabu n. respondent
jay n. jay
jaza v. engorge
jaza v. juxtapose
jaza n. preoccupation
jaza kapsuli v. encapsulate
jaza tena v. replenish
jazaneni v. cram
jazi v. compensate
jazi n. increment
jazi n. profusion
jazi v. requite
jazi n. reward
jazi. n. augmentation
jazua n. compensation
jazua n. present
jedwali n. graph
jedwali n. schedule
jedwali n. table
jela n. jailer
jeli n. gel
jeli n. jelly
jem n. marmalade
jembe n. mattock
jembe v. spade
jemedari n. admiralty
jeneolojia n. genealogy
jenerata n. generator
jeneza n. bier
jeneza n. casket
jeneza n. coffin
jenga v. build
jenga v. edify
jenga n. shapeup
jenga tena v. reannex
jengo n. building
jengo n. construction
jengo n. edifice
jengo (la kifakhari) n. villa
jengo la sesere n. toyhouse
jenome n. genome
jeraha n. injury
jeraha n. wound
jeraniumu n. geranium
jeruhi v. contuse
jeruhi v. injure
jeruhi v. wound
jeshi n. army
jeshi n. legion
jeshi n. military
jeshi n. musketeer
jeuri adj. despiteful
jeuri n. outrage
jeuri adj. rude
jeuri adj. unfair
jeusi v. blacken
jezi n. jersey
jibini n. cheese
jibu v. answer
jibu v. respond
jibu n. talkback
jicho n. eye
jidai v. boast
jifahamishe v. acquaint
jifaharishe v. lavish
jigamba n. brag
jigamba adj. exultant
jigurudumu n. treadwheel
jiha n. way
jihami v. arm
jihami v. sheath
jihini v. abstain
jihini v. refrain
jikaze v. buck
jike n. female
jiko n. cooker
jiko n. oven
jiko n. scuttle
jiko n. stove
jikoni n. kitchen
jikuze v. muster
jilio n. occurrence

jimbi *n.* fern
jimbo *n.* constituency
jimbo *n.* county
jimbo *n.* diocese
jimbo *n.* district
jimbo *n.* region
jina *n.* dub
jina *n.* name
jina *n.* noun
jina kitenzi *n.* gerund
jina la kifamilia *n.* surname
jina la usani *n.* screen name
jina la utani *n.* nickname
jinamizi *n.* nightmare
jinga *adj.* foolish
jinga *adj.* stupid
jingo *v.* jingle
jini *n.* gene
jini *n.* genie
jino *adj.* molar
jino *n.* tooth
jino (la hekima) *n.* wisdom-tooth
jinsi *adv.* how
jinsi *n.* manner
jinsia *n.* gander
jinsia *n.* gender
jinsia ya kike *adj.* feminist
jinsia ya kike *n.* feminist
jinyausha *v.* mislead
jiografia *n.* geography
jiologia *n.* geology
jioni *n.* evening
jionyeshe *n.* purport
jipandishe *v.* position
jipanga *v.* nuzzle
jipapatua *v.* rid
jipapatua *n.* slough
jipapatua *n.* slough
jipatia *v.* acquire
jipu *n.* abscess
jipu *n.* boil
jipu *n.* cabuncle
jipujua *v.* strip

jipupura *v.* masturbate
jirani *n.* neigh
jirani *n.* neighbour
jirejea *v.* retrieve
jiriwa *v.* vice
jisalimishe *n.* surrender
jishughulishe *v.* indulge
jisima *n.* figure
jitahidi *n.* quest
jitambulishe *v.* identify
jiti *n.* giant
jiti *n.* withe
jiti la mkono *n.* fingerstick
jitihada *n.* acquirement
jitihada *v.t.* quest
jitihada *n.* stride
jitoa *v.* withdraw
jitokeza *v.* emerge
jitolea *v.* volunteer
jitolelea *n.* attainment
jitu *n.* bouncer
jitu *n.* ghoul
jitu *n.* gladiator
jiuze *v.* prostitute
jiuzulu *v.* resign
jivijivu *adj.* ashen
jivinjari *v.* browse
jivu *n.* ash
jivune *v.* pride
jivute *v.* goo
jiwe *n.* cobble
jiwe *n.* slab
jiwe la kobo *n.* cobblestone
jiwe la msingi *n.* keystone
jiwe moja *n.* monolith
jizani *adv.* darkly
jizoeshe *v.* exercise
jizoeshe *v.* habituate
jjifanya *v.* pretend
jogoo *n.* cock
jogoo *v.* crow
jogoo *n.* rooster
johari *n.* gem

johari *n.* jewel
joko *n.* kiln
jokofu *n.* refrigerator
joku *v.* yoke
jometri *n.* geometry
jongo *n.* gout
jongoo *adj.* impotent
jongoo *n.* millipede
joto *adj.* muggy
joto *n.* warmth
jozi *n.* pair
jua *v.* know
jua *v.* sun
jua *n.* sun
juba *v.* coat
juhudi *n.* fervour
juhudi *n.* solicitude
juhudi *n.* zealot
juhudisha *v.* endeavour
jukumu *n.* responsibility
jukumu *n.* role
jukumu *n.* task
jukwa *n.* dais
jukwaa *n.* . gallows
jukwaa *n.* platform
jukwaa *n.* rostrum
jukwaa *n.* scaffold
jukwaa *n.* stage
jukwani *adj.* pulpit
jumamosi *n.* saturday
jumapili *n.* sunday
jumatano *n.* wednesday
jumatatu *n.* monday
jumba *n.* bungalow
jumba *n.* mansion
jumba *n.* palace
jumla *n.* addition
jumla *n.* plus
jumla *n.* sum
jumla *n.* total
jumla *n.* wholesale
jumlisha *v.* abstract
jumlisha *v.* embody

jumlisha *v.* encompass
jumlisha *v.* summarize
jumlisha/ ongeza *v.* add
jumuia *adj.* comic
jumuika *v.* congregate
jumuika *v.* meet
jumuiya *n.* commune
jumuiya *n.* organization
jumuiya. *n.* alliance
jurawa *n.* sparrow
juta *v.* deject
juta *v.* regret
juu *adv.* above
juu *n.* brim
juu *prep.* over
juu *n.* top
juu *adv.* up
juu *prep.* up
juu ya *prep.* above
juu ya benchi *n.* benchtop
juujuu/kindakindaki *adv.* aloft
juu-ya *adv* on
juza *v.* apprise
juzu *adj.* admissible

K

ka *n.* byte
kaa *n.* briquet
kaa *n.* coal
kaa *v.* dwell
kaa *adj.* fit
kaa *v.* reside
kaa *v.* settle
kaakaa *n.* palate
kaanga *v.* fry
kaanga *v.* stew
kaashiriwa *adj.* taloned
kaba *n.* collar
kaba *v.* suffocate
kabaid *n.* carbide
kabati *n.* cabinet
kabati *n.* cupboard

kabe *n.* cable
kabichu *n.* cabbage
kabidhi *n.* charge
kabidhi *v.* deliver
kabidhi *adj.* greedy
kabidhi *adj.* thrifty
kabili *v.* reprimand
kabiliana *v.* cope
kabiliana *v.* grapple
kabiliana *v.* mitigate
kabisa *adj.* absolute
kabisa *adv.* absolutely
kabisa *n.* adept
kabisa *adv.* quite
kabisa *adv.* stark
kabisa *n.* thoroughfare
kabisa *adv.* very
kabla *conj.* before
kabla *n.* prior
kabla ndoa *adj.* premarital
kabla ya historia *adj.* prehistoric
kaboni *n.* carbon
kaburi *n.* grave
kaburi *adj.* grave
kaburi *n.* mound
kaburi *n.* sepulchre
kaburi *n.* tomb
kaburini *n.* necropolis
kachenge *v.* chip
kachifu *n.* kerchief
kachombe *n.* plunge
kachumbari *n.* pickle
kada *n.* militant
kadamisha *v.* precede
kadeti *n.* cadet
kadha *v.* abound
kadha *adj.* indefinite
kadha *adj.* several
kadhaa *adj.* certain
kadhaa *n.* multiped
kadhaa *adj.* multiple
kadhaa *adj.* various
kadhabu *n.* liar

kadhasisi *n.* catharsis
kadhia *n.* affair
kadhia *n.* matter
kadhibisha *v.* refute
kadi *n.* card
kadi la alama *n.* scorecard
kadi ngaa *n.* flashcard
kadi ya mchezo *n.* playcard
kadinali *n.* cardinal
kadinali *adj.* cardinal
kadiri *n.* extent
kadiri *n.* measure
kadiri *n.* numerator
kadiria *prep.* about
kadiria *v.* amount
kadiria *adj.* approximate
kadiria *v.* assess
kadiria *v.* estimate
kadiria *v.* moderate
kadiria *adj.* proximate
kadiria *v.* temperate
kadirifu *adj.* moderate
kadirifu *adj.* temperate
kadirio *n.* estimation
kadiumu *n.* cadmium
kadogo *adj.* tiny
kafara *n.* atonement
kafara *n.* sacrifice
kafara *adj.* sacrificial
kafasi *n.* birdcage
kafi *n.* paddle
kafila *n.* caravan
kafini *v.* wrap
kafiri *n.* atheist
kafiri *n.* kaffir
kafupi *n.* shottie
kago *adj.* protective
kagua *v.* audit
kagua *v.* censor
kagua *v.* examine
kagua *v.* superintend
kagua *v.* survey
kaharibia *v.* scourge

kahawa *n.* coffee
kahawiya *adj.* auburn
kahawiya *n.* brown
kahawiya *n.* drab
kaidi *adj.* obstinate
kaidi *v.* savage
kaimu *n.* necromancer
kaimu *n.* superintendent
kainetiki *adj.* kinetic
kaka / ndugu *n.* brother
kakamizi *adj.* inflexible
kakamua *v.* strive
kakara *n.* scuffle
kaki *n.* kaki
kakumini *n.* curcumin
kalab *n.* rabies
kalala *n.* honeycomb
kalamkia *v.* outwit
kalamu *n.* pen
kale *n.* antiquity
kale *n.* past
kalenda *n.* calendar
kali *n.* carl
kali *adj.* ferocious
kali *adj.* fierce
kali *adj.* intense
kali *n.* rigour
kali *adj.* sharp
kali *n.* sharper
kali *adj.* strict
kali *adj.* terrific
kali *adj.* wild
kaligrafi *n.* calligraphy
kalori *n.* calorie
kalshiumu *n.* calcium
kalsiti *n.* calcite
kama *prop.* as
kama *conj.* if
kama *prep.* like
kama *v.* milk
kama *pron.* such
kama *conj.* whether
kama barafu *adj.* icy
kama kweli *n.* fac-simile
kama macho *adj.* ocular
kama mama *adj.* motherlike
kama watu *adj.* manlike
kamambe *adj.* intensive
kama-meli *adj.* shipshape
kamanda *n.* commandant
kamare *n.* gamble
kamasi *adj.* mucous
kamata *v.* apprehend
kamata *v.* catch
kamata *v.* detain
kamata *v.* hold
kamata *v.* seize
kamata *v.* snake
kamatika *adj.* palpable
kamatika *adj.* tangible
kamba *n.* bight
kamba *n.* cord
kamba *n.* crayfish
kamba *n.* duct
kamba *n.* rope
kamba *n.* string
kamba (samaki) *n.* lobster
kamba mnaso *n.* trapline
kambare *n.* catfish
kambera mamba *n.* carp
kambi *n.* bloc
kambi *n.* camp
kambi *n.* outpost
kambi *n.* warren
kambi *adj.* staunchly
kambi (ngome) *n.* casern
kambi (ya hema) *n.* campsite
kambi (ya muda) *n.* cantonment
kambi ya jeshi *n.* barrack
kambini *n.* barouche
kambishe *v.* camp
kame *adj.* desolate
kamera *n.* camera
kamera (tarakilishi) *n.* webcam
kamikaze *n.* kamikaze
kamili *n.* arrant

kamili *adj.* complete
kamili *adj.* intact
kamili *adj.* sharp
kamili *n.* whole
kamilifu *adj.* acellular
kamilifu *adj.* predominant
kamilifu *v.* predominate
kamilifu *adj.* wholesome
kamilika *v.* perfect
kamio *n.* criticism
kamiti *adj.* oleaceous
kampeni *n.* campaign
kampeni *n.* crusade
kampuni *n.* company
kampuni *n.* corporation
kampuni *n.* firm
kampuni ya pombe *n.* brewery
kamsa *n.* revelry
kamu *adj.* scrumptious
kamua *v.* cow
kamua *v.* wring
kamusi *n.* dictionary
kamusi *n.* glossary
kamwe *adv.* all
kamwe *adv.* ever
kamwe *adv.* never
kamwe *adv.* once
kana *v.* denounce
kana *v.* deny
kana *v.* reject
kana *n.* repudiation
kana kwamba *conj.* as
kanda *v.* massage
kanda *adj.* zonal
kanda (ya video) *n.* videocassette
kanda (ya video) *n.* videotape
kandamiza *v.* impress
kandamiza *v.* stifle
kandanda *n.* football
kando *adv.* aside
kando *adv.* by
kando *adj.* separate
kandokando *n.* sideway

kandokando *adv.* sideway
kanganya *v.* intrigue
kangaroo *n.* kangaroo
kano *n.* refusal
kansela *n.* chancellor
kanseli *n.* chancery
kanta *n.* canter
kantara *n.* bridge
kantini *n.* canteen
kanton (mji) *n.* canton
kanuni *adj.* fundamental
kanuni *n.* principle
kanusha *v.* abjure
kanusha *v.* devise
kanusha *v.* disprove
kanusha *v.* negate
kanusha *v.* negative
kanya *v.* forbid
kanyaga *v.* pedal
kanyaga *v.* step
kanyaga *v.* trample
kanyagana *v.* stampede
kanyagio *n.* pedal
kanyo *n.* reproach
kanzi *n.* treasure
kanzi *adj.* valuable
kanzu *n.* frock
kanzu *n.* smock
kapeli *adj.* carpal
kapera *n.* bachelor
kapera (wa kike) *n.* bachelorette
kapilari *n.* capillary
kapilari *adj.* capillary
kapsuli *adj.* capsular
kapteni *n.* captain
kapungu *n.* eagle
kaputula *n. pl.* shorts
karabati *v.* rehabilitate
karabati *v.* renovate
karabini *v.* carabine
karafuu *n.* clove
karaha *n.* antipathy
karahisha *v.* abominate

karamu *n.* banquet
karamu *n.* feast
karamu *n.* festival
karangosi *n.* puppet
karani *n.* clerk
karani *n.* secretary
karani. *n.* book-keeper
karat *n.* carat
karat *n.* karat
karatasi *n.* paper
karatasi *v.* sheet
karibia *adv.* aft
karibia *v.* near
karibia *v.* neigh
karibia *adv.* nigh
karibisha *v.* usher
karibisha *v.* welcome
karibisho *n.* welcome
karibu *adv.* around
karibu *n.* close
karibu *adj.* imminent
karibu *adj.* intimate
karibu *adv.* near
karibu *adj.* near
karibu *prep.* nigh
karibu *n.* proximity
karibu *adj.* recent
karibu *adj.* welcome
karibu na *prep.* near
karibuni *adv.* anon
karibuni *prep.* around
karibuni *adv.* recently
karibuni *adv.* soon
karimu *adj.* generous
karimu *adj.* hospitable
karimu *adj.* liberal
karipia *v.* rebuke
karipio *n.* rebuke
kariri *v.* recite
kariri *v.* repeat
karne (adhimisho) *n.* centenary
karne (adhimisho) *n.* centennial
karo *n.* fee

karoti *n.* carrot
kasa *adj.* less
kasabu *n.* brocade
kasha *n.* box
kasha *n.* case
kasha la alama *n.* scorebox
kashda *n.* scarf
kashfa *n.* blunder
kashfa *n.* saga
kashfa *adj.* scandalous
kashfa *adj.* slanderous
kashida *n.* shawl
kashifa *n.* libel
kashifu *v.t.* libel
kasi *n.* momentum
kasi *n.* speed
kasi *adj.* vehement
kasi (kuliko sauti) *adj.* supersonic
kasiki *n.* chalice
kasiki *n.* robe
kasina *n.* chapel
kasina *n.* church
kasino *n.* casino
kasiri *adj.* angry
kasiri *v.* infuriate
kasirika *v.* frown
kasirika *v.* goof
kasirikia *v.* begrudge
kasiriko *n.* scowl
kasirisha *v.* scowl
kasisi *n.* priest
kasisi (wa kike) *n.* priestess
kaskazi *adv.* north
kaskazini *n.* north
kaskazini *adj.* northern
kasoro *adv.* except
kasoro *n.* lack
kasoro *n.* minus
kasoro *prep.* minus
kasoro *n.* shortcoming
kasri *n.* castle
kasri *adj.* sumptuous

kasri ya changarawe *n.* sandcastle
kastabini *n.* thimble
kastelani *n.* castellan
kasuku *n.* parrot
kata *v.* cut
kata *v.* fell
kata miti *v.* deforest
kata tama *v.* despair
kata tamaa. *n.* jade
kataa *v.t,* abdicate
kataa *n.* alcove
kataa *adj.* decisive
kataa *v.* decline
kataa *v.* disapprove
kataa *v.* object
kataa *v.* rebuff
kataa *v.* shrug
kataa *v.* ward
katakata *v.* dice
katakata *v.* mince
kataklisimu *n.* cataclysm
katakombo *n.* catacomb
katalog *v.* catalogue
katara *n.* taxi
kataza *v.* delegalize
kataza *v.* prevent
katazo *n.* embargo
katazo *n.* objection
katazo *n.* prohibition
kati *prep.* among
kati *n.* centre
kati *adj.* intermediate
kati *n.* middle
kati kiangazi *n.* midsummer
katiba *n.* constitution
katiba *n.* rulebook
katika *prep.* at
katika *prep.* during
katika *prep.* in
katika *prep.* within
katika matukio *n.* juncture
katikati *n.* average

katikati *n.* center
katikati *adj.* middle
katikati *n.* midst
katikati *prep.* through
katili *n.* murderer
katiza *v.* interrupt
katografa *n.* cartographer
katriji *n.* cartridge
katuni *n.* cartoon
kauka *v.* ossify
kauli *n.* expression
kauli *n.* sentence
kauma *n.* mass
kauri *n.* ceramics
kausha *v.* crispen
kausha *v.* dry
kausha *v.* parch
kausha *v.* snow
kausha *v.* weather
kausha (ngozi) *v.* tan
kavu *adj.* crisp
kavu *adj.* crisp
kavu *adj.* dried
kavu *adj.* nonchalant
kavu *adj.* sarcastic
kavu *n.* without
kavurugwa *adj.* scrambled
kawa *n.* mildew
kawaida *adj.* commonplace
kawaida *adj.* conventional
kawaida *adj.* humdrum
kawaida *adv.* naturally
kawaida *n.* norm
kawaida *adj.* normal
kawaida *adj.* semi-formal
kawaida *adv.* usually
kawaida *adj.* workaday
kawaidisha *v.* naturalize
kawia *v.* loiter
kawisha *v.* postpone
kayamba *n.* rattle
kaza *v.* daunt
kaza *v.* fasten

kaza v. grip
kaza v. intensify
kaza v. screw
kaza v. stiffen
kaza v. tighten
kaza v. wrick
kazi n. job
kazi n. ware
kazi (ya pamoja) n. teamwork
kazi ya mchongo n. pointwork
kazi ya miguu n. footwork
kazi ya mkono n. handicraft
kazi ya mkono n. handiwork
kazi ya shanga n. beadwork
kebehi v. jeer
kebo v. cable
kee! int. really
kefyakefya v. discourage
kejeli v. burlesque
kejeli v. chuckle
kejeli v. lampoon
kejeli adj. malign
kejeli n. mimicry
kejeli n. prank
kejeli n. rhetoric
kejeli v. rusticate
kejeli n. sarcasm
kejeli adj. sardonic
kejeli v. sneer
kejeli v. tantalize
keketa v. saw
keki n. cake
keki n. shortcake
keki ya chai n. teacake
kelele adv. aloud
kelele n. clamour
kelele n. creak
kelele n. noise
kelele adj. noisy
kelelesha v. scream
kema n. roar
kema n. yell
keme n. call

kemia n. chemistry
kemikali n. chemical
kemikali adj. chemical
kenga v. hoax
kengele n. bell
kengeza n. convergence
kengeza n. squint
kengeza v. squint
kera v. bother
kereketa v. irritate
kereng'ende n. dragonfly
kereza v. file
kereza v. rasp
kerezo n. lathe
kero adj. irritant
kero n. nuisance
kerosini n. kerosene
kesha v. bat
kesha v. knight
kesha n. vigil
keshia n. cashier
keshmia n. cashmere
kesho n. morrow
kesho adv. tomorrow
kesho n. tomorrow
kesi n. case (of law)
kesi v. case
keti v. bide
keti v. pose
keti v. sit
keti v. sojourn
kia n. latch
kiada adj. customary
kiada adj. distinct
kiada adj. wonted
kiadhi adj. earthen
kiadilifu adj. fibrous
kiadui adj. inimitable
kiafiki n. fitter
kiairobayolojia adj. aerobiologic
kiairostatiki adj. aerostatic
kiajabu adj. eerie
kiajabu adj. geeky

kiajabu *adj.* wacko
kiajabu-ajabu *adj.* weird
kiajali *adj.* accidental
kiakida *adj.* dogmatic
kiakili *adj.* intellectual
kiakili *adv.* sanely
kiakrobati *adj.* acrobatic
kialabasta *adj.* alabaster
kialama *adj.* tally
kialfabeti *adj.* alphabetical
kialpini *adj.* alpine
kialtrasoni *n.* ultrasonics
kialyasi *adv.* alias
kiama *adv.* hereafter
kiambatanifu *adj.* coherent
kiambishi *n.* prefix
kiambishi *n.* suffix
kiambukizo *adj.* infectious
kiaminifu *adj.* trustful
kiamri *adj.* didactic
kiamsho *n.* awakening
kiana moja *adj.* monotonous
kianaboliki *adj.* anabolic
kianasa *n.* luxuriance
kianashati *adv.* pretty
kiangaani *adj.* atmospheric
kiangani *adj.* aerial
kiangazi *n.* summer
kianoreksia *adj.* anorexic
kiapo *n.* adjuration
kiapo *n.* affidavit
kiarabu *n.* arabic
kiarabu *adj.* arabic
kiardhi *adj.* telluric
kiarifa *n.* verb
kiashiria *n.* castor
kiashiria *adj.* indicative
kiashiria *adj.* reflective
kiashiria *n.* stencil
kiashiria *adj.* symbolic
kiashirio *n.* indicator
kiashirio *n.* reflector
kiasi *adj.* sober

kiasi *adv.* somewhat
kiasi kubwa *adj.* outsize
kiasilika *adj.* instinctive
kiathiria *n.* marker
kiatomi *adj.* atomic
kiatu *v.* shoe
kiatu *n.* shoe
kiaura *adj.* auriform
kiazi *n.* potato
kiazisukari *n.* beet
kibaadaye *adj.* futuristic
kibabaiko *adv.* scrupulously
kibadilishwayo *adj.* convertible
kibaguzi *adj.* chauvinist
kibahati *adj.* serendipitous
kibali *n.* warrant
kibali (cha kuuza) *n.* frachise
kibali cha utafiti *n.* search warrant
kibalsamu (mmea) *adj.* balsamic
kibanda *n.* cabin
kibanda *n.* hut
kibanda *n.* kennel
kibanda *n.* pavilion
kibanda *n.* shack
kibandiko *n.* sticker
kibantali *n.* bantling
kibao *n.* panel
kibao cha usajili *n.* scoreboard
kibapara *n.* pauper
kibara *adj.* continental
kibara *adj.* inland
kibaraka *adj.* reactionary
kibaraka *n.* reactionist
kibaridi-baridi *adj.* wintry
kibarua *n.* employment
kibarua *n.* labourer
kibastola *adj.* sidearm
kibaya *adj.* inauspicious
kibaya *adj.* undue
kibayana *adj.* categorical
kibeba changarawe *n.* sandbox
kibebakutu *n.* scumbag

kibedawi *adj.* nomadic
kibendi *adj.* orchestral
kibepari *n.* bourgeoise
kiberiti *n.* lighter
kiberiti *n.* match
kibeti *adj.* dwarf
kibeti *n.* midget
kibiashara *adj.* commercial
kibibi *n.* princess
kibidii *adj.* temperamental
kibinadamu *adj.* human
kibinadamu *adj.* humanitarian
kibinadamu *n.* mortal
kibinafsi *adj.* subjective
kibishi *adv.* tauntingly
kibishio *n.* doorbell
kibofu *n.* bladder
kibofya *n.* keypad
kibogoyo *n.* humorist
kibohemi *n.* bohemian
kibohemi *adj.* bohemian
kibole *n.* appendix
kibomba *adj.* tracheal
kibombo *n.* pneumoniac
kibonge *n.* capsule
kibubdi *adj.* owly
kibubu *adj.* mute
kibubu *n.* pantomime
kibubutu *n.* stump
kibunga *n.* cyclone
kibunge *adj.* parliamentary
kiburi *adj.* haughty
kiburi *n.* pride
kiburi *adj.* smug
kiburudani *adj.* leisurely
kiburudani *adv.* leisurely
kiburudisho *adj.* recreational
kiburudisho *n.* savour
kibwana *n.* prince
kibwawa *n.* puddle
kichaa *n.* lunacy
kichaa *n.* madness
kichache *adj.* minimum

kichamvui *n.* grater
kichana *n.* comb
kichanga *adj.* sandy
kichanga *adj.* vernal
kichangamfu *adj.* charismatic
kichango *adj.* intestinal
kichapisho *n.* teleprint
kichapo *n.* buff
kichapo *n.* hit
kichapo *adj.* labial
kichapo *n.* smack
kichapuzi *n.* accelerator
kichawi *n.* fetish
kichawi *adj.* magical
kichaza *adj.* oyster
kichefuchefu *adj.* meagre
kichefuchefu *n.* nausea
kichefuchefu garini *adj.* carsick
kichefuchefu gari *n.* carsickness
kichekesho *n.* gag
kichekesho *adj.* hilarious
kichekesho *n.* skit
kicheko *n.* laugh
kicheko *n.* laughter
kichembe chembe *adj.* molecular
kicheo *adj.* rank
kicheo *adj.* titular
kicheri *adj.* cherry
kicheza kanda *n.* tape player
kichini *prep.* below
kichini *adv.* beneath
kichini *adv.* downward
kichini *adj.* under
kichini *adj.* underneath
kichiriku *adj.* canary
kichizoferenia *adj.* schyzophreniac
kichocha moto *n.* salamander
kichocheo *n.* poker
kichochezi *n.* catalyzer
kichochezi *adj.* obnoxious
kichochezi *adj.* provocative
kichochoro. *n.* alley

kichokoo *n.* spur
kichomoza *adj.* projectile
kichonge *adv.* pointedly
kichongi *n.* sharpener
kichoro *n.* small
kichota changarawe *n.* sandboard
kichuki *adj.* averse
kichuma *n.* pluck
kichuma *n.* sharebeam
kichumba *n.* cabana
kichumba *n.* compartment
kichungi *n.* sieve
kichungu *adj.* caustic
kichwa *n.* head
Ncha (kalamuwino) *n.* ballpoint
kichwa (cha mlango) *n.* doorknob
kichwa cha bastola *n.* muzzle
kichwamgomba *n.* somersault
kichwani *n.* scalp
kichwani *adj.* upper
kidada *adj.* sisterly
kidaka *n.* niche
kidaka *adj.* ornamental
kidakani *adj.* bayside
kidakika *adv.* minutely
kidamask *adj.* damask
kidamu *adj.* bloody
kidanganyifu *adj.* delusional
kidarubini *adj.* telescopic
kidawa *adj.* pharmaceutic
kidawa *adj.* placebic
kidawati *n.* drawer
kidemokrasia *adj.* democratic
kidesturi *adj.* routine
kidevu *n.* chin
kidevu *n.* shin
kidhaifu *adj.* lame
kidhalili *adv.* abase
kidhalimu *adj.* draconic
kidhalimu *adj.* oppressive
kidhi *v.* bestow
kidhi *v.* confer

kidhi *v.* present
kidhihaki *adj.* satirical
kidijitali *adj.* digital
kidimbwi *n.* pond
kidingapopo *n.* dengue
kidiontolojia *adj.* deontological
kidiplomasi *adj.* diplomatic
kidirisha *n.* pane
kidirisha *n.* wicket
kidogo *n.* little
kidogo *adv.* little
kidogo *n.* miniature
kidogo *n.* modicum
kidogo *adj.* negligible
kidogo *adj.* paltry
kidogo *adj.* scant
kidogo *n.* slight
kidokezo *n.* clew
kidokezo *n.* clue
kidokezo *n.* hint
kidokezo *adj.* suggestive
kidola *n.* stateliness
kidole *n.* finger
kidole *n.* thump
kidole *n.* toe
kidole (shahada) *n.* forefinger
kidonda *adj.* sore
kidonda *n.* ulcer
kidondo *adj.* glossy
kidondo *n.* shavings
kidonge *n.* pill
kidonge *n.* tablet
kidoto *n.* goblet
kidude *n.* gadget
kidude *adj.* mysterious
kidude *n.* trifle
kidume *adj.* manful
kidume *adj.* ubersexual
kidunia *adj.* carnal
kidunia *n.* otherworld
kidunia *n.* otherworldliness
kiduniani *adj.* terrestrial
kidurango *n.* dwarf

kieklectiki *adj.* eclectic
kieklectiki *n.* eclectic
kielektronia *adj.* electronic
kielelezo *n.* loadstar
kielelezo *n.* showpiece
kielelezo *n.* icon
kielezo *n.* adverb
kielezo *n.* directory
kielezo *adj.* expressive
kielezo *n.* illustration
kielezo *n.* model
kielezo *n.* pattern
kielezo *adj.* traceable
kielimu *adj.* tertiary
kiendelezo *n.* advance
kiendemia *adj.* endemic
kiendemia *n.* endemic
kiendoskopia *adj.* endoscopic
kienea *adj.* prolific
kientropia *adj.* entropic
kienyeji *adj.* indigenous
kienyeji *n.* locale
kienyeji *adj.* vernacular
kienyeji *n.* vernacular
kiepuko *adj.* ascetic
kifaa *n.* apparatus
kifaa *n.* clarinet
kifaa *n.* equipment
kifaa *n.* instrument
kifaa *n.* item
kifaa *n.* kit
kifaa *n.* material
kifaa *n.* seismogram
kifaa (astatosi) *adj.* astatic
kifaa (cha kuchimba) *n.* wimble
kifaa (cha kunyanyua) *n.* teagle
kifaa (cha kupima) *n.* astrolabe
kifaa (kisayansi) *n.* altimeter
kifaa cha kuchezea *n.* gamepad
kifaa cha kunyonga *n.* garrotte
kifaa cha kupanda *v.* jabber
kifaa chembe *n.* nanochip
kifafa *n.* epilepsy

kifafa *n.* fit
kifafa *n.* spasm
kifagio *n.* whisk
kifahari *adj.* exquisite
kifahari *adj.* exquisitive
kifahari *adj.* fanciful
kifahari *adj.* fancy
kifahari *adj.* lavish
kifahari *adj.* lustrous
kifahari *adj.* prestigious
kifalme *adj.* royal
kifani *n.* equal
kifani *adj.* incomparable
kifarakano *adj.* estranged
kifaranga *n.* chick
kifaransa *adj.* french
kifaru *n.* camphor
kifaru *n.* rhinoceros
kifaru *n.* tank (of military)
kifedha *adj.* financial
kifedha *adj.* monetary
kifedha *adj.* pecuniary
kifedha *adj.* silver
kifichoficho *adv.* stealthily
kifijo *n.* shout
kifiko *n.* destination
kifikra *adj.* notional
kifilolojia *adj.* philological
kifilosofia *adj.* philosophical
kifini *adj.* finite
kifinyanga *adj.* mouldy
kifisadi *adj.* corrupt
kifiziki *adj.* physical
kifiziki *adj.* physical
kifo *n.* death
kifo *n.* deathbed
kifo *n.* deathblow
kifo *n.* fatality
kifo cha barabarani *n.* roadkill
kifobodi *adj.* forboding
kifoliki *adj.* folic
kifosfeti *n.* phosphorus
kifua *v.* breast

kifua *n.* chest
kifuani *n.* bosom
kifugaji *adj.* domestical
kifujo *adv.* chaotic
kifuko *n.* case
kifuko *n.* tonsil
kifundi *adj.* mechanic
kifundo *n.* joint
kifunga vidonda *n.* dressing
kifunga zawadi *v.* gift-wrap
kifungio *n.* wrap
kifungo *n.* button
kifungo *n.* confinement
kifungo *n.* enclosure
kifungo *n.* tack
kifunguo *adj.* key
kifunguo ya gari *n.* carlock
kifungwa *n.* deadbolt
kifungwa mkononi *n.* waistband
kifuniko *n.* cover
kifuniko *n.* lid
kifuniko *n.* shutter
kifuniko *n.* top
kifupi *adj.* short
kifupi *adj.* shortish
kifupi *adv.* tersely
kifuraha *n.* joyous
kifurahisha *adj.* rocking
kifurahisho *adj.* semiamusing
kifurifuri *adv.* full
kifutio *n.* eraser
kifuto *n.* wipe
kigae *n* shard
kigaga *n.* scab
kigalaksia *adj.* galactic
kiganja *v.* knuckle
kiganja *n.* palm
kigari *n.* cart
kigari *adj.* vehicular
kigasha *n.* forearm
kigasha *v.* forearm
kigawanyi *n.* punctuation
kigea *v.* shard

kigelegele *n.* ululation
kigeni *adj.* extraordinary
kigesi *adj.* gassy
kigeuzi *n.* acetifier
kigezo *n.* template
kigharama *adj.* costal
kighasia *adj.* uproarious
kighushi *adj.* fake
kigingi *n.* stake
kigiriki *adj.* greek
kigithiki *adj.* gothic
kigoigoi *adj.* inactive
kigugumizi *n.* stammer
kigumu *adj.* topsy turvy
kiguu *n.* foot
kigwe *n.* rein
kihadithia *adj.* mythological
kihafidhina *adj.* conservative
kihafidhina mno *adj.* ultraconservative
kihafifishi *adj.* diminutive
kihafifisho *adj.* debilitating
kihaisteria *adj.* hysterical
kihaki *adv.* justly
kihakika *adj.* sure
kihalali *adv.* duly
kihali *adj.* stately
kihamishwacho *adj.* transferable
kihandisi *adj.* enginious
kiharaka *adj.* hasty
kiharara *adj.* zealous
kihariri *adj.* satin
kihariri *adj.* silky
kiharusi *adj.* nuptial
kihayawani *adj.* beastly
kihayawani *adj.* monstrous
kihekaya *adj.* taleable
kihekima *adj.* sage
kiherehere *n.* palpitation
kihero *n.* crib
kihero *n.* manger
kihesabia *n.* abacus
kihesabia *adj.* arithmetical

kihesabu adj. mathematical
kiheshima adj. genteel
kiheshima adj. reverential
kihewa adj. airy
kihewahewa adj. aeriform
kihiari n. spontaneity
kihifadhi adj. preservative
kihifadhikuu adj. ultrasecure
kihindi adj. indian
kihisa adj. stock
kihisia adj. empathic
kihisia adj. olfactory
kihistoria a. historic
kihistoria adj. historical
kihodari adj. prudential
kihoja adj. starry
kiholela adj. indiscriminate
kihoma adj. febrile
kihoma adj. feverish
kihudhurungi adj. yellowish
kihudumiwa adj. serviceable
kihujuma adj. subversive
kihuruma adj. sympathetic
kihusishi n. preposition
kiibada adj. bacchanal
kiibara n. clausula
kiigizo (mchezo) n. drama
kiimla adj. totalitarian
kiincha adj. polary
kiingereza n. english
kiingilio n. entrance
kiini n. cell
kiini n. cell
kiini n. core
kiini n. essence
kiini n. gist
kiini n. inside
kiini n. interior
kiini n. kernel
kiini n. nucleus
kiini n. yolk
kiinimacho n. magic
kiinje adj. out

kiinje adj. outside
kiinje adv. outwardly
kiinje ya dunia adj. extraterrestrial
kiinjili adj. evangelic
kiinuzi n. elevator
kiiongizo n. insertion
kiishara adj. symptomatic
kiislamu adj. muslim
kiistilahi adj. terminological
kiitaliano adj. italian
kiito n. roll-call
kijadi adj. traditional
kijahilia adj. primeval
kijahilia adj. primitive
kijakazi n. bottler
kijakazi n. maid
kijambazi adj. roguish
kijambazi adj. underhand
kijana adj. adolescent
kijana n. cub
kijana n. junior
kijana n. lad
kijana adj. sprightly
kijana n. teenager
kijana. n. young
kijani n. green
kijani n. greenery
kijani (rangi) n. sage-green
kijanja n. gimmickry
kijanja adj. sketchy
kijasiri adj. headstrong
kijedwali adj. tabular
kijeneolojia adj. genealogical
kijenetiki adj. genetic
kijeshi n. legionary
kijeshi adj. military
kijiba n. shroud
kijibanda n. cottage
kijibandari n. wharfage
kijibini adj. cheesy
kijidudu n. germ
kijidudu n. germicide
kijifahamu adj. self-conscious

kijigari (ya mtoto) *n.* pram
kijiji *n.* village
kijikabati *n.* ambry
kijiko *n.* spoon
kijiko *n.* spoonful
kijikoti *n.* petticoat
kijimlima *n.* hillock
kijimlima *n.* sandhill
kijina *n.* pronoun
kijineno *n.* babble
kijinga *n.* comet
kijinga *adj.* cynical
kijinga *adj.* oafish
kijinga *n.* stupidity
kijini *n.* elf
kijini *n.* fairy
kijinsia *adj.* sexual
kijio *n.* dinner
kijiolojia *adj.* geological
kijirani *adj.* neighbourly
kijisababu *v.* scapegoat
kijisayari *adj.* asteroid
kijitabu *n.* booklet
kijitabu *n.* brochure
kijitabu *n.* novelette
kijitabu *n.* pamphlet
kijitabu *n.* pamphleteer
kijiti *n.* peg
kijiti (ya ndani) *n.* waistcoat
kijito *n.* rivulet
kijito *v.* stream
kijitu *adj.* ghoulish
kijitu *adj.* gladiatorial
kijitu *adj.* huge
kijiupepo *n.* whiff
kijivu *adj.* grey
kijiwe *n.* seacliff
kijografia *adj.* geographical
kijometri *adj.* geometrical
kijoto *adj.* warm
kijumba *n.* booth
kijumba *n.* cell
kijumbe *n.* intermediary

kijumla *adv.* altogether
kijumla *adj.* general
kijumla *adv.* generally
kijumla *adj.* macro
kijumla *adj.* plus
kijusi *adj.* embryonic
kijusi *n.* lizard
kijuujuu *adv.* upwards
kijuvi *adj.* impertinent
kikabila *adj.* ethnic
kikabila *adj.* tribal
kikabisa *adj.* stark
kikada *adj.* militant
kikahawiya *adj.* drab
kikaka *n.* rush
kikakiri *adv.* over
kikalamu *adj.* blotted
kikale *n.* antiquary
kikali *adv.* sharp
kikalori *adj.* calorific
kikanisa *adj.* cathartical
kikanisa *n.* ecclesiast
kikao *n.* forum
kikao *n.* session
kikapu *n.* basket
kikapu *n.* bawd
kikapu *n.* pail
kikapu *v.* volley
kikaraha *adv.* abominably
kikaranga *adj.* nutty
kikaratasi *n.* foolscap
kikaratasi *n.* handbook
kikaribu *adj.* close
kikaribu *adj.* virtual
kikashfa *adv.* scandalously
kikaskazi *adj.* north
kikaskazi *adj.* northerly
kikasoro *adj.* minus
kikasri *adj.* palatal
kikasri *adj.* palatial
kikatazwayo *adj.* objectionable
kikati *adj.* central
kikatikati *adj.* centrical

kikatili *adj.* murderous
kikatoliki *adj.* catholic
kikatwa-ushuru *adj.* taxable
kikavu *adj.* cool
kikawaida *adj.* basic
kikawaida *adj.* casual
kikawaida *adj.* common
kikawaida *adj.* natural
kikawaida *adj.* typical
kikawaida *adj.* usual
kikawaida mno *adj.* ultracasual
kikaza *n.* clamp
kikaza *n.* clip
kikazi *n.* brood
kikazi *adj.* brood
kikazo *n.* stress
kike *adj.* female
kike *adj.* feminine
kike *n.* womanish
kikejeli *adj.* rhetorical
kikejeli *adv.* teasingly
kikerezo *adj.* raspy
kikifafa *adj.* epileptic
kikifafa *n.* epileptic
kikifo *adj.* deathly
kikiliniki *adj.* clinical
kikimbizi *adj.* fugitive
kikinamasi *adj.* slimy
kikisa *adj.* incoherent
kikitabu *n.* bookish
kikitabu *adj.* textbookish
kikitendawili *adj.* paradoxical
kikiu *adj.* thirsty
kikiundi *adv.* teamwise
kikivuli *adj.* shadowy
kiklaiv *v.* clive
kikoa *n.* snail
kikofi *n.* flapper
kikofi *v.* palm
kikohozi *n.* bout
kikokotezi *n.* calculator
kikoloni *adj.* colonial
kikoma *adj.* comatose

kikombe *n.* cup
kikombe *n.* mug
kikombe *adj.* scapular
kikombe (cha chai) *n.* teacup
kikombora *n.* ballistics
kikomo *n.* halt
kikondoo *n.* lamb
kikondoo *adj.* sheepish
kikoni *adj.* conical
kikonokono *adj.* molluscous
kikoo *adj.* throaty
kikope *n.* eyelash
kikopo *n.* loan
kikoromeo *adj.* bronchial
kikoseaji *adj.* sinuous
kikosi *n.* squad
kikosi *n.* troop
kikosmosi *adj.* cosmic
kikoto *n.* whipcord
kikpeperusho *adj.* screenable
kikristo *adj.* christian
kikubalifu *adv.* admittedly
kikubwa *adj.* substantial
kikubwa *adv.* substantially
kikubwa *adj.* tremendous
kikubwa *adj.* utmost
kikuchapa *adj.* orthographic
kikufanya kazi *adj.* laboured
kikufungwa *adj.* bound
kikuku *adj.* chicken
kikuku *n.* ring
kikulevya *adj.* dopey
kikuli *n.* dread
kikumbo *n.* shove
kikundi *n.* herb
kikundi *n.* squadron
kikundi *adj.* teamed
kikundi. *n.* battalion
kikunjo *n.* fold
kikunjo *n.* seam
kikunjo *n.* wrinkle
kikushoto *adj.* left
kikusini *adj.* southerly

kikutoka nje *adv.* extrinsically
kukosa haya *adv.* unabashedly
kikuu *adj.* principal
kikuu *n.* staple
kikuwasha moto *adj* pyromantic
kikuza-umoja *n.* teambuilder
kikwara *adj.* sensuous
kikwaruzio *n.* scratchboard
kikwaruzio *n.* scratchbush
kikwaruzio *n.* scratchpad
kikwato *n.* hoof
kikwazo *n.* hindrance
kikwazo *adj.* prohibitive
kikwazo *adj.* prohibitory
kikwazo *n.* setback
kikwe *n.* elbow
kikweli *adv.* bluntly
kikweli *adj.* pragmatic
kikweli *adj.* realistic
kikwepwacho *adj.* escapable
kikwetu *adj.* local
kikwi *adj.* countless
kikwi *n.* multitude
kila *adj.* all
kila *pron.* each
kila *adv.* each
kila *adj.* entire
kila *adj.* every
kila mahali *n.* omnipresence
kila mahali *adj.* omnipresent
kila mwezi *n.* monthly
kila mwezi *adj.* monthly
kila siku *adv.* daily
kila wiki *adj.* bi-weekly
kilabakteria *adj.* phagic
kilabu *n.* club
kilaini *n.* limber
kilainisha *n.* tenderizer
kilajuma *adv.* weekly
kilakitu *pron.* everything
kilalio *n.* bedding
kila-mmoja *pron.* everyone
kila-mtu *pron.* everybody

kila-mwaka *adj.* yearly
kilango *n.* strait
kilango *n.* valve
kilasiku *adj.* workable
kila-wiki *adj.* weekly
kilayom *adj.* daily
kilazima *adj.* forceful
kile *rel. pron.* that
kilegezo *adj.* enervated
kilele *n.* climax
kilele *n.* crest
kilele *adj.* optimum
kilele *n.* optimum
kilele *n.* peak
kilele *n.* tip
kilele *n.* zenith
kilema *n.* cripple
kilemaza *n.* deactivator
kilemba *n.* mitre
kilemba *n.* reputation
kilemba *n.* turban
kilemba *n.* turbine
kilembwa (titi) *n.* nipple
kilengo *adj.* focal
kileo *n.* intoxicant
kileo-usiku *adv.* tonight
kilesi *adj.* lacy
kilevi *n.* alcohol
kilevi *n.* ale
kilicho *conj.* whereat
kilichopotoka *adj.* perverse
kilimbi *n.* wrist
kilimo *adj.* agrarian
kilimo *adj.* agricultural
kilimo *n.* agriculture
kilimo *adj.* agro
kilimo *n.* cultivation
kilimo cha umwagiliaji *n.* irrigation
kilimo ya maua *n.* horticulture
kilindaji *adj.* caretaker
kilindamtoto *adj.* babyproof
kilinganishi *adj.* comparative

kilinganishi *adj.* cotemporal
kilingo *n.* notch
kiliniki *n.* clinic
kilio *n.* bleat
kilio *n.* cry
kilio *n.* interjection
kilio *n.* lamentation
kilio *n.* oink
kilio *n.* ouch
kilio *n.* scream
kilio *adj.* shrill
kilio *n.* sound
kilio (cha chura) *n.* croak
kilio (ya ndege) *v.* cheep
kilio oksijishwa *adj.* oxygenated
kilipuzi *adj.* explosive
kiliturujia *adj.* liturgical
kiliwalo *n.* eatable
kiliwalo *adj.* eatable
kilo *n.* kilo
kilo *n.* kilogram
kilugha *adj.* lingual
kilugha ya mama *n.* colloquialism
kimaadili *n.* moral
kimaafa *adj.* perilous
kimaajabu *adj.* wack
kimaamkizi *adj.* salutary
kimaangalizi *n.* observatory
kimabadiliko *adj.* shifty
kimabara *adj.* transcendental
kimabara *adv.* transcendentally
kimabati *adj.* leaden
kimabati *n.* tincture
kimabawa *adj.* aliferous
kimaboya *n.* buoyancy
kimacho *adj.* awake
kimacho *adj.* optic
kimachungwa *adj.* orange
kimada *adv.* due
kimadai *adj.* alleged
kimadawa *adj.* pharmaceutical
kimadhehebu *adj.* sectarian
kimadini *adj.* mineral

kimaelekezo *adj.* orientational
kimaelezo *adj.* oriental
kimafumbo *adj.* enigmatic
kimafumbo *adv.* enigmatically
kimafumbo *adj.* obscure
kimafungu kumi *adj.* tenfold
kimafunzo *adj.* tutorial
kimaganda *adj.* husky
kimaganda *adj.* podgy
kimageuzi *adv.* evolutionary
kimagharibi *adj.* west
kimagharibi *adj.* westerly
kimahameli *adj.* velvety
kimahangaiko *adv.* anxiously
kimahojiano *n.* interrogative
kimaili *n.* mileage
kimaini *n.* livery
kimajaribu *adj.* tentative
kimajina *adj.* inanimate
kimajina *n.* onomatope
kimakada *adj.* stalwart
kimakadirio *adj.* estimative
kimakaguzi *adj.* censorious
kimakala *adj.* documentary
kimakhaini *adj.* treacherous
kimakosa *adj.* wrongful
kimalengo *adj.* objective
kimalipo *adj.* remunerative
kimama *adj.* motherly
kimaneno *adj.* oracular
kimaneno *adj.* wordy
kimaneno-mingi *adv.* talkatively
kimangwaji *adj.* ostentatious
kimanjano *adj.* yellow
kimanowari *adj.* submarine
kimantiki *adj.* logical
kimantiki *n.* rationale
kimanukato *n.* deodorant
kimaoni *adj.* idealistic
kimaono *adj.* visionary
kimapambano *adj.* combative
kimapendeleo *adj.* preferential
kimapenzi *adj.* romantic

kimapito *n.* transitive
kimapumziko *adj.* restive
kimaratatu *adj.* triple
kimarejeo *adj.* retrospective
kimaridadi *adj.* fashionable
kimaridhawa *adj.* voluptuous
kimashairi *adj.* poetic
kimashamba *adj.* crude
kimashamba *adj.* rural
kimashariki *adj.* east
kimasharti *adj.* provisional
kimaskhara *adj.* aesthetic
kimaskini *adj.* needy
kimaslahi *adj.* interested
kimasomo *adj.* studious
kimataifa *adj.* global
kimataifa *adj.* international
kimatamanio *adj.* ambissexual
kimatamanio *adj.* desirous
kimatamanio *adj.* wishful
kimatarajio *adj.* prospective
kimatatizo *adj.* problematic
kimatayarisho *adj.* precautionary
kimatengenezo *n.* reformatory
kimatengenezo *adj.* reformatory
kimateso *adj.* torturous
kimatokeo *adj.* consequent
kimatusi *adj.* verbal
kimaua *adj.* flowery
kimaudhui *adj.* content
kimaudhui *adj.* topical
kimawe *adj.* congolmerate
kimawimbi *adj.* tidal
kimawimbi *adj.* turbulent
kimazao *n.* fecundation
kimazao *adj.* staple
kimazingira *adj.* circumstantial
kimazingira *adj.* ecological
kimazingira *adj.* environmental
kimaziwa *adj.* milky
kimbadala *adj.* alternative
kimbele *adj.* sightly
kimbelembele *n.* scape

kimbelembele *v.* scurry
kimbengu *n.* buddy
kimbia *adj.* rash
kimbia *v.* run
kimbia *v.* scamper
kimbilio *n.* refuge
kimbunga *n.* whirlwind
kimburu *n.* mongoose
kimbusha *v.* remind
kimchanga *adj.* sand
kimchoro *adj.* schematic
kimchoro *adj.* sculptural
kimchuzi *adj.* saucy
kimdomo *adj.* oral
kimeaji *adj.* mutative
kimechukuliwacho *adj.* taken
kimejumlishwa *n.* ubiquity
kimekaniki *adj.* mechanical
kimeli *adj.* nautic(al)
kimeli *adj.* sailing
kimeli *adj.* shipborne
kimene *n.* disdain
kimenomeno *adj.* toothsome
kimenya *v.* pilfer
kimeta *n.* anthrax
kimeta *n.* sparkle
kimethali *adj.* proverbial
kimia *n.* network
kimiani *n.* lattice
kimichezo *adj.* sportive
kimiminio *n.* glider
kimiraba *adj.* cubical
kimiraba *adj.* cubiform
kimisitu *n.* forestry
kimistari *adj.* lyric
kimjini *adj.* urbane
kimkakati *adj.* strategic
kimkanda *adj.* regional
kimkia *adj.* caudal
kimkoo *adj.* slatternly
kimochwari *adj.* morganatic
kimoja *n.* single
kimoja *adj.* single

kimondo *n.* meteor
kimonokromia *adj.* monochromatic
kimotisha *adv.* avidly
kimoyo *adj.* cardiac
kimoyo *adj.* cardio
kimpangilio *n.* chronological
kimpango *adv.* tautly
kimraba *adj.* square
kimrija *adj.* tubular
kimsangao *adj.* stupendous
kimsingi *adj.* basal
kimsingi *adv.* basically
kimsingi *adv.* primarily
kimsombo *adj.* compound
kimtandao *adj.* webby
kimtazamo *adj.* monitory
kimtindo *n.* tonsure
kimu *n.* harp
kimuago *adj.* congenial
kimuhtasari *adj.* abstract
kimujibu *adj.* tenor
kimungu *adj.* godly
kimuondowo *adj.* eliminatory
kimuziki *adj.* musical
kimvuke *adj.* vaporous
kimwaliko *adj.* snap
kimwazi *adj.* creative
kimwezi *adj.* bimonthly
kimwezi *adv.* monthly
kimwezi *n.* satellite
kimwili *adj.* incarnate
kimwitu *n.* glade
kimwujiza *adj.* miraculous
kimya *n.* calm
kimya *adj.* quiet
kimzunguko *adj.* cyclic
kina *adj.* comprehensive
kina *n.* depth
kina *adj.* shallow
kinabii *adj.* prophetic
kinadharia *adj.* prosaic
kinafiki *adj.* hypocritical

kinafuu *adj.* convalescent
kinahau *adj.* idiomatic
kinai *adv.* enough
kinaifu *adj.* proud
kinaifu *adj.* satiable
kinaisha *v.* satiate
kinajimu *adj.* astral
kinamasi *n.* bog
kinamasi *n.* marsh
kinamasi *n.* slime
kinamna *n.* mannerism
kinamna *adj.* mannerly
kinanda *n.* harmonium
kinanda *n.* lute
kinanda *n.* piano
kinang'aa *adj.* refulgent
kinara *n.* podium
kinashangaza *adj.* sophisticated
kinaya *n.* insolence
kinaya *n.* irony
kinayobadilishwa *n.* convertible
kinazunguka *n.* spinner
kinda (la farasi) *n.* colt (of horse)
kinda (la farasi) *n.* foal
kindani *adj.* innate
kindani *adj.* inside
kindani *adj.* inward
kindoto *adv.* dreamily
kindoto *adj.* dreamy
kindoto *adj.* elusive
kindovu *adj.* pachydermatous
kindungu *adj.* fraternal
kinene *adj.* chubby
kinene *adj.* thick
kinga *adj.* immune
kinga *n.* immunity
kinga *v.* intercept
kinga *v.* shade
kinga *v.* shelter
kinga *v.* shield
kingama *v.* intersect
kingama. *adv.* across
kingamuzi *n.* radiophone

king'ang'anivu *adj.* clingy
kingano *adj.* folkloric
kingi *adj.* ample
kingi *adj.* bulky
kingi *n.* glut
kingi *adj.* most
kingi *adj.* much
kingi mno *adj.* myriad
kingilia-mnaso *n.* trapdoor
kingo *adj.* habitable
kingojo *n.* preservation
king'ong'o *adj.* nasal
kingono *adv.* sexily
kingono *n.* sexuality
king'ora *n.* siren
kinguo *n.* rag
kinguo *n.* textual
kinguruma *n.* bellowing
kingwana *adj.* chivalrous
kinokero *n.* gazelle
kinono *n.* pleasantry
kinu *n.* hub
kinu *v.* mortar
kinubi *n.* lyre
kinuksi *adj.* untoward
kinundu *adj.* bumpy
kinyaa *n.* filth
kinyaa *adj.* loath
kinyago *n.* comedian
kinyago *n.* comedy
kinyago *n.* farce
kinyago *n.* joker
kinyama *adj.* brutish
kinyama *adj.* zoological
kinyamanyama *adj.* beefy
kinyamazisho *n.* silencer
kinyani *adj.* apish
kinyererezo *adj.* camouflaged
kinyesi *adj.* fecal
kinyesi *n.* feces
kinyigu *adj.* waspish
kinyogo *n.* grudge
kinyoka *n.* serpentine

kinyonge *n.* misery
kinyongo *n.* fad
kinyongo *n.* mood
kinyongo *n.* resentment
kinyota *n.* asterisk
kinyozi *n.* barber
kinyuma *adj.* rear
kinyumanyuma *adj.* backward
kinyumatiki *adj.* pneumatic
kinyumatolojia *adj.* pneumatological
kinyumbani *adj.* domestic
kinyumbani *adj.* domiciliary
kinyume *adj.* absonant
kinyume *adj.* aft
kinyume *adj.* against
kinyume *n.* antipodes
kinyume *adj.* apposite
kinyume *adv.* appositely
kinyume *adj.* contrary
kinyume *adj.* opposite
kinyume *n.* rear
kinyume *n.* reversal
kinyume *adv.* reverse
kinyume *adv.* vice-versa
kinyume *adj.* unlike
kinyume. *adv.* backward
kinyunga *n.* dough
kinywa *n.* estuary
kinywa *n.* throat
kinywaji *n.* beverage
kinywaji *n.* drink
kinza *v.* retort
kioftamlmia *adj.* ophtalmic
kioftamolojia *adj.* ophtalmologic
kioksidenti *adj.* occidental
kioksidishaji *n.* oxidant
kioktonioniki *n.* octonionics
kiolezo *n.* specimen
kiongezi *n.* appendage
kiongezo *n.* adjunct
kiongozi *n.* guide
kiongozi *n.* leader

kiongozi *n.* prelate
kiongozi mkuu *n.* baron
kionjo *adj.* imperial
kionjo *n.* sample
kionjo *n.* teaser
kionkojeniki *adj.* oncogenic
kiontojeni *adj.* ontogenic
kiontolojia *adj.* ontological
kioo *n.* mirror
kiorodhesho *adj.* enumerative
kiorojeni *n.* orogen
kiosha macho *n.* eyewash
kiosopitali *adj.* occipital
kiota *n.* nest
kiota *n.* roost
kioteo *n.* ambush
kiothropidiki *adj.* orthopaedical
kiotoaji *adj.* retentive
kiotoskopia *adj.* otoscopis
kiovatimu *adv.* overtime
kiovyo *v.* randomise
kioza *n.* decay
kiozeshambao *adj.* xylophagous
kipa *n.* goalkeeper
kipacha *adj.* twin
kipaji *n.* forehead
kipaji *n.* talent
kipaka *adj.* feline
kipakanga *adj.* rueful
kipaliobiolojia *adj.* paleobiological
kipambe *adj.* decorative
kipambo *n.* ornament
kipambo (cha dirisha) *n.* cornicle
kipana *adv.* boldly
kipande *adj.* flank
kipande *n.* fragment
kipande *n.* morse
kipande *n.* mote
kipande nane *n.* octuple
kipandikizo *n.* slip
kipanga uzazi *adj.* contraceptive
kipanguzio *n.* duster
kipanya *n.* mouse

kipapa *adj.* papal
kipapasio *adj.* tactile
kipasua *n.* shreder
kipasuaji *n.* shred
kipatanisho *adj.* pacific
kipato *adj* gainful
kipato *adj.* gross
kipaumbele *n.* priority
kipawa/ uwezo *n.* ability
kipaza *n.* amplifier
kipekee *n.* abjunction
kipekee *adj.* exceptional
kipekee *adj.* exclusive
kipekee *n.* single
kipekee *adv.* singularly
kipekee *adj.* uniquous
kipele *n.* pimple
kipelelezi *adj.* detective
kipembe *adj.* angular
kipembe *adj.* bent
kipembenane *adj.* octangular
kipembenne *adj.* quadrangular
kipembetatu *adj.* triangular
kipenga *n.* flute
kipenga *n.* puff
kipenga *n.* whistle
kipengele *n.* aspect
kipengele *n.* bypass
kipengele *n.* detail
kipengele *n.* feature
kipengele *n.* module
kipengele *adj.* traunch
kipengo *n.* nickel
kipenya *n.* semiconductor
kipenyo *n.* aperture
kipenzi *adj.* darling
kipenzi *adj.* favourite
kipeo *n.* broom
kipeo *adj.* ideal
kipeo *n.* maximum
kipeo *n.* nap
kipeo *n.* tip
kipepeo *n.* butterfly

kipeperushi *n.* brochure
kipeperushi *n.* podcaster
kipepo *adj.* shoreward
kipepo *adj.* windy
kipeto *n.* case
kipicha *adj.* graphic
kipicha *adj.* photographic
kipicha *adj.* picturesque
kipidofilia *n.* paedophiliac
kipidofilia *adj.* paedophiliac
kipigo *adj.* flapping
kipigo *adj.* lash
kipimahewa *n.* barometer
kipimio *n.* scale
kipimo *n.* dimension
kipimo *n.* dosage
kipimo *n.* dose
kipimo *adj.* empirical
kipimo *n.* platinum
kipimo *n.* size
kipimo *n.* weightage
kipimo (kikompyuta) *n.* terabit
kipimo (kikompyuta) *n.* terabyte
kipimo. *n.* terajoule
kipindi *n.* count
kipindi *n.* moment
kipindi *adj.* momentary
kipindi *n.* period
kipindi *n.* term
kipindo *n.* wrapper
kipindupindu *n.* cholera
kipingo *n.* bolt
kipingo *n.* hurdle
kipingu *n.* shackle
kipini *adj.* axial
kipini *n.* axle
kipisha shingoni *n.* necklet
kipita-mipaka *n.* transboundery
kipitisha *n.* streamer
kipitisho *n.* conductor
kiplatonia *adj.* platonic
kipodozi *n.* manicure
kipokeo *n.* accompaniment

kipokeo *n.* chorus
kipola *adj.* polar
kipole *adj.* amiable
kipooza *n.* insensibility
kipopo *n.* moth
kipovu *adj.* fizzy
kipovu *adj.* foamy
kipukusa *n.* downfall
kipumbavu *adj.* gawky
kipunguani *adv.* decreasingly
kipunguani *adj.* idiotic
kipunguo *n.* decrease
kipunguo *adv.* dimly
kipunguo *n.* reduction
kipunguzi *n.* deduction
kipunguzi *n.* discount
kipunguzo *adj.* trim
kipuputisho *n.* defoliant
kipuuzi *n.* gibberish
kipuuzi *adj.* nonsensical
kipuuzi *v.* snobbish
kipuuzi *adj.* snub
kipwani *adj.* coastal
kipweke *adj.* solo
kipya *adj.* new
kiradi *adj.* thunderous
kirahi *n.* dislike
kiraia *adj.* civic
kiraia *adj.* civil
kiraisi *adj.* presidential
kiraka *n.* patch
kiranchi *v.* ranch
kirangitatu *adj.* tricolour
kiranja *n.* prefect
kiranki *adj.* runcible
kirasimu *adj.* drafty
kirasmi *adv.* officially
kirauni *n.* crown
kirejareja *adv.* retail
kirekebisho *n.* regulator
kirembo *adj.* flamboyant
kiri *v.* avow
kiri *v.* ratify

kiri/kubali v. admit
kirihi adj. discourteous
kirimu v. feast
kirisasi adj. shot
kiriyadha adj. athletic
kirobo adj. quarterly
kiroboto n. flea
kiroho adj. spirited
kiroho adj. spiritual
kiroho n. spirituality
kirom adj. rum
kirubia n. rubian
kirudisha n. repellent
kirudisha adj. repellent
kirudisha adj. repentant
kiruhu n. wrath
kirukanjia n. shrew
kirukanjia n. shrew
kiruu n. wrath
kisa n. narrative
kiudonda adj. ulcerous
kisababishi adj. causative
kisababu adj. causal
kisababu n. excuse
kisabato n. sabbatical
kisafisha (sikio) n. aurilave
kisahauliwayo adj. oblivious
kisahosis adj. cirrhotic
kisaiatiki adj. sciatic
kisaikolojia adj. psychological
kisajilia n. recorder
kisakuzi n. browser
kisamawiya adj. cyan
kisambaza n. transmitter
kisanaa adj. artistic
kisanatori n. sanatorium
kisanduku n. safe-deposit
kisanii adj. lyrical
kisanjari adj. tandem
kisarakasi adj. gymnastic
kisaratani adj. cancerogenic
kisasa adj. contemporary
kisasa adj. current

kisasa adj. modern
kisasa adj. present
kisasa adv. presently
kisasa adj. up-to-date
kisauti adj. sonic
kisawa adv. affirmatively
kisawa adv. evenly
kisawa adj. okayish
kisawa adv. samely
kisawasawa adv. aright
kisawe n. synonym
kisayamisi adj. siamese
kisayansi n. prescience
kisayansi adj. scientific
kisayari adj. planetary
kischana adj. girlish
kisehemu nne adj. quadrilateral
kisehemu nne adj. quadruple
kisehemu za siri n. genitalia
kisetali adj. cetylic
kisetiri n. partition
kisha conj. after
kisha adv. thereafter
kisha conj. whereupon
kishaba adj. brazen
kishaba adj. bronze
kishaba adj. coppery
kishahawia adj. sultry
kishairi n. poesy
kishairi n. poetics
kishakwe n. gull
kishamba adj. rustic
kishanga adj. beady
kisharti adj. prerequisite
kishawishi n. allurement
kishawishi adj. enticing
kishawishi n. incentive
kishenzi adj. barbarous
kishenzi adj. paganistic
kishenzi adv. savagely
kisherati adj. immoral
kisherehe adj. ceremonial
kisherehe adj. ceremonious

kisheria *adj.* lawful
kisheria *adj.* legislative
kisheria *adj.* statutory
kishetani *adj.* satanic
kishika mbao *n.* sawhorse
kishikilia miti *n.* sawbuck
kishikilio *n.* garter
kishilishali *v.* shilly-shally
kishimo *n.* burrow
kishindikizo *adj.* escorted
kishindo *n.* gust
kishindo *n.* pat
kishingoni *n.* scruffiness
kishirika *adj.* utilitarian
kishirikina *adj.* superstitious
kishirikisho *adj.* federal
kishituo *adj.* dazed
kishoga *adj.* queer
kishuhudu *adj.* corroborative
kishujaa *adj.* epical
kishujaa *n.* gallantry
kishujaa *adj.* heroic
kishuka dhamani *adj.* depreciatory
kishupavu *adj.* temeritous
kisi *v.* presume
kisia *v.* guess
kisia *v.* range
kisia / kadiria *v.* calculate
kisiagi *v.* butter
kisiagi *n.* grinder
kisiasa *adj.* political
kisichotambulika *adj.* ambiguous
kisigino *n.* heed
kisigino *n.* heel
kisiki *v.* chum
kisiki *n.* log
kisiki *v.* stump
kisikusiku *n.* dusk
kisikusiku *n.* twilight
kisilabi *n.* syllabic
kisiliki *n.* siliceous
kisima *n.* cistern

kisimamizi *adj.* administrative
kisimani *n.* oasis
kisimba *adj.* leonine
kisimbo *n.* pseudonym
kisimu simu *n.* phonetics
kisiri *adj.* backstairs
kisiri *n.* mystic
kisisimuaji *adj.* evocative
kisisimuzi *n.* stimulant
kisisitizo *adj.* emphatic
kisitrini *adj.* citrine
kisiwa *n.* island
kisiwa *n.* isle
kisiwa (matumbawe) *n.* atoll
kisiwani *adj.* insular
kisiyagi *n.* sawmill
kiskoti *n.* scot
kisoada *n.* aberrance
kisoboriti *adj.* beamless
kisochukuliwa *adj.* unadapted
kisodhibitishwa *adj.* unapproved
kisofahamika *adj.* unacquainted
kisofahamika-angani *n.* ufo
kisofaidisha *adj.* unaccommodating
kisofikiwa *adj.* unaccessible
kisofupishika *adj.* shotproof
kisogezwayo *adj.* movable
kisogo *n.* nape
kisoharibiwa *adj.* tamperproof
kisokasoro *adj.* unabridged
kisokawaida *adv.* abnormally
kisokawaida *n.* anomaly
kisokawaida *adj.* xeromorphic
kisokifani *adj.* nonpareil
kisokubaliwa *adj.* unacceptable
kisomazao *adj.* ungainly
kiso-mkanda *adj.* tapeless
kisomtu *adj.* unmanned
kiso-muelekeo *adj.* acephalous
kisonoko /mshenzi *n.* barbarian
kisooga *adj.* showerproof
kisorekebishwa *adj.* unadjusted

kisosawa *adj.* unaccurate
kisoskoti *adj.* scot-free
kisotangazwa *adj.* unannounced
kisotenganishwa *adj.* inseparable
kisovutia *adj.* unappealing
kiso-waya *adj.* wireless
kisowezekana *adj.* unable
kisowezekana *adj.* unachievable
kissi *n.* surmise
kistaarabu *adj.* cosmopolitan
kistajabu *adj.* marvellous
kistendi *n.* terminus
kisu *n.* knife
kisufi *adj.* esoteric
kisufu *adj.* woollen
kisuguaji *adj.* ablative
kisuhuba *adj.* genial
kisuizi *adj.* swiss
kisukari *n.* diabetes
kisukuku *n.* fossil
kisumaku *adj.* magnetic
kisyagi *n.* gouda
kitaalamu ya ngozi *n.* tannery
kitabu *n.* litterateur
kitabu *n.* scroll
kitabu (cha hekaya) *n.* talebook
kitabu (cha video) *n.* videobook
kitabu (mtandaoni) *n.* e-book
kitabu (ya kiada) *adj.* textbook
kitabu cha dukani *n.* shopbook
kitabu cha usajili *n.* scorebook
kitabu chakavu *n.* scrapbook
kitachopandwa *n.* transplantee
kitaga samaki *n.* gig
kitaifa *adj.* territorial
kitajiri *adj.* affluential
kitakacho-oshwa *adj.* washable
kitakatifu *adj.* saintly
kitako *n.* ass
kitako *n.* bottom
kitakwimu *adj.* statistical
kitalu *n.* fence
kitalu *n.* nursery
kitalu *n.* nursery
kitamaa *adj.* appetent
kitamaa *adj.* lusty
kitamaduni *adj.* cultural
kitamba *n* filamentation
kitambaa *n.* doeskin
kitambaa *n.* handkerchief
kitambaa *v.* rag
kitambaa *n.* sideband
kitambaa shingoni *n.* muffler
kitambo *n.* antecedent
kitambo *n.* antedate
kitambulisho *n.* identity
kitamu *adj.* saccharine
kitan (rangi ya ngozi) *adj.* tan
kitana *v.* combust
kitanda *n.* bunk
kitanda *n.* flatbed
kitanda *adj.* flatbed
kitanda *l* malazi *n.* bed
kitanda cha mgonjwa *n.* sickbed
kitandani *adv.* abed
kitangawizi *adj.* ginger
kitangulizi *n.* prelude
kitangulizo *n.* preliminary
kitanguo *n.* discharge
kitanguo *n.* nullification
kitani *n.* lace
kitani *n.* linen
kitantra *adj.* tantric
kitanzi *n.* loop
kitanzi *n.* noose
kitapo *n.* ague
kitarigia *adj.* periodical
kitasa *n.* buckle
kitashi *adj.* tertian
kitaswira *adj.* reflexive
kitatu *adj.* three
kitawala *adj.* autocratic
kitawanya *n.* scattergun
kitawanyiko *adv.* scatteringly
kite *n.* strain

kiteknolojia *adj.* technological
kitelematia *adj.* telematic
kiteleolojia *adj.* teleologic
kiteluriumu *adj.* tellural
kitembe *n.* lisp
kitembeleo (zoezi) *n.* treadmill
kitemeo *n.* spittoon
kitenda kazi *n.* jobbery
kitendawili *n.* paradox
kitendawili *n.* riddle
kitendo *n.* deed
kitendo tena *adj.* recurrent
kitenga *n.* crater
kitengele *n.* stripe
kitengeneza *adj.* solvent
kitengo *n.* category
kitengo *adj.* factious
kitengo *n.* sprig
kitengo (hospitalini) *n.* ward
kiteolojia *adj.* theological
kiterakota *adj.* terracotta
kiteremsho *adj.* downward
kithabiti *adj.* adamant
kithaminiwacho *adj.* appreciable
kithaura *n.* revolutionary
kitheluji *adj.* snowy
kithinashara *adj.* twelfth
kiti *n.* chair
kiti *adj.* crossbench
kiti (cha enzi) *n.* throne
kiti ndefu *n.* chaise
kitiba *adj.* curative
kitiba *adj.* remedial
kitiifu *n.* pedantic
kitikio *n.* response
kitimbi *n.* machination
kititia *n.* windmill
kitivo *n.* faculty
kito *v.* jewel
kito *n.* mack
kitoa *n.* omitter
kitohara *n.* purgative
kitonesho *adj.* condescending

kitongoji *n.* hamlet
kitoni *n.* tonic
kitoni *adj.* tonic
kitosheao *adj.* sizable
kitoto *adj.* infantile
kitoto *adj.* puerile
kitovu *adj.* epicentre
kitovu *n.* epicentre
kitovu *n.* nave
kitoweo *n.* relish
kitrpiki *adj.* tropical
kitu *pron.* something
kitu *n.* thing
kitu fulani *adv.* something
kitubio *n.* repentance
kituhuma *adj.* suspect
kituko *n.* freak
kituko *adj.* freak
kituli *adj.* static
kitulivu *adj.* calmative
kitulizo *adj.* sedate
kitulizo. *n.* alleviation
kitumwa *adj.* slavish
kitungio *n.* lancer
kitungule *n.* hare
kitunguu *n.* onion
kituo *v.* station
kituo *n.* terminal
kituo (cha ukaguzi) *n.* checkpoint
kituo (cha zimamoto) *n.* firehouse
kituo cha mtandao *n.* cybercafé
kitwana *n.* brat
kitwashio *n.* padding
kiu *adj.* athirst
kiu *n.* thirst
kiu *adj.* thirsty
kiua *adj.* pastel
kiuamuzi *n.* decidedness
kiua-viini *n.* antiseptic
kiua-viini *adj.* antiseptic
kiuba *adj.* uber
kiuba *adj.* uberous

kiubomoaji *adv.* deconstructively
kiuburudisho *adj.* recreative
kiubwana *adj.* princely
kiuchache *adj.* manorial
kiuchaji mungu *adj.* puritanical
kiuchambuzi *adj.* analytical
kiucheshi *adj.* humorous
kiuchi *adj.* nude
kiuchokozi *adj.* belligerent
kiuchovu *adj.* lethargic
kiudadisi *adj.* interrogative
kiudhia *adv.* abrasively
kiudhia *adj.* purgative
kiudhu *adj.* ablutionary
kiufanisi *n.* efficiency
kiufugaji *n.* domestic
kiufumbo *adj.* enigmatical
kiufundi *n.* technical
kiufupi *adv.* short
kiugumu *adj.* compact
kiuguso *adj.* touchy
kiuingereza *adj.* british
kiujenzi *adj.* tectonic
kiuji *adj.* oatmeal
kiuka *v.* surmount
kiuka sheria *v.* outlaw
kiukao *adj.* sessional
kiukataaji *adj.* declinous
kiukitabu *n.* bookish
kiukonde *adj.* scragged
kiukufunzi *adj.* docent
kiukulaji nyama *n.* carnival
kiukungu *adj.* foggy
kiukunjo *adj.* folding
kiukunjo *adj.* seamy
kiulinga sauti *adj.* ventriloquistic
kiumbe *n.* creature
kiumbele *adj.* forward
kiumbele *adj.* front
kiumbile *adj.* shapely
kiume *adj.* male
kiume *adj.* masculine
kiumiza kichwa *n.* boglet

kiumoja *adj.* ecumenical
kiunga *n.* link
kiunganifu *adj.* coherent
kiunganishi *n.* drawbridge
kiunganisho *adj.* ecumenic
kiungia *v.* log
kiungo *n.* ingredient
kiungo *n.* spice
kiungo (chakula) *n.* aniseed
kiunguza *n.* acid
kiunguzi *adj.* acid
kiunguzi (asidi) *adj.* acrylic
kiunguzo *n.* poison
kiuno *n.* hip
kiuno *n.* loin
kiuno *n.* waist
kiunyunya *n.* confectionery
kiuoga *adv.* dreadfully
kiuoga *adj.* tensor
kiuovu *adj.* nefarious
kiupande *adv.* sidesaddle
kiupande wote *adj.* omnidirectional
kiupato *adj* gainly
kiupindo *adj.* cadaverous
kiupoozo *adj.* paralytic
kiupuzi *adj.* gibberish
kiurashia *adj.* irish
kiurembeshaji *adj.* taxidermal
kiusababu *n.* causality
kiusabato *adj.* sabbatical
kiusafi *n.* sanity
kiusaidizi *adj.* subordinate
kiusalama *adv.* safely
kiusaumu *adj.* garlicky
kiusemaji *adj.* oratorical
kiushangulifu *adv.* gloatingly
kiushetani *adv.* satanically
kiusiku *n.* nightie
kiuso *adj.* facial
kiusomi-akili *adj.* telepathic
kiusuguaji *adj.* scrubby
kiutaalamu *adj.* scholarly

kiutaalamu *n.* technicality
kiutangulizi *adj.* introductory
kiutata *adj.* complex
kiutawala *adj.* elementary
kiutawala *adj.* oligarchal
kiutawala *adj.* rudimentary
kiutongozaji *adj.* cognitive
kiutu *adj.* altruistic
kiutu *adj.* humane
kiutukufu *adj.* royal
kiutukufu *adj.* sublime
kiutulivu *adj.* comely
kiutumwa *adj.* zany
kiuvukaji *adv.* transcendingly
kiuwazi *adj.* outright
kiuwekaji *n.* delinquency
kiuziwaji *adj.* officious
kiuzungo *adj.* orbital
kiuzungo *n.* orbital
kiviini *adj.* enzymic
kivikao *n.* sessional
kivimbe *n.* tumour
kivimbo *n.* arch
kivimbo *n.* vault
kiviringo *adj.* spherical
kivita *adj.* warlike
kivitendo *adj.* practical
kivitendo *adv.* practically
kivolkano *adj.* volcanic
kivuguvugu *adj.* tenebrous
kivuguvugu *adv.* tepidly
kivuko *adj.* cross
kivuli *n.* guise
kivuli *v.* overshadow
kivuli *n.* shade
kivuli *n.* shadow
kivumbi *n.* haze
kivumbi *n.* sandstorm
kivumo *n.* hum
kivumo *n.* murmur
kivungu *adj.* concave
kivunja *n.* crasher
kivunja barafu *n.* icebraker

kivunja halafa *n.* oathbreaking
kivunjavunjaji *n.* emulsifier
kivunjo *n.* breakdown
kivunjo *n.* fracture
kivunjo *v.* splinter
kivuta-gharika *n.* wrecker
kivutia macho *n.* eyecatcher
kivutio *adj.* scenic
kivyake *n.* entity
kiwa *adj.* outcast
kiwadudu *adj.* vectorial
kiwakati *adj.* seasonal
kiwakati *adj.* tense
kiwakati *adj.* tense
kiwakati *adv.* tensely
kiwakayo *n.* combustor
kiwake wawili *adj.* bigamous
kiwambo *n.* conjuncture
kiwana jimbo *adj.* constituent
kiwanadamu *n.* sapiens
kiwanaharamu *adj.* bastard
kiwanahisa *adj.* shareholding
kiwanaisimu *adj.* linguistic
kiwanda *n.* factory
kiwanda *n.* forge
kiwanda *n.* industry
kiwanda (kusafisha) *n.* refinery
kiwango *n.* rate
kiwanja *n.* fallow
kiwanja *n.* field
kiwanja *n.* schooolyard
kiwanja *n.* yard
kiwara *n.* plain
kiwasho *n.* inflammation
kiwasho *n.* irritation
kiwasifu *adj.* credential
kiwasiwasi *adj.* scrupulous
kiwastani *adj.* neuter
kiwavi *n.* caterpillar
kiwavi *n.* chrysalis
kiwavi *v.* nettle
kiwavu *adj.* net
kiwazi *n.* fissure

kiwazi *adj.* orificial
kiwazimu *n.* craze
kiwazimu *adj.* psychic
kiwazo *adj.* mulish
kiweko *n.* prop
kiwema *adv.* benignly
kiwete *n.* gimp
kiwete *v.* gimp
kiwete *adj.* gimp
kiwewe *adj.* traumatic
kiwi *adj.* dazzling
kiwigo *v.* hedge
kiwiko *n.* ankle
kiwiliwili *adv.* bodily
kiwiliwili *n.* body
kiwiliwili *n.* torrsi
kiwima *adj.* erect
kiwima *adj.* perpendicular
kiwimbi *n.* ripple
kiwimbi *adj.* wavy
kiwinda *n.* napkin
kiwispania *adj.* spanish
kiyama *n.* doomsday
kiyumbayumba *adj.* wabbly
kiyumbayumba *adv.* zigzag
kiyuo cha baharini *n.* seabase
kiza *v.* benight
kizalendo *adj.* patriotic
kizamani *adv.* formerly
kizamani *adj.* obsolete
kizamani *adj.* outmoded
kizambarao *n.* lilac
kizazi *n.* generation
kizazi *n.* offspring
kizazi *adj.* ovular
kizee *adj.* elder
kizenye *n.* ostensibility
kizibo *n.* cork
kizibo *n.* sealant
kizibo *n.* tap
kizilizala *adj.* seismic
kizimba *n.* cage
kizimba *n.* gasket

kizimbani *adj.* caged
kizimwe *n.* blight
kizingia *n.* whirl
kizingiti *n.* lintel
kizingiti *n.* threshold
kizingiti *n.* weir
kizio *n.* insulator
kizito *adj.* weighty
kizito zaidi *v.* preponderate
kiziwishaji *adj.* deafening
kizizi *n.* byre
kizodiaki *n.* zodiac
kizuia *n.* detractor
kizuiamaji *adj.* waterproof
kizuiamaji *adj.* watertight
kizuia-sauti *adj.* acoustic
kizuio *n.* curb
kizuizi *n.* barricade
kizuizi *n.* limitation
kizuizi *n.* obstruction
kizuizi *adj.* preemptive
kizuizi *adj.* preventive
kizuizi *n.* restriction
kizuizi *n.* romp
kizuizi *adj.* scotch
kizuizi barabarani *n.* roadblock
kizunguko *n.* circular
kizunguko *n.* contour
kizunguko *v.* outline
kizunguko *n.* vortex
kizungushio *n.* bobbin
kizunguzungu *n.* blur
kizunguzungu *n.* daziness
kizunguzungu *adj.* giddy
kizuri *adj.* fabulous
kizuri *adj.* glam
kizushi *n.* novelty
kizushi *n.* sensation
klachi *n.* clutch
klaiv *n.* clive
klasiki *n.* classic
klink *n.* clink
klorini *n.* chlorine

klorofomu *n.* chloroform
koala *n.* koala
kobati *n.* cobalt
kobe *n.* tortoise
kobe *n.* turtle
kocha *n.* coach
kochi *n.* couch
kochi *n.* sofa
kodi *n.* lease
kodi *v.* let
kodi *n.* tax
kodisha *v.* lease
kodisha *v.* rent
kodisha *v.* sublet
kodwe *n.* die
kofi *n.* backhand
kofi *n.* slap
kofi *n.* smack
kofia *n.* balaclava
kofia *n.* beret
kofia *n.* cap
kofia *n.* hat
kofia (kichina) *n.* leghorn
kofia (ya chuma) *n.* helmet
koho *n.* falcon
kohoa *v.* cough
kohozi *n.* cough
koi *n.* koi
koikoi *n.* stork
koinej *n.* coinage
koir *n.* coir
kojoa *v.* ejaculate
kojoa *v.* urinate
kokein *n.* cocaine
koki *v.* coke
kokota *v.* draw
kokota *v.* tow
kokote *adv.* whither
kokwa *n.* nut
kole *n.* hostage
kolego *n.* spade
koleo *n. pl.* tongs
koleza *v.* enhance

koliflawa *n.* cauliflower
koloni *n.* colony
koma *v.* cease
koma *n.* comma
koma *v.* halt
koma *v.* stop
komared *n.* comeradery
komaza *v.* demoralize
komba *v.* empty
kombamwiko *n.* cockroach
kombe *n.* plate
kombe *n.* scapula
kombe *n.* scapular
kombe *n.* trophy
kombeo *n.* catapult
kombo *n.* bend
kombo *adj.* bent
kombo *n.* morsel
kombo *adv.* wrong
komboa *v.* crank
komboa *v.* emancipate
komboa *v.* liberate
komboa *v.* redeem
komboa *v.* rescue
kombora *n.* bomb
kombora *n.* grenade
kombora *n.* missile
kombora *n.* rocket
komesha *v.* abolish
komesha *v.* abolition
komisa (mishipa) *n.* commissure
komishena *n.* commissioner
komisheni *n.* commission
komputa *n.* laptop
kona *n.* corner
koncrisensi *n.* concrescence
konda *n.* condor
konda *n.* conductor
konda *v.* scragg
kondakta *n.* conductor
konde *v.* fallow
kondesha *v.* taper
kondoo *n.* ram

kondoo n. sheep
konga n. sip
kongamano n. symposium
kongoja n. stagger
kongomana v. agglomerate
kongomea v. nail
kongwe adj. ancient
kongwe n. soloist
koni n. cone
konisua n. connaisseur
konkulet v. conculcate
kono n. paw
konokono n. escargot
konokono n. mollusc
konsonati n. consonant
konstabo n. constable
kontra pref. contra
kontrakta n. contractor
kontralto (sauti) n. contralto
koo n. craw
kooti (ndege) n. coot
kope n. eyelid
kopesa v. wink
kopo n. beaker
kopo n. can
kopo n. canister
koprolojia n. coprology
korboli n. corbel
kornea n. cornea
koro adv. throughout
korodani n. scrotum
korofi adj. disastrous
korofi adj. ominous
korofi / harabu adj. brutal
koroga n. stirrup
koroidi n. choroid
koroma v. groan
koroma v. pant
koroma v. purr
koroma v. sigh
koroma n. sigh
koroma v. snore
koroma n. snort

koroma v. snort
koroma n. sonority
koromo n. snore
korongo n. canyon
korongo n. drainage
korongo n. gorge
korongo adj. gorge
kosa n. censure
kosa adj. deficient
kosa v. err
kosa n. fail
kosa n. felony
kosa v. lack
kosa n. misconduct
kosa v. sin
kosa v. slacken
kosa v. wrong
kosa adabu v. misbehave
kosa kupumua v. sob
kosakosa adv. nearly
kosea v. bale
kosea v. banter
kosea v. blundering
kosea v. censure
kosea v. mistake
kosea (wakubwa) v. agist
kosefu adj. faulty
kosefu adj. incorrect
kosesha v. disqualify
kosmos n. cosmos
kosoa v. castigate
kosoa v. criticize
koti n. dolman
koti n. dolmen
koti n. jacket
koti n. overcoat
kovu n. scar
kozi adj. cosy
kozi n. course
kozisha v. course
kpini n. pin
kraka n. cracker
krambo n. crambo

krasisi *n.* crasis
krayogeniki *adj.* crass
krayogeniki *n.* cryogenics
krimu *n.* cream
kriol *n.* creole
kriptografia *n.* cryptography
krismasi *n.* christmas
krismasi *n.* xmas
kristo *n.* christ
krome *n.* chrome
kromia *v.* crome
kromosome *n.* chromosome
kromu *n.* crome
kronograf *n.* chronograph
kuachia *v.* cede
kuachilia (klachi) *v.* declutter
kuadimisha *n.* rarity
kuahirisha *n.* adjournment
kuahirisha *v.* prorogue
kualamisha *n.* notation
kuambatana *n.* clave
kuambukiza *adj.* contagious
kuamuliza. *v.* adjudge
kuandama *n.* haunt
kuangalia *n.* cheque
kuangalia *n.* stare
kuangaliwa *n.* ire
kuanguka *n.* droop
kuanguka *adj.* fallen
kuanguka *n.* falls
kuanguka *n.* rockfall
kuanishwa *n.* imposition
kuantamu *n.* quantum
kuanza *n.* beginning
kuanza *n.* commencement
kuanza *n.* resumption
kuanza tena *n.* resurgence
kuashiria *v.* imply
kuba *n.* dome
kubadili *n.* overhaul
kubadili *n.* reverse
kubadilishana *adj.* reciprocal
kubadilishwa *adj.* reversible
kubali *v.* accede
kubali *v.* okay
kubali *v.* reaccept
kubali tena *v.* reappropriate
kubali tena *n.* reapproval
kubali tena *v.* reconsolidate
kubali. *v.* acknowledge
kubali/ pokea *v.* accept
kubali/itikia *v.* approve
kubalika *adj.* acceptable
kubalika *adj.* palatable
kubaliwa *n.* cachet
kubebeshwa *n.* surcharge
kubembea *n.* trapeze
kubisha *n.* demur
kubisha *n.* gauntlet
kubumbwaa *n.* hibernation
kubuni *adj.* imaginary
kuburura *n.* pull
kubwa *n.* baulk
kubwa *adj.* big
kubwa *adj.* enormous
kubwa *adj.* hefty
kubwa *adj.* large
kubwa *adj.* loud
kubwa *adj.* total
kubwa *adj.* utter
kubwa *adj.* vast
kubwa *adj.* voluminous
kubweka *n.* yap
kucha *n.* fingernail
kucha *n.* nail
kucha *n.* talon
kuchacharika *n.* sizzle
kuchafya *n.* sneeze
kuchagua *adj.* selective
kuchanganua *n.* brainstorm
kuchanganya *n.* shuffle
kuchanganyikiwa *n.* quandary
kuchapa *n.* orthograph
kuchapishwa *n.* reprint
kuchelewa *adj.* belated
kuchelewa *adj.* tardy

kuchenga *n.* dodge
kucheza *n.* cavorting
kucheza *adj.* dancing
kucheza-cheza *n.* sway
kuchezeshwa *n.* playback
kuchochea *v.* agitate
kuchoma maiti *n.* cremation
kuchoma pombe *adj.* flambé
kuchomeka *adj.* inflammable
kuchora *n.* drawing-room
kuchora *v.* overdraw
kuchora *n.* painting
kuchota mchanga *n.* sandscape
kuchukizwa *adj.* indignant
kudaiwa *adj.* indebted
kudanganywa *n.* manipulation
kudhalilishwa *n.* misdemeanour
kudhania vibaya *v.* misjudge
kudharauliwa *adj.* despicable
kudhihaki *n.* tease
kudhoufika *n.* atrophy
kudondoka *n.* tumble
kudumu *adv.* last
kuduwa *n.* duel
kuelekea *prep.* towards
kuelekea chini *adv.* downwards
kuelelezo *adj.* iconic
kueleza *n.* express
kuelezea upya *n.* reiteration
kuendelea *adj.* onward
kuendelea *adv.* onwards
kuendesha *v.* manipulate
kuenea kwa *n.* proliferation
kueneza *adj.* diffuse
kueneza *n.* saturation
kuenzi *v.* adore
kuepuka *n.* avoidance
kuepuka (anasa) *n.* ascetic
kueweka *adj.* intelligible
kuezekea *n.* thatch
kufa *v.* die
kufaa *n.* suitability
kufagia *n.* sweep

kufahamu *n.* assimilation
kufanana *adj.* identical
kufanana *adj.* oscular
kufanya kazi mno *n.* overwork
kufanya kienyeji *v.* localize
kufanya kupindukia *v.* overdo
kufanyisha ozoni *n.* ozonate
kufariki *v.* decease
kufariki *n.* demise
kuficha *v.* hoodwink
kufikisha *n.* relay
kufilisi *n.* liquidation
kufinyanga *n.* mould
kufobodi *n.* forbode
kufuata *n.* compliance
kufuka *v.* evolve
kufukuza *n.* turf
kufuli *n.* lock
kufuli *n.* safecracker
kufumba macho *n.* blindfold
kufunga kizazi *n.* vasectomy
kufungwa *n.* bound
kufungwa *n.* closure
kufungwa *n.* conviction
kufungwa *n.* loom
kufurahisha *adj.* enjoyable
kufurika *n.* influx
kufurisha *v.* disbelieve
kufuru *n.* agnosticism
kufuru *n.* atheism
kufuru *adj.* sacrilegious
kufuzu *adj.* triumphal
kuganda misuli *adj.* spasmodic
kugeuka gesi *n.* gasification
kugeuza *n.* flip
kugeuza *n.* toggle
kughaibu *v.* absent
kugonga *n.* batter
kugugumiza *n.* gulp
kuguswa *v.* react
kuhakikisha *v.* justify
kuhakikisha kwamba *n.* consistence

kuhamasisha *v.* inspire
kuhami *n.* insulation
kuhamisha *n.* shuttle
kuhani *n.* rabbi
kuhara *n.* dysentery
kuharibu *adj.* degrading
kuhatarisha *adj.* endangered
kuhatarisha *n.* stunt
kuhema *n.* adrenaline
kuhepuka *n.* sideline
kuhepuka *n.* skip
kuhifadhi *n.* safekeeping
kuhimili *n.* containment
kuhisi *adj.* olfaltive
kuhulia *n.* bray
kuhusu *adv.* about
kuhusu *n.* accrementition
kuhusu *adj.* amatory
kuhusu *adj.* applicable
kuhusu *n.* racket
kuhusu *adj.* relative
kuhusu *adj.* relevant
kuhusu *n.* whereabout
kuhuwisha *adj.* reanimate
kuhuzunika *n.* depression
kuiga *v.* ape
kuigawa *v.* demarcate
kuimarisha *v.* deepen
kuimarisha *v.* fortify
kuimba *n.* chant
kuinama *n.* tilt
kuinamisha *n.* stoop
kuingilia *v.* encroach
kuingilia kati *n.* interlude
kuinginlia *adj.* middling
kuingiza *adj.* incorporate
kuingizwa *n.* inclusion
kuingizwa *n.* incorporation
kuinuliwa *v.* heave
kuisha *n.* depletion
kuishi *adv.* live
kuitoa-mvuke *n.* steamer
kujadili *v.* negotiate

kujadiliana *n.* nagotiation
kujadiliwa *adj.* debated
kujali *n.* altruism
kujali *adj.* painstaking
kujali *n.* remark
kujaribu *adj.* trying
kujiaminia *adj.* self-confident
kujichagua *adj.* self-appointed
kujichunguza *n.* introspection
kujidhuru *n.* self-abuse
kujielekeza *n.* self-control
kujiendeleza *adv.* abreast
kujifungua *adj.* natal
kujihami *adv.* defensive
kujiharibu *v.* self-destruct
kujihusisha *n.* racket
kujiingiza *n.* crepe
kujiinua *n.* leverage
kujikomboa *n.* decolonization
kujimudu *adj.* self-centered
kujimudu (baridini) *v.* winter
kujionyesha *v.* purport
kujishaua *n.* petulance
kujishauri *n.* soliloquy
kujishuku *n.* self-doubt
kujitenga *v.* secede
kujitolea *n.* dedicatory
kujitolelea *adj.* whole-hearted
kujiua *adj.* suicidal
kujiua *n.* suicide
kujiunga *v.* subscribe
kujivunia *n.* boast
kujiwekea *v.* formulate
kujuzu *adj.* permissible
kukaa *v.* inhabit
kukaa *adj.* live
kukaa *n.* sojourn
kukabili *n.* reprimand
kukabiliana *n.* grapple
kukabiliana *n.* mitigation
kukabiliana *n.* tackle
kukabiliana na *v.* counter
kukabiliwa *adj.* prone

kukabiliwa v. succumb
kukamatwa n. cache
kukamilika adj. accomplished
kukandamiza n. repression
kukanusha n. negation
kukanyagana n. stampede
kukashifu adj. defamatory
kukasirika n. frown
kukasirikia adj. begrudging
kukata tama n. despair
kukata tama adj. desperate
kukataa n. decline
kukataa n. rebuff
kukataa v. repudiate
kukataa (kibega) n. shrug
kukejeli n. lampoon
kukenga n. hoax
kukesha v. awake
kuketi kiupande n. sidesaddle
kukimbia n. scamper
kukojoa n. ejaculate
kukomesha n. abolitionism
kukosa n. ingratitude
kukosea n. blundering
kukoseshwa n. disqualification
kuku n. chicken
kuku n. fowl
kuku n. hen
kuku n. peahen
kuku n. poultry
kukua n. perennial
kukumbatia n. cuddle
kukumbuka v. heed
kukumbwa n. beserker
kukunja n. folding
kukurika v. struggle
kukusa adj. slovenly
kukusho n. reminder
kukuwa v. outgrow
kukuwa adj. perennial
kukwepa n. escape
kula v. dine
kula adj. each

kula v. eat
kula v. lunch
kula v. mouth
kula v. ramble
kula v. stomach
kula njama n. collusion
kula wenziwe v. cannibalise
kulaani adv. damn
kulamwaka adv. yearly
kulamwezi adj. bimonthly
kulaumu adj. compliant
kulawiki n. weekly
kulawiti n. sodomy
kulayom n. daily
kula-yom adj. everyday
kulazimisha adj. imposing
kulazimisha v. necessitate
kule adv. that
kule adv. there
kulea v. babysit
kulea n. babysitting
kulenga adj. focusing
kulengaji n. focalization
kulet n. cullet
kuleta maendeleo n. modernization
kulevya n. addiction
kulevya adj. dope
kulevya adj. doped
kulevya n. narcotic
kulia n. right
kulia (kwa sauti) n. squeak
kuliingia n. foray
kulinga/suluhu v. adapt
kulingana n. par
kulipiza n. revenge
kulipuka n. blast
kulivu adj. tedious
kululu n. locust
kuma n. vagina
kumba v. beshame
kumba v. butt
kumba adj. miscellaneous

kumba v. monopolize
kumba v. shove
kumbana v. jostle
kumbata v. cuddle
kumbata n. hag
kumbatio n. embrace
kumbe *interj.* my
kumbo n. thrust
kumbuka n. recall
kumbuka v. recollect
kumbuka v. remember
kumbukumbu n. flashback
kumbukumbu n. memory
kumbukumbu n. recollection
kumbukumbu n. reminiscence
kumbukumbu n. trackback
kumbusho n. memento
kumbusho. n. souvenir
kumbwe n. snack
kumdharau n. mal-treatment
kumdhulumu *adj.* injurious
kumeza n. deglutination
kumeza n. swallow
kumi n. ten
kumshtaki v. impeach
kumudu n. affordability
kumuondoa v. oust
kumwaga n. ejaculation
kumwaga damu n. bleb
kumzuia v. dissuade
kundi n. batch
kundi v. flock
kundi n. gang
kundi n. troupe
kundu n. anus
kunena haraka n. talkfast
kunga v. seam
kunga v. trim
kungaa n. flash
kungaa n. luminary
kungaa n. refulgence
kung'aa n. dazzle
kung'aa *adv.* dazzlingly

kunge n. mist
kungumanga n. nutmeg
kunguru n. raven
kung'uta v. sift
kuning'inia n. poise
kuninginiza n. sag
kuninginiza *adj.* saggy
kunja v. fold
kunja *adj.* foldup
kunja n. fondling
kunja v. furl
kunja v. gnarl
kunjua v. unfold
kunjufu *adj.* cordial
kunjufu *adj.* serene
kunuia n. premeditation
kunuka *adj.* odious
kunukuu *adj.* verbatim
kununu n. spike
kununua v. procure
kunya v. sip
kunya (chai) v. tea
kunyamaa n. hush
kunyima n. rook
kunyoa n. shave
kunyolewa *adj.* shaven
kunyoosha n. stretch
kunywa v. absorb
kunzo *adj.* spare
kuoa (waume wengi) n. polyander
kuoga n. shower
kuogelea v. wade
kuogopesha n. dreadful
kuokoa n. salvage
kuoksidisha n. oxidate
kuoksidisha n. oxidization
kuoksijisha n. oxygenation
kuomba n. beseech
kuombileza n. howl
kuomboleza n. wail
kuona haya n. blushing
kuona haya n. coy

kuondoa *adj.* dashing
kuondolewa *adj.* removable
kuondolewa *n.* revocation
kuonekana *n.* visibility
kuonekana tena *v.* reappear
kuonekana tena *n.* reappearance
kuongeza *n.* boost
kuongezea *v.* overburden
kuongezea *n.* supplement
kuonja *n.* degustation
kuonya *n.* reproof
kuonyesha *v.* portray
kuoza *n.* rot
kuozonisha *n.* ozonation
kupaa *n.* ascent
kupaa *n.* takeoff
kupakia chai *n.* teabagging
kupanda *n.* climb
kupanda *n.* transplant
kupanda (kwa..) *n.* ascendancy
kupanga vibaya *n.* miscalculation
kupangwa *n.* moot
kupasuka *v.* rupture
kupasuliwa *n.* operation
kupata yai (ya uzazi) *v.* ovulate
kupatana *adj.* confluent
kupatwa *n.* eclipse
kupe *n.* tick
kupe *n.* tick (of cattle)
kupeleka *v.* deploy
kupenda *adj.* fond
kupenda *v.* obsess
kupenda kuchoma *n.* pyromantic
kupendeza *n.* endearment
kupenyeza *n.* infusion
kupia *v.* doze
kupia *v.* nap
kupia *n.* nod
kupiga *n.* shoot
kupigwa na sitima *n.* electrocution
kupindua *n.* overthrow
kupio *n.* doze

kupita kiwango *n.* overdose
kupita mda *adj.* overdue
kupitia *adj.* through
kupitia *prep.* via
kupoa tena *n.* recondensation
kupokea *v.* adopt
kupokea *adj.* receptive
kuponi *n.* coupon
kuponi *n.* cupon
kupooza *n.* palsy
kuporomoka *n.* drastic
kupotea *n.* derailment
kupotea *adj.* doomed
kupotea *n.* stray
kupotea *n.* varnish
kupoteza *adj.* beguiling
kupoteza *n.* deflection
kupoteza *n.* forfeit
kupoteza wakati *n.* laggard
kupumua *n.* respiration
kupungua *v.* recede
kupungua *v.* subside
kupunguza *adj.* dim
kupunguza jeshi *adj.* demilitarized
kupunguzwa *v.* retrench
kupuuza *n.* snub
kura *n.* ballot
kura *n.* vote
kura *n.* vote
kura ya maoni *n.* referendum
kura ya vio *n.* veto
kurahisisha *n.* simplification
kurejea *n.* backtrack
kurejesha *v.* normalize
kurejesha *v.* reinstate
kurekebisha *n.* fix
kurekebisha *n.* redress
kurekebisha *adj.* revocable
kuremba *n.* garland
kuremba (kwa ngozi ya wanyama) *n.* taxidermy
kuridhia *adv.* gleefully

kuridhika mno *adj.* complacent
kuringa *adj.* ablush
kurithika *n.* hereditary
kurithika *adj.* heritable
kuroga *adj.* bewitching
kuroga *n.* bewitching
kurudia *n.* redundance
kurudisha *v.* reclaim
kurudisha *v.* repel
kuruhusiwa *n.* accreditation
kuruka *n.* skip
kurunzi *n.* searchlight
kurunzi *n.* torch
kurusha *n.* cast
kurutu *n.* armature
kurutu *n.* recruit
kurutu *n.* trainee
kusababisha *n.* degenerate
kusafisha *n.* flush
kusaga *n.* churn
kusahihisha *adj.* placatory
kusaka *n.* pursuance
kusambaa *n.* surge
kusambaa *n.* surge
kusambaza *adj.* resonant
kusamehe *n.* condonation
kusanidiwa *n.* synthetic
kusanya *v.* aggregate
kusanya *v.* collect
kusanya *v.* extrapolate
kusanya *v.* mass
kusanya *n.* rucksack
kusanya watu *v.* mob
kusanya watu *v.* regiment
kusanya. *v.* accumulate
kusanyika *v.* ruck
kusanyiko *n.* convocation
kusema *adv.* say
kusema *n.* telling
kushangaza *adj.* ironical
kushangilia *n.* cheer
kushangilia *n.* preen
kushauriwa *adj.* advisable

kushawishi *n.* lobby
kushikilia *v.* withhold
kushindwa *n.* incapacity
kushiriki *v.* partake
kushirikiana *n.* conjunction
kushirikiana *adj.* conniving
kushirikisha *adj.* inclusive
kushona *n.* crotchet
kushoto *n.* left
kushtua *v.* alarm
kushuhudia *v.* testify
kushuka *n.* slump
kushuka dhamani *adj.* depreciating
kushukuru *adj.* grateful
kusimama *n.* standstill
kusini *n.* south
kusini *adj.* south
kusini *adv.* south
kusini *adj.* southern
kusisimua *adj.* lively
kusita *n.* reluctance
kusitisha mapigano *n.* ceasefire
kusoma *n.* recital
kusoma na kuandika *adj.* literate
kusoma pamoja *n.* coeducation
kusoma vigumu *n.* decrypt
kusoma-akili *n.* telepathy
kusomea *n.* telling-off
kusubiria *adj.* pending
kusudi *adj.* intentional
kusudia *v.* deliberate
kusugua *adj.* scrub
kusujudu *n.* prostration
kutaabisha *adj.* onerous
kutafakari *n.* contemplation
kutafuna *n.* digest
kutafuna *n.* nibble
kutafuta *n.* searching
kutafuta *adj.* searching
kutafuta *v.* solicit
kutafuta *n.* solicitation
kutafutwa *n.* searchability

kutahayari *adj.* blushing
kutakasa *v.* hallow
kutamba *n.* strut
kutamisha *n.* brood
kutana *v.* meet
kutanisha *v.* couple
kutano *n.* intersection
kutapatapa *n.* bob
kutawala *n.* rule
kutegua *n.* charade
kuteka *n.* draw
kutekwa *n.* interception
kuteleza *n.* cascade
kuteleza *n.* drift
kuteleza *n.* skate
kutembea *adv.* afoot
kutembea *n.* tread
kutembea-usingizini *n.* somnambulism
kutenga *n.* delegate
kutenga *adj.* exempt
kutenga *n.* offset
kutengeneza *n.* solvent
kutengeneza yakuti *v.* rubify
kutetema *n.* shive
kutetema *n.* wriggle
kuthibitisha *n.* substantiation
kutikisa *n.* shake
kutikisa kichwa *n.* node
kutinga *n.* goalscoring
kutiririka *n.* ooze
kutisha *adj.* awful
kutisha *adj.* heinous
kutisha *adj.* terrible
kutisha *adj.* tragic
kutoa *n.* offering
kutoa *v.* render
kutoa *n.* spawn
kutoa *n* takeout
kutoa ncha *v.* depolarize
kutoamini *n.* disbelief
kutoamini *n.* misbelief
kutoaminiana *n.* mistrust
kutoboa *n.* piercing
kutoboa *adj.* piercing
kutochukua hatua *n.* inaction
kutoelewa *v.* misapprehend
kutoelewa *v.* misunderstand
kutofautiana *v.* vary
kutohaya *adj.* unabashed
kutoheshimu *v.* affront
kutoheshimu *n.* disrespect
kutotembelea *n.* desocialization
kutojua *adj.* unaware
kutojua *adv.* unawares
kutojulikana *n.* anonymosity
kutoka *n.* exit
kutoka *prep.* from
kutoka *adv.* out
kutoka juu ya *adv.* overboard
kutoka kati *adj.* centrifugal
kutoka nje *adj.* extrinsic
kutokana *adj.* due
kutokana *n.* due
kutokosa *v.* seethe
kutokubaliana *adj.* morose
kutokujulikana *n.* anonymity
kutokuwa na senti *adj.* penniless
kutokuwa na utulivu *n.* instability
kutolewa viungo *n.* reamputation
kutonesha *n.* condensate
kutooga *adj.* showerless
kutoonekana *n.* missive
kutoongozwa vyema *n.* mal administration
kutopumua *n.* apnoea
kuharibu *n.* mal adjustment
kutoridhika *n.* discontent
kutovumilia *n.* intolerance
kutowatendea *v.* manhandle
kutoweza *n.* inability
kutozwa *adj.* liable
kutu *n.* rust
kutu *v.* rust
kutu *adj.* rusty
kutu *v.* scum

kutukuzwa *n.* glorification
kutulia *v.* abate
kutulivu *adj.* chilly
kutulizwa *n.* abatement
kutunga *adj.* fictional
kutunza *adj.* backup
kutunza *adj.* frugal
kutunza *n.* safeguard
kutupa *v.* discard
kutupwa *n.* cast
kutupwa *n.* casting
kutuwa *n.* landing
kuu *adj.* main
kuu *adj.* major
kuu *n.* major
kuu *n.* mane
kuu *n.* manes
kuu *adj.* supreme
kuua *v.* slay
kuuguza *adj.* sickened
kuukana *n.* denunciation
kuume *adj.* paternal
kuunga mkono *n.* exponent
kuuza (nje ya nchi) *n.* export
kuuza tena *n.* retread
kuveti *n.* cuvette
kuvhovya *n.* dunk
kuvikwa taji *adj.* crowned
kuvimbiwa *n.* constipation
kuvimbiwa *n.* indigestion
kuvinjari *n.* browse
kuvuja *n.* leakage
kuvuka *adj.* cross
kuvumilia *adj.* endurable
kuvuna *n.* reap
kuvunda *adj.* rancid
kuvunja *n.* brake
kuvunja *v.* infringe
kuvunja shingo *n.* breakneck
kuvunjika *n.* breakage
kuvutia *adj.* impressive
kuvutia *adj.* seductive
kuvutia *adj.* spectacular

kuwa *pref.* be
kuwa *v.* be
kuwa *v.* become
kuwa *adj.* becoming
kuwa *n.* being
kuwa barafu *adj.* iced
kuwa mpole *v.* becalm
kuwacha *v.* abandon
kuwacha *n.* eschewment
kuwacha huru *n.* parole
kuwacha-huru *n.* acquittal
kuwafunza *v.* instil
kuwajibika *adj.* accountable
kuwanga *n.* rover
kuwaondolea *n.* remission
kuwaonya *v.* forewarn
kuwarudi *v.* chasten
kuwasha *n.* flambé
kuwashwa *adj.* etching
kuwatimua *n.* repulse
kuwatoa *n.* snatch
kuwaza *n.* mull
kuwaza *n.* muse
kuweka *adj.* lay
kuweka *v.* paste
kuweka *n.* put
kuweka *adj.* set
kuweka kaboni *n.* carbonization
kuweka kilio *v.* laminate
kuweka wino *n.* inkling
kuwekwa *adj.* placable
kuwepo kwake *adj.* existential
kuyakataa *n.* disapproval
kuyonga *n.* sway
kuyumbayumba *n.* hobbyhorse
kuza *v.* accrue
kuza *v.* amplify
kuza *v.* develop
kuza *v.* enlarge
kuza *v.* foster
kuza *adj.* lush
kuza *v.* staple
kuza *n.* upkeep

kuza *v.* zoom
kuzaa (kwa upasuaji) *n* cesarean
kuzaa (kwa upasuaji) *adj.* cesarean
kuzaa pacha *adj.* multiparous
kuzaliwa *n.* birth
kuzaliwa *adj.* borne
kuzaliwa tena *n.* rebirth
kuzama *n.* sink
kuzamisha *n.* dip
kuzeeka *n.* foraging
kuzia *adj.* atopic
kuzika *n.* sepulture
kuzima *v.* douse
kuzima *n.* offing
kuzimia *n.* swoon
kuzimu *n.* underworld
kuzindika *v.* encircle
kuzingatia *n.* adherence
kuzingatia *prep.* considering
kuzisha *v.* foster
kuzo *n.* panegyric
kuzoea *adj.* wont
kuzuia *n.* aviary
kuzuia *v.* inhibit
kuzuia *n.* sheading
kuzuka *n.* breakout
kuzuka *n.* outbreak
kuzungusha *n.* flicker
kuzurura *n.* saunter
kwa *prep.* by
kwa *conj.* for
kwa bayana *adv.* obviously
kwa furaha *adv.* gladly
kwa ghafla *adj.* instantaneous
kwa hapa *n.* inception
kwa hiari *adv.* voluntarily
kwa kila *prep.* per
kwa mara *adj.* occasional
kwa mbwa *n.* doghouse
kwa nguvu *adj.* forcible
kwa nguvu *adv.* perforce
kwa pamoja *adv.* jointly

kwa papo *n.* instant
kwa uchache *n.* irruption
kwa uchache *adj.* least
kwa uchache *adj.* minimal
kwa ujumla *adj.* overall
kwa wakati *adj.* punctual
kwa wingi *adv.* galore
kwaa *v.* stumble
kwaa *v.* trip
kwaheri *interj.* adieu
kwaheri *n.* adieu
kwama *v.* backfire
kwama *v.* predetermine
kwamba *conj.* that
kwamba *adj.* that
kwandani *adv.* inwards
kwangua *v.* scout
kwani *pron* for
kwanyuma. *n.* background
kwanza *adj.* first
kwapa *n.* armpit
kware *adj.* lewd
kwaruio *adj.* scratch
kwaruza *v.* grate
kwaruzika *adj.* scratched
kwasi *adj.* rich
kwasi *adj.* wealthy
kwatuka *v.* tidy
kwa-wembamba *adv.* tenuously
kwaya *n.* anthem
kwaya *n.* choir
kwazo *n.* impediment
kwea *v.* mount
kweli *n.* candour
kweli *n.* truth
kwenda haja *n.* laxative
kwenda haja *adj.* laxative
kwenda njee *n.* outing
kwenye malezi *n.* custody
kwepa *v.* abscond
kwepa *v.* circumvent
kwepa *v.* duck
kwepa *v.* evert

kwikwi *n.* hiccup
kwingineko *n.* portfolio
kwini *n.* queen
kwinini *n.* quinine
kwisha *v.* elapse
kwisha *n.* over
kwiu *adj.* hungry
kwote *adj.* both

L

la *interj.* no
laana *n.* curse
laana *int.* damn
laana *n.* malediction
laana *adj.* taboo
laana *n.* abomination
laani *v.* condemn
laani *v.* curse
laani *v.* damn
laanifu *adj.* damnable
laaniwa *adj.* damned
labda *adv.* probably
lactomita *n.* lactometer
ladha *n.* odour
ladha *n.* sapidity
ladha *n.* taste
ladha *n.* vogue
lafua *adj.* voracious
lafudhi *n.* accent
lafudhi *n.* dialect
lafudhi *n.* pronunciation
lafuko *adj.* insatiable
laghai *adj.* false
laghai *adj.* fraudulent
laghai *n.* impostor
laghai *v.* swindle
lahaja *n.* idiom
laini *adj.* limber
laini *adj.* smooth
laini *n.* soft
lainika *v.* smooth
lainika *v.* smother

lainisha *adj.* sleek
lainisha *v.* soften
laki *n.* lac, lakh
laki *n.* lark
lakini *conj.* but
lakini *conj.* however
lakini *conj.* nevertheless
laklasta *adj.* lacklustre
laktosi *n.* lactose
lala *v.* lodge
lala *v.* sleep
lala *v.* slumber
lalama *v.* complain
lalamiko *n.* complaint
lalia *v.* pillow
lalisha *v.* bed
lama *n.* lama
lami *n.* pavement
lami *n.* pitch
lami *n.* tar
lantani *n.* lantern
lanugo *n.* lanugo
latamia *v.* rear
latitudo *n.* latitude
laumu *v.* blame
laumu *v.* reproach
lava *n.* lava
lawalawa *n.* sweetmeat
lawama *n.* blame
lawama *adj.* gilt
lawni *n.* lawn
laza *v.* denude
laza *v.* house
lazima *adj.* compulsory
lazima *adj.* indispensable
lazima *n.* must
lazima *adj.* necessary
lazima *v.* should
lazimisha *v.* force
lazimisha *v.* oblige
lazimisha *v.* ought
lazimishaji *n.* persist
lazimu *v.* must

lea v. father
lea v. nab
lea v. nurture
lea v. tame
leba n. labour
lebu v. lie
legalega v. rickety
legea v. dank
legevu n. dank
legevu adj. lax
legevu adj. loose
legevu adj. wistful
legeza v. enervate
leksikografia n. lexicography
lela n. night
lemaa n. addict
lemaa n. deformity
lemaza v. addict
lemaza v. deactivate
lemaza v. disable
lemaza v. mutilate
lemea v. overwhelm
lenga v. clip
lenga v. dock
lenga v. focus
lenga v. slice
lenga vibaya v. misfire
lengelenge n. blister
lengeza v. focalize
lengo n. focus
lengo n. intent
lengo n. objective
lengo n. portal
lengo n. target
lenzi n. lens
leo n. today
leo adv. today
leseni n. licence
leseni n. patent
leseni n. permit
lesi v.t. lace
leta v. bring
leta v. concoct

levya v. intoxicate
lewa v. booze
lewa v. dope
lewa n. reel
lia v. bleat
lia v. caw
lia n. chirp
lia v. cry
lia v. oink
lia v. squeak
lia v. toll
lia v. twitter
lia (kama mbwa) v. burke
lia (kama njiwa) v. coo
libasi n. clothes
lifti n. lift
ligi n. league
liingie v. foray
lika adj. edible
likiza v. wean
likizo n. leave
likizoni adj. aestival
lili n. lily
lilia v. bewail
lilia v. weep
lilosokotwa n. woof
lima v. cultivate
lima v. plough
limatia v. hesitate
limau n. lemon
limbiko adj. indulgent
limi adj. talkative
linda v. garisson
linda v. protect
lindi n. cesspool
linga v. accommodate
linga sauti v. ventriloquize
lingana v. equalize
linganifu adj. harmonious
linganifu adj. homogeneous
linganifu. adj. suitable
linganifu. adj. symmetrical
linganisha v. average

linganisha v. equal
linganisho n. comparison
lini n. queue
linsidi n. linseed
liopwelea adj. hoarse
lioshangaza adj. flabbergasted
lipa v. cash
lipa v. pay
lipa v. recompense
lipa v. remunerate
lipa v. wage
lipa v. repay
lipa (kidogo-kidogo) v. amortise
lipa deni n. refund
lipisha v. tax
lipishwa adj. payable
lipiza v. retaliate
lipiza v. revenge
lipiza (kisasi) v. avenge
lipizi n. retaliation
lipo n. recompense
lipua v. detonate
lipuka v. blast
lipuka v. explode
lipuka v. flare
lipuwa v. bomb
lisani n. tongue
lisha v. feed
lisha v. forage
lisha v. graze
lisha n. graze
lisha v. pasture
lishe adj. nutritive
lisho adj. nutritious
lisilo adj. irrelevant
lisilopingika adj. indisputable
lita n. litre
lita v. litter
litumwalo n. consignment
liwaza v. console
liwaza v. reassure
liwaza / poa v. calm
liwazo n. condolence

lofa n. loafer
loga v. enchant
logahedi n. loggerhead
logarithimu (hesabati) n. logarithim
lokesheni n. location
longitudo n. longitude
lori n. lorry
lotus n. lotus
loweka v. soak
lowesha v. damp
lowesha n. soak
lowesha v. wet
lozi n. almond
lugha n. language
lugha ya mama adj. colloquial
lukuma n. inducement
lulu n. pearl
lumba n. report
lureli n. laurel
luteni n. lieutenant

M

maabadi n. abbey
maabadi n. cloister
maabadi n. convent
maabara n. laboratory
maadamu conj. as
maadamu conj. since
maadhimisho n. anniversary
maadili n. ethics
maadili adj. moral
maadili n. morality
maadilisha v. moralize
maadini n. asbestos
maadini (samsonite) n. samsonite
maaelekeo n. endeavour
maafa n. calamity
maafa n. fatalism
maafa n. horror
maafa n. peril

maafikiano *n.* settlement
maajabu *n.* wack
maajabu *adj.* wondrous
maakuli *n. pl* victuals
maalum *adv.* certainly
maalum *n.* locution
maalum *adj.* specific
maamkizi *n.* salutation
maamuzi *n.* arbitration
maamuzi *adj.* decided
maamuzi *n.* decision
maamuzi *n.* judgement
maamuzi *adj.* sentient
maamuzi *n.* ultimatum
maana *n.* implication
maana *n.* meaning
maana *n.* signification
maandamano *n.* demonstration
maandishi *adj.* theoretical
maangalio *n.* inspection
maangalizi *n.* observation
maangalizi *n.* supervision
maangamizi *n.* havoc
maangamizo *n.* annihilation
maangamizo. *n.* casualty
maangavu *adj.* intuitive
maanisha *v.* denote
maanisha *v.* mean
maanisha *v.* signify
maanzilisho *n.* establishment
maarifa *n.* experience
maarifa *n.* foreknowledge
maarifa *n.* information
maarifa *n.* insight
maarifa *n.* intelligence
maarifa *n.* skill
maarufu *n.* affluential
maarufu *adj.* famous
maarufu *adj.* popular
maarufu *adj.* renowned
maazimio *n.* programme
mabaki *adj.* residual
mabaki *n.* residue

mabaki (ya meli) *n.* shipwreck
mabaki ya manyasi *n.* sawgrass
mabango *n.* billboard
mabano *n.* bracket
mabano *n.* parenthesis
mabohari *n.pl.* annals
mabua *n.* stubble
machachari *n.* tingle
machafu *adj.* squalid
machela *n.* litter
machela *n.* stretcher
machi *n.* march
machimbo *v.* quarry
macho *adj.* vigilant
machozi *n.* tear
machujo *n.* shaving
machungwa *n.* orange
machweo *n.* aurora
mada *n.* notion
madai *n.* allegation
madai *n.* inference
madai *n.* litigation
madai *n.* reclamation
madaraka *n.* incumbent
madaraka *n.* onus
madarakani *adj.* incumbent
madawa *adj.* farmaceutical
madawa *n.* pharmaceutical
madeni *n.* amortization
madereva *n.* rick
madhabahu *n.* altar
madhara *adj.* afflictive
madhara (hewa) *adj.* airborne
madharau *n.* disregard
madhila *n.* abjection
madhubuti *adj.* durable
madhubuti *n.* precise
madhubuti *adj.* reliable
madini *n.* metal
madini *n.* metallurgy
madini *n.* mineral
madini *n.* ore
madoa *n.* mottle

madoadoa *adj.* dappled
madole *adj.* clumsy
madomo *n.* projector
maduhuli *n.* revenue
maelekeo *n.* inclination
maelekezo *n.* recipe
maelekezo ya safari *n.* travelogue
maelezo *n.* caption
maelezo *adj.* descriptive
maelezo *n.* evisceration
maelezo *n.* explanation
maelezo *adj.* hypothetical
maelezo *n.* oriental
maendeleo *n.* advancement
maendeleo *n.* development
maendeleo *n.* growth
maendeleo *n.* improvement
maenezi *n. pl.* spread
mafanikio *n.* boon
mafichoni *n.* snug
mafu *adj.* neap
mafua *n.* cold (illness)
mafuko *n.* embankment
mafunzo *n.* precept
mafunzo *n.* teachings
mafunzo *n.* tutorial
mafuriko *n.* flood
mafuta *n.* fat
mafuta *n.* fuel
mafuta *n.* lubricant
mafuta *n.* oil
mafuta *n.* oil
mafuta *adj.* oily
mafuta *n.* sesamin
mafuta *adj.* stout
mafuta *adj.* thermal
mafuta *n.* vaseline
mafuta ya taa *n.* paraffin
mafutu *n.* rage
magadi *n.* pillar
magaidi *n.* extremist
maganda *v.* pod
magango *n.* braces

magaogao *n.* downpour
magari *n.* chariot
mageuzi *n.* change
mageuzi *n.* evolution
mageuzi *n.* interchange
mageuzo *n.* reform
magharibi *adv.* west
magharibi *n.* west
magharibi *adj.* western
magharibuni *adv.* westerly
magma *n.* magma
magombezi *n.* rejoinder
magombezi *n.* retort
magonjwa ya moyo *n.* cardiology
magugu *v.* cockle
magumu *n.* hardship
magumu *adj.* intolerable
magumu *n.* predicament
magunia *v.* sack
mahaba *n.* affection
mahabusu *v.* remand
mahadudi *adj.* limited
mahakama *n.* court
mahakama *adj.* judicial
mahakama *n.* judiciary
mahakama kuu *adj.* magisterial
mahali *n.* place
mahali fulani *adv.* somewhere
mahali pa *adv.* nowhere
mahameli *n.* corduroy
mahameli *n.* velvet
mahamuma *n.* fool
mahari *n.* dowery
mahindi *n.* corn
mahindi *n.* maize
mahiri *adj.* crafty
mahiri *adj.* nimble
mahiri *adj.* skilful
mahiri *adj.* sly
mahiri. *adj.* agile
mahitaji *n.* need
mahitaji *n.* requisite
mahogani *n.* mahogany

mahojiano *n.* interrogation
mahojiano *n.* interview
mahojiano *adj.* viva voce
mahubba *n.* devotion
mahututi *adj.* critical
maili *n.* mile
maingiano *n.* social
maingilio *n.* interference
maingilio *n.* intrusion
maini *n.* liver
maisha *n.* life
maisha *adj.* lifelong
maisha *n.* lifestyle
maisha marefu *n.* longevity
maishilio *n.* livelihood
maiti *n.* dead
majaaliwa *n.* destiny
majaaliwa *n.* grant
majangili *adj.* poached
majani *n.* foliage
majani *n.* grass
majani *adj.* leafy
majani *n.* straw
majaribu *n.* probation
majarida *n.* serial
majenzi *n.* architecture
maji *n.* water
maji mwilini *n.* dehydration
maji ya chumvi *n.* brine
maji ya miti *n.* sap
maji ya miwa *n.* molasses
maji ya ndimu *n.* lemonade
majibu *n.* reaction
majilio *n.* advent
majilipo *n.* satisfaction
majimaji *n.* fluid
majimaji *adj.* liquid
majimaji *adj.* watery
majina *adj.* nominal
majina *n.* onomancy
majina *n* onomast
majina *n.* onomatopoeia
majinafsi *n.* egotism

majini *n.* aquarius
majini *adj.* naval
majinuni *n.* buffoon
majinuni *adj.* crazy
majinuni *adj.* insane
majinuni *n.* lunatic
majinuni *adj.* mad
majira *n.* clock
majira *n.* time
majitaka *n.* sewerage
majivuni *n.* showoff
majivuno kuu *adj.* pre-eminent
majokofu *n.* refrigeration
majua *adj.* sunny
majumbe *n.* duke
majununi *n.* clown
majuto *n.* compunction
majuto *n.* regret
majuto *n.* remorse
makaa *n.* hearth
makaazi *n.* lodging
makabati *n.* locker
makaburini *n.* cemetery
makaburini *n.* churchyard
makada *n.* stalwart
makadamia *n.* macadamia
makadara *n.* omnipotence
makaguzi *n.* censor
makala *n.* article
makala *n.* documentary
makala *n.* treatise
makamu *n.* deputy
makao *n.* abode
makao *adj.* baroque
makao *n.* base
makao *n.* habitation
makao *n.* home
makao *n.* settlement
makasiki *n.* chalice
makazi *n.* domicile
makazi *n.* dwelling
makazi *n.* habitat
makazi *n.* mode (of life)

makazi duni *n.* slum
makelele *n.* babel
makelele *n.* hubbub
makelele *n.* succour
makerubi *n.* cherub
makeruhi *adj.* nasty
makhsusi *adj.* particular
makini *adv.* alert
makini *n.* attention
makini *n.* composure
makini *n.* firmness
makini *adj.* solemn
makinifu *n.* purist
makinifu (kwa mwalimu) *adj.* teachercentric
makinika *v.* concentrate
makisio *n.* guess
makisio *n.* supposition
makofi *v.* clap
makolokolo *n.* baggage
makombo *n.* amnesty
makombo *n.* junk
makombozi *n.* deliverance
makombozi *n.* redemption
makombozi *n.* rescue
makosa *adj.* erroneous
makrobiyotikia *adj.* macrobiotic
maksudi *adj.* intent
maktaba *n.* library
makubaliano *n.* consensus
makubwa *adj.* considerable
makubwa *adj.* dramatic
makubwa *adj.* profound
makucha *n.* claw
makuli *n.* dock
makuli *n.* shipyard
makumbano *n.* jostle
makumbusho *n.* epitaph
makumbusho *n.* museum
makumbwa *adj.* monumental
makuruhi *adj.* abominable
makuruhi *adj.* offensive
makuruhi *adj.* wrong

makusudio *adj.* deliberate
makutano *n.* junction
makutano ya hadharani *n.* rally
makuu *n.* cathedral
makuu *adj.* lofty
maladroidi *adj.* maladroit
malaika *n.* angel
malaika-mkuu *n.* archangel
malaji *n.* fare
malalamiko *n.* grievance
malazi *n.* accommodation
malazi *n.* den
malazi *n.* lair
malenga *n.* notary
malenga *n.* poet
malenga *n.* poetaster
malenga (wa kike) *n.* poetess
malengo *n.* bard
malengo *n.* tenet
maleria *n.* malaria
malevi *n.* intoxication
malevi *n.* mania
malezi *n.* custody
malezi *n.* formation
malezi *n.* nurture
malezi *adj.* tame
malhamu *n.* paste
mali *n.* acquest
mali *prep.* belong
mali *n.* mammon
mali *n.* property
malimbiko *v.* reserve
malimu mkuu *n.* schoolmaster
malimwengu *adj.* earthly
malimwengu *adj.* mundane
malimwengu *adj.* worldly
malingano *n.* congruency
malingano *n.* criterion
malipo *n.* dole
malipo *n.* pay
malipo *n.* repayment
malipo *n.* salary
malipo *n.* wage

malipo (mwakani) n. annuity
malipuzi v. cannonade
malisho n. fodder
malisho n. nutrition
malishoni n. pasture
maliza v. complete
maliza v. consume
maliza v. deplete
malkia n. duchess
malkia n. empress
malta n. malt
malumbano adj. polemic
malumbano n. polemic
maluuni v. malign
maluuni. adj. accursed
mama n. mother
mama adj. mum
mama n. mum
mama n. mummy
mama n. mummy
mamba n. crocodile
mambo n. condition
mambo ya ndani adj. interior
mamlaka adj. authoritative
mamlaka n. dominion
mamlaka n. jurisdiction
mamlaka n. mandate
mamluki n. hireling
mamoja adv. immaterial
mamwana n. dependent
mana n. manna
mandari n. landscape
mandari n. revel
mandhari n. scene
mandhari n. scenery
mandhari n. sight
maneno n. keyword
maneno n. phrase
maneno adv. verbally
maneno (mengi) adj. verbose
manganizi n. manganese
mango n. milestone
mangwanji n. oscillation

manifesto n. manifesto
manii n. semen
manisipali n. municipality
manispaa n. borough
manispaa adj. municipal
manjano n. turmeric
manjano adj. yellow
manowari n. cruiser
manowari n. submarine
mantiki n. logic
mantiki adj. rational
manufaa adj. beneficial
manufaa n. benefit
manufaa adj. helpful
manufaa n. necessary
manufaa n. utility
manukato adj. deodorant
manukato adj. dour
manukato n. myrrh
manyanyaso n. exploit
manyoa n. shearwall
manyoya n. fur
manyunyu n. drizzle
maombi n. entreaty
maombi n. pantheism
maondoleo n. absolution
maongezi n. chat
maongezi n. conversation
maongozi. n. restoration
maoni n. comment
maono n. trance
maono n. vision
maono n. visionary
maonyesho n. depiction
maonyesho n. silhouette
maonyesho adj. theatrical
maonyesho bora n. showstopper
onyesho barabarani n. roadshow
maovu n. evil
mapambano n. clash
mapambano n. collision
mapambano n. confrontation
mapambano n. dispute

mapambo n. aigrette
mapambo adj. cosmetic
mapambo n. decor
mapambo adj. foliate
mapana n. diameter
mapato n. income
mapato n. proceeds
mapendeleo adj. biased
mapendeleo n. liking
mapendeleo n. partiality
mapendeleo n. preference
mapendeleo n. quota
mapepe adj. fanatic
mapepe n. fanatic
mapepe v. scape
mapera n. guava
mapigano n. battle
mapigano n. conflict
mapindu v. somersault
mapinduzi n. coup
mapinduzi n. revolution
mapinduzi n. upheaval
mapito n. crossing
mapito adj. past
mapito n. tract
mapito n. transit
mapito (ya risasi) n. crossfire
maponea n. subsistence
mapongezi n. felicity
maponyo n. treatment
mapori n. woodland
maporomo-ya-maji n. waterfall
maposo n. courtship
maptope n. slush
mapumbu n. bollocks
mapumbu v. bollocks
mapumbu int. bollocks
mapumbu n. testicle
mapumziko n. breaktime
mapumziko n. lounge
mapumziko n. pause
mapumziko. n. recess
mapumziko. v. repose

mapumziko. n. resort
mapumziko. n. rest
mapumzikoni n. breakpoint
mapunguzo n. entrenchment
mapuuza n. snobbery
mapya n. news
mapyoro n. exaggeration
mara adv. forthwith
mara adv. straightway
mara chache adv. seldom
mara kwa mara n. frequent
mara mbili v. redouble
mara mbili (mwaka) adj. biannual
mambili (mwaka) adv. biannually
mara moja adv. overnight
mara nyingi adv. oft
maraba n. jam
maraba n. rectangle
maraba adj. rectangular
maradhi n. disease
maradhi n. ill
maradhi n. illness
maradhi n. sickness
maradufu adj. double
maradufu n. double
maradufu n. duplex
maradufu adj. duplicate
maradufu adv. twice
maradufu adj. twofold
mara-kwa-mara adv. often
maramara adv. sometimes
mara-mara adv. occasionally
maramoja adv. instantly
maranne v. quadruple
mara-nne n. tetra
mara-tatu adv. thrice
mara-tatu v.t., triple
marathoni n. marathon
marauderi n. marauder
maraudi v. maraud
mardudi n. denial
mardudi n. rejection
marefu n. height

marefu n. length
marehemu adj. deceased
marehemu adj. late
marei n. mare
marejeleo n. retrospect
marejeleo n. retrospection
marejeo n. reference
marekebisho n.pl. amends
marekebisho juu n. fixer-upper
margarinei n. margarine
marginali adj. marginal
marhamu n. plaster
mari v. mar
maridadi adj. adorable
maridadi adj. awesome
maridadi n. dandy
maridadi adj. elegant
maridadi n. elegy
maridadi adj. smart
maridhawa adj. convivial
maridhawa adj. enough
maridhawa adj. gleeful
maridhawa adj. sufficient
maridhawa n. voluptuary
maridhawa. adj. abundant
marigoldi n. marigold
marijani n. coral
marinei adj. marine
marineri n. mariner
maringo n. swagger
marionettei n. marionette
maritali adj. marital
maritimei adj. maritime
marketablei adj. marketable
marketi v. market
marksmani n. marksman
marli n. marl
marooni n. maroon
marooni adj. maroon
marooni v. maroon
marriageablei adj. marriageable
marrowi n. marrow
marshali n. marshal

marshali v.t marshal
marshyi adj. marshy
marsi n. mars
marsupiali n. marsupial
marteni n. marten
marti n. mart
martiali adj. martial
martineti n. martinet
marudio n. alliteration
marudio n. frequency
marudio n. motif
marudio adj. redundant
marudio n. review
marudisho n. repatriate
marudufu n. duplicate
marufuko v. ban
marupurupu n. rebate
masafa n. distance
masafa n. run
masaibu n. affliction
masaibu n. predestination
masalia n. relic
masalia n. remainder
masalia n. remains
masalio n. vestige
mascoti n. mascot
masengenyo n. calumny
masengenyo n. telltale
mashairi n. anthology
mashairi n. ballad
mashairi n. versification
mashaka adj. doubtful
mashaka n. privation
mashaka v. scandalize
mashaka n. stumble
mashaka n. suspense
mashakani n. on-looker
mashariki adv. east
mashariki n. east
mashariki adj. eastern
masharti adj. conditional
masharti n. proviso
masharti magumu adj. stringent

masharubu *n.* moustache
masharubu *n.* mustache
mashavu *n. pl.* cheek
mashikamano *n.* solidarity
mashiko *n.* bannister
mashiko *n.* impetuosity
mashilingi *adj.* coky
mashindano *n.* competition
mashindano *n.* road race
mashindano *n.* tournament
mashindano ya gari *n.* road rage
mashitaka *v.* indict
mashizi *adj.* dingy
mashizi *n.* soot
mashtaka *n.* impeachment
mashtaka *n.* prosecution
mashua *n.* sailboat
mashua *n.* sailboater
mashua *n.* sailboating
mashua *n.* seaboat
mashua (ya uvuvi) *n.* trawlboat
mashua ya polisi *n.* police beat
mashua ya polisi *n.* policeboat
mashua ya ukokotaji *n.* towboat
mashuhuri *adj.* outstanding
mashuhuri *adj.* prominent
masifa *n.* superlative
masifu *n.* praise
masihiya *n.* messiah
masika *n.* autumn
masika *adj.* rainy
masilahi *n.* compromise
masilahi *n.* concord
masilahi *n.* interest
masilahi *adv.* needs
masilahi *n.* reconciliation
masilahi *n.* remuneration
masimulizi *n.* narration
masingizio *n.* slander
masizi *v.* soot
maskhara *n.pl.* aesthetics
maskhara *n.* disguise
maskhara *n.* mask
maski *n.* gasmask
maskini *n.* deadbeat
maslahi *n.* welfare
masombo *n.* girdle
masomo *n.* tuition
masomo *n.* tuition
masqueradei *n.* masquerade
massyi *adj.* massy
masterlyi *adj.* masterly
masterpiecei *n.* masterpiece
masticatei *v.* masticate
masumbuko *n.* pursuit
masumbuko *n.* torment
maswahiba *n.* acquaintance
matadori *n* . matador
matafuni *n.* rumination
matairi *adj.* rut
matakia *v.* cushion
matako *n.* buttock
matakoni *adj.* anal
matakwa *n.* want
matakwa *n.* will
matamanio *n.* ardour
matamanio *n.* aspiration
matamshi *n.* anaclasis
matanga *n.* rout
matangazo *n.* advertisement
matangazo *n.* webisode
matarajio *n.* anticipation
matarajio *n.* expectation
matarajio *n.* hope
matarajio *n.* prospect
matarajio *n.* purview
matata *n.* tangle
matata *adj.* vicious
matatizo *n.* problem
matatizo *n.* strain
matatizo ya *n.* depression
matayarisho *v.* blanch
matayarisho *n.* precaution
matchlessi *adj.* matchless
mate *n.* saliva
mate *n.* spate

mate *n.* spittle
mategemeano *n.* symbiosis
mategu *n.* misprint
matei *v.* mate
matei *n.* mate
matei *v.* mate
mateka *n.* abductee
mateka *n.* booty
mateka *n.* captive
matembezi *n.* excursion
matembezi *n.* stroll
matembezi *n.* trek
matembezi *n.* walk
matembezi (ya paka) *n.* catwalk
matendo *n.* occupation
matengenezo *n.* reformation
materiali *adj.* material
materialismi *n.* materialism
materializei *v.* materialize
materializei *v.* materialize
maternali *adj.* maternal
mateso *n.* harassment
mathematicîani *n.* mathematician
mathubuti *adj.* hard
mathubuti *adj.* stable
matineei *n.* matinee
matiti *adj.* mammary
matiti *n.* trot
matofali *n.* adobe
matofali *n.* brick
matokeo *n.* consequence
matokeo *n.* outcome
matokeo *n.* repercussion
matokeo *n.* upshot
matoleo *n.* version
matone *n.* blob
matope *n.* mire
matope *n.* mud
matriarchi *n.* matriarch
matricidali *adj.* matricidal
matricidei *n.* matricide
matriculatei *v.* matriculate
matriculationi *n.* matriculation

matrimoniali *adj.* matrimonial
matrimonyi *n.* matrimony
matrixi *n.* matrix
matroni *n.* matron
matteri *v.* matter
matubwitubwi *n.* mumps
matukio *adj.* phenomenal
matule *n.* vulgarity
matumaini *n.* optimism
matumaini *adj.* optimistic
matumaini *adj.* rosy
matumaini *adj.* sanguine
matumbo *n.* entrails
matumizi *n.* expenditure
matumizi mabaya *n.* misappropriation
matusi *n.* gibe
matusi *n.* offensive
matusi *adj.* verbal
matuta *n.* terrace
matuta (mchanga) *n.* quicksand
matwana *n.* bus
matwana *n.* truck
maua *n.* blossom
mauaji *n.* assassination
mauaji *adj.* atrocious
mauaji *n.* homicide
mauaji *n.* murder
mauaji ya halaiki *n.* genocide
maudhui *n.* content
maudhui *adj.* subject
maudhui *n.* subject
maudhui *n.* topic
maudlini *adj.* maudlin
mauja *n.* wave
mauko *n.* decease
maulana *n.* lordship
maulana *n.* master
mauli *n.* maul
mauli *v.* maul
maulsticki *n.* maulstick
maumbile *n.* creation
maumbile *n.* morphology

maumbile *n.* original
maume *n.* prowess
maumivu *n.* pain
maumivu *n.* pang
maumivu (kichwa) *n.* headache
maumivu (meno) *n.* toothache
maunderi *v.* maunder
mausoleumi *n.* mausoleum
mauwaji *n.* kill
mavazi *n.* clothing
mavazi *n.* garment
mavazi *v.* robe
mavazi *n.* vestment
mavazi *n.* wardrobe
mavazi (kiajabu) *n.* geekwear
mavi *n.* damn
mavilio *n.* cessation
mavilio *n.* stagnation
mavu *n.* hornet
mavuno *n.* crop
mavuno *n.* harvest
mavuno *n.* vintage
mawahhabi *n.* brigand
mawaidha *n.* admonition
mawasiliano *n.* communication
mawasiliano *n.* telecommunications
mawasiliano mtandao *n.* webinar
mawazo *n.* depression
mawazo *n.* figment
mawazo *n.* imagination
mawazo *n.* view
mawe *n.* congolmerate
mawe *n.* stone
mawe *adj.* stony
mawimbi *n.* billow
mawimbi *n.* surf
mawimbi *n.* turbulence
mawkishi *adj.* mawkish
maxillai *n.* maxilla
maximizei *v.* maximize
mayatol (ua) *n.* myrtle
mayayi kaanga*n.* omelette

mayi *v.* may
mayoe *n.* shriek
mazao *n.* produce
mazao *n.* profile
mazao *n.* staple
maze *n.* maze
mazigazi *n.* mirage
maziko *n.* funeral
mazima *n.* adult
mazingira *adj.* ambient
mazingira *n.* context
mazingira *n.* ecosystem
mazingira *n.* environment
mazingira-chafu *n.* squalor
mazingiwa *n.* blockade
mazingiwa *n.* siege
mazingo *n.* surroundings
mazishi *n.* burial
maziwa *n.* dairy
maziwa *n.* milk
maziwa (mgando) *n.* curd
mazoea *adj.* blasé
mazoezi *n.* acrobatics
mazoezi *n.* rehearsal
mazoezi (maalumu) *n.* aerobics
mazoezi (viungo) *n.* gymnastics
mazunguko ya mwezi *adj.* lunar
mazungumzo *n.* dialogue
mazungumzo *n.* viva voce
mazungumzo *n.* cyberchat
mazungumzo *n.* monologue
mazuri *adj.* agreeable
mba *n.* dandruff
mbabaiko *n.* unambivalence
mbadala *n.* alternative
mbadala *adj.* fickle
mbadala *n.* lien
mbadhirifu *n.* cheater
mbadhirifu *adj.* extravagant
mbadhirifu *n.* hyperbole
mbadiliko *n.* permutation
mbadili-sura *n.* shapeshifter
mbaguzi *n.* chauvinist

mbaguzi *adj.* racist
mbale *n.* slice
mbali *adv.* afar
mbali *adv.* aloof
mbali *n.* aside
mbali *adv.* away
mbali *adv.* entirely
mbali *adv.* far
mbali *adv.* utterly
mbandike jina *v.* nickname
mbandiko *n.* attachment
mbao *n.* board
mbao *n.* chestnut
mbao (ya kitanda) *n.* sideboard
mbari *n.* tribe
mbarika *n.* castor oil
mbariki *n.* omnibus
mbashiri *n.* prophet
mbaya *adj.* adverse
mbaya *adj.* bad
mbaya *adj.* fatal
mbaya *adj.* lascivious
mbaya *n.* ode
mbaya (kupindukia) *n.* worst
mbea *n.* talebearer
mbeba *v.* bare
mbeba mizigo *n.* porter
mbebaji (begi) *n.* backpacker
mbegu *n.* breed
mbegu *n.* bud
mbegu *n.* seed
mbegu *v.* seed
mbegu *n.* species
mbele *adv.* beforehand
mbele *adv.* beyond
mbele *v.* forward
mbele *adv.* yonder
mbeleni *n.* front
mbeleni *v.* front
mbeleni *adj.* future
mbeleni *n.* shopfront
mbeleni *n.* yonder
mbelewele *n.* pollen

mbembeaji *n.* trapezist
mbembezi *n.* flirt
mbepari *adj.* bourgeois
mbichi *adj.* banal
mbichi *adj.* callow
mbigili *n.* thistle
mbili *adj.* dual
mbili *n.* two
mbiligani *n.* aubergine
mbilikimo *n.* gnome
mbilikimo *n.* pigmy
mbinguni *adj.* celestial
mbinguni *adj.* heavenly
mbini *n.* counterfeiter
mbinja *n.* warble
mbinu *n.* curvature
mbinu *n.* method
mbinu *n.* strategy
mbio *n.* pace
mbio *n.* sprint
mbioni *n.* onrush
mbishi *n.* agonist
mbishi *v.* parody
mbishi *n.* taunter
mbiu *n.* herald
mbizi *n.* dive
mbizi *n.* sidestroke
mbobo *n.* superfluity
mboga *n.* grocery
mboga *n.* vegetable
mboga *adj.* vegetarian
mbolea *n.* compost
mbolea *n.* manure
mbomoshi *adj.* radical
mbona *pron.* why
mboni *n.* eyeball
mbora *n.* nobleman
mbora *n.* trump
mbovu *adj.* debile
mbovu *adj.* woebegone
mbovu *adj.* worst
mbu *n.* mosquito
mbuga *n.* zoo

mbunge *n.* legislator
mbunge *n.* parliamentarian
mbuni *n.* ostrich
mbunifu *adj.* resourceful
mburugo *n.* jumble
mburuto *n.* drag
mburuzo *v.* race
mbuzi *n.* goat
mbwa *n.* dog
mbwa *n.* greyhound
mbwa *n.* hound
mbwa *adj.* mongrel
mbwa *n.* puppy
mbwa (aina ya mbwa) *n.* bulldog
mbwa jike *n.* bitch
mbwa-mwitu *n.* wolf
mbweha *n.* fox
mbweha *n.* jackal
mbwe-mbwe *adj.* chic
mbweu *n.* belch
mbwoji *n.* fountain
mchafu *adj.* foul
mchaguaji *n.* voter
mchaji *n.* puritan
mchakuro *n.* revision
mchambuzi *n.* analyst
mchana *n.* daylight
mchanga *n.* baby
mchanga *n.* infant
mchanga *n.* sand
mchangamfu *adj.* canny
mchangamfu *adj.* cheerful
mchangamfu *adj.* ebullient
mchangamfu *n.* fireball
mchangani *n.* sod
mchanganya-dawa *n.* pharmacist
mchanganyiko *n.* amalgam
mchanganyiko *n.* concoction
mchanganyiko *n.* shuffle
mchango *n.* collection
mchango *n.* contribution
mchango *n.* donation
mchango *n.* fund

mchango *adj.* tributary
mchango mkubwa *adj.* invaluable
mchapaji *n.* printer
mchapaji *n.* publisher
mchapishaji *n.* typist
mchawi *n.* sorcerer
mchawi *n.* spiritualist
mchawi *n.* witch
mchawi *n.* wizard
mchengo *n.* dribble
mcheri *n.* cherry
mcheshi *adj.* affable
mcheshi *adj.* jocular
mcheshi *adj.* ticklish
mcheua *adj.* ruminant
mcheza *n.* athlete
mcheza (banzi) *n.* pole dancer
mcheza fidla *n.* violinist
mcheza kamari *n.* gambler
mchezaji *n.* gameplayer
mchezea *n.* tinker
mchezo *n.* frolic
mchezo *n.* game
mchezo *n.* play
mchi *n.* oblong
mchicha *n.* spinach
mchimbaji *n.* miner
mchinja *n.* butcher
mchinjaji *n.* executioner
mchiririko *n.* drip
mchirizi *n.* eave
mchirizi wa barafu *n.* icicle
mchocheaji *n.* stoker (of fire)
mchocheo *n.* impulse
mchocheo *n.* kick
mchocheo *n.* push
mchocho *n.* instigation
mchokoo *n.* goad
mchokozi *n.* aggressor
mchomo *n.* smart
mchomozo *n.* projectile
mchomozo *n.* projection

mchongaji n. sculptor
mchongo n. cameo
mchonjo n. silt
mchora katuni n. cartoonist
mchoraji n. painter
mchoraji n. pointillist
mchoraji n. schematist
mchoro n. drawing
mchoro adj. pictorial
mchoro n. pointillism
mchoro n. schematic
mchoro n. scribble
mchoro n. sculpture
mchovu n. tired
mchoyo n. cupidity
mchoyo n. scrooge
mchujo adj. takeout
mchukuaji n. taker
mchukuzi n. carrier
mchumba adj. betrothed
mchumba n. fiancé
mchunga wakati n. punctuality
mchungaji n. herdsman
mchungaji adj. reverend
mchungaji n. shepherd
mchungulia uchi n. voyeur
mchunguzi n. scout
mchunuzi n. shopkeeper
mchunzi n. merchant
mchuruzi n. shopowner
mchuzi n. broth
mchuzi n. sauce
mchuzi n. saucer
mchuzi n. stew
mchwa n. termite
mdai n. claimant
mdakizi n. informer
mdaku n brownnoser
mdalasini n. cinnamon
mdhalimu n. despot
mdhamini n. sponsor
mdhamini n. trustee
mdhamini n. warrantor

mdhaminiwa n. warrantee
mdhanaishi n. existentialism
mdhihaki n. satirist
mdoezi n. parasite
mdogo n. minor
mdogo adj. minor
mdogo mno n. scant
mdomo n. beak
mdomo n. lip
mdomo n. mouth
mdomo n. nozzle
mdomo adj. oral
mdomo adv. orally
mdomo n. rim
mdudu n. insect
mdudu n. scarab
mdukuo n. exclamation
mdukuo v. nudge
mdukuo n. poke
mdundo n. beat
mdundo n. drumbeat
mdunga vaksini n. vaccinator
mdunga sindano n. acupuncturist
mea v. germinate
mea v. grow
meadi n. mead
meadowi n. meadow
mealyi adj. mealy
mea-meno v. teethe
meaningfuli adj. meaningful
measurelessi adj. measureless
measurementi n. measurement
mechanicsi n. mechanics
mechi n. match
medali n. budge
medali n. medal
medallisti n. medallist
mede n. goalpost
mediani adj. median
medici n. medic
medievali adj. medieval
mediocrei adj. mediocre
mediocrityi n. mediocrity

meditativei *adj.* meditative
mediumi *n.* medium
meeti *n.* meet
meeti *n.* meet
mega *n.* mage
megalithi *n.* megalith
megalithici *adj.* megalithic
megaphonei *n.* megaphone
mei *n.* may
meinendo *n.* dynamics
mekanika *n.* mechanic
mekanika *n.* workman
melancholiai *n.* melancholia
melancholyi *adj.* melancholy
meleei *n.* melee
melekezo *adj.* coordinate
meli *n.* carrack
meli *n.* fleet
meli *n.* sailcraft
meli *n.* sailing
melini *adj.* shipboard
melioratei *v.* meliorate
mellowi *adj.* mellow
melodiousi *adj.* melodious
melodramai *n.* melodrama
melodramatici *adj.* melodramatic
melodyi *n.* melody
meloni *n.* melon
memba *n.* member
membershipi *n.* membership
membranei *n.* membrane
memoiri *n.* memoir
memorablei *adj.* memorable
memorandumi *n.* memorandum
memoriali *adj.* memorial
mendaciousi *adj.* mendacious
mende *n.* bug
meneja *n.* director
meneja *n.* manager
mengi *n.* lot
mengine *pron.* other
meniali *adj.* menial
meniali *n.* menial

meningitisi *n.* meningitis
meno *adj.* canine
meno *n.* enamel
meno imeoza *adj.* carious
meno ya msumeno *n.* cog
menopausei *n.* menopause
menstruali *adj.* menstrual
mentali *adj.* mental
mentalityi *n.* mentality
mentori *n.* mentor
menui *n.* menu
menya *v.* peel
menya *v.* pulp
menya *v.* shell
mercantilei *adj.* mercantile
mercenaryi *adj.* mercenary
mercerisei *v.* mercerise
mercilessi *adj.* merciless
mercuriali *adj.* mercurial
meremeta *v.* glitter
meremeta *v.* twinkle
mergei *v.* merge
mergeri *n.* merger
meridiani *n.* meridian
meriti *n.* merit
meriti *v.* merit
meritoriousi *adj.* meritorious
mermaidi *n.* mermaid
mermani *n.* merman
merrimenti *n.* merriment
merryi *a* merry
meshi *n.* mesh
meshi *v.* mesh
mesmerismi *n.* mesmerism
mesmerizei *v.* mesmerize
messrsi *n.* messrs
metabolismi *n.* metabolism
metafizikia *n.* metaphysics
metallici *adj.* metallic
metamorphosisi *n.* metamorphosis
metaphysicali *adj.* metaphysical
metei *v.* mete

meteorici *adj.* meteoric
meteorologisti *n.* meteorologist
meteorologyi *n.* meteorology
methali *n.* adage
methali *n.* saw
metricali *adj.* metrical
metrici *adj.* metric
metropolisi *n.* metropolis
metropolitani *adj.* metropolitan
metropolitani *n.* metropolitan
mettlei *n.* mettle
mettlesomei *adj.* mettlesome
mewi *n.* mew
mewi *v.* mew
meya *n.* mayor
meza *v.* swallow
meza *n.* table
meza (miguu mitatu) *n.* tripod
meza (vidonge) *v.* tablet
mezzaninei *n.* mezzanine
mfadhili *n.* financier
mfagiaji *n.* sweeper
mfaidi *v.* profiteer
mfaidikaji *n.* profiteer
mfalme *n.* emperor
mfalme *n.* king
mfananishi *n.* sampler
mfanano *n.* resemblance
mfano *n.* dummy
mfano *n.* example
mfano *adj.* figurative
mfano *n.* instance
mfano *n.* prototype
mfano *n.* replica
mfano *n.* scenario
mfano *n.* symbolism
mfano *v.* symbolize
mfanya kazi *n.* bottler
mfanya kazi *n.* jobber
mfanyakazi *n.* worker
mfanyi bandarini *n.* dockworker
mfanyi-biashara *n.* businessman
mfanyikazi *n.* crew

mfanyishe kazi *v.* belabour
mfariji *n.* comforter
mfasiri *n.* commentator
mfasiri *n.* interpreter
mfereji *n.* furrow
mfereji *n.* sewer
mfereji (ya kuogea) *n.* showerhead
mfidhuli *n.* boor
mfidhuli *n.* ruffian
mfikia *n.* achiever
mfikiria *n.* thinker
mfiko *n.* range
mfiko *n.* reach
mfinyanzi *n.* potter
mfinyanzi vyuma *n.* caster
mfiraji *n.* sodomite
mfitini *v.* talebear
mfiwa *n.* mourner
mfo *n.* torrent
mfua *n.* smith
mfua dhahabu *n.* goldsmith
mfuaji (nguo) *v.* launder
mfuasi *n.* disciple
mfuasi *n.* follower
mfuasi *n.* monastery
mfuasi *n.* zany
mfuata sheria *n.* pedant
mfuata-mafunzo *adj.* scholastic
mfuatano *n.* retinue
mfuatasheria *adj.* rulebound
mfuatilia *n.* tracker
mfuga ndovu *n.* mahout
mfuga nyuki *n.* beekeeper
mfugaji *n.* domesticator
mfujaji *n.* bungee
mfuko *n.* pocket
mfululizo *adj.* successive
mfumba *n.* magician
mfumo *n.* fabric
mfumo *n.* process
mfumo *n.* system
mfumo *n.* texture

mfundi *n.* operator
mfundi *n.* operetta
mfungaji *n.* scorer
mfunguo *n.* release
mfungwa *adj.* captive
mfuo *n.* groove
mfuo *v.* groove
mfuo. *n.* auger
mfupa *n.* bone
mfupa *n.* t-bone
mfupa ya kichwa *n.* bonehead
mfupa ya kidole *n.* phalanx
mfuto *n.* obliteration
mgamu *adj.* selfish
mganda *n.* sheaf
mgando *n.* adiposity
mgando *n.* ferment
mgando *n.* yogurt
mganga *n.* droid
mganga *n.* druid
mganga *n.* shaman
mgango *adj.* binding
mgango *n.* treatment
mgawanyiko *adj.* polarazing
mgawanyiko *n.* polarity
mgawanyiko *n.* schism
mgeni *n.* armature
mgeni *n.* foreigner
mgeni *n.* guest
mgeni *n.* stranger
mgeni *n.* visitor
mgeuza auti *n.* ventriloquist
mgeuzo *adj.* flip
mgfananishi *n.* rhymester
mghaibu *n.* absentee
mgiligilani *n.* coriander
mgombea *n.* aspirant
mgombea *n.* nominee
mgombeaji *n.* candidate
mgongo *n.* back
mgongo *n.* ridge
mgonjwa *adj.* unwell
mgoto *n.* bang

mgoto *n.* clap
mgowa *n.* coefficient
mgu *n.* leg
mgunga *n.* acacia
mgusano *n.* contact
mguso *n.* terp
mguso *n.* touch
mguu *v.* foot
mguu chovu *adj.* footsore
mguutupu *adj.* barefoot
mhafidhina mno *n.* ultraconservative
mhalifu *n.* culprit
mhalifu *n.* dacoit
mhalifu *n.* malefactor
mhalifu *adj.* maleficent
mhamiaji *n.* immigrant
mhamiaji *n.* migrant
mhanga *v.* victimize
mhariri *n.* columnist
mhasi *n.* eunuch
mhasibu *n.* accountant
mhasibu wa kike *n.* countess
mheshimiwa *n.* excellency
mheshimiwa *n.* reverie
mheshimiwa *n.* squire
mheshimiwa *adj.* staid
mhimili *n.* axis
mhisani *n.* benefactor
mhitaji *n.* petitioner
mhitimu *n.* graduate
mhudumu *n.* acolyte
mhudumu *n.* bartender
mhudumu *n.* bellhop
mhudumu *n.* servant
mhudumu (kike) *n.* waitress
mhudumu (kiume) *n.* waiter
mhuni *adj.* amoral
mhuni *n.* apologue
mhuni *adj.* decadent
mhuni *n.* hooligan
mhuni *adj.* lawless
mhuni *n.* outcast

mhuni *n.* philanderer
mhuni *n.* vixen
mhusika mkuu *n.* protagonist
mia *n.* hundred
miadi *n.* date
miaka 200 *adj.* bicentenary
miamvuli *n.* parachute
miayo *n.* yawn
michango *n.* subscription
michezo *n.* sport
michi (mashine) *n.* piston
microfilmi *n.* microfilm
micrologyi *n.* micrology
micrometeri *n.* micrometer
microphonei *n.* microphone
microscopei *n.* microscope
microscopici *adj.* microscopic
microsfia *n.* macrosphere
microwavei *n.* microwave
midi *adj.* mid
mid-offi *n.* mid-off
mid-oni *n.* mid-on
midriffi *n.* midriff
mifugo *n.* flock
mifugo *adj.* veterinary
mifungo *n.* herd
mifungo / fidia *n.* bonds
mifupa *n.* skeleton
migraine (ugonjwa) *n.* migraine
miguu (za mbele) *n.* foreleg
miguu lala *n.* flatfoot
miguu miwili *n.* biped
miguuni *n.* antecardium
mihadarati *n.* opiate
mihadarati *v.* opiate
mihadi *n.* promise
miiba *adj.* barbed
miiba *n.* hawthorn
miiba *n.* thorn
miili *n.* corpse
miingio *n.* innings
mijadala *adj.* vocal
miji *adj.* suburban

mijitu *n.* alligator
mikaratusi *n.* eucalypt
mikrofaiba *n.* macrofibre
mikrosefali *n.* macrocephaly
mila *n.* ethos
mila *n.* lore
mila *n.* ritual
milele *n.* eternity
milele *adj.* immortal
milele *n.* infinity
milenia *n.* millennium
milieui *n.* milieu
miliki *v.* own
miliki *v.* possess
miliki *v.* tenure
milimani *adj.* mountainous
milionea *n.* millionaire
milioni *n.* million
milki *n.* asset
milki *n.* empire
millineri *n.* milliner
millineryi *n.* millinery
mimba *n.* conception
mimba *n.* embryo
mimboga *adj.* vegetable
mimea *n.* coppice
mimea *n.* sagebrush
mimei *n.* mime
mimei *v.* mime
mimesisi *n.* mimesis
mimina *n.* spill
miminiko *n.* superabundance
minajili *conj.* because
minarolojia *n.* mineralogy
minimi *n.* minim
minki *n.* mink
minki *n.* minx
minofu *v.* fillet
minsteri *n.* minster
minusculei *adj.* minuscule
minyororo *v.* chain
miongo *adj.* decimal
miongo (kumi) *n.* decade

miongoni *prep.* amongst
mionzi *n.* radiology
miopia (ugonjwa) *n.* myopia
miosis (ugonjwa) *n.* myosis
mipindo mbili *adj.* biangular
miraba *n.* cube
mirathi *n.* legacy
misajili *n.* data
misanamu *adj.* iconoclastic
misanthropu *n.* misanthrope
mishale *n.* dart
mishale *n* darting
misheni *n.* mission
mishipa *n.* nerve
misimu *n.* slang
misimu mbili *adj* biennial
miski *n.* musk
misnomeri *n.* misnomer
misombo *n.* compound
mistari *n.* acrostic
mistari *n.* line
mistari *n.* lyric
mistari *n.* row
mistari *adj.* versed
mistletoei *n.* mistletoe
misukosuko *n.* struggle
misukosuko *adj.* tumultuous
misuli *n.* muscle
miswada *n.* bile
mita *n.* meter
mita *n.* metre
mitala *n.* polygamy
mitego *n.* snare
mithali *n.* parable
mithali *n.* proverb
mithali *n.* similitude
mithili ya roho *adj.* cordate
mithridatei *n.* mithridate
miti *n.* woods
mitteni *n.* mitten
miujiza *adj.* supernatural
miundo *adj.* structural
miungu *n.* goddess

mivuo *n.* bellows
miwani *n.* spectacle
miye *pron.* i
miye *pron.* me
miye *pron.* mine
mizani *v.* balance
mizani *n.* pendulum
mizani *adj.* rhythmic
mizani *n.* scale
mizigo *n.* luggage
mizigo *n.* shipload
mizimu *adj.* ancestral
mizimu *v.* demonetize
mizimu *n.* ectoplasm
mizimu *n.* spiritualism
mizizi (za bomba) *n.* tracheole
mizuka *n.* phantom
mja *n.* devotee
mja *n.* person
mja *n.* savant
mjadala *n.* discourse
mjamaa *n,a* socialist
mjane *n.* spinster
mjane *n.* widow
mjane *n.* widower
mjanja *adj.* slick
mjanja *n.* trickster
mjaribu *n.* probationer
mjasiri *adj.* venturesome
mjeledi *n.* whip
mjenga *adj.* edificant
mjenga-hema *n.* tentmaker
mjenzi *n.* architect
mji *n.* city
mji *n.* town
mji mkuu *adj.* capital
mjiko *n.* rectum
mjinga *n.* bighead
mjinga *n.* crevet
mjinga *n.* dumbo
mjinga *n.* dunce
mjinga *n.* maniac
mjinga *n.* moron

mjinga *n.* oaf
mjinga *n.* sap
mjinga *adj.* witless
mjini *adj.* urban
mjini *n.* wen
mjonjwa asolazwa *n.* outpatient
mjuizi *n.* superman
mjumbe *n.* delegator
mjumbe *n.* emissary
mjumbe *n.* envoy
mjusi *n.* astrologer
mjuzi *v.* gamemaster
mjuzi *adj.* sagacious
mjuzi (wa simu) *n.* teleoperator
mkaa benchi *n.* bencher
mkaaji *adj.* resident
mkaaji *n.* resident
mkaaji wa morocco *n.* moor
mkaango *n.* fry
mkaazi *n.* occupant
mkaazi wa mosko *n.* muscovite
mkabiliaji *n.* coper
mkaguo *n.* audit
mkaguzi *n.* auditor
mkaguzi *n.* examiner
mkahawa *v.* bestrew
mkahawa *n.* bistro
mkahawa *n.* cabaret
mkahawa *n.* cafe
mkahawa *n.* restaurant
mkahawa *n.* teahouse
mkali *adj.* austere
mkali *adj.* blazing
mkali *adj.* fraught
mkali *adv.* sharp
mkali *adj.* tempestuous
mkamato *n.* grasp
mkamato *n.* grip
mkamato *n.* hold
mkanda *n.* cassette
mkanda *n.* strap
mkandaji *n.* masseur
mkandamizo *n.* press

mkanda-wa-kupima *n.* tapeline
mkando *n.* massage
mkanushaji *n.* abjurer
mkao *n.* pose
mkao *n.* posture
mkarimu *adj.* bighearted
mkarimu *n.* largesse
mkarimu *adj.* munificent
mkarimu *adj.* winsome
mkasa *n.* event
mkasa *n.* incident
mkasi *n.* scissors
mkata manyasi *n.* glazier
mkataba *n.* charter
mkataba *n.* concession
mkataba *n.* contract
mkataba *n.* convention
mkataba *n.* statute
mkataba *n.* treaty
mkate *n.* bread
mkate *n.* loaf
mkate *n.* shortbread
mkate (wa kubanika) *n.* toast
mkate (ya kifaransa) *n.* baguette
mkato *n.* amputation
mkatwa *n.* amputee
mkazo *n.* determination
mkazo *n.* emphasis
mkazo *adj.* tight
mke *n.* consort
mke *n.* ewe
mke *n.* spouse
mke *n.* wife
mke moja *n.* monogamy
mkebe *n.* pack
mkebe *n.* phial
mkebe *n.* tin
mkeka *n.* doormat
mkeraji *n.* antagonist
mkereza *n.* turner
mkesha *n.* wake
mkia *n.* tail
mkimbiaji *n.* roadrunner

mkimbiaji *n.* runner
mkimbizi *n.* fugitive
mkimbizi *n.* refugee
mkingiko *n.* crossbeam
mkiritimba *n.* bureaucrat
mkjinga *n.* cynic
mkoa *n.* shire
mkoba *n.* pouch
mkoba *n.* wallet
mkodishaji *n.* realtor
mkojo *adj.* urinary
mkojo *n.* urine
mkokoteni *adj.* curt
mkokoteni *n.* wain
mkokoteni (ngombe) *n.* oxcart
mkombozi *n.* godsend
mkombozi *n.* liberator
mkombozi *n.* savour
mkombozi *adj.* selfless
mkomeshaji *n.* abolisher
mkomunisti *n.* communist
mkonde *adj.* gaunt
mkonde *n.* scragg
mkonde *adj.* scraggy
mkondo *n.* current
mkondo *n.* flow
mkondo *n.* run
mkongojo *n.* crutch
mkongojo *n.* staff
mkono *n.* arm
mkono *n.* hand
mkono *n.* handle
mkono *n.* palm
mkono (wa nguo) *n.* sleeve
mkono telezi *n.* butterfingers
mkoo *n.* slattern
mkoo *n.* slut
mkopaji *n.* debtor
mkopeshaji *n.* creditor
mkopeshi *n.* usurer
mkopo *n.* credit
mkopo *n.* debit
mkopo *v.* loan

mkorofi *adj.* malignant
mkoromo *n.* purr
mkosaji *n.* offender
mkosaji *n.* sinner
mkoseaji *n.* banter
mkristo *n.* christian
mkubali *n.* acceder
mkubwa *adj.* immense
mkubwa *adj.* magnificent
mkubwa *n.* paramount
mkubwa *n.* utmost
mkufu *n.* necklace
mkufunzi *n.* docent
mkufunzi *n.* instructor
mkufunzi *n.* preceptor
mkufunzi *n.* teacher
mkuki *n.* javelin
mkuki *n.* lance
mkuki *n.* spear
mkulima *n.* agriculturist
mkulima *n.* farmer
mkulima *n.* peasant
mkulima *n.* ploughman
mkumbushaji *adj.* reminiscent
mkunga *n.* eel
mkunjo *n.* crease
mkunjo *n.* gnarl
mkuranga *adj.* arid
mkuranga *n.* desert
mkurugenzi *n.* pioneer
mkururo *n.* procession
mkusanyiko *n.* agglomerate
mkusanyiko *n.* assembly
mkusanyiko *n.* concentration
mkusanyiko *n.* ruck
mkusanyiko. *n.* accumulation
mkutano *n.* conference
mkutano *n.* consultation
mkutano (ya wachawi) *n.* coven
mkutano wa kisimu *n.* teleconference
mkutuo *n.* jerk
mkuu *n.* chieftain

- 319 -

mkuu *adj.* laureate
mkuu *n.* primer
mkuu *n.* principal
mkuu *adj.* senior
mkuu *adj.* superior
mkuu wa kitivo *n.* dean
mkuyati *n.* tonic
mkuyu *n.* sycamore
mkwara *n.* sensualist
mkwaruzo *n.* abrasion
mkwaruzo *n.* grate
mkwaruzo *adj.* scratchy
mkwaruzo *n.* trail
mkweli *adj.* frank
mkweli *n.* realist
mkwepaji *n.* escapist
mla mboga *n.* vegan
mla mboga *adj.* vegan
mla mboga *n.* vegetarian
mla mimea *n.* omnivore
mla mimea *adj.* omnivorous
mla wenziwe *n.* cannibal
mlafi *n.* glutton
mlaghai *n.* scoundrel
mlaghai *n.* swindler
mlai *n.* layman
mlalaji *n.* sleeper
mlango *n.* chapter
mlango *n.* door
mlango *n.* gate
mlango *n.* nook
mlango kuu *n.* gatehouse
mlangoni *n.* gatepost
mlanguzi *n.* middleman
mlazi *n.* cradle
mlemavu *adj.* disabled
mleta amani *n.* pacifier
mlevi *n.* alcoholic
mlevi *n.* drunkard
mlevi *n.* rummy
mlevi *adj.* tipsy
mlezi *n.* governess
mlezi *n.* guardian
mlezi *n.* nanny
mlezi *n.* nurse
mlezi *n.* pedagogue
mlezi *n.* wardship
mliaji *n.* oinker
mlima *n.* alp
mlimbiko *n.* thrift
mlinda *n.* guard
mlinda *n.* protector
mlindaji *n.* bodyboard
mlindaji *n.* caretaker
mlindaji *n.* keeper
mlinde *v.* bodyboard
mlinga sauti *n.* ventriloquism
mlingano *n.* unision
mlingoti *n.* mast
mlingoti *n.* tentpole
mlinzi *n.* bodyguard
mlinzi *n.* custodian
mlinzi *n.* gatekeeper
mlinzi *n.* warder
mlio *n.* blip
mlio *n.* toll
mlio (wa ndege) *n.* caw
mlipa *n.* payee
mlipizaji *adj.* revengeful
mlipuko *n.* blastoff
mlipuko *n.* burst
mlipuko *n.* explosion
mlipuko *n.* outburst
mlipwaji *n.* annuitant
mlisho *n.* feed
mlizamu *n.* pipe
mlizamu *n.* spout
mlonjo *n.* stilt
mlugha mbili *adj.* bilingual
mmea *n.* jute
mmea *n.* parsley
mmea *n.* plant
mmea *n.* vegetation
mmea (atichoki) *n.* artichoke
mmea wa kutambaa *n.* ivy
mmemeto *adj.* furious

mmenyo *n.* peel
mmiliki *n.* occupier
mmomonyoko *n.* erosion
mmwago *adj.* ejaculatory
mnada *n.* auction
mnafiki *n.* hypocrite
mnajimu *n.* astronomer
mnakili *n.* transcriber
mnanaa *n.* mint
mnanaa *v.t.* mint
mnandi *n.* cormorant
mnara *n.* minaret
mnara *n.* steeple
mnara *n.* tower
mnaso *n.* entrapment
mnaso *n.* trap
mnato *n.* stickler
mnemonici *adj.* mnemonic
mnemonici *n.* mnemonic
mnemonizasheni *n.* mnemonization
mnenea *n.* critic
mnenea *n.* pleader
mnenguaji *n.* dancer
mng'ang'ania *n.* straggler
mng'ao *n.* lucidity
mng'arizo *v.* glare
mng'arizo *n.* gleam
mng'aro *n.* glitter
mng'aro *n.* polish
mng'aro *n.* shine
mngoja *n.* attendant
mngojezi. *n.* steward
mnong'oni *n.* prompter
mnong'ono *n.* gossip
mnong'ono *v.* lisp
mnong'ono *n.* whine
mnong'ono *n.* whisper
mnuko *n.* odium
mnuni *adj.* malcontent
mnunuzi wa simu *n.* teleshopper
mnyama *n.* phalange
mnyama mgu-nne *n.* quadruped

mnyama wa majini *adj.* lancet
mnyang'anyi *n.* conquerer
mnyang'anyi. *n.* burglar
mnyanyuko *n.* uprising
mnyenyekevu *adj.* reticent
mnyonge *adj.* naive
mnyonge *n.* rundown
mnyonge *adj.* sentimental
mnyonge *n.* weakling
mnyunya *n.* confectioner
mochari *n.* mortuary
mochuari *n.* crematorium
mochwari *n.* morgue
modeli *n.* type
mofia *n.* morphia
mofini *n.* morphine
moja *n.* single
moja kwa moja *adj.* direct
moja kwa moja *adj.* straightforward
momonyoa *v.* erode
monifomiti *n.* moniformity
monk *n.* monk
monody (miziki) *n.* monody
monoesterosi *n.* monoestrous
monografia *n.* monograph
monogramu *n.* monogram
moo *v.* moo
mori *n.* lust
mori *n.* tallow
moribands *adj.* moribund
moshi *v.* smoulder
moshipa *n.* vein
mossi *n.* moss
mota (ya mashua) *n.* oar
motisha *n.* motivation
moto *adv.* aflame
moto *adj.* fiery
moto *n.* fire
moto *adj.* hot
moto *n.* ignition
moto (wa kambi) *n.* campfire
motokaa *n.* automobile

motoni *adj.* infernal
mow *v.* mow
moyo *n.* cardio
moyo huruma *adj.* tenderhearted
moyo wa kiasi *n.* sobriety
moyo-wote *adv.* heartily
mpaji *n.* donor
mpaka *n.* border
mpaka *n.* boundary
mpaka *n.* frontier
mpaka *n.* limit
mpaka *adj.* rubican
mpaka *n.* rubicon
mpaka *n.* till
mpaka *prep.* until
mpaka sasa *adv.* hitherto
mpako *n.* whitewash
mpaliontolojia *n.* paleontologist
mpambano *n.* encounter
mpambo (wa maua) *n.* festoon
mpanda *n.* climber
mpanda (mimea) *n.* grower
mpanda milima *n.* mountaineer
mpandaji *n.* rider
mpandaji *n.* sycophant
mpandaji (milima) *n.* alpinist
mpanda-mwamba *n.* rock climber
mpando *n.* bifurcation
mpando *n.* plateau
mpanga-jedwali *n.* tabulator
mpangaji *n.* draper
mpangaji *n.* tenant
mpangaji *n.* tenant
mpangani *n.* pagan
mpangilio *n.* array
mpangilio *n.* drape
mpangilio *n.* modality
mpangilio *n.* overdraft
mpangilio *adj.* taut
mpangilio wa nyele *n.* coif
mpangilio wa nyele *n.* coif
mpango *n.* arrangement
mpango *n.* classification
mpango *n.* slate
mpapatiko *n.* convulsion
mpapatiko *n.* pulsation
mpapuro *n.* scratch
mpapuro *n.* scrawl
mpasuaji *n.* surgeon
mpasuko *n.* breaking
mpasuko *n.* crack
mpasuko *n.* split
mpasuko (mbele) *n.* breakfront
mpatanishi *n.* mediator
mpatanishi *n.* negotiator
mpato *n.* procurement
mpe medali *v.* budge
mpe tamtam *v.* candy
mpelekwa *n.* missionary
mpelelezi *n.* detective
mpelelezi *adj.* nosy
mpenda *n.* fondant
mpenda beti *n.* bettor
mpenda kusoma *n.* book-worm
mpenda uba *n.* ubergeek
mpenda vita *adj.* bellicose
mpenda-kununua *n.* shopaholic
mpenda-mawasiliano *adj.* sociable
mpenda-vigeni *n.* xenophile
mpende *v.* date
mpendwa *n.* favourite
mpendwa *n.* pet
mpeni *v.* ascribe
mpenyeza *n.* smuggler
mpenyo *n.* penetration
mpenzi *n.* beloved
mpenzi *n.* darling
mpenzi *n.* lover
mpepea *n.* breeze
mpeperusha video *n.* videoblogger
mpiga (kinanda) *n.* pianist
mpiga (picha) *n.* photographer
mpiga kengele *n.* bellboy
mpiga msumeno *n.* sawyer

mpiga papara *n.* perambulator
mpiga picha baharini *n* oceanographer
mpiganaji *n.* combatant
mpiganisho *n.* combat
mpiga-simu *n.* caller
mpiga-yukelelei *n.* ukeleleist
mpika-chai *n.* teamaker
mpiko *n.* lever
mpimaji *n.* empiricist
mpindo *n.* bent
mpindo *n.* zig
mpinzani *n.* adversary
mpinzani *n.* contrarian
mpinzani *v.* rival
mpira *n.* ball
mpira *n.* rubber
mpira *n.* rudder
mpira *n.* rudderpost
mpira wa kufuatilia *n.* trackball
mpira ya kikapu *n.* basketball
mpira-mnaso *n.* trapball
mpishi *n.* chef
mpitamipaka *n.* transboarder
mpito *n.* interim
mpito *n.* passage
mpokeaji *n.* receiver
mpokeaji *n.* usher
mpole *adj.* gentle
mpole *n.* kind
mponyi *n.* quack
mposa *n.* suitor
mposaji *n.* matchmaker
mpotevu *adj.* capricious
mpotevu *n.* debauchee
mpotevu *adj.* unprincipled
mpotovu *n.* miscreant
mpuliza *n.* winder
mpumbavu *adj.* asinine
mpumbavu *n.* cretin
mpumbavu *adj.* dorky
mpumbavu *n.* gawk
mpunguo *n.* contraction

mpunguzaji *n.* lessee
mpura *n.* thresher
mpururo *n.* rubbing
mpuuzi *adj.* negligent
mpwa *n.* nephew
mpweke *adj.* lonely
mpwekeshaji *n.* monotheist
mpwekeshe *v.* sole
mraba *v.* square
mraba *n.* square
mradi *n.* project
mradi *n.* whim
mrahaba *n.* royalty
mrashi *n.* spray
mrasimu *adj.* draftsman
mrefu *adj.* tall
mrefu *v.* term
mremba *n.* taxidermist
mrembo *n.* belle
mrembo *n.* dame
mrembo *n.* flamboyant
mrembo *adj.* gallant
mrembo *n.* gallant
mrembo *adj.* taxidermic
mrengo wa kushoto *n.* leftist
mrihaba *n.* royalist
mrihaba *n.* royalist
mrija *n.* pipe
mrija *n.* tube
mringaji *n.* flaunter
mruba *n.* leech
mrudishwa *n.* repartee
mrugaruga *n.* guerilla
mruko *n.* flight
mruko *n.* jump
mrundo *n.* piles
mrushaji (mshale) *n.* archer
msaada *n.* aid
msaada *n.* help
msaada *n.* support
msafara *n.* convoy
msafara *n.* expedition
msafihi *adj.* imprudent

msafihi *adj.* innocent
msafiri *n.* traveller
msafiri *n.* voyager
msaga *n.* miller
msaidizi *n.* aide
msaidizi *n.* assistant
msaidizi *n.* auxiliary
msaidizi *n.* helpmate
msaidizi *n.* seconder
msaidizi. *n.* adjuvant
msaidizi/msiri *n.* accomplice
msajili *n.* registrar
msajili *n.* scorekeeper
msaksafoni *n.* saxophonist
msalaba *n.* cross
msalaba *n.* crucifix
msalani *n.* lavatory
msalani *n.* toilet
msalihina *adj.* incorruptible
msaliti *n.* blackmailer
msaliti *n.* traitor
msamaha *n.* lenience
msamaha *n.* waiver
msamaria *n.* samaritan
msambazaji *n.* supplier
msamiati *n.* lexicon
msamiati *n.* vocabulary
msanii *n.* artist
msanii *n.* lyricist
msasa *n.* sandpaper
msemaji *n.* orator
msemaji *n.* speaker
msemaji *n.* spokesman
msemifainali *n.* semi-finalist
msemo *n.* maxim
msemo *n.* say
msemo *n.* simile
msemo *n.* slogan
msemo *n.* talk
msemo *n.* utterance
msemo / mwito *n.* watchword
msengenyi *adj.* telltale
msengenyo *n.* gloat

mseto *n.* hybrid
mshahara *n.* emolument
mshale *n.* arrow
mshale *n.* ray
mshambulizi *n.* striker
mshangao *adj.* baffling
mshangao *n.* bewilderment
mshangao *n.* flabbergast
msharika *n.* partner
mshatikwa *n.* defendant
mshauri *n.* counsellor
mshawishi *n.* enticer
mshawishi *n.* tempter
mshazari *n.* curve
mshazari *adj.* cylindrical
mshazari *n.* slant
mshazari *v.* slant
mshazari *n.* twist
mshenga *n.* confidant
mshenga *n.* hacker
mshenzi *n.* savage
mshika mbwa *n.* dogcatcher
mshikaki *n.* spit
mshikamano *n.* affinity
mshikamano *n.* coexistence
mshiko *n.* hold
mshinda *n.* winner
mshindani *n.* rival
mshinde *v.* overpower
mshindi *n.* victor
mshindi *adj.* victorious
mshindikizo *n.* escort
mshindo *adj.* outcry
mshindwa *n.* underdog
mshipa *n.* hernia
mshipa *n.* nerve
mshipa *n.* pulse
mshipa *v.* shunt
mshipa *n.* vein
mshipi / mkanda *n.* belt
mshirika *adj.* associate
mshiriki *n.* participant
mshirikina *n.* idolater

mshirikina *n.* polytheist
mshituko *n.* daze
mshonaji *n.* dressmaker
mshono *n.* dress
mshono *n.* filament
mshono *n.* tailor
mshtaki *n.* litigant
mshtaki *n.* plaintiff
mshtakiwa *n.* accused
mshtarii *n.* jupiter
mshtuko *n.* sprain
mshtuko *n.* trauma
mshtuko *v.* wince
mshumaa *n.* candle
mshurutisho *n.* compulsion
mshusho *n.* orgasm
msiba *v.* befall
msiba *n.* bereavement
msiba *n.* disaster
msichana *n.* girl
msichana *adj.* maiden
msikilivu *n.* advisability
msikiti *n.* mosque
msikizaji *n.* listener
msimamizi *n.* attache
msimamizi *n.* overseer
msimamizi *n.* supervisor
msimamizi/ *n.* administrator
msimamo *adj.* assertive
msimamo *n.* consistency
msimamo *n.* stand
msimamo *n.* standing
msimiko *n.* erection
msimulizi *n.* narrator
msimulizi *n.* reporter
msingi *n.* foundation
msingi *adj.* primary
msiri *adj.* confidential
msisimko *v.* shudder
msisitizo *n.* insistence
msisitizo *adj.* poignant
msitaji *n.* dawdler
msitishaji *adj.* abeyant

msitu *n.* forest
msitu *n.* jungle
msitu, *n.* bush
mskoti *n.* scot
msogeo *n.* approach
msogeo *n.* motion
msogeza *n.* mover
msokoto *n.* curl
msokoto-msokoto *adj.* curly
msoma-akili *n.* telepathist
msomaji *n.* reader
msombaji *n.* compounder
msomeshaji *n.* tutor
msomi *adj.* adscititious
msomi *n.* elitist
msomi *n.* intellectual
msomi *adj.* learned
msomi *n.* lecturer
msomi (wa kike) *n.* alumna
mjuzi kombora *n.* rocket scientist
msondo *n.* boom
msonge (wa bafaru) *n.* igloo
msongo *n.* throng
mspain *n.* spaniard
mstadi *adj.* argute
mstahili-sifa *adj.* praiseworthy
mstari *n.* lane
mstari *n.* row
mstatili *adj.* oblong
msuguano *n.* deadlock
msuguano *n.* friction
msuguano *n.* impasse
msuhuba *n.* geniality
msuka *n.* weaver
msukano *n.* disagreement
msukosuko *adj.* boisterous
msukumo *adj.* impulsive
msukumo *n.* inspiration
msumari *n.* nail
msumbufu *n.* nadger
msumeno *n.* saw
msumeno *n.* sawpit
msumeno *n.* sawtooth

msusi *n.* artisan
mtaa *n.* estate
mtaa *n.* quarter
mtaala *n.* curriculum
mtaalamu *adj.* expert
mtaalamu *n.* muster
mtaalamu *n.* obstetrician
mtaalamu *n.* scholar
mtaalamu *n.* tactician
mtaalamu wanyama *n.* zoologist
mtaalamu mtandao *n.* webmaster
mtaalamu wa macho *n.* oculist
mtaalamu majina *n.* onomatolgist
mtaalamu nano *n.* nanoengineer
mtaalamu wa ngozi *n.* tawer
mtaawa *n.* hermit
mtabaini *n.* antitheist
mtabiri *n.* palmistry
mtafaruku *n.* turmoil
mtafiti *n.* impertinence
mtafuta chakula *n.* forager
mtahiniwa *n.* examinee
mtaji *n.* capital
mtajo *n.* mention
mtajo (alama) *n.* apostrophe
mtaka *adj.* needful
mtakaji *n.* applicant
mtakaso *n.* purification
mtakatifu *n.* saint
mtalii *n.* tourist
mtalimbo *n.* crowbar
mtama *n.* millet
mtamani *adj.* ambitious
mtamani wote *adj.* bisexual
mtamani wote *adj.* bisexual
mtambaaji *n.* creeper
mtambaazi *n.* reptile
mtambo *n.* decoder
mtambo *n.* distillery
mtambo *n.* drive
mtambo *n.* mechanism
mtambo *n.* motor
mtambo *n.* reactor

mtambuzi *adj.* knowledgeable
mtanashati *adj.* adventurous
mtandao *adj.* cyber
mtandao *n.* web
mtanga *adj.* vagabond
mtanga *n.* vagabond
mtangulia *n.* pacemaker
mtangulizi *n.* forerunner
mtangulizi *n.* precursor
mtangulizi *n.* predecessor
mtapeli *n.* sophist
mtaratibu *adj.* methodical
mtaro *n.* aqueduct
mtaro *n.* sewage
mtaro *n.* sluice
mtaro *v.* trench
mtashi *n.* tertian
mtawa *n.* nun
mtawa *n.* recluse
mtawala *n.* autocrat
mtawala *adj.* dominant
mtawala *n.* oligarch
mtawala *n.* rudiment
mtawali *n.* ruler
mtawalia *adv.* consecutively
mtawanyiko *adj.* decentralized
mtawanyiko *adj.* scattered
mtawanyiko *adj.* scatty
mtawanyiko *adj.* widespread
mtazamaji *n.* monitor
mtazamaji *n.* spectator
mtazamo *n.* glance
mtazamo *n.* glimpse
mtazamo *n.* outlook
mtazamo *n.* perspective
mtazamo *n.* view
mtazamo a mwisho *adj.* rearview
mtegemea *n.* dependant
mtegemea *n.* symbiote
mtego *n.* knavery
mteja *n..* client
mteja *n.* customer
mtejani *n.* laud

mtekaji *n.* abactor
mtekaji *n.* abductor
mteketeo *n.* holocaust
mtelezo *n.* skid
mtembea mguu *n.* pedestrian
mtembeaji *adj.* ambulant
mtembeaji *n.* treader
mtembea-usingizi *n.* somnambulist
mtemi *n.* cutter
mtendaji *n.* doer
mtendo/kuigiza *n.* acting
mtengeneza sesere *n.* toymaker
mtengeneza funguo *n.* keysmith
mtengenezaji *n.* manufacturer
mtengenezaji wangozi *n.* tanner
mtengeza glasi *n.* glassmaker
mtengezaji filamu *n.* filmmaker
mtenzi *n.* tradesman
mteremko *n.* dale
mteremko *n.* descent
mteremko *n.* slope
mteswa. *n.* victim
mtetemko *n.* vibration
mtetemko *n.* wag
mtetezi *n.* appellant
mtetezi *n.* schemer
mteule *n.* aristocrat
mteule *adj.* ordained
mteuliwa *n.* assignee
mteuliwa *adj.* designated
mteuzi *n.* dainty
mthibiti *n.* controller
mti *n.* tree
mti *n.* willow
mti *n.* wood
mti wa mpira *n.* rubber tree
mti wa okk *n.* oaktree
mtie - ujane *v.* widow
mtihani *n.* examination
mtihani *n.* quiz
mtiifu *adj.* complaisant
mtikiso *n.* stroke

mtindi *n.* buttermilk
mtindo *n.* style
mtiriri *adj.* erotic
mtiririko *v.* seep
mtiririko *n.* undercurrent
mto *n.* pillow
mto *n.* river
mto *n.* stream
mtoa leseni *n.* licensee
mtoa maoni *n.* opinator
mtoaji *n.* rendevous
mtokomezaji *n.* eradicator
mtoro *n.* escapee
mtoro *n.* runaway
mtoto *n.* child
mtoto *v.* foal
mtoto *n.* kid
mtoto (mchanga) *n.* babe
mtoto wa paka *n.* kitten
mtozaji *n.* collector
mtozo *n.* tariff
mttenga *n.* secessionist
mtu *n.* personage
mtu *n.* somebody
mtu *pron.* somebody
mtu maarufu *n.* celebrity
mtu maarufu *n.* celebrity
mtu wa baa *n.* barman
mtuhumiwa *n.* suspect
mtukufu *n.* highness
mtukutu *n.* scamp
mtulivu *n.* clam
mtu-mbora *adj.* superhuman
mtume *n.* apostle
mtumia madawa *n.* druggist
mtumiaji *adj.* prodigal
mtumiayote *n.* ambidexter
mtumisha *v.* beslaver
mtumishi *n.* employee
mtumishi *adj.* ministrant
mtumwa *n.* slave
mtumzima *adj.* adult
mtungaji *n.* compositor

mtungaji *n.* designer
mtungaji *n.* essayist
mtungi *n.* pitcher
mtungo *n.* compilation
mtunuku *v.* bejewel
mtunza *n.* altruist
mtupa *adj.* poisonous
mtupaji mabomu *n.* bomber
mtupopo *n.* batsman
mtusi *n.* abuser
mtuvo *n.* traction
mtwa *n.* pygmy
mtwana *n.* rascal
muabudu mmoja *n.* monolatry
muafaka *adj.* appropriate
muafaka *adj.* illegible
muafaka *adj.* incidental
muafaka *adj.* opportune
muago *n.* conge
muamini *n.* deist
muaminifu *n.* loyalist
muamuzi *n.* juryman
muandalizi *n.* caterer
muandalizi *n.* convener
muandikaji *n.* addresser
muandishi *n.* writer
muangalifu *adj.* observant
muangalifu *adj.* pungent
muangalizi *n.* invigilator
muangusho *adv.* aheap
muanza *n.* debutant
muanza tena *adj.* resurgent
muanzilishi *v.* pioneer
muarabu *n.* arab
muda *adv.* awhile
muda *adj.* provincial
muda *adj.* temporal
muda *adj.* temporary
muda *n.* term
muda mfupi *adv.* shortly
muda ya (kuharibika) *n.* expiry
mudu *v.* afford
muelekezo *n.* orient
muelewa *adj.* perceptive
muelezea *n.* teller
muendelezo *n.* continuation
muendelezo *n.* prolongation
muendeshaji *n.* driver
mueneza porojo *n.* propagandist
muepaji *n.* shirker
muhali *adj.* absurd
muhali *adj.* impossible
muhali *n.* impracticability
muhamishaji *n.* evictor
muhandisi *n.* engineer
muhariri *n.* correspondent
muhariri *n.* editor
muhariri *n.* journalist
muhepuka *n.* teetotaller
muhimu *adj.* crucial
muhimu *adj.* essential
muhimu *adj.* imperative
muhimu *adj.* important
muhimu *n.* instrumentalist
muhimu *adj.* integral
muhimu *adj.* momentous
muhimu *adj.* pertinent
muhimu *v.* pivot
muhimu *adj.* significant
muhimu *adj.* tantamount
muhimu *adj.* urgent
muhimu *adj.* vital
muhtasari *n.* abstract
muhtasari *n.* extract
muhtasari *n.* precis
muhtasari *n.* resume
muhtasari *n.* sidebar
muhtasari *adj.* summary
muhtasari *n.* survey
muhtasari *n.* syllabus
muhtasari *n.* synopsis
muhudumu *n.* bottler
muhuhu *n.* cypress
muhula *n.* duration
muhula *n.* semester
muhula *n.* term

muhunzi *n.* craftsman
muhuri *n.* seal
muhuri *n.* sealjacking
muhuri *n.* stamp
muhuriwa *adj.* sealed
muidhinishaji *n.* endorser
muigizaji *n.* actor
muigizaji *n.* dramatist
muigizaji (wa kike) *n.* actress
muigizaji mkuu *adj.* stellar
muigo *n.* duplicity
muimbaji *n.* vocalist
muitaliano *n.* italian
muiyano *adj.* proportionate
mujibu *n.* official
mujibu *n.* tenor
mukhlisina *n.* puritan
mukileji *n.* mucilage
mulika *v.* glimmer
mume *n.* buck
mume *n.* husband
mumsahib *n.* mistress
mumunya *v.* gnaw
mumunya *v.* mumble
mumunya *v.* munch
mumunya *v.* suck
mumunyifu *adj.* soluble
mundu *n.* scythe
mundu *n.* sickle
mundua *v.* scythe
mungu *n.* deity
mungu *n.* god
mungu *adj.* provident
mungu *adj.* providential
munuzi *n.* buyer
muoga *n.* tensor
muokotaji *n.* magpie
muomba *n.* worshipper
muombaji *n.* pantheist
muona haya *adj.* coy
muonaji *n.* seer
muondoaji *n.* eliminator

muongea lugha zote *n.* omnilingual
muongea lugha zote *adj.* omnilingual
muongozo *n.* manual
muongozo *n.* prospectus
muongozo wa simu *n.* teleguide
muonyaji *n.* admonisher
muonyesha vazi *n.* mannequin
muoshaji *n.* washer
muosho *n.* wash
muota ndoto *n.* dreamer
muovu *n.* cad
muovu *n.* fiend
muovu *n.* louse
muovu *adj.* venal
muozo *adj.* addle
muruwa *adj.* gracious
mushkeli *n.* obscurity
musimu *n.* monsoon
mustaafu *adj.* veteran
mustaafu *n.* veteran
mustadi *n.* mustard
mustarehe *adj.* comfortable
mustarehe *n.* repose
muswada *n.* bile
mutasari *n.* conspectus
muua ndugu *n.* fratricide
muuaji (kunyonga) *n.* garrotter
muudhi *v.* dishearten
muujibu *n.* accordance
muumba *n.* creator
muumba *n.* originator
muundaji *n.* maker
muundo *n.* configuration
muundo *n.* format
muundo mbili *n.* biformity
muunganiko *adj.* convergent
muungano *n.* coalition
muungano *n.* combination
muungano mbaya *n.* misalliance
muungo *n.* connection
muungwana *n.* gentleman

muuwaji *n.* assassin
muuza maua *n.* florist
muuza mboga *n.* grocer
muuza rejareja *n.* retailer
muuza sesere *n.* toyseller
muuza vitabu *n.* book-seller
muuzaji *n.* monger
muuzaji *n.* salesman
muuzaji *n.* seller
muuzaji *n.* trader
muuza-kijumla *n.* wholesaler
muuzauza *n.* juggler
muwako *n.* lignite
muwasho (moto) *n.* deflation
muwashow *adj.* etched
muwazi *adj.* outspoken
muweka jiwe *n.* cobbler
muwispania *n.* spaniel
muziki *n.* music
mvaa miwani *adj.* bespectacled
mvinyo *n.* lavender
mvinyo *n.* malmsey
mvinyo *n.* ouzo
mvinyo *n.* tequila
mvinyo *n.* wine
mvinyoo *n.* wassail
mviringo *n.* circumference
mviringo *n.* crimp
mviringo *adj.* oval
mviringo *adj.* round
mviringo *n.* sphere
mvirongo *n.* oval
mvivu *n.* lazy
mvivu *n.* sluggard
mvua *n.* rain
mvua (ya mawe) *n.* hail
mvukaji *adj.* transcendent
mvuke *n.* humidity
mvuke *n.* steam
mvuke *n.* vapour
mvulana *n.* boy
mvumbuzi *n.* inventor
mvumilivu *adj.* tolerant

mvunaji *n.* harvester
mvunda *n.* rancour
mvunguni *prep.* underneath
mvunja *n.* destroyer
mvunja kiapo *n.* oathbreaker
mvunja sanduku *n.* safebraker
mvunja sheria *n.* rulebraker
mvunjiko (sauti) *n.* crunch
mvunjo *n.* destruction
mvutia (kishahawia) *adj.* sexy
mvuto *n.* elasticity
mvuto *n.* gravitation
mvuto/jamili *adj.* attractive
mvuvi *n.* fisherman
mwacha *n.* abandoner
mwacha *n.* anbandonee
mwafaka *n.* bargain
mwafaka *n.* unanimity
mwafaka *adj.* unanimous
mwafunzi-mwenza *n.* schoolfekkow
mwaga *v.* shed
mwaga *v.* spill
mwaga *v.* spurt
mwagilia *v.* irrigate
mwagilia mchanga *v.* sand
mwago *n.* spurt
mwaguzi *n.* orderly
mwaka *adj.* annual
mwako *n.* blaze
mwako *n.* combustion
mwako *n.* flare
mwale *n.* flame
mwale / nguzo *n.* beam
mwali *n.* maiden
mwaliko *n.* invitation
mwaliko *n.* snap
mwalimu *n.* schoolteacher
mwamba *n.* ancon
mwamba *n.* boulder
mwamba *n.* crossbar
mwamba *n.* rock
mwamko *n.* renaissance

mwamuzi *n.* arbitrator
mwamuzi *n.* umpire
mwamvuli *n.* umbrella
mwana *n.* babe
mwana amani *n.* pacifist
mwana bandari *n.* dockmaster
mwana barabara *n.* roadster
mwana barari *n.* oceanologist
mwana bayografia *n.* biographer
mwana bayolojia *n.* biologist
mwana bibilia *n.* bibliographer
mwana chaza *n.* oysterman
mwana densi *n.* geisha
mwana filolojia *n.* philologist
mwana filosofia *n.* philosopher
mwana fiziki *n.* physicist
mwana jenetiki *n.* geneticist
mwana jimbo *n.* constituent
mwana kambi *n.* camper
mwana karne *n.* centenarian
mwana mafia *n.* mafia
mwana maktaba *n.* librarian
mwana mandhari *n.* scenarist
mwana mantiki *n.* logician
mwana maoni *n.* idealist
mwana mashua *n.* boatman
mwana mashua *n.* oarsman
mwana michoro *n.* sculpturist
mwana minarolojia *n.* mineralogist
mwana mwamvuli *n.* parachutist
mwana niurolojia *n.* neurologist
mwana odontolojia *n.* odontologist
mwana oftamolojia *n.* ophtalmologist
mwana olitholojia *n.* ornithologist
mwana onkolojia *n* oncologist
mwana ontolojia *n.* ontologist
mwana paliokolojia *n.* paleoecologist
mwana pensheni *n.* pensioner
mwana podiriatiki *n.* podiatrist

mwana posta *n.* postmaster
mwana saikayatri *n.* psychiatrist
mwana simu *n.* telegraphist
mwana sismolojia *n.* seismologist
mwana tega *n.* decoyman
mwana topografia *n.* topographer
mwana vitendo *n.* extrovert
mwana zimamoto *n.* firefighter
mwana zoezi *n.* acrobat
mwanaadamu *adj.* mortal
mwanabagpipu *n.* bagpiper
mwanabenki *n.* banker
mwanabustani *n.* gardener
mwanachuo *n.* student
mwanadamatolojia *n.* dermatologist
mwanadiplomasia *n.* diplomat
mwanafunzi *n.* amateur
mwanafunzi *n.* apprentice
mwanafunzi *n.* armature
mwanafunzi *n.* learner
mwanafunzi *n.* pupil
mwanafunzi mwenza *n.* schoolmate
mwanagenzi *n.* beginner
mwanaharakati *n.* activist
mwanaharamu *n.* bastard
mwanahewa *n.* aviator
mwanahisa *n.* shareholder
mwanahistoria *n.* historian
mwanaisimu *n.* linguist
mwanajamhuri *n.* republican
mwanajamhuri *adj.* republican
mwanajeshi *n.* soldier
mwanajeshi *n.* trooper
mwanajiografia *n.* geographer
mwanajiolojia *n.* geologist
mwanakijiji *n.* villager
mwana-kombora *n.* rocketman
mwanakondo *n.* lambkin
mwana-majanga *n.* tragedian

mwana-mapinduzi *adj.* revolutionary
mwanamazingira *n.* ecologist
mwanamazingira *n.* environmentalist
mwanamgambo *n.* militia
mwanamieleka *n.* wrestler
mwana-mikakati *n.* strategist
mwanamizi *n.* urchin
mwanamke *n.* woman
mwanamkono *n.* palmist
mwanamsitu *n.* ranger
mwanamtandao *n.* technomad
mwanamuziki *n.* musician
mwanamuziki *n.* rocker
mwananchi *n.* citizen
mwanapaliobiolojia *n.* paleobiolist
mwanariadha *n.* sportsman
mwanaroketi *n.* rocketeer
mwanasarakasi *n.* gymnast
mwanasayansi *n.* scientist
mwanasayari *n.* astronaut
mwanasesere *n.* doll
mwanasheria *n.* jurist
mwanasheria *n.* lawyer
mwanasiasa *n.* demagogue
mwanasiasa *n.* politician
mwana-silvicalcha *n.* sylviculturist
mwana-stenografia *n.* stenographer
mwana-takwimu *n.* statistician
mwanatechnologia *n.* technomania
mwanatechnologia *n.* technophile
mwanateknologia *n.* technologist
mwanateleolojia *n.* teleologist
mwanateolojia *n.* theologian
mwana-toxikolojia *n.* toxicologist
mwanaume *n.* man
mwanaume *adj.* virile
mwana-umoja *n.* unionist
mwana-vifaa *n.* stationer
mwanayoga *n.* yogi
mwana-yufolojia *n.* ufologist
mwandamano *n.* suite
mwandamizi *n.* senior
mwandani *n.* companion
mwandikiwa *n.* addressee
mwandiko *n.* code
mwandiko *n.* script
mwandishi *n.* author
mwandishi *n.* novelist
mwandishi asojulikana *n.* ghostwriter
mwanga *n.* glare
mwanga *n.* glimmer
mwangalizi *n.* proctor
mwangalizi *n.* sentinel
mwangalizi *n.* warden
mwangaza *adj.* expedient
mwangaza *n.* flashing
mwangaza *n.* light
mwangazani *n.* limelight
mwanguko *n.* cadence
mwani *adj.* algal
mwanya *n.* gap
mwanzilishi *n.* founder
mwanzo *n.* alpha
mwanzo *n.* initial
mwanzo *n.* onset
mwanzo *n.* start
mwanzoni *n.* blockhead
mwanzoni *adv.* first
mwanzoni *n.* forenoon
mwao *n.* indignation
mwao *pron.* theirs
mwapwa *n.* niece
mwashi *n.* mason
mwasho *n.* itch
mwasi *n.* insurgent
mwasi *n.* rebel
mwa-wao *n.* theist
mwegamo *n.* post

mweka kuta *n.* fencer
mweka rehani *n.* mortgagee
mweka rimu *n.* reamer
mwekewa *n.* settee
mwele *n.* invalid
mwelekeo *n.* attitude
mwelekeo *n.* tendency
mwelekeo *n.* trend
mwema *n.* benison
mwema *n.* omnibenevolence
mwenda pole *v.* plod
mwenda ufuoni *n.* beachergoer
mwendelezo *n.* continuity
mwendesha baisikeli *n.* cyclist
mwendesha texi *n.* cabby
mwendeshaji gari *n.* motorist
mwendo *n.* conduct
mwendo *n.* gait
mwendo *n.* march
mwendo *n.* pace
mwendo *n.* route
mwendo (wa melini) *n.* shiplap
mwenendo / tabia *n.* behaviour
mwengine *pron.* someone
mwenye akili *adj.* sane
mwenye baa *n.* taverner
mwenye baa *n.* tavernkeeper
mwenye bibu *n.* bibber
mwenye bidii *n.* upstart
mwenye bilioni *n.* billionaire
mwenye furaha *n.* joyful
mwenye furaha *n.* serenity
mwenye huzuni *n.* mournful
mwenye kiburi *adj.* bossy
mwenye kuchapa *n.* orthographer
mwenye kujifungua *adj.* natant
mwenye kujipenda *adj.* egocentric
mwenye kujipendelea *n.* bias
mwenye kungaa *n.* flasher
mwenye maadili *n.* moralist
mwenye maoni *n.* opinionnaire
mwenye mashaka *adj.* pitiable

mwenye matumaini *n.* optimist
mwenye mke mmoja *adj.* monogynous
mwenye mvuto *adj.* luscious
mwenye ndevu *adj.* bearded
mwenye shikli *adj.* omniform
mwenye ukoma *n.* leper
mwenyeji *n.* host
mwenyeji *n.* proprietor
mwenyekiti *n.* chairman
mwenyekiti *v.* preside
mwenye-meli *n.* shipowner
mwenyewe *n.* owner
mwenyezi *adj.* almighty
mwenza *n.* associate
mwenza *n.* courtesan
mwenza *n.* teammate
mwenzi *n.* colleague
mwepesi *adj.* active
mwepesi *adj.* brisk
mwepesi *adj.* rampant
mwepesi *adj.* swift
mwerevu *n.* sapience
mwerevu *adj.* sapient
mwerezi *n.* cedar
mweusi *n.* nigger
mweusi *adj.* swarthy
mweusi *n.* warbler
mweusi (wa kike) *n.* negress
mweza yote *adj.* omnicompetent
mwezi *n.* month
mwiba *n.* barb
mwiba *v.* spike
mwiba *adj.* thorny
mwiga *n.* copier
mwigaji *n.* copist
mwigaji *n.* imitator
mwigo *n.* copy
mwigo *n.* forgery
mwiko *n.* ladle
mwiko *n.* taboo
mwiko *n.* trowel
mwili *n.* body

mwili *n.* corps
mwili *n.* incarnation
mwimbaji *n.* singer
mwimbaji *n.* songster
mwindaji *n.* fowler
mwindaji *n.* hunter
mwindaji *n.* huntsman
mwingiliano *n.* overlap
mwingilio *n.* entry
mwingine *adv.* else
mwinuko *n.* elevation
mwinuko *n.* hill
mwinuko *adj.* steep
mwisho *v.* dead-end
mwisho *adj.* final
mwisho *n.* last
mwisho *adj.* latter
mwisho *adj.* ultimate
mwishoe *adv.* lastly
mwishoni *adj.* dead-end
mwishoni *adv.* late
mwito *n.* calling
mwito *n.* summons
mwito *n.* vocation
mwizi *n.* shoplifter
mwizi *n.* thief
mwoga *n.* coward
mwogeleaji *n.* swimmer
mwogofyo *n.* intimidation
mwoka *n.* baker
mwokozi *n.* saviour
mwombaji *n.* beggar
mwonevu *n.* bully
mwongezi *adj.* fluent
mwongofu *n.* convert
mwongozo *n.* guidance
mwongozo *adj.* manual
mwongozo *n.* textbook
mwonyeshaji *n.* performer
mwujiza *n.* miracle
mwundo *n.* make
mwungamano *n.* unification
myahudi *n.* jew

myenyekevu *adj.* lowly
myeyusho *n.* solution
myutopia *adj.* utopian
mzabibu *n.* vine
mzabuni *n.* bidder
mzaha *n.* fun
mzaha *n.* teasing
mzalendo *n.* nationalist
mzalendo *n.* patriot
mzaliwa *adj.* baseborn
mzaliwa *n.* native
mzao *n.* delivery
mzawa *n.* inhabitant
mzazi *n.* parent
mzee *adj.* aged
mzee *adj.* archaic
mzee *n.* elder
mzee *adj.* elderly
mzee muamuzi *n.* juror
mzee themanini *adj.* octogenarian
mzee themanini *n.* octogenarian
mzembe *n.* idler
mzibo *n.* plug
mzibo *n.* stoppage
mzigo *v.* burden
mzigo *n.* satchel
mzigo mkubwa *n.* brunt
mziki ya tekno *n.* technomusic
mzimu *n.* ghost
mzinga *n.* apiary
mzinga *n.* beehive
mzinga *n.* canon
mzinga *n.* hive
mzingile *n.* labyrinth
mzingo *n.* circuit
mzingo *n.* periphery
mzinifu *n.* cuckold
mzinifu *n.* strumpet
mzinzi (kiume) *n.* womaniser
mzio *n.* ban
mzizi *n.* root
mzomo *n.* hoot
mzozo *n.* nagging

mzungu *n.* feat
mzungu muafrika *adj.* biracial
mzunguko *n.* circulation
mzunguko *n.* cycle
mzunguko *n.* whirligig
mzungumzaji *adj.* conversant
mzungusho *n.* circuit
mzungusho *n.* round
mzuri *adj.* good
mzururaji *n.* saunterer
mzushi *n.* windbag
mzuzi *n.* innovator
mzuzi *n.* reformer

N

nabihi *v.* notice
nabihi *v.* perceive
nabii *v.* foresee
nacho *n.* nacho
nadani ya *prep.* into
nadhafa *n.* cleanliness
nadhari *n.* consideration
nadharia *n.* theorist
nadharia *n.* theory
nadhifu *adj.* clean
nadhifu *adj.* neat
nadhifu *adj.* tidy
nadi *v.* auction
nadir *n.* nadir
nadiri *n.* nadir
nadra *adv.* rarely
nadra *adj.* scarce
nafaka *adj.* cereal
nafaka *n.* cereal
nafasi *n.* interval
nafasi *n.* leisure
nafasi *n.* room
nafasi *n.* space
nafasi mbaya *n.* misadventure
nafasi mbaya *n.* mischance
nafasi ya mchezo *n.* gamespace
nafsi *n.* ego

nafsi *n.* individuality
nafsi *n.* self
nafsi *n.* soul
nafuu *n.* convalescence
nafuu *v.* recover
nahau *n.* grammar
nahau *n.* syntax
nahodha *n.* shipmaster
nahodha *n.* skipper
naibu *n.* representative
nailoni *n.* nylon
najisi *v.* contaminate
najisi *n.* defile
najisi *adj.* impure
najisi *v.* profane
najisi *adj.* profane
najisi *v.* rape
nakadhalika *adv.* etcetera
nakama *n.* vengeance
nakawa *adj.* sound
nakili *v.* transcribe
nakisi *v.* curtail
nakisi *n.* deficit
nakisi *n.* flaw
nakisi *v.* lessen
nakra *n.* nacre
nakuapisha *v.* adjure
namasisha *v.* swamp
namba *adj.* numerical
nambari *n.* number
namna *n.* tabulation
nanaa *n.* mint
nanasi *n.* pineapple
nane *n.* eight
nanga *n.* anchor
nang'anika *adj.* greasy
nani *pron.* who
nani *pron.* whom
nanit *n.* nanite
nano *n.* nano
nanobiolojia *n.* nanobiology
nanoboti *n.* nanobot

nanokomponent *n.* nanocomponent
nanokomputa *n.* nanocomputer
nanomekaniki *n.* nanomechanics
nanoplazimu *n.* nanoplasma
nanotransista *n.* nanotransistor
naohatzi *n.* nanohertz
napenda *adj.* needless
nargisi *n.* narcissus
nasa *v.* grasp
nasa *v.* trap
nasaba *n.* lineage
nasaba *n.* pedigree
nasaha *n.* petition
nasibu *n.* lottery
nasihi *v.* implore
nasihi *v.* petition
nata *n.* sticky
nathari *n.* prose
nawiri *adv.* aglow
nawiri *adj.* radiant
nawirisha *v.* brighten
nazi *n.* coconut
nazi *v.* nut
ncha *n.* tip
ncha *v.* tip
ncha ya dunia *v.* pole
ndali ya meli *n.* shipboard
ndama *n.* calf
ndani *adv.* aboard
ndani *adj.* indoor
ndani *adj.* inner
ndani *prep.* inside
ndani *adv.* inside
ndani *adv.* within
ndani nje *n.* outback
ndani ya nyumba *adv.* indoors
ndefu *adj.* lank
ndefu *adv* long
ndefu *adj.* long
ndege *n.* aeroplane
ndege *n.* airlift
ndege *n.* jet

ndege *n.* oxbird
ndege (isorubani) *n.* drone
ndege (kiabiria) *n.* aerocraft
ndege (kubwa) *n.* airbus
ndege (ndogo) *n.* aircraft
ndege abiria *adj.* plane
ndege wa maji *n.* seabird
nderemo *n.* acclamation
ndevu *n.* whisker
ndevu. *n.* beard
ndezi *n.* laxity
ndia *n.* main
ndia *n.* means
ndio / naam *adv.* yes
ndizi *n.* banana
ndizi *n.* plantain
ndoa *adj.* conjugal
ndoa *n.* marriage
ndoa *n.* wedlock
ndogo *v.* slim
ndogo *adj.* venial
ndogo ndogo *adj.* petty
ndondi *n.* boxing
ndoo *n.* bucket
ndoto *n.* dream
ndoto *n.* elusion
ndotoni *n.* dreamworld
ndovu *n.* pachyderm
nduli *n.* thug
ndume *n.* male
neema *n.* aboundance
neema *v.* grace
neema *n.* mercy
neemefu *adj.* charitable
neemefu *adj.* prosperous
nembo *n.* emblem
nembo *n.* seal
nembo *n.* tattoo
nemesis *n.* nemesis
nena *v.* declare
nena *v.* designate
nena *v.* elude
nenda *v.* go

nenda *v.* march
nenda pikniki *v.* picnic
nene *adj.* deep
nene *adj.* fat
nene *adj.* full
nene *adv.* thick
nengua *v.* dance
neno *n.* word
neodraliki *n.* pneudraulics
neolithiki *adj.* neolithic
neoni *n.* neon
neptoni *n.* neptune
ngaa *v.* flash
ngaa *n.* glaze
ngaa *v.* glow
ngaa *v.* irradiate
ngaa *v.* outshine
ngaa *v.* radiate
ngaa *v.* scintillate
ngaa *v.* spark
ng'aa *v.* dazzle
ng'aa *adj.* shiny
ng'aa *v.* sparkle
ng'aa-ng'aa *n.* twinkle
ng'ada *n.* handful
ngambi *adj.* communal
ngambo *adv.* abroad
ngamia *n.* camel
ng'ang'ania *v.* cling
ng'ang'ania *v.* insist
ng'ang'ania *v.* plead
ng'ang'ania *v.* straggle
ng'ang'ania *v.* vie
ng'ang'anivu *adj.* persistent
ngano *n.* fable
ngano *n.* folklore
ngano *n.* wheat
ngao *n.* facade
ngao *n.* shield
ng'arisha *v.* glaze
ng'arisha *v.* polish
ngazi *n.* ladder
ngazi *n.* stair

ngazi stima *n.* escalator
nge *n.* scorpion
ng'oa *v.* uproot
ng'oa (mizizi) *v.* root
ngoma *n.* drum
ngombe *n.* crone
ng'ombe *n.* cattle
ng'ombe *n.* cow
ng'ombe *n.* ox
ng'ombe dume *n.* bullock
ngome *n.* acropolis
ngome *n.* bastion
ngome *n.* bulwark
ngome *n.* citadel
ngome *n.* forte
ngome *n.* garisson
ngome *n.* rampart
ngome *n.* stronghold
ngono *adj.* celibate
ngono *n.* intercourse (sexual)
ngono *n.* sex
ngono (picha) *n.* erotica
ngozi *n.* cutis
ngozi *n.* fleece
ngozi *n.* hide
ngozi *n.* leather
ngozi *n.* pelt
ngozi *n.* skin
ngozi buku *n.* beaverskin
ngumi *n.* biff
ngumi *n.* fist
ngumi *n.* punch
ngumu *adj.* arduous
ngumu *adj.* awkward
ngumu *adj.* daunting
ngumu *n.* stiff
nguo *n.* bodice
nguo *n.* cloth
nguo *n.* outfit
nguo *adj.* textile
nguo (dhidi ya moto) *n.* firesuit
nguo (ya kike) *n.* chemise
nguo za ndani *n.* hose

nguo za ndani *n.* hosiery
nguruma *v.* bellow
nguruma *v.* roar
nguruwe *n.* pork
nguruwe *n.* swine
nguruwe (jike) *n.* sow
nguvu *n.* force
nguvu *adj.* mighty
nguvu *n.* power
nguvu *n.* virtue
nguyu *n.* knuckle
nguzo *v.* cluster
nguzo *n.* column
nguzo *n.* post
ni *abbr* am
ni *art.* an
ni *prep.* by
nia *n.* motive
nia ya *adj.* keen
niaba *n.* behalf
niaba *adj.* vicarious
nidhamu *n.* discipline
nidhamu *n.* etiquette
nikotini *n.* nicotine
nili *n.* indigo
nilipendalo *n.* hobby
nimfeti *n.* nymphet
nimfi *n.* nymph
nimfomaniaki *adj.* nymphomaniac
nimfomaniaki *n.* nymphomaniac
ninginia *v.* poise
ning'inia *v.* dangle
ning'inia *adj.* dangling
ninginiza *v.* sag
nini *pron.* what
nini *interj.* what
nira *n.* yoke
nira *v.* yoke
nisayansi *n.* nescience
nishaa *n.* starch
nishani *n.* allegory
nishani *n.* bull's eye
nishati (ya jua) *adj.* solar

nitaweka *v.* strew
nitrojeni *n.* nitrogen
niurolojia *n.* neurology
njaa *n.* appetite
njaa *n.* hunger
njaa *n.* starvation
njaa *v.* starve
njama *n.* conspiracy
njama *n.* plot
nje *adv.* afield
nje *adj.* external
nje *adj.* intricate
nje *prep.* out
nje *adj.* outdoor
nje *prep.* outside
nje *adj.* outward
nje *adv.* outwards
nje *adv.* forth
nje ya ndoa *adj.* antenuptial
nje ya ndoa *adj.* extramarital
nje ya nyumba *n.* outhouse
njee *n.* outside
njee *n.* outworld
njegere *n.* pea
njema *adj.* bonafide
njema *adj.* good
njia *n.* gateway
njia *n.* path
njia *n.* road
njia *n.* street
njia *n.* tract
njia (ndefu) *adj.* anfractuous
njia (ya kutembelea) *n.* sidewalk
njiti *n.* shrub
njiti *n.* stick
njiti *n.* twig
njiwa *n.* dove
njiwa *n.* pigeon
njoo *v.* come
njugu *n.* walnut
njugu (aina nyingine) *n.* acorn
nne *adv.* forth
nne *n.* four

noa *v.* sharpen
noa *v.* whet
nokoa *n.* serf
nondo *n.* dragon
nonga *adv.* disagreeable
nong'oneza *n.* undertone
nong'oneza *v.* whisper
nonosakutri *n.* nanocircuitry
nosgei *n.* nosegay
nosi *adj.* nosey
noti *n.* banknote
notisi *n.* handbill
novemba *n.* november
nta *n.* wax
nuia *v.* assume
nuia *v.* premeditate
nuia *v.* resolve
nuia *v.* will
nuiza *v.* inculcate
nuka *adj.* musty
nuka *v.* scent
nuka *v.* stink
nuka *v.* tang
nukia *v.* perfume
nukia *v.* savour
nukia *v.* scent
nukia *v.* smell
nukilia *v.* sniff
nuksani *adj.* mischievous
nuksi *n.* failure
nuksi *adj.* unfortunate
nukta *n.* colon
nukta *n.* dot
nukta *n.* jot
nukta *n.* point
nuku *v.* translate
nukulu *n.* translation
nukuu *adv.* verbatim
nuna *v.* whimper
nunguna *n.* crooning
nung'una *n.* mummer
nung'una *v.* while
nung'una *v.* whine
nungunika *v.* writhe
nung'unika *v.* grumble
nung'uniko *n.* dissatisfaction
nung'unisha *v.* aggravate
nunua *v.* buy
nunua *v.* purchase
nunua *v.* retail
nunua *v.* shop
nurisha *v.* reflect
nusa *v.* nose
nusu *n.* half
nusuduara *n.* semicircle
nusudunia *n.* hemisphere
nusukipenyo *n.* radius
nusumkunjo *adj.* arch
nusuru *v.* defend
nusuru *v.* succour
nya *v.* defecate
nyaka *v.* grab
nyakua *adj.* rapt
nyakua *v.* usurp
nyalio *n.* weal
nyama *n.* bacon
nyama *n.* flesh
nyama *n.* meat
nyama (ngombe). *n.* beef
nyama ya kondoo *n.* mutton
nyama ya kukauka *adj.* jerky
nyamaa *n.* gag
nyamaa *v.* hush
nyamaa *v.* still
nyamafu *adj.* still
nyamavu *adj.* silent
nyamavu *adj.* taciturn
nyamazisha *v.* silence
nyambua *v.* conjugate
nyambua *v.* crumble
nyangalika *adj.* hopeless
nyanganya *v.* abduct
nyang'anya *v.* annex
nyang'anya *v.* conquer
nyang'anya *v.* kidnap
nyang'anya *v.* snatch

nyang'anya v. wrest
nyangumi. n. whale
nyani n. ape
nyani n. baboon
nyanya n. tomato
nyanyapaa v. loathe
nyanyua v. airlift
nyanyua n. uplift
nyara v. abduct
nyara n. spoil
nyaraka n.pl. archives
nyasi n. hay
nyati n. buffalo
nyauka v. wither
nyavu n. trawl
nyavua v. trawl
nyayo n. track
nyekundu n. red
nyekundu adj. red
nyekundu adj. vermillion
nyekundu n. vermillion
nyele (mbele sikio) n. sideburn
nyele (mbele sikio) n. sideburns
nyembamba n. tenue
nyembamba adj. thin
nyemelea v. stalk
nyenje n. cricket
nyenya v. ferret
nyenyekea v. cower
nyenyekevu adj. humble
nyenyekevu adj. servile
nyenyo n. ferret
nyepesi adj. brittle
nyepesi v. fathom
nyepesi adv. lightly
nyepesi adj. lucent
nyepesi adj. sparse
nyepesi adj. supple
nyerereza v. camouflage
nyesha v. hail
nyesha v. rain
nyesi n. wisp
nyeupe adj. white

nyeupe adj. whitish
nyeupisha v. whiten
nyeusi adj. black
nyeusi n. dark
nyeusi n. ebony
nyigu n. wasp
nyika n. steppe
nyima v. deprave
nyima v. deprive
nyima v. rook
nyima-maji v. thirst
nyimivu adj. miserly
nyimivu adj. scanty
nyimivu adj. shabby
nyingi n. bulk
nyingine adj. another
nyiririko n. glide
nyoa v. shave
nyoa v. shear
nyoa n. shear
nyofu adj. straight
nyoka n. serpent
nyoka n. snake
nyonga v. asphyxiate
nyonga v. choke
nyonga v. garrotte
nyonga v. strangle
nyonga n. strangulation
nyonga v. throttle
nyonge adj. base
nyonge adj. mean
nyonge adj. spurious
nyonge adj. vile
nyonge adj. weak
nyongea n. rickets
nyongeza n. appendix
nyongeza adj. complementary
nyongeza n. sideshow
nyonya v. reabsorb
nyonya v. sequester
nyonya n. suck
nyonya v. suckle
nyonyesha v. lactate

nyonyesha *n.* suckling
nyonyoa *v.* moult
nyoosha *v.* lengthen
nyoosha *v.* straighten
nyota *n.* asterism
nyota *n.* constellation
nyota *n.* leo
nyota *adj.* sidereal
nyota *v.* star
nyota *n.* star
nyota mbili *adj.* binary
nyua *n.* hedge
nyuevu *adj.* wet
nyuki *n.* bee
nyukundu *adj.* reddish
nyuma *adv.* back
nyuma *n.* behind
nyuma *prep.* behind
nyuma *prep.* past
nyuma *adv.* rear
nyumani *adj.* back
nyumani *adj.* behind
nyumatiki *n.* pneuma
nyumatiki *n.* pneumatic
nyumatolojia *n.* pneumatology
nyumba (ya sanaa) *n.* gallery
nyumba barabarani *n.* roadhouse
nyumba (ya glasi) *n.* glasshouse
nyumba ya simu *n.* telegraph
nyumba ya wageni *n.* inn
nyumba ya wazimu *n.* madhouse
nyumbani *adj.* domiciled
nyumbani chini *n.* basement
nyumbufu *adj.* elastic
nyumbufu *adj.* flexible
nyumogastric *adj.* pneumogastric
nyumolojia *n.* pneumology
nyumotherapia *n.* pneumotherapy
nyundo *n.* hammer
nyunya *v.* drizzle
nyunyiza *v.* sprinkle
nyunyizia *v.* moisten

nyunyizia (lami) *v.* tar
nyusi *n.* eyebrow
nyutroni *n.* neutron
nyuzi *n.* yarn
nywea *v.* contract
nywea *v.* recoil
nywea *adv.* recoil
nywea *v.* shrink
nywele *n.* hair
nywewa *v.* evaporate
nzee *n.* old
nzige *n.* locus
nzito *v.* brocade
nzito *adj.* burdensome
nzito *adj.* gelatinous
nzito *n.* thick
nzuri *adj.* beautiful
nzuri *adj.* tasteful

O

oa *v.* wed
obdakti *v.* obduct
odomita *n.* odometer
odontolojia *n.* odontology
oevu *adj.* delinquent
oevu *n.* delinquent
ofisi *n.* bureau
ofisi *n.* institution
oftamolojia *n.* ophtalmology
oftamoskop *n.* ophtalmoscope
oga *v.* shower
oga *adj.* timid
oga (maji moto) *v.* foment
oga/ bafu *n.* bath
oga/ bafu *v.* bathe
oganografia *n.* organograph
ogea sauna *v.* sauna
ogelea *v.* swim
ogofya *v.* dread
ogofya *v.* tensor
ogopa *v.* fear
ogopa *v.* shy

ogopesha *adj.* aghast
ogopesha *adj.* dreadful
ogopesha *adj.* fearful
ogopesha *v.* frighten
ogopesha *v.* terrify
ojami *n.* origami
oka *v.* bake
oka (samaki) *n.* orca
okk *n.* oak
oklusivu *adj.* occlusive
okoa *v.* salvage
okoa *prep.* save
okoa *v.* savour
okoa *v.* savour
okoteza *v.* scavenge
oksiasidi *n.* oxyacid
oksidenti *n.* occident
oksidi *n.* oxide
oksijeni *n.* oxygen
oksijisha *v.* oxygenate
oktavo *n.* octave
oktini *n.* octyne
oktoba *n.* october
oktopede *n.* octopede
ole *n.* woe
olewa *n.* plight
oli *n.* orl
olimpiyad *n.* olympiad
oliokemikali *n.* oleochemical
omba *v.* beg
omba *v.* beseech
omba *v.* entreat
omba *v.* pray
omboleza *v.* howl
omboleza *v.* lament
omboleza *v.* mourn
omboleza *v.* wail
ombolezo *n.* lament
omega *n.* omega
omofajia *n.* omophagia
ona *v.* see
ona haya *v.* blush
ond *n.* spiral

ondoa *v.* clear
ondoa *v.* dismiss
ondoa *v.* eliminate
ondoa (sifa ya smaku) *v.* demagnatize
ondoka *v.* depart
ondoka *v.* leave
ondoka *v.* sideline
ondokeo *n.* departure
ondokeo *n.* removal
ondoleo *n.* dismissal
ondoleo *n.* elimination
onea *v.* mistreat
onekana *adj.* visible
onevu *adj.* malicious
ongea *v.* chat
ongelewa *adv.* viva voce
ongeza *v.* boost
ongeza *v.* increase
ongeza ladha *v.* garnish
ongeza mtu *v.* man
ongeza. *v.* augment
ongezea *v.* append
ongezea *n.* peach
ongezea *v.* scale
ongezea *v.* supplement
ongoza *v.* expedite
ongoza *v.* guide
ongoza *v.* head
ongoza *v.* lead
ongoza *v.* minister
ongoza *v.* pilot
ongoza *v.* promote
ongoza *v.* spearhead
oni *v.* orn
onitholojia *n.* ornithology
onithoskopia *n.* ornithoscopy
onja *v.* zest
onjo *n.* trial
onkojeni *n* oncogene
onkolojia *n.* oncology
ono *n.* impression
onolojia *n.* onology

onomolojia *n.* onomatology
ons (kipimo) *n.* ounce
ontojeni *n* ontogeny
ontolojia *n.* ontology
onya *v.* admonish
onya *v.* notify
onya *v.* warn
onyesha *v.* bespeak
onyesha *v.* concert
onyesha *v.* depict
onyesha *v.* display
onyesha *v.* exhibit
onyesha *adj.* express
onyesha *v.* mirror
onyesha *v.* scene
onyesha *v.* screen
onyesha *v.* show
onyesha *v.* table
onyesha kando *n.* sidestream
onyesho *n.* display
onyesho *n.* exhibition
onyo *n.* notification
onyo *n.* warning
opal *n.* opal
opek *adj.* opaque
opera (kiigizo) *n.* opera
opereshwa *adj.* operable
opieti *adj.* opiate
orodha *n.* checklist
orodha *n.* invoice
orodha *n.* list
orodha *n.* register
orodha nyeusi *n.* blacklist
orodhesha *v.* blacklist
orodhesha *v.* enumerate
orojeniki *adj.* orogenic
orolojia *n.* orologist
ororo *adj.* sensitive
osha *v.* wash
osha (kwa shampuu) *v.* shampoo
oshenografiki *adj.* oceanographic
osilografia *n.* oscillograph
osilometriki *adj.* oscillometric

osiloskop *n.* oscilloscope
osipitali *n.* occipital
osmobayosis *n.* osmobiosis
osmobayotiki *adj.* osmobiotic
osmosisi *n.* osmosis
osopitalisha *v.* occlude
ota *v.* bask
ota *n.* crotch
ota *v.* dream
ota *adj.* geminate
ota *v.* geminate
ota *v.* nestle
ota *v.* spring
ota vibaya *v.* bedevil
ote *adv.* both
othropedia *n.* orthopaedia
othropediki *n.* orthopaedics
oti *n.* oat
otoskop (kifaa) *n.* otoscope
otoskopia *n.* otoscopy
oungo *n.* illusion
ovaroli *n.* overall
ovatimu *n.* overtime
oviferosi *adj.* oviferous
ovu *adj.* virulent
ovu *adj.* wicked
ovyo *adj.* careless
ovyo *n.* disposal
ovyo *adj.* haphazard
ovyo *adj.* pathetic
ovyo *adj.* superficial
ovyoovyo *adj.* random
owa *v.* marry
oza *v.* rot
ozoni *n.* ozone

P

paa *n.* deer
paa *v.* fly
paa *n.* gazette
paa *n.* roe
paaza *v.* pound

pacha *n.* counterpart
pacha *n.* double
pacha *n.* twin
pachapacha *adj.* similar
pacha-tatu *n.* triplicate
padiri *n.* clergy
padofila *n.* paedophiles
pafu *n.* lung
pagua *v.* lop
paja *n.* lap
paji *n.* brow
paji *n.* temple
paka *n.* cat
paka *n.* felinity
paka (maskhara ya ngozi) *v.* taw
paka (maskhara) *v.* mask
paka (nta) *v.* wax
paka (poda) *v.* powder
paka (rangi) *v.* colour
paka (rangi) *v.* dye
paka (sabuni) *v.* soap
paka dawa *v.* embalm
paka galetini *v.* gelatinize
paka jeli *v.* gel
paka matope *v.* mire
paka tena *adj.* replete
paka yakuti *v.* rubricate
pakaa *v.* apply
pakaa *v.* apply
pakana *adj.* adjacent
pakanga *n.* rue
pakanga *n.* wormwood
pakanisha *v.* delimit
pake *pron.* his
paketi *n.* packet
paki *n.* park
pakia *v.* embark
pakia *v.* ship
pakia *v.* stow
pakia (kwenye debe) *v.* tin
pakia zaidi *v.* overload
pakiza (hudhurungi) *v.* yellow
pakuangusha *n.* dropzone

pakutano *n.* confluence
pale *adj.* then
pale *conj.* where
paleobiolojia *n.* paleobiology
palepale *adj.* stagnant
palilia *v.* water
palilia *v.* weed
paliokolojia *n.* paleoecology
paliontolojia *n.* paleontology
paliothilik *adj.* paleolithic
paliothilik *n.* paleolithic
palizi *n.* weed
pamba *v.* accessorise
pamba *v.* adorn
pamba *n.* cotton
pamba *v.* decorate
pamba *v.* furnish
pamba *n.* tampon
pamba *v.* wreathe
pamba (kwa majani) *v.* foliate
pambana *v.* clash
pambana *v.* conflict
pambana *v.* encounter
pambana *v.* face
pambana *v.* tackle
pambana *v.* wrestle
pambana tena *v.* recoup
pambanisha *v.* contrast
pambanisho *n.* contrast
pambano *n.* contest
pambanua *v.* discriminate
pambazuka *v.* dawn
pambizo *n.* clearance
pambizo *n.* margin
pambizo *n.* playhouse
pambizo *n.* suburb
pambo *n.* decoration
pambo *n.* wreath
pambpu *n.* pump
pamoja *prep.* along
pamoja *adj.* collective
pamoja *n.* commoner
pamoja *n.* conjunctiva

pamoja *adj.* joint
pamoja *n.* jollity
pamoja *prep.* with
pamoja na *n.* ditto
pana *adj.* broad
pana *adj.* dynamic
pana *adj.* flat
pana *adj.* level
pana *adj.* wide
panapo *adv.* when
panapo *adj.* where
panda *v.* accend
panda *v.* ascend
panda *v.* bifurcate
panda *v.* board
panda *v.* catapult
panda *v.* clamber
panda *v.* climb
panda *n.* cornet
panda *v.* embank
panda *v.* plant
panda *n.* sling
panda *v.* sow
panda miti *v.* afforest
panda safina *v.* boat
pande *prep.* beside
pande *prep.* by
pande *n.* facet
pande mbili *n.* duality
pandepande *n.* chum
pandetatu *adj.* tripartite
pandikiza *v.* transplant
pandikizi. *n.* block
pandio *n.* rung
pandisha *v.* hoist
pandisha *n.* mount
pandisha *v.* tower
pandisha (bendera) *v.* crimson
pandisha wazimu *v.* dement
pandwa wazimu *adj.* demented
panga *v.* arrange
panga *v.* array
panga *n.* count

panga *v.* drape
panga *v.* organize
panga *v.* programme
panga *v.* row
panga *v.* schedule •
panga (makundi) *v.* group
panga (kijedwali) *v.* tabulate
panga tena *v.* reconfigurate
panga upya *v.* rearrange
panga vibaya *v.* miscalculate
panganya *v.* heap
panganya *v.* pile
pange *n.* gadfly
pangilia *v.* systematize
pangilio *n.* stratum
pangisha *v.* row
pangisha *v.* seat
pangisha-fileni *v.* till
pango *n.* cave
pango *n.* cavern
panguo *n.* fallout
panguza *v.* dust
panja *n.* forelock
panja *n.* temple
panorama *n.* panorama
panua *v.* expand
panua *v.* gap
panuka *adv.* wide
panya *adj.* notable
panya *v.* rat
panya *n.* rat
panya *n.* rodent
papa *adj* now
papa *v.* palpitate
papa *n.* pope
papa *n.* shark
papa *n.* shudder
papa *v.* throb
papa-hapa *adv.* now
papasi *n.* tick
papatika *v.* fibrillate
papatusha *v.* slough
paplini *n.* poplin

papo *adj.* instant
papo *adv.* summarily
papua *v.* rip
papura *v.* claw
papura *v.* descale
papura *v.* dispute
papura *v.* lacerate
papura *v.* scrawl
parafenilia *n. pl* paraphernalia
paragoni *n.* paragon
paramia/ hujumu *v.* assail
paredi *n.* parade
parisid *n.* parricide
parokia *n.* parish
parura *adj.* abrupt
paruza *v.* graze
pasaka *n.* easter
pasha (moto) *v.* heat
pasikam (aina ya mimea) *n.* capsicum
pasina *prep.* without
pasiponjia *n.* dead-end
pasisha *v.* inflict
paspoti *n.* passport
pasua *v.* split
pasua *n.* tear
pata *v.* derive
pata *v.* eclipse
pata *v.* find
pata *v.* incur
pata *v.* obtain
pata afueni *v.* convalesce
pata mimba *v.* conceive
patakatifu *n.* sanctuary
patana *n.* parley
patanisha *v.* atone
patanisha *v.* pacify
patanisha *v.* reconcile
patanisha *n.* weld
patashika *n.* jeans
patashika *n.* slacks
patasi *v.* chisel
patia *n.* stocking

patikana *adj.* available
patiwa *v.* get
pato *adj.* gross
patrimoni *n.* patrimony
pau/ ufito *n.* bar
pausha *v.* bleach
paya *n.* pyre
payapaya *v.* divulge
payapaya *v.* rave
payuka *v.* blab
payuko *n.* blab
paza sauti *v.* chime
pazia *n.* curtain
pazia *n.* screen
pazia *n. pl.* shears
pazia *v.* veil
pazia ya mlango *n.* screendoor
pea (jukumu) *v.* task
peana *v.* hand
peke yake *adj.* lone
pekecha *v.* ache
pekee *adj.* personal
pekee *adj.* sole
pekee *adv.* unique
peketa *v.* stir
peketevu *adj.* mushy
peketevu *adj.* well
pekua *v.* rummage
pekua *v.* scratch
pekuzi *adj.* curious
pekuzi *adj.* inquisitive
peleka *v.* transmit
pembe *n.* angle
pembe *n.* angle
pembe *n.* ivory
pembe *n.* tusk
pembe (swara) *n.* antler
pembe mbili *adj.* bipolar
pembe nne *n.* quadrangle
pembeja *v.* cajole
pembejeo *n.* input
pembekali. *adj.* acute
pembenane *n.* octagon

pembeni n. sidetrack
pembenne n. quadrilateral
pembetano n. pentagon
pembetatu n. triangle
pembizo n.pl. outskirts
penda v. like
penda v. love
pendekeza v. propound
pendekezo n. proposition
pendekezo n. recommendation
pendeleo n. goodwill
pendelevu adv. partial
pendeleza v. recommend
pendevu adv. affectionate
pendeza adj. lovable
pendezeni v. endear
penga v. puff
pengee n. byway
pengee adj. indirect
pengee n. tributary
pengo n. lacuna
pengo n. nick
peni n. penny
penseli n. pencil
pensheni v. pension
pensheni n. pension
penya v. leach
penya v. penetrate
penyeza v. infuse
penyeza v. insinuate
penyeza v. smuggle
penyezi n. insinuation
penzi n. will
pepea v. billow
pepea v. fan
pepea v. waft
peperusha v. podcast
peperusha v. radio
peperusha n. screencast
peperusha v. telecast
peperusha v. televise
pepesa v. blink
pepo n. demon

peponi n. heaven
pesa / mkonyezo n. wink
peta / kung'uta v. winnow
petali n. petal
pete v. ring
petesha hewa safi v. ventilate
petroli n. gasoline
petroli n. petrol
petroli n. petroleum
pevu adj. mature
pevua v. mature
pevua v. pervert
pezi n. fin
phantasmagoria n. phantasmagoria
philanthist n. philanthist
pia adv. also
pia n. spindle
pia/ aidha conj. and
picha n. effigy
picha n. photograph
picha n. photography
picha n. portraiture
picha n. screensaver
picha n. screenshot
picha n. selfie
picha (kisismografia) n. seismograph
picha (ya kimatibabu) n. angiogram
picha na sauti adj. audiovisual
picha ya pazia n. screenprint
pidofilia (ugonjwa) n. paedophilia
piga v. birch
piga v. flap
piga v. flapping
piga v. lambaste
piga v. pitch
piga v. rack
piga v. shoot
piga v. sound
piga v. tussle
piga v. whip

piga (exrayi) v. x-ray
piga (hatua) v. pace
piga (jeki) v. jack
piga (kambi) v. nest
piga (kiraka) v. patch
piga (kura) v. ballot
piga (kura) v. cast (of ballot)
piga (magoti) v. kneel
piga (mbinja) v. warble
piga (mbizi) v. dive
piga (ngumi) v. punch
piga (pasi) v. iron
piga (picha) v. photograph
piga (randa) v. plane
piga (simu) n. dial
piga (teke) v. kick
piga kelele v. blare
piga kelele v. clamour
piga kelele v. creak
piga kipenga v. whistle
piga kofi v. smack
piga mayoe v. shriek
piga mbiu v. herald
piga- miayo v. yawn
piga msasa v. sandpaper
piga ngumi v. biff
piga rungu v. mace
piga sitima v. electrocute
piga vito v. veto
piga wimbi v. billow
pigana v. combat
pigana v. dogfight
pigana v. fight
pigana v. war
pigano n. fight
pigano n. skirmish
pigano (la paka) n. catfight
pigisha v. pitch
pigo n. buff
pigo n. flap
pigo n. flapping
pigwa v. stripe
pika n. beck

pika v. cook
pika adj. roast
pika v. simmer
pika mchuzi v. sauce
pika mkate v. breaden
pika uji v. puddle
pikipiki n. scooter
pikiwa v. simmer
pikniki n. picnic
pili n. adder
pili adj. second
pili adj. two
pilipili v. chilli
pilipili n. pepper
pilipilli adj. spicy
pilo n. bedsore
pima v. average
pima v. checkup
pima v. evaluate
pima n. fathom
pima v. measure
pima v. out-balance
pima v. scale
pima v. scale
pima v. size
pima v. weigh
pimasharazi n. gauge
pimika adj. measurable
pinda n. bower
pinda n. cadaver
pinda v. curve
pinda v. twist
pinda v. undulate
pinda v. zig
pindamana v. entangle
pindana v. tense
pindapinda v. undulate
pindi v. lapse
pindi n. lapse
pindi n. twist
pindi prep. upon
pindo n. bent
pindo v. fringe

pindo *n.* undulation
pindua *adv.* overleaf
pindua *v.* overthrow
pindua *v.* reverse
pindua *v.* topple
pinduka *v.* capsize
pinduka *v.* overturn
pinduli *n.* catalyst
pindupindu *n.* fit
pinga *v.* backlash
pinga *v.* bet
pinga *v.* block
pinga *v.* lock
pinga *v.* thwart
pingamizi *n.* handicap
pingamizi *adj.* obstructive
pingana *v.* withstand
pingo *n.* barrier
pingu *n.* fetter
pingu *n.* handcuff
piomi *n.* peon
pipa *n.* barrel
pipa *n.* cask
pipa *n.* tank
piramidi *n.* pyramid
pishana *prep.* across
pistola *n.* revolver
pita *v.* excel
pita *v.* overtake
pita *v.* pass
pitia *adv.* through
pitia *v.* transit
pitia *v.* undergo
pitisha *v.* miss
pitisha *v.* pipe
pitisha kiwango *v.* overdose
pitiwa *v.* forget
pitman *n.* pitman
piyoriya (ugonjwa) *n.* pyorrhoea
piza *n.* pizza
pizaria *n.* pizzeria
plai *n.* ply
plaiwudi *n.* plywood

plastiki *n.* plastic
plastiki *adj.* plastic
platinamu *adj.* platinum
platuni *n.* platoon
plau (nyota) *n.* plough
playa *n.* plyer
plushi *adj.* plush
plushi *n.* plush
plutocrati *adj.* plutocrat
plutoniamu *n.* plutonium
plutoniki *adj.* plutonic
pluvial *adj.* pluvial
pluvial *n.* pluvial
pluviomita *n.* pluviometer
poa *adj.* comfy
poa *v.* pause
pochi *n.* purse
poda *n.* powder
podo *n.* quiver
podriatiki *adj.* podiatric
poesha tena *v.* recondense
pofu *adj.* blind
pogoa *v.* prune
pokea *v.* receive
pokea *v.* replace
pokea *v.* transceive
pokeza *v.* issue
pokezi *n.* reception
polam *n.* polearm
polaroidi *n.* polaroid
polekati *n.* polecat
polepole *adv.* slowly
polibutini *n.* polybutene
polibutylene *n.* polybutylene
polickromi *adj.* polychrome
policrasia *n.* polycracy
polifamakol *adj.* polypharmacal
polifom *n.* polyform
poligloti *n.* polyglot
poligloti *adj.* polyglot
polikabonet *n.* polycarbonate
polilokwenti *adj.* polyloquent
polima *n.* polymer

polimarize v. polymerize
polimathi n. polymath
polimetaliki adj. polymetallic
polimethilina n. polymethylene
polimethina n. polymethine
polimikrobia adj. polymicrobial
polimiotiki adj. polymiotic
polimof n. polymorph
polimofiki adj. polymorphic
polimofizim n. polymorphism
polimofosis n. polymorphosis
polimolekula adj. polymolecular
polinukleit adj. polynucleate
polipropilini n. polypropylene
poliprotini n. polyprotein
polisemia n. polysemia
polisentilina n. polyacetylene
polisentriki adj. polycentric
polisentrism n. polycentrism
polisi n. fuzz
polisi n. police
poliyandri n. polyandry
poliyandriani n. polyandrianism
poliyeni n. polyene
polo n. polo
pombe n. brew
pombe n. brew
pombe n. liquor
pomboo n. dolphin
pomoni adj. crowded
pomoni adj. maximum
pona v. recover
ponda v. crush
ponda v. discredit
ponda v. grind
ponda v. ram
pongeza v. compliment
pongeza v. felicitate
pongezi n. compliment
poni v. pledge
ponya v. heal
ponya v. quack
pooza v. paralyse

popla (mti) n. poplar
poplisi n. populace
popo n. areca
popo n. bat
popo n. bat
popote pron. everywhere
popote adv. wherever
popote. pron anyplace
popote. adv. anywhere
popotoa n. wrench
pora v. loot
pora v. rob
porini n. wilderness
poroja n. porridge
porojo n. cliché
porojo n. propaganda
poromoka n. cataract
poromoka n. slide
portangi n. kite
posa v. engage
posa n. suit
posho n. allowance
posho n. maintenance
posta v. mail
posta v. post
posta adj. postal
potashiamu n. potassium
potasi n. potash
potea v. derail
potea v. disappear
potea v. displace
potea v. doom
potea v. occult
potea v. stray
potea v. varnish
potea adj. wayward
poteza v. beguile
poteza v. deflect
poteza v. forfeit
poteza v. lose
poteza v. misguide
poteza v. misplace
poteza v. misuse

potofu *adj.* stray
potofu *adj.* wry
potosha *adv.*, astray
potosha *v.* debauch
potosha *v.* misdirect
potosha *v.* spoil
potosha picha *v.* blur
potovu *n.* caprice
potovu *adj.* crooked
potovu *adj.* depraved
poundi *n.* pound
povu *n.* fizz
povu *n.* lather
povu *n.* seafoam
poza *v.t.* quiet
prediketo *n.* predicate
prima fesi *adv.* prima facie
primia *adj.* premier
primia *n.* premier
profesa *n.* professor
prosodi (ustadi) *n.* prosody
psifiki *n.* pacific
pua *n.* nasal
pua *n.* nose
pua *n.* snout
pujufu *adj.* immodest
pujuzi *adj.* shameless
pukuchulia *v.* dehydrate
pukupuku *adj.* wholesale
pulikiza *v.* enforce
puliza *v.* blow
puluki *n.* sham
puluki *n.* tinsel
pumba *n.* lump
pumba *n.* sawdust
pumbaa *v.* gape
pumbaa *v.* gawk
pumbaa *v.* infatuate
pumbaa *adj.* quixotic
pumbazo *adj.* weary
pumu *n.* sob
pumu. *n.* asthma
pumua *v.* breathe

pumua *v.* respire
pumzi ya mbwa *n.* dogbreath
pumzika *v.* break
pumzika *v.* lounge
pumzika *v.* resort
pumzika *v.* rest
pumziko *n.* siesta
pumziko *n.* vacation
punda *n.* donkey
punda milia *n.* zebra
punde *adv.* barely
punga *v.* wave
pungia *v.* beckon
pungua *adv.* less
pungua *adj.* lesser
punguani *n.* idiot
pungufu *adj.* imperfect
pungufu *a* . incomplete
pungufu *n.* trim
punguza *v.* decrease
punguza *v.* dim
punguza *v.* entrench
punguza *v.* minimize
punguza *v.* whittle
punguza (kalshiyumu) *v.* decalcifiy
punguza nusu *v.* halve
punyu *n.* antidote
pupa *adj.* agog
pupa *adv.* avidity
pupa *n.* folly
pupa *n.* techy
puputika *v.* defoliate
pura *v.* thresh
purukushani *n.* levity
purukushani *n.* superficiality
purupuru *adj.* playful
puto *n.* balloon
puuza *v.* gibber
puuza *v.* ignore
puuza *v.* neglect
puuza *v.* snub
puuzisha *v.* bewilder

puza v. gossip
puzi adj. silly
pwa n. ebb
pwa v. ebb
pwani n. coast
pwani n. littoral
pwani n. shore
pweke adj. alone
pweke adj. lonesome
pweke n. solo
pweza mkubwa n. octopus
pwita v. pulsate
pyora v. exaggerate

R

rabishi v. nonplus
rabsha n. brawl
rabsha n. commotion
rabsha n. disorder
rabsha n. tumult
radhi n. apology
radhi n. assent
radhi n. consent
radhi adj. willing
radi n. thunder
radio n. radio
radiografia n. radiography
radiogramu n. radiogram
radiolokesheni n. radiolocation
radiomercury n. radiomercury
radiomunolojia n. radiommunology
radioskan n. radioscan
radiotelegrafia n. radiotelegraphy
radiyumu n. radium
radoni n. radion
rafiki n. friend
rafiki n. minion
rafiki n. sahib
rafu n. shelf
raha n. bliss
raha n. enjoyment

rahani n. pledge
rahimu adj. merciful
rahisi v. belittle
rahisi adj. cheap
rahisi adj. gaudy
rahisi adj. inexpensive
rahisi adj. lucid
rahisi adj. simple
rahisisha v. cheapen
rahisisha v. ease
rai v. adulate
rai n. plebiscite
rai n. rye
raia n. civilian
raia adj. national
raia n. nationality
rais n. president
rakiba n. ride
rakibisha v. mend
rakibisha v. top
rakibu v. ride
ramanai n. sketch
ramani n. chart
ramani n. diagram
ramani n. map
ramisi v. gamble
ramsa n. animation
ramsa n. fair
ranchi n. ranch
randa n. plane
rangi n. colour
rangi n. dye
rangi n. fingerpaint
rangi n. paint
rangi n. palette
rangi (ya ngozi) n. tan
rangi rangile adj. colourful
rangi ya ukutani n. mural
rangi ya ukutani adj. mural
rangitatu n. tricolour
rapia n. rapier
rapua v. flog
rasha v. whitewash

rasharasha *v.* whitewash
rashua *n.* rasure
rasi *n.* cape
rasi *n.* lagoon
rasilmali *n.* capital
rasilmali *adj.* capital
rasilmali *n.* resource
rasimu *v.* bid
rasimu *v.* design
rasimu *n.* draught
rasimu ya *n.* draught
rasmi *adj.* formal
rasmi *adj.* informal
rasmi *adj.* legal
rasmi *adj.* official
rasta *n.* rasta
rasuli *n.* messenger
ratiba (za ngoma) *n.* tracklist
raundi *adv.* round
rebuka *v.* worsen
ree *n.* ace
refu *adj.* high
refuka *v.* heighten
regali *adj.* regal
regarega *v.* waver
rehani *n.* basil
rehani *n.* mortgage
rehani *n.* mortgagor
rejareja *n.* retail
rejareja *adj.* retail
rejea *v.* back
rejea *v.* refer
rejea *v.* return
rejea (nyuma) *v.* retreat
rejelea *v.* resume
rekebisha *v.* adjust
rekebisha *v.* amend
rekebisha *v.* emend
rekebisha *v.* fix
rekebisha *v.* redress
rekebisha *v.* repair
rekebisha *v.* service
rekebisha *v.* simplify

rekebisha *v.* tune
rekebisho *n.* repair
rekodi *v.* decode
rekodi *v.* film
rekodi *v.* record
rekodi *v.* tally
rekodi *v.* videotape
rekodi (hospitalini) *n.* anamnesis
rekodi (hospitalini) *n.* anamnesis
rekodi (ya matukio) *n.* annalist
reli *n.* rail
relwe *n.* railway
remand *n.* remand
remba *v.* beautify
remba *v.* ornament
remba (kwa maua) *v.* garland
rembesha *v.* encrust
rembo *n.* flamboyance
rembo *n.* glam
rembua *v.* disfigure
renga *v.* fool
reni *n.* wren
resheni *n.* ration
retina *n.* retina
reumatika *adj.* rheumatic
reumatika *n.* rheumatism
riadha *n.* athletics
riba *n.* usury
ridha *n.* contentment
ridhaa *n.* acceptance
ridhaa *n.* endorsement
ridhawa *n.* glee
ridhia *v.* assent
ridhia *v.* consent
ridhia *v.* content
ridhia *v.* thump
ridhika *adj.* profuse
ridhisha *v.* convince
ridhisha *v.* scrump
rifirii *n.* referee
riha *n.* fragrance
rika *n.* peer
riki *n.* reak

rikshow *n.* rickshaw
rimu *n.* ream
rimu *v.* ream
rindima *v.* boom
ringa *v.* fancy
ringa *v.* flaunt
ringa *v.* swagger
ripoti *n.* scutllebutt
risala *n.* message
risasi *n.* bullet
risasi *n.* lead
risasi *v.* shoot
risasi *n.* solder
risasi ya mpira *n.* rubber bullet
rishai *v.* exude
risiti *n.* receipt
ritadi *v.* backslide
ritani *n.* return
rithi *v.* inherit
rithisha *v.* transmit
riwaya *n.* novel
riwaya *n.* romance
rizavu *n.* reservation
riziki *n.* nourishment
riziki *n.* sustenance
robo *v.* quarter
roboti *n.* robot
robu *n.* rouble
rodi *n.* monocle
roga *v.* bewitch
rogwa *adj.* bewitched
rom *n.* rum
romoka *v.* prattle
rondea *v.* sponge
ropoka *v.* blether
ropoka *v.* blurt
roshani *n.* balcony
rositi (rangi) *adj.* roseate
ruba *n.* leek
rubani *n.* pilot
rubeola (ugonjwa) *n.* rubeola
rudi *v.* backtrack
rudi *n.* rood

rudi *n.* runback
rudia *v.* alliterate
rudia *n.* drawback
rudia *v.* review
rudisha *v.* refund
rudisha *v.* repatriate
rudisha *v.* restore
rudufu *v.* double
rudufu *v.* duplicate
rufani *n.* appeal
rufani *v.* appeal
ruhsa *n.* liberty
ruhusu *v.* patent
ruhusu *adj.* patent
ruhusu. *v.* allow
ruka *v.* hop
ruka *v.* jump
ruka *v.* skip
rukhsa *n.* approbation
rukhsa *v.* license
rukhsa *n.* permission
ruko *n.* hop
ruko *n.* leap
ruko *n.* omission
rukwama *n.* van
rumande *n.* arrest
rundika *v.* gather
rungu *n.* mace
rununu *adj.* cellular
rupia *n.* rupee
rusha *v.* stone
rusha *v.* throw
rusha (mishale) *v.* dart
rusha juu *n.* toss
rusho *n.* throw
rushwa *n.* graft
rusu *n.* tier
rutuba *n.* wetness
rutubisha *v.* manure
ruzuku *n.* subsidy

S

saa *n.* cloak
saa *n.* hour
saa *n.* time
saa *n.* watch
saada *adj.* grand
saada *adj.* lordly
saba *adj.* seven
saba *n.* seven
saba *adj.* seventh
sababisha *v.* cause
sababisha *v.* degenerate
sababisha *v.* trigger
sababu *n.* factor
sabatashara *n., a* seventeen
sabato *n.* sabbath
sabili *adj.* mobile
sabini *n., a* seventy
sabir *n.* sabre
sabirisha *v.* sabre
sablimisha *v.* sublimate
sabuni *n.* soap
sabuni *adj.* soapy
sacramenti *n.* sacrament
sadaka *n.* alms
sadaka *n.* charity
sadifu *v.* coincide
sadifu *v.* happen
sadikifu *adj.* credible
sadikifu *adj.* credulous
sadikika *adj.* truthful
sadikisha *adj.* justifiable
safari *n.* voyage
safari (wakichawi) *n.* teleportation
safi *adj.* chaste
safi *adj* pure
safifisha *v.* calibrate
safihi *adj.* offensive
safikal *adj.* cervical
safina *n.* ark
safina *n.* ark
safina *n.* boat

safina *n.* ship
safiri *v.* commute
safiri *v.* journey
safiri *v.* travel
safiri *v.* voyage
safiri (kichawi) *v.* teleport
safiri pamoja *v.* convoy
safirishwa *adj.* shipped
safisha *v.* clean
safisha *v.* clear
safisha *v.* flush
safisha *v.* flush
safisha *v.* liquidate
safisha *v.* sterilize
safu *n.* layer
safu *n.* series
safura *n.* jaundice
safura *n.* pale
safurisha *v.* pale
saga *v.* churn
saga *n.* mill
sahali *adj.* amenable
sahali *adj.* light
sahalisha *v.* facilitate
sahani *n.* plate
sahau *v.* efface
sahaulifu *adj.* forgetful
sahaulifu *adj.* inattentive
sahaulika *n.* oblivion
sahibu *n.* master
sahibu *n.* pal
sahihi *adj.* affirmative
sahihi *n.* autograph
sahihi *adj.* correct
sahihi *adv.* legibly
sahihi *v.* sign
sahihi *adj.* true
sahihi *v.* validate
sahihi/thabiti *adj.* authentic
sahihifu *adj.* valid
sahihisha *v.* correct
sahihisha *v.* placate
sahihisha *v.* rectify

sahihisha *v.* teak
sahihisha *v.* tick
sahihisho *n.* correction
sahihisho *n.* revision
sahihishwa *v.* tick
sahili *adj.* useful
sahilisha *v.* lighten
sahini *n.* record
sahosis *n.* cirrhosis
saiatika *n.* sciatica
saidia *v.* aid
saidia *v.* assist
saidia *v.* help
saidia *v.* promote
saidia *v.* second
saikayatri *n.* psychiatry
saiki (kisayansi) *n.* psyche
saiklopu *n.* cyclops
saikolojia *n.* psychology
saikotherapia *n.* psychotherapy
sailbodi (kifaa cha kuelea) *n.* sailboard
saini *n.* signatory
saini *n.* signature
sairi *v.* loll
sairi *v.* paddle
saisi *n.* coachman
saisi *v.* groom
saizi *n.* pixel
sajili *v.* book
sajili *v.* register
sajili *v.* shortlist
sajiliwa *adj.* shortlisted
sajini *n.* serge
saka *v.* swoop
sakafuni *n.* shopfloor
sakamfluensi *n.* circumfluence
sakarini *n.* saccharin
sakata *v.* devour
sakifu *v.* floor
sakifu *v.* pave
saksafoni *n.* saxophone
sala *n.* invocation

sala *n.* prayer
salaama *adj.* satisfactory
saladi *n.* salad
salaha *n.* fillet
salama *n.* good
salama *adj.* safe
salama *n.* tranquility
salamu *n.* bow
salamu *n.* salute
salasila *n.* chain
salfuriki *adj.* sulphuric
salimia *v.* accost
salimia *v.* salute
salimu *v.* cringe
salimu *v.* surrender
salio *n.* balance
saliti *v.* alienate
saliti *v.* betray
saliti *v.* falsify
saliti. *v.* adulterate
saluni *n.* saloon
sama *v.* jam
samadi *n.* dung
samadi *n.* fertilizer
samahani *adj.* sorry
samaki *n.* bonefish
samaki *n.* conch
samaki *n.* drumfish
samaki *n.* fish
samaki *n.* krill
samaki *n.* rockfish
samaki *n.* sawfish
samaki ya changarawe *n.* sandfish
samaki-mbwa *n.* seadog
samawari *n.* urn
samawati *n.* blue
samawi *n.* azure
samawi *adj.* azzure
samba *n.* samba
sambamba *v.* parallel
sambamba *adv.* parallel
sambamba *n.* parallelogram

sambamba *adj.* simultaneous
sambaratika *v.* shamble
sambaratisha *v.* demobilize
sambaza *v.* ayield
sambaza *v.* ruffle
sambuka *n.* sambuca
samehe *v.* forgive
samehe *v.* remit
samehe *v.* waive
samnamu *n.* statue
samovar *n.* samovar
samurai *n.* samurai
sana *adv.* highly
sanabilia *n.* sanability
sanamu *n.* figure
sanamu *n.* idol
sanati / mwaka *n.* year
sanda *v.* shroud
sandali *n.* sandalwood
sanduku *n.* safebox
sanduku *n.* trunk
sanduku (la vifaa) *n.* sidebox
sandwichi *n.* sandwich
sangaa *v.* stupefy
sanifisha *v.* edit
sanifu *adj.* standard
sanjari *n.* tandem
sapatu *n.* slipper
sarafu *n.* coin
sarafu *n.* mite
sarafu *n.* mite
sarakasi *n.* circus
sarari *n.* travel
saratani *n.* cancer
sare *n.* tie
sarifika *adj.* manageable
sarufi *n.* grammarian
saruji *n.* rubble
saruji *n.* saddle
sarujisha *v.* saddle
sataranji *n.* chess
saumu *n.* fast
saumu *n.* garlic
sauna *n.* sauna
sauti *adj.* phonetic
sauti *n.* voice
sauti "chik" *n.* tchick
sauti (ya mgongano) *n.* clack
sauti (ya ndege/mdudu) *v.* chirp
sauti (ya njiwa) *n.* coo
sauti kuu *n.* bass
sauti moja *adj.* monosyllabic
sauti moja *n.* monosyllable
sauti muruwa *n.* symphony
sauti ya kimetaliki *n.* jingle
sauti ya kuvunjika *n.* crepitation
sawa *adj.* analogous
sawa *n.* appropriation
sawa *adj.* bland
sawa *adv.* downright
sawa *adj.* equal
sawa *adj.* equivalent
sawa *adj.* fair
sawa *v.* propel
sawa *v.* right
sawa *adj.* same
sawa *adj.* synonymous
sawa. *adj.* alike
sawasawa *adv.* fairly
sawasawa *adv.* okay
sawazisha *v.* align
sawazisha *v.* even
sawidi *v.* besmirch
sawijika *v.* darken
sawijika *v.* ugly
sawijisha *v.* darkle
sawiri *v.* form
sawiri *v.* shape
sayansi *n.* science
sayari *n.* planet
sayari *n.* sputnik
sayidi *n.* master
saykolojia *n.* psychologist
saykosis (ugonjwa) *n.* psychosis
saza *v.* omit
sebusebu *v.* forgo

sedani *n.* sedan
sefaloid *adj.* cephaloid
sefu *n.* safe
sega *n.* videogame
sehemu *adj.* component
sehemu *n.* detachment
sehemu *n.* instalment
sehemu *adj.* partial
sehemu *v.* portion
sehemu *n.* segment
sehemu *n* traunch
sehemu *n.* unit
sehemu (ya mwili) *n.* thorax
sehemu ya vita *n.* battlezone
sekondari *adj.* secondary
sekunde *n.* second
sela *n.* cellar
selebrosia *n.* salebrosity
selshias *adj.* celsius
sema *v.* say
sema *v.* speak
sema *v.* talk
sembuse *adv.* less
semiauto *adj.* semiautomatic
semina *adj.* seminal
semina *n.* seminar
seneta *n.* senator
seneti *n.* senate
sengenya *v.* backbite
sengenya *v.* calumniate
sensa *n.* census
senti *n.* cent
sentigred *adj.* centigrade
sentupal *n. & adj.* centuple
senturi *n.* organ (of barrel)
sepeto *n.* shovel
sepsis (ugonjwa) *n.* sepsis
septemba *n.* september
septiki *adj.* septic
serahangi *n.* mate
serehangi *n.* foreman
seremala *n.* carpenter
seremala *n.* joiner

serikali *n.* government
serikali *n.* regime
serikali ya kiroma *n.* papacy
seruji *n.* cement
seruji *n.* concrete
sesere *n.* toy
sesimoskopi (kifaa) *n.* seismoscope
seti *n.* set
setini *n.* cetin
setla *n.* settler
shaba *v.* brazen
shaba *n.* bronze
shaba (nyekundu) *n.* copper
shabaha *v.* aim
shabihi *adv.* like
shada *n.* fringe
shada / fumbu *n.* bunch
shahada *n.* certificate
shahada *n.* diploma
shahada *n.* undergraduate
shahamu *n.* lard
shahawa *n.* ambissexual
shahawa *adj.* amorous
shahawa *n.* fellatio
shahawa *adj.* orgasmic
shahawa *n.* sperm
shahawisha *v.* eroticize
shahidi *n.* deponent
shahidi *n.* deponent
shahidi *n.* martyr
shairi *n.* poem
shairi *n.* rhyme
shajara *n.* diary
shajiisha *v.* champion
shajiisha *v.* motivate
shajiisha *v.* patronize
shajisho *adj.* emotive
shaka *n.* concern
shaka *n.* doubt
shaka *n.* hunch
shakwe *n.* gull
shakwe *n.* seagull

shakwesha v. gull
shamasi n. deacon
shamba n. croft
shamba n. farm
shamba n. plantation
shambulia n. accost
shambulia v. bombard
shambulia v. invade
shambulia n. pounce
shambulia v. sally
shambuliwa adj. accosted
shamiri int. boom
shampuu n. shampoo
shanga n. beadle
shangaa v. wonder
shangaza v. astonish
shangaza v. baffle
shangaza v. flabbergast
shangaza v. sophisticate
shangaza v. stun
shangaza v. surprise
shangazi n. aunt
shangilia v. applaud
shangilia v. cheer
shangilia v. preen
shangilia v. rejuvenate
shangilio n. acclamation
shani n. adventure
shani n. marvel
shani n. mishap
shapneli n. shapnel
shapo n. husk
shapo n. pulp
shapo n. sediment
shari n. bale
shari adj. evil
shari n. harm
shari n. spite
sharifu adj. excellent
sharifu adj. honourable
sharifu adj. noble
sharika n. cooperation
sharika adv. together

sharti n. bet
sharti n. necessity
sharti n. prerequisite
sharubeti n. cider
sharubeti n. syrup
shashi n. muslin
shashi n. tissue
shati n. shirt
shatokok (riyadha) n. shuttlecock
shau adj. pretentious
shaua v. delude
shaua v. disappoint
shauku adj. eager
shauku n. impatience
shauku n. keenness
shauri v. confer
shauri v. consult
shauri n. counsel
shaushi adj. corporal
shavu n. cheek
shavu la mkono n. biceps
shawarma (chakula) n. shawarma
shawishi v. allure
shawishi v. entice
shawishi v. persuade
shawishi v. tempt
shayiri n. barley
shehena n. cargo
sheheni (za silaha) n. armada
shenga v. hack
shenzi adj. barbarian
shenzi adj. pagan
shenzi adj. savage
shenzi adj. uncouth
sherehe n. bash
sherehe adj. festive
sherehe (ya mashoga) adj gala
sherehe (ya mashoga) n. gala
sherehekea v. banquet
sherehekea v. bash
sherehekea v. fester

sheria *n.* act
sheria *n.* law
sheria *n.* legislation
sheria *n.* writ
sheria ndogo *n.* bylaw, bye-law
sherti *n.* stake
sherti *n.* stern
shetani *n.* satan
shiba *v.* teem
shid *n.* shide
shika *v.* enrapture
shika *v.* hold
shika *adj.* impetuous
shika (bei) *v.* haggle
shikanisha *v.* fuss
shikanisha *v.* perch
shikika *v.* convulse
shikilia *v.* contain
shikilia *v.* occupy
shikilia *v.* peg
shiku *n.* wedge
shilingi *n.* shilling
shili-shali *n.* shilly-shally
shimo *n.* doghole
shimo *n.* hollow
shimo *n.* manhole
shimo *n.* pit
shimo *n.* pitfall
shimo *n.* trench
shimo la moto *n.* firepit
shimo ya ufunguo *n.* keyhole
shinda *v.* outdo
shinda *v.* overcome
shinda *v.* rein
shinda *v.* vanquish
shinda shaba *v.* braze
shindana *v.* contend
shindana *v.* contest
shindana *v.t.* pat
shindani *adj.* competitive
shindani *v.* conquer
shindani *adj.* hostile
shindano *n.* injection
shindano *n.* needle
shindano *n.* race
shindika *adv.* ajar
shindika *v.* feign
shindika *v.* sham
shindikiza *v.* escort
shindiko *n.* pressure
shindilia *v.* discharge
shindilia *v.* load
shindilia *v.* stuff
shindilia *n.* stuff
shindwa *v.* capitulate
shindwa *v.* outbid
shindwa *v.* slake
shingo *n.* neck
shingo ya mpira *n.* rubberneck
shingoni *n.* scruff
shingoni (mwa mnyama) *n.* frill
shirabu *v.* drink
shiriki *adj.* conjunct
shiriki *v.* participate
shiriki (jumuiyani) *v.* commune
shirikiana *v.* collaborate
shirikiana *v.* connive
shirikiana *v.* conspire
shirikiana *v.* cooperate
shirikisha *v.* associate
shirikisha *v.* coordinate
shirikisho *n.* federation
shirikiza *v.* incorporate
shirkiana *v.* coexist
shitaki *v.* accuse
shitaki *v.* court
shitaki *v.* impute
shitaki *v.* prosecute
shitaki *v.* sue
shitua *v.* geek
shitua *v.* tension
shitua *v.* thrill
shituka *v.* daze
shoga *v.* queer
shoga *n.* queer
shoka *n.* axe

shokoa *n.* draft
shokoa *n.* requisition
shokoa *v.* requisition
shona *v.* crochet
shona *v.* sew
shona *v.* stitch
shona *v.* tailor
shona *v.* thread
shoti *n.* gallop
shtaka *n.* indictment
shtaki *v.* arraign
shtua *v.* freak
shubaka *n.* loop-hole
shughuli *n.* activity
shughuli *n.* career
shughuli *n.* dealings
shughuli *n.* function
shughuli *n.* occupation
shughuli *n.* transaction
shughuli / utendi *n.* work
shughulika *v.* deal
shughulika *v.* work
shughulikia *v.* cocker
shughulisha *v.* employ
shughulisha *v.* transact
shuhsa (pumzi) *v.* expire
shuhsa dhamani *v.* depreciate
shuhuda *v.* attest
shuhudia *v.* witness
shuhudu *v.* corroborate
shujaa *adj.* brave
shujaa *n.* hero
shujaa *n.* warrior
shuka *v.* alight
shuka *n.* bedsheet
shuka *v.* decelerate
shuka *v.* descend
shuka *n.* sheet
shuka *v.* slow
shuka *v.* slump
shuka *n.* coverlet
shukrani *adj.* thankful
shukrani *n.* thanks

shuku *v.* doubt
shuku *n.* scruple
shukuru *v.* thank
shuleni *n.* schoolhouse
shulu *adj.* overcast
shulu *n.* stitch
shumbi *n.* heap
shungi *n.* fringe
shupavu *n.* bigot
shupavu *adj.* muscular
shupavu *adj.* tough
shupavu *adj.* valiant
shupaza *v.* harden
shupaza *v.* toughen
shurutisho *n.* stipulation
shusha *v.* avale
shusha *v.* down
shusha *v.* low
shusha *v.* lower
shusha thamani *v.* devaluate
shusho *n.* secretion
shuti *n.* drive
shuti *n.* shot
shutuma *n.* nag
shutumu *v.* nag
shutumu *v.* scold
shutumu *v.* upbraid
shuzi *adj.* flatulent
shuzi *n.* stench
shwari *adj.* peaceful
shwari *adj.* bland
si *adv.* not
siafu *n.* ant
siagi *n.* butter
sianidi *n.* cyanide
siasa *adj.* geopolitical
siasa *n.* policy
siasa *adj.* politic
siasa *n.* politics
siasa *n.* tact
sifa *n.* acclaim
sifa *n.* adjective
sifa *n.* approbation

sifa *n.* attribute
sifa *n.* commendation
sifa *n.* repute
sifa *adj.* superlative
sifa (hesabati) *n.* cypher
sifa baya *n.* disrepute
sifa nyingi *adj.* multifarious
sifananishe *v.* mismatch
sifia *v.* acclaim
sifia *v.* appraise
sifia *v.* approbate
sifia *n.* branding
sifinjo *n.* sponge
sifu *v.* attribute
sifu *v.* laud
sifu *v.* praise
sifu *v.* repute
sifu (mno) *v.* flatter
sifu tena *n.* reappraisal
sifu tena *v.* reappraise
sifuri *n.* nothing
sigara *n.* cheroot
sigara *n.* cigar
sigareti *n.* cigarette
sihi *v.* cry
sihiri *v.* fascinate
sijafu *n.* cuff
sijafua *v.* cuff
sikada *n.* cicada
sikeni *n.* skein
siki *n.* alegar
siki *n.* seak
siki *v.* sour
siki *n.* vinegar
sikia *v.* hear
sikia *v.* overhear
sikia *v.* prick
sikika *adj.* audible
sikilivu *adj.* docile
sikilivu *adj.* obedient
sikilivu *adj.* teacheable
sikiliza *v.* listen
sikio *n.* ear

sikio mbwa *adj.* dogeared
sikitikia *v.* sympathize
sikitiko *adj.* alarming
siku *n.* day
siku-hizi *adv.* lately
sikukuu *n.* holiday
silabu *n.* sealab
silabu *n.* syllable
silaha *n.* armament
silaha *n.* arsenal
silaha *n.* weapon
silama *v.* disarm
silayon (aina ya samaki) *n.* sealion
sili *n.* herring
silika *n.* instinct
silika *n.* silica
siliki *v.* assimilate
silikoni *n.* silicon
silinda *n.* cylinder
silingi *n.* derrick
silki *n.* samite
sima *n.* polenta
simama *v.* stand
simama *v.* steady
simamia *v.* administrate
simamia *v.* oversee
simamia *v.* supervise
simamisha *v.* erect
simanga *v.* exult
simanga *v.* triumph
simanzi *n.* sadness
simba *n.* lion
simba (kike) *n.* lioness
simu *n.* cello
simu *n.* phone
simu *n.* telephone
simu *v.* telephone
simu isiopokewa *v.* miscall
simu upepo *n.* telegraphy
simu ya kitarakilishi *n.* telecomputing
simu ya maandishi *n.* telegram

simu ya video *n.* videotelephone
simulia *v.* account
simuliana *v.* converse
simulizi *n.* legend
sindano *n.* syringe
sinema *n.* cinema
sinema *n.* episode
sinema *n.* movies
sinema *n.* theatre (of movies)
singe *n.* bayou
singizia *v.* slander
singizio *n.* accusation
singizio *n.* sham
sini *n.* china
sinia *n.* tray
sinikizo *v.* mill
sintafahamu *n.* misapprehension
sintafahamu *v.* misconceive
sintafahamu *n.* misunderstanding
sintafahamu *n.* opacity
sintafahamu *n.* welter
sintafamu *v.* misrepresent
sinzia *v.* daydream
sinzia *n.* somnolence
sinzia *n.* somnolent
sinzio *n.* daydream
sioeleweka *adj.* vague
sioelezeka *adj.* inexplicable
sioepukika *adj.* inevitable
sioepukika *adj.* lethal
siofaa *adj.* inopportune
siofanya *adj.* inoperative
sioharibika *adj.* imperishable
siohesabika *adj.* innumerable
siohisia *adj.* impersonal
siokabisa *adj.* inexact
siokawaida *adj.* creepy
siokawaida *adj.* irregular
siokisasa *n.* dodo
siokubalika *adj.* inadmissible
siomantiki *adj.* illogical
siomume *v.* henpeck
siopitika *adj.* impassable

sioponya *adj.* cueless
siorekebika *adj.* incorrigible
siosahihi *adj.* inaccurate
sioshindwa *adj.* indomitable
siovumilivu *adj.* intolerant
sipime *v.* decalibrate
siri *n.* backstairs
siri *adj.* clandestine
siri *n.* mystery
siri *n.* secret
siri *adj.* secret
siri *v.* secrete
sirima *v.* oil
sisima *v.* grease
sisima *v.* lubricate
sisimizi *n.* dune
sisimsha *v.* excite
sisimsha *v.* stimulate
sisimua *v.* electrify
sisimua *adj.* erosive
sisimua *v.* evocate
sisitiza *v.* advise
sisitiza *v.* emphasize
sisitiza *v.* persist
sisitiza *v.* rearticulate
sisitiza *v.* stress
sisitiza *v.* underline
sisitizo *n.* persist
sisko *n.* cisco
sismografia *n.* seismography
sist *n.* cist
sita *n., a* six
sita *v.* vacillate
sitashara *n., adj.* sixteen
sitasita *v.* dawdle
sitawisha *v.* further
sitini *n., adj.* sixty
sitisha *v.* decommission
sitras *n.* citrus
sitriki *adj.* citric
sitrini *n.* citrine
situsha *v.* clatter
sivyo *v.* no

siwa barafu *n.* iceberg
siyoepukika *adj.* unavoidable
siyofikiriwa *adj.* inconsiderate
skani *n.* scan
sketi *n.* kilt
sketi *n.* skirt
skivu *adj.* attentive
smaku *n.* loadstone
smawiya *n.* cyan
soga *n.* joke
sogea *v.* approach
soketi *n.* socket
sokeza *adv.* ashore
soko *n.* bazaar
soko *n.* market
soko la hisa *n.* sharemarket
sokota *v.* convolve
sokota *n.* spin
sokota *v.* spin
soksi *n.* sock
sokwe *n.* chimpanzee
sokwe *n.* gorilla
soli *n.* sole
solvensi *n.* solvency
soma *v.t.* read
soma (kikugumu) *v.* decrypt
soma (kwa ugumu) *v.* decipher
somatena *n.* recourse
somba *v.* girdle
somo *n.* namesake
somo *v.* subject
sonara *n.* jeweller
songa *v.* throng
songo / msuko *n.* braid
sononefu *adj.* melancholic
sonya *v.* hiss
soseji *n.* sausage
soseji *adj.* smoky
sosholojia *n.* sociology
sote *pron* all
spana *n.* spanner
spectra *n.* spectre
spesheli *adj.* extraspecial

spesheli *adj.* special
staafu *v.* retire
staajabisha *v.* amaze
staajabu *n.* amazement
staajabu *n.* astonishment
staamani *n.* fidelity
staarabisha *v.* civilize
staarabu *adj.* wise
stadi *adj.* capable
stadi *n.* expert
staftahi *n.* breakfast
staha *n.* deck
stahabu *v.* favour
stahi *v.* revere
stahiki *adj.* obligatory
stahili *adj.* worthy
stahilisha *v.* deserve
stahimili *n.* bearing
stahimili *v.* endure
stahimili *v.* fend
stahimili *v.* persevere
stahimilivu *adj.* persistent
stahimilivu *adj.* tenacious
stahisha *v.* deck
stakimu *v.* thrive
stara *n.* asylum
stara *n.* modesty
stara *n.* safe harbour
starehesha *v.* tranquillize
starlingi *n.* sterling
stawi *v.* flourish
stawi *v.* prevail
stawi *v.* prosper
stawisha *v.* rationalize
stawisha *v.* standardize
stendi *adj.* terminal
stenografia *n.* stenography
stesheni *n.* station
stesheni *n.* stop
stethokopu *n.* stethoscope
stichi *n.* catch
stichi *n.* eyelet
stihizai *v.* debase

stihizai *adj.* mock
sto *n.* godown
sto (ya chakula) *n.* pantry
stoo *n.* stock
stoo *n.* store
stua *v.* wrench
studio *n.* studio
stusha *n.* alarm
stusha *v.* startle
sua *v.* eject
suala la kupuuzia *adj.* insurmountable
subira *n.* patient
subiria *v.* await
subiria *v.* time
subra *n.* wait
subukua *v.* jab
suburia *v.* wait
sufu *n.* wool
sufu *n.* worsted
sufuri *n.* zero
sufuria *n.* cauldron
sufuria *v.* pot
sugu *adj.* callous
sugu *adj.* chronic
sugu *n.* wart
sugua *v.* ablate
sugua *v.* brush
sugua *v.* rub
sugua *v.* scrub
suguana *v.* deadlock
suguo *n.* scraper
suhubia *v.* parley
sujudia *v.* prostrate
sujudia *v.* submit
sujudu *adj.* prostrate
suka *v.* terrace
suka *v.* weave
suka / songa *v.* braid
sukari *n.* glucose
sukari *n.* sugar
sukuma *v.* push
sukuma *v.* spur
sukutua *v.* gargle
sukwe *adj.* anthropoid
sultani *n.* monarch
sulubiwa *v.* crucified
sulubu *v.* crucify
suluhisha *v.* conciliate
suluhivu *adj.* peaceable
suluhu *n.* agreement
suluhu *n.* armistice
suluhu *n.* truce
sumaku *n.* magnate
sumaku *n.* magnet
sumbua *v.* commove
sumbua *v.* depress
sumbua *v.* destress
sumbua *v.* distress
sumbua *v.* nack
sumbua *v.* straiten
sumbua *v.* subjugate
sumbua *v.* torment
sumbua *v.* trouble
sumbua *v.* upset
sumbufu *n.* abrasiveness
sumbufu *adj.* annoying
sumbufu *adj.* troublesome
sumbuka *v.* unsettle
sumbuko *n.* disquiet
sumbulio *n.* subjugation
sumu *n.* bane
sumu *v.* poison
sumu *adj.* toxic
sumu *n.* toxicity
sumu *n.* toxin
sumu *n.* venom
suna *adj.* commendable
suna *adj.* creditable
sungura *n.* rabbit
sunza *v.* rinse
supu *n.* bisque
supu *n.* hotchpotch
supu *n.* soup
supu *n.* sup
sura *n.* frame

sura ya nchi *adj.* topographical
surachanga *n.* babyface
suruali *n.* breeches
suruali *n. pl* trousers
sururu *n.* beetle
surwali *n.* pant
surwali *n.* pantaloon
surwali *n.* tracksuit
susa *v.* disdain
susia *v.* sabotage
susu *n.* cot
susu *n.* rack
suta *n.* spendthrift
swafi *adj.* bright
swafi *adv.* clean
swahiba *n.* kith
swahibu *n.* ally
swahibu *v.* befriend
swahibu *n.* copartner
swala *n.* query
swala *n.* question
swalisha *v.* question
swara *n.* antelope
sweta *n.* pullover
sweta *n.* sweater
switi *n.* lollipop

T

taa *n.* flashbulb
tii *n.* obedience
taa (ya nyuma) *n.* backlight
taa (ya nyuma) *adj.* backlit
taa kitandani *v.* bedight
taa kitandani *n.* bedlamp
taabani *v.* weary
taabisha *v.* toil
taabisha *v.* upset
taabu *n.* toil
taabu *n. pl.* toils
taadabu *adj.* courteous
taadi *v.* transgress

taalimu *n.* study
taaluma *adj.* academic
taaluma *n.* study
taamuli *n.* reflection
taanisa *adv.* please
taanisi *adj.* delightful
taanisi *adj.* luxurious
taaradhia *v.* impede
taarifa *adj.* informative
taarifa *n.* statement
taarifa rasmi *n.* bulletin
taasisi *n.* institute
taasisi *n.* doe
taathiri *n.* influence
tabaini *n.* antithesis
tabaka *n.* lining
tabaka la ozoni *n.* ozone layer
tabaruku *v.* dedicate
tabasamu *v.* smile
tabasamu *n.* smile
tabia *n.* trait
tabia mbaya *n.* odds
tabibu *n.* homeopath
tabibu *n.* physician
tabiki *v.* line
tabiri *v.* forecast
tabiri *v.* foretell
tabiri *n.* premonition
tabiya mbovu *n.* misbehaviour
tabu *n.* scrap
tabura *n.* drib
tabura *n.* drill
tadhibiri *v.* revise
tadubiri *v.* revise
tafadhali *adv.* kindly
tafakari *v.* meditate
tafakari *v.* think
tafauti *adj.* different
tafauti *adj.* dissimilar
tafiti *v.* inquire
taflisi *n.* bankruptcy
tafsiri *v.* comment
tafuna *v.* chew

tafuna v. digest
tafuna n. nib
tafuna v. nibble
tafuta v. rove
tafuta v. search
tafuta v. seek
tafuta mtandaoni v. google
taga v. incubate
taga v. lay (an egg)
taga samaki v. gig
tagaa v. stride
tahadhari v. avoid
tahadhari v. beware
tahadhari n. caution
tahamaki v. behold
tahamaki interj. look
tahamaki v. realize
tahayari n. awe
tahayari adj. bashful
tahayari n. blush
tahayuri. n. shame
tahiri v. operate
taifa n. nation
taifas n. typhus
taifisha v. nationalize
taifod n. typhoid
tairi n. tire
taitaniki adj. titanic
taja v. list
taja v. mention
taja v. name
taji n. coronation
taji v. crown
tajiri adj. affluent
tajiri adj. born rich
tajiri n. employer
tajiri adj. opulent
tajirisha v. enrich
taka n. garbage
taka n. waste
takabadhi adj. economical
takarimu n. favour
takarimu adj. magnanimous

takataka n. trash
takataka n. wastage
takatifu adj. allegorical
takatifu adj. glorious
takatifu adj. holy
takatifu adj. sacrosanct
takato n. chastity
tako n. butt
takribani adv. almost
takwimu n. statistics
takwimu. n. almanac
tala (aina ya muziki) n. tala
talaka n. divorce
talbot (mbwa) n. talbot
taliki v. divorce
taliza v. smear
talizo n. smear
tama adj. conclusive
tamaa n. appetence
tamaa adj. avid
tamaa n. greed
tamaa adj. pensive
tamaa n. yearning
tamaa n. yen
tamaani n. nostalgia
tamalaki v. conduct
tamalaki v. dominate
tamani n. admiration
tamani v. aspire
tamani v. covet
tamani v. crave
tamani n. cuckoo
tamani v. desire
tamani v. hanker
tamani v. long
tamani v. stud
tamani v. yearn
tamani v. yen
tamanio n. adoration
tamanio n. ambition
tamaniwa adj. admirable
tamaniwa adj. desirable
tamasha n. concert

tamasha *n.* pageant
tamasha *n.* pageantry
tamasha *n.* show
tamba *v.* strut
tamba *v.* waddle
tambaa *v.* crawl
tambaa *v.* creep
tambaa *v.* pervade
tambua *v.* diagnose
tambua *v.* recognize
tambulisha *v.* determine
tambulisha *v.* personify
tambuu *n.* betel
tambuza *v.* weld
tamia *v.* brood
tamisha *v.* brood
tamka *v.* accent
tamka *v.* articulate
tamka *v.* enunciate
tamka *v.* express
tamka *v.* phrase
tamka *v.* say
tamka *v.* sibilate
tamka *v.* stress
tamka *v.* utter
tamka "chik" *v.* tchick
tamko *adj.* articulate
tamko *v.* pronounce
tamko *n.* say
tamko *n.* stress
tamthili *n.* analogy
tamthilia *n.* performance
tamu *adj.* delicious
tamu *n.* sweet
tamu *adj.* tasty
tamu *adj* zesty
tamutamu *n.* candy
tamutamu *n.* dessert
tanabahi *v.* recall
tanaki *n.* reservoir
tanashati *n.* thrall
tanbak (aina ya miti) *n.* tanbark
tanda *v.* extend

tandabui *n.* cobweb
tandaza *v.* surge
tandaza *v.* t-bone
tandika *v.* cane
tandika *v.* harness
tandiko *n.* harness
tando *n.* swarm
tandu *n.* centipede
tandua *v.* swarm
tanduri *n.* tandoor
tanga *v.* sail
tanga *n.* sail
tangamana *v.* affiliate
tangamana *v.* intermingle
tangamano *n.* association
tangawizi *n.* ginger
tangaza *v.* advertise
tangaza *v.* announce
tangaza *v.* broadcast
tangaza *v.* populate
tangaza *v.* propagate
tangaza *v.* publicize
tangaza *v.* spread
tangaza-kisimu *v.* telemarket
tangazana *n.* acquiescence
tangazo *v.* advert
tangazo *n.* announcement
tangazo *n.* publicity
tangazo la simu *n.* telemarketing
tangia leo *adv.* henceforward
tangia sasa *adv.* henceforth
tango *n.* cucumber
tango (aina ya densi) *n.* tango
tangu *prep.* since
tangua *v.* invalidate
tangua *v.* nullify
tangua *v.* repeal
tangulia *v.* advance
tangulia *adv.* ahead
tangulia *v.* antecede
tangulia *v.* forestall
tangulifu *adv.* early
tangulifu *adj.* early

tangulifu *adj.* eminent
tangulifu *adj.* premature
tangulio *adj.* antecedent
tanguliza *v.* prelude
tanguliza *v.* prime
tanguo *n.* repeal
tanguo *n.* suspension
tani *n.* ton
tani *n.* tonne
tania *v.* pun
tania *v.* scoff
tanip *n.* turnip
tanitani *adj.* sideway
tano *n.* five
tantra *n.* tantra
tanuka *v.* widen
tanuru *n.* furnace
tanzia *adj.* obituary
tanzu *n.* bough
tanzu *adj.* subsidiary
tanzua *v.* detect
tao *n.* arc
tapakaa *v.* scatter
tapatapa *v.* bob
tapatapa *v.* excuse
tapeli *n.* sophism
tapika *v.* vomit
tapishi *n.* vomit
taradhia *v.* bargain
taradhia *v.* satisfy
tarafu *n.* share
tarajia *v.* anticipate
tarajia *v.* expect
tarajia *v.* hope
taraju *n.* scale
tarakilishi *n.* computer
tarakilishi *n.* desktop
tarakimu *n.* digit
tarakimu *adj.* numeral
taramait (aina ya maadini) *n.* taramite
taratibu *adj.* gradual
taratibu *adj.* orderly

taratibu *n.* structure
tarehe *n.* chronology
tarehe *n.* date
tarehe (ya kutuma) *v.* post-date
tarehe (ya mazazi) *n.* birthdate
tarehe ya mchezo *n.* playdate
tarehe ya mwisho *n.* deadline
tarigia *n.* periodical
tarikhi *n.* era
tariki *n.* highway
tarishi *n.* courier
tarishi *n.* postman
taruma *n.* rib
tarumbeta *v.* trumpet
tarumbeta *n.* trumpet
tasa *adj.* acarpous
tasa *n.* barren
tasa *adj.* futile
tasbihi *n.* rosary
tasfida *adj.* euphemistic
tashtiti *n.* provocation
tashwishi *adj.* ambivalent
tasisi (ya biashara) *n.* enterprise
taslimu *adj.* prompt
tasnifu *n.* thesis
taswira *v.* idealize
taswira *n.* image
taswira *n.* picture
taswira *n.* portrait
taswira *adj.* reflex
taswira *n.* reflex
taswira *v.* visualize
taswirisha *n.* design
tata *n.* complex
tata *n.* complication
tatai *adj.* wily
tatana *adj.* dumbfounded
tatanisha *v.* perplex
tatanisha *v.* tangle
tatanisho *n.* crisis
tatanisho *n.* perplexity
tatarika *v.* crackle
tatia *v.* wind

tatiza v. astound
tatiza v. complicate
tatizo v. hurdle
tatizo adj. inconvenient
tatizo n. ordeal
tatizo n. prejudice
tatu adj. third
tatu n. three
taufiki n. grace
tauhidi n. theology
taulo n. towel
tawa adj. pious
tawa adj. religious
tawa v. seclude
tawa adj. secluded
tawala v. denominate
tawala v. govern
tawala v. reign
tawala v. rule
tawala tena v. reconquer
tawalia adj. continuous
tawanya v. decentre
tawanya v. squander
tawasifu n. autobiography
tawasufi n. abstinence
tawasufi n. moderation
tawi n. offshoot
tawilisha v. prolong
tayari adv. readily
tayari adj. ready
tayarisha v. prepare
tayarisha (kigezo) v. template
tayarisha kitoweo v. relish
tayibu adv right
tayibu adv. well
tazama adv. agaze
tazama adj. aglare
tazama v. gaze
tazama v. glance
tazama v. look
tazama v. monitor
tazama v. observe
tazama v. sight

tazama v. stare
tazama v. view
tazama v. watch
tazamika adj. noteworthy
tazamo n. gaze
tefu adj. tender (of meat)
tega v. decoy
tega v. entrap
tega v. plot
tega v. snare
tega (kitendawili) v. riddle
tegemea v. depend
tegemeo n. patronage
tegemeo n. trusty
tego n. decoy
tegua v. sprain
tegusha v. misprint
teka v. capture
teka v. plunder
teka / zingira v. besiege
teka-nyara v. seajack
tekeleza v. execute
tekeleza v. implement
tekelezo n. fulfilment
tekenya v. tickle
teketa v. crunch
teketa v. hollow
teketeza v. devastate
teknolojia n. technology
teksemia n. toxemia
teksi n. cab
teksi n. taxicab
tekua v. undermine
tele n. lot
tele n. plenty
telefaxi n. telefax
telekainetiki adj. telekinetic
telekinesis n. telekinesis
telekopia n. telecopier
telemita (kifaa) n. telemetry
teleolojia n. teleology
televisheni n. television
teleza v. drift

teleza v. skate
teleza v. skid
teleza v. slide
teleza v. slip
telezi adj. slippery
tema v. slash
tema v. spit
tembea v. ambulate
tembea v. stroll
tembea v. tour
tembea v. tread
tembea v. trek
tembea v. walk
tembelea n bywalk
tembelea v. sidetrack
tembeza v. mobilize
tembeza v. motor
tembezi n. bristle
tembezi n. tour
tembo n. elephant
tena adv. again
tena adv. moreover
tena adv. then
tenda v. act
tenda v. commit
tenda v. function
tenda v. treat
tendaji adj. reactive
tende n. date (of palm)
tendefuti n. tendefoot
tendinitisi n. tendinitis
teneshesha v. condescend
tenga v. allocate
tenga v. assort
tenga v. confiscate
tenga n. crate
tenga v. delegate
tenga v. exempt
tenga v. lunge
tenga v. offset
tenga v. ostracize
tenga n. patricide
tenga v. segregate

tenga v. separate
tenga v. single
tenga (fursa) v. occasion
tenganisha v. disembody
tengemaa v. restore
tengeneza v. regulate
tengeza v. compile
tengeza upya v. recondition
tenisi n. tennis
tepete adj. flabby
tepete adj. listless
terafini n. turpentine
terakota n. terracotta
teremka v. land
teremka v. slope
tesa v. harass
tesa v. torture
teseka v. suffer
teso n. adversity
teso n. torture
testosteron (ugonjwa) n. testosterone
teta v. chide
teta v. protest
tetea v. cackle
tetea v. espouse
tete-a-tete n. tete-a-tete
tetema v. tremble
tetema v. wag
tetemeka v. quake
tetemeka v. shiver
tetemeka v. vibrate
tetemeko n. quake
tetemeko n. tremor
teua v. anoint
teua v. appoint
teua v. assign
teua v. nominate
teua v. title
teuka n. brup
teuka v. burp
teuka v. gloat
teule adj. select

teuwa v. ordain
teuzi adj. dainty
thabiti adj. consistent
thabiti adj. implicit
thabiti adj. secure
thabiti adj. steadfast
thabiti adj. steady
thabiti adj. strong
thama adv. then
thamana adj. decent
thamani n. price
thamani n. value
thamani n. worth
thamini v. appreciate
thamini v. price
thamini v. treasure
thamini v. value
thamometa n. thermometer
thamosi n. thermos (flask)
thelathashara. n. thirteen
thelathashara. adj. thirteen
thelathini n. thirtieth
thelathini adj. thirty
thelathini n. thirty
theluji n. snow
themanini n. eighty
themantashara adj. eighteen
theneashara n. twelve
theocrasia n. theocracy
theomatia adj. thematic
theorem n. theorem
thibitisha v. affirm
thibitisha v. assure
thibitisha v. deduce
thibitisha v. strengthen
thibitisha v. substantiate
thibitisha v. vindicate
thibitisho n. affirmation
thibitisho n. aphorism
thibitisho n. assurance
thibitisho adj. proof
thibitisho n. verification
thinashara n. twelfth

thro n. throe
thubutu v. daredevil
thuluthi n. third
thuluthi n. thud
tia v. thrust
tia (pilipili) v. pepper
tia (kachumbari) v. pickle
tia (kidole) v. finger
tia (kitanzi) v. noose
tia (risasi) v. solder
tia chumvi v. salt
tia doa v. blot
tia hatarini v. incriminate
tia moyo v. embolden
tia povu v. fizz
tia sahihi v. countersign
tia zoezi v. sport
tia-doa v. spot
tia-hewa v. aerify
tiara n. tiara
tia-viungo v. tenderize
tiba n. cure
tiba n. currant
tiba n. homeopathy
tiba n. panacea
tiba n. remedy
tiba n. therapy
tiba n. treat
tibiwa adj. doctored
tibu v. cure
tibu n. dilaceration
tibu v. remedy
tibu v. treat
tii v. acquiesced
tii v. obey
tii v. subordinate
tii/fuata v. abide
tiifu adj. abideable
tiifu adj. submissive
tiisha v. subdue
tija n. productivity
tijara n. merchandise
tiki (aina ya mti) n. teak

tikisa *v.* shake
tikisika *adj.* shaky
tikiti *n.* pass
tikiti *n.* ticket
tikitimaji *n.* water-melon
tilifisha *v.t* overrun
tilifu *v.* terminate
timia *v.* attaint
timiliza *v.* comply
timiza *v.* accomplish
timiza *v.* fulfil
timka *v.* dash
timka *v.* flee
timka *v.* run
timka *v.* sprint
timka *v.* trot
timko *n.* dash
timu *n.* team
timua *v.* repulse
timuka *v.* rush
tindi *n.* butterhead
tindi *adj.* half
tinga *v.* defeat
tinga *v.* score
tini *n.* fig
tipwa *adj.* vigorous
tiririka *v.* flow
tiririka *v.* glide
tiririka *v.* leak
tirivyoga *v.* mutter
tisa *n.* nine
tisaini *n.* ninety
tisashara *n.* nineteen
tisashara *adj.* nineteenth
tisha *v.* intimate
tisha *v.* intimidate
tisha *v.* menace
tisha *v.* panic
tisha *v.* scare
tisha *adj.* timorous
tishali *n.* barge
tishari *v.* tug
tishia *adj.* dire

tishia *v.* horrify
tishia *v.* terrorize
tishia *v.* threaten
tishia *n.* thrill
tishio *adj.* baleful
tishio *adj.* ghastly
tishio *adj.* hideous
tishio *adj.* horrible
tishio *adj.* sinister
tishio *n.* terrier
tishio *n.* terror
tishiwa *adj.* tensioned
tisho *n.* menace
tisho *n.* scare
tisho *n.* threat
titi *n.* breast
titi *n.* teat
titima *n.* clatter
titima *v.* rattle
tyubaculosis (ugonjwa) *n.* tuberculosis
toa *v.* deduct
toa *v.* emit
toa *v.* evacuate
toa *v.* subtract
toa *v.* versify
toa (sauti kitoni) *v.* tone
toa chumvi *v.* desalt
toa maoni *v.* opine
toa maoni *v.* opinionate
toa nafasi *n.* espace
toa ngozi *v.* fleece
toa sauti *v.* clack
toa sauti *v.* crepitate
toa ukoloni *v.* decolonize
toamini *v.* distrust
toba *int.* dob
toboa *v.* assert
toboa *v.* pin
toboa *v.* purse
toboa *v.* tip
tofali *n.* tile
tofauti *n.* difference

tofauti *n.* disparity
tofauti *n.* distinction
tofauti *adj.* variable
tofauti *adj.* varied
tofauti na *prep.* unlike
tofautiana *adj.* diverse
tofautiana *n.* multiple
tofautiana *adj.* multiplex
tofautiana *n.* nuance
tofi *n.* toffee
tohara *n.* purgation
toja *v.* tattoo
tojo *n.* gasp
toka *v.* exit
toka (kambini) *v.* decamp
tokana *v.* originate
tokana *v.* result
tokanisha *v.* stem
tokea *v.* appear
tokeapo *adv.* since
tokeo *n.* result
tokeo *n.* sequel
tokezea *v.* feature
tokezi *n.* appearance
tokomea *v.* vanish
tokomeza *v.* eradicate
tokwa (damu) *v.* bleed
toleo *n.* edition
toleo *n.* print
toleo dungwa *n.* cyclostyle
tom *n.* tom
tomboi *n.* tomboy
tomboro *n.* quail
tomea *v.* plaster
tomea *n.* reinforcement
tona *v.* distil
tone *v.* drench
tone *n.* drop
tonesha *v.* condense
tonge *n.* bite
tongoza *v.* seduce
tongoza *v.* wheedle
toni *n.* tone

toni *n.* tone
topas *n.* scavenger
topazi *n.* topaz
tope *n.* argil
tope *n.* daub
tope *n.* muck
tope *n.* slur
topito *n.* torpedo
topoa *v.* counteract
topoa *v.* extricate
topografia *n.* topography
tora *n.* regularity
toroka *v.* desert
toroka *v.* escape
torosha *v.* elope
tosha *adj.* adequate
tosha *adj.* efficient
tosha *v.* suffice
toshanisha *v.* pixelate
toshea *adj.* fitful
toshelevu *adj.* ad hoc
tota *v.* sink
tovuti *n.* site
towelea *v.* season
towesha *n.* lackey
toxicolojia *n.* toxicology
toza *v.* dole
toza *v.* fine
toza *v.* impose
toza zaidi *v.* overcharge
trachioskopia *n.* tracheoscopy
trafiki *n.* traffic
transfoma-ndogo *n.* throttle
trapzoidi *n.* trapezoid
traumatolojia *n.* traumatology
trekta *n.* tractor
trela *n.* trailer
tremu *n.* tram
triga *n.* trigger
tropiki *n.* tropic
tu *adv.* only
tu *adj.* only
tua *n.* stigma

tubu *v.* apologize
tubu *v.* repent
tufaha *n.* apple
tufani *n.* hurricane
tufani *n.* storm
tufani *n.* tempest
tufani *n.* typhoon
tuhuma *adj.* suspicious
tuili *adj.* lengthy
tuiliza *v.* defer
tukana *v.* bait
tukana *v.* gibe
tukio *n.* happening
tukufu *adj.* majestic
tukufu *adj.* sacred
tukufu *n.* sublime
tukufu *adj.* venerable
tukuta *adj.* moody
tukutiko *n.* emotion
tukutu *n.* fidget
tukutu *adj.* irritable
tukutu *adj.* nagging
tukutu *adj.* petulant
tukuza *v.* cherish
tukuza *v.* ennoble
tukuza *v.* extol
tukuza *v.* sanctify
tukuza *v.* throne
tukuza *v.* venerate
tuli *adj.* inert
tuli *adj.* sedative
tuli *n.* static
tuli *n.* statics
tuli *adv.* still
tulia *v.* clam
tulia *v.* relax
tulia *v.* sedate
tulivu *adj.* cozy
tulivu *adj.* latent
tulivu *adj.* numb
tulivu *adj.* tranquil
tuliza *v.* comfort
tuliza *v.* settle

tuliza. *v.* alleviate
tulizo *n.* sedative
tuma *v.* consign
tuma *v.* send
tuma *v.* parcel
tuma *v.* telegraph
tuma faxi *v.* fax
tuma tena *v.* resent
tumai *adj.* confident
tumai *v.* wish
tumaini *v.* rely
tumainia *v.* confide
tumainifu *adj.* hopeful
tumbaku *n.* tobacco
tumbili *n.* monkey
tumbo *n.* abdomen
tumbo *n.* belly
tumbo *n.* belly
tumbo *adj.* gastric
tumbo *n.* stomach
tumbuizo *n.* lullaby
tumbukia *v.* hole
tumbusi *n.* vulture
tume *n.* tribunal
tumia *v.* spend
tumia *v.* use
tumia *v.* utilize
tumika *v.* induce
tumikia *n.* serve
tumiwa *v.* slave
tunda *n.* berry
tunda *n.* fruit
tunda *n.* product
tunda *n.* raspberry
tunda *adj.* raspberry
tunda *n.* strawberry
tunda (apricoti) *n.* apricot
tundama *v.* queue
tundika *v.* hang
tundika *v.* peg
tundikia *v.* suspend
tundu *n.* hole
tundu *n.* lobe

tundu *n.* pore
tundu *adj.* stubborn
tundu *n.* vent
tundu (la pua) *n.* nostril
tunga *v.* compose
tunga *v.* draft
tunga *v.* enact
tunga *v.* essay
tunga (mimba) *v.* conceive
tunga (jipu) *v.* lance
tunga sheria *v.* legislate
tungama *v.* stable
tungiza *v.* draw
tungu *n.* clasp
tuni *n.* tune
tunuku *v.* endow
tunuku *v.* gift
tunuku *v.* prize
tunuku *v.* tip (off)
tunza *n.* care
tunza *v.* safeguard
tunza *v.* spare
tuondokane *v.* mope
tupa *v.* cast
tupa *v.* dispose
tupa *v.* dump
tupa *n.* file
tupa *v.* hurl
tupa *n.* rasp
tupu *adj.* bald
tupu *adj.* blank
tupu *adj.* downright
tupu *adj.* empty
tupu *adj.* meaningless
tupu *adj.* mere
tupu *adj.* sheer
tupu *adj.* vacant
turubai *v.* canvass
tusha *v.* foul
tusha. *v.* abase
tushi *n.* foul
tusi *n.* abuse
tusi *n.* insult

tusi *n.* paddy
tutusa *v.* grope
tutusika *n.* throb
tuwa *v.* unburden
tuwama *v.* linger
tuza *v.* award
tuza *v.* reward
tuzo *n.* appreciation
tuzo *n.* award
twa *v.* set
twaa *v.* occur
twiga *n.* giraffe
twisha *v.* pad
twisho *n.* pad
twita *n.* twitter

U

ua *v.* assassinate
ua *v.* bane
ua *n.* carol
ua *n.* flower
ua *v.* kill
ua *v.* lynch
ua *n.* nectar
uadhama *n.* pomposity
uadilifu *adj.* ethical
uadilifu *n.* fibrosity
uadilifu *n.* integrity
uadimu *n.* rareness
uadui *n.* animosity
uadui *n.* stalemate
uagizaji *n.* commission
uaguzi *n.* commentary
uaguzi *n.* diagnosis
uaguzi *adj.* divine
uaguzi *n.* prediction
uainishaji *n.* enunciation
uajizi *n.* hesitation
uajizi *n.* procrastination
uaminifu *n.* honesty
uaminifu *n.* loyalty
uaminifu *n.* tryst

uaminifu *n.* veracity
uamko *n.* rise
uamuzi *adv.* decidedly
uamuzi *n.* sentience
uanahewa *n.* aviation
uanaume *n.* virility
uandikaji *n.* coding
uandishi wa habari *n.* journalism
uangafu *n.* lustre
uangafu *adj.* transparent
uangalifu *n.* circumspection
uangalifu *adj.* mindful
uangalifu *n.* pungency
uangalizi *n.* invigilation
uangalizi *adj.* watchful
uangukaji *n.* fallacy
uania moja *n.* monotony
uareshia *n.* irish
uasherati *adj.* licentious
uashiki *adj.* enamoured
uashikiaji *n.* enamourment
uasili *n.* nativity
uaviaji *adv.* abortive
uaviaji (mimba) *n.* abortion
uavuaji mimba *n.* miscarriage
uawali *n.* prioress
uazimaji *n.* commitment
uba (aina ya texi) *adv* uber
ubadhirifu *n.* cheat
ubadhirifu *n.* extravagance
ubadhirifu *n.* mismanagement
ubadhirifu *n.* wastage
ubadili *adj.* alternate
ubadili *n.* exchange
ubadili *n.* morph
ubadilifu *n.* substitution
ubadilifu *n.* vagary
ubadilishaji *n.* rotation
ubadilishaji *n.* transfiguration
ubaguzi *n.* chauvinism
ubaguzi *n.* discrimination
ubaguzi *n.* stereotype
ubaguzi wa rangi *adj.* racial

ubaguzi wa rangi *n.* racialism
ubaharia *n.* navigation
ubaharia *n.* shipping
ubahatishaji *n.* opportunism
ubaini *n.* notoriety
ubakhili *adj.* niggardly
ubale *n.* strip
ubaleghi *n.* puberty
ubalozi *n.* embassy
ubamba *v.* foil
ubanaji *n.* decompression
ubandikaji *n.* affixation
ubani *n.* incense
ubanifu *n.* slam
ubantali *n.* bantling
ubao *n.* board
ubao *n.* plank
ubao *n.* scorepad
ubao *n.* timber
ubapa *n.* plane
ubaradhuli *n.* ordinance
ubaramaki *n.* ruse
ubarubaru *adj.* boyish
ubashiri *n.* prophecy
ubatili *n.* futility
ubatili *n.* vanity
ubatilishaji *n.* abrogation
ubatilisho *n.* cancellation
ubatilivyote *n.* nihilism
ubatizo *n.* anabaptism
ubatizo *n.* baptism
ubaya *n.* misconception
ubaya *n.* ugliness
ubayana *n.* vainglory
ubazazi *n.* speculation
ubebaji *n.* barrage
ubebaji *n.* portage
ubekuzi *n.* parry
ubembe *adj.* frivolous
ubeti *n.* stanza
ubichi *n.* immaturity
ubikira *n.* celibacy
ubikira *n.* innocence (in a girl)

ubikira *adj.* virgin
ubikira *n.* virginity
ubinafsi *n.* individualism
ubishaji *n.* demurrage
ubishani *adj.* taunting
ubishi *v.* cavil
ubishi *n.* contention
ubishi *n.* parody
ubishi *n.* quibble
ubishi *n.* taunt
ubombo *adj.* pneumonic
ubomoaji *n.* deconstruction
ubomoaji *n.* demolition
ubongo *adj.* cerebral
ubora *n.* betterment
ubora *n.* idealism
ubora *adv.* nobly
ubora *n.* predominance
ubora *adj.* qualitative
uboreshaji *n.* amelioration
ubovu *n.* infamy
ubovu *n.* misdirection
ubundi *n.* owlery
ubuni *n.* discovery
ubuni *n.* invention
ubunifu *adj.* imaginative
ucha mungu *n.* piety
uchache *n.* minimum
uchache *n.* singularity
uchafu *n.* dirt
uchafu *n.* indecency
uchafu *n.* obscenity
uchafu *n.* taint
uchafu wa sikio *n.* cerumen
uchaguo *n.* selection
uchaguzi *n.* election
uchaguzi *n.* poll
uchaguzi mdogo *n.* by-election
uchambuzi *n.* analysis
uchanga *n.* infancy
uchanga *n.* infantry
uchangamfu *n.* ebullience
uchangamfu *adj.* elated

uchanganuzi *n.* dissection
uchanganyaji *n.* solvency
uchapishaji tatu. *n.* triplication
uchawi *n.* sorcery
uchawi *adj.* uncanny
uchawi. *n.* witchcraft
uchawi. *n.* witchery
uchazaji *n.* oysterling
uchechefu *n.* paucity
uchelewaji *n.* delay
uchelewaji *n.* tardiness
ucheleweshaji *n.* delayment
ucheshi *n.* charisma
ucheshi *n.* humour
uchi *adj.* genital
uchi *adj.* naked
uchi *n.* nude
uchi *n.* nudity
uchimbaji *n.* dig
uchina *n.* china
uchini *adv.* beneath
uchizoferenia *n.* schyzophreniac
uchochezi *n.* abetment
uchochezi *n.* aggravation
uchochezi *n.* agitation
uchochezi *adj.* inflammatory
uchochezi *n.* sedition
uchochezi *adj.* seditious
uchokozi *n.* aggression
uchokozi *n.* belligerency
uchomaji *n.* arson
uchomaji tena *n.* recrimination
uchongezi *n.* defamation
uchoraji *n.* painting
uchoro *adv.* schematically
uchovu *n.* fatigue
uchovu *n.* lethargy
uchovu *adj.* sturdy
uchovu *n.* tedium
uchovu *adj.* tiresome
uchoyo/ubahili *n.* avarice
uchu *n.* craving
uchukivu *n.* aversion

uchukuaji *adj.* takeaway
uchukuti *n.* spoke
uchumba *n.* betrothal
uchumba *n.* engagement
uchumi *adj.* economic
uchumi *n.* economics
uchumi *n.* economy
uchumi *n.* recession
uchumi mtandao *n.* e-commerce
uchungaji *n.* tending
uchungaji bahari *n.* seakeeping
uchungu *n.* dejection
uchungu misulini *n.* myalgia
uchunguliaji uchi *n.* voyeurism
uchunguzi *n.* chekup
uchunguzi *n.* inquest
uchunguzi *n.* probe
uchunguzi *n.* research
uchunguzi *n.* screenwork
uchunguzi *n.* scrutiny
uchunguzi (kifo) *adj.* postmortem
uchunguzi (kifo) *n.* post-mortem
uchunuzi *n.* shopkeep
udada *n.* sisterhood
udadisi *n.* investigation
udai *n.* reclamation
udaima *n.* immortality
udaktari *n.* doctorate
udamisi *n.* sociability
udanganyifu *n.* canard
udanganyifu *n.* falsification
udasdisi *n.* curiosity
udasisi *n.* joviality
udelele *n* drool
udemokrasia *n.* democracy
udevu *n.* antennae
udhahiri *n.* manifestation
udhaifu *n.* infirmity
udhalili *n.* inferiority
udhalili *n.* wretch
udhalilifu *n.* abasement
udhalilifu *v.* deign
udhalilishwaji *n.* digression

udhalimu *n.* tyranny
udhalimu *n.* violence
udhamini *n.* scholarship
udhamini *n.* scholarship
udhi *v.* annoy
udhi *v.* antagonize
udhi *v.* embitter
udhi *v.* vex
udhia *adj.* abrasive
udhia *n.* bait
udhia *adj.* oleaginous
udhia *n.* purgatory
udhia *n.* uproar
udhibiti *n.* censorship
udhibiti *n.* control
udhibiti wa mshtuko *n.* tensility
udhoofishaji *n.* destabilization
udhoofu *n.* wane
udhu *n.* ablution
udhurifu wa sumu *n.* toxification
udhuru *n.* alibi
udibaji *n.* ornamentation
udirifu *adj.* well-timed
udiriki *n.* dare
udogo *adv.* smallness
udole *n.* slender
udongo *n.* clay
udongo *n.* soil
udufu *n.* insipidity
udumivu *n.* puncture
udumu *n.* perseverance
udungaji sindano *n.* acupuncture
uelewa *adj.* aware
uendeshaji *n.* manoeuvre
uepukaji *n.* evitability
uerevu *n.* witticism
ufa *n.* rift
ufadhili *n.* privilege
ufafanuzi *n.* clarification
ufafanuzi *n.* definition
ufafanuzi *n.* paraphrase
ufahamu *n.* realization
ufahamu *n.* ubicity

ufalme *n.* kingdom
ufananaji *n.* likeness
ufananaji *n.* similarity
ufananishi *n.* sampling
ufananisho *n.* equation
ufanisi *adj.* effective
ufanisi *n.* efficacy
ufarisi *n.* competence
ufasaha *n.* elocution
ufasaha *n.* eloquence
ufasaha *n.* facility
ufedhuli *n.* arrogance
ufiadi *n.* corruption
ufidio *n.* ransom
ufigili *n.* celerity
ufikiaji *n.* cartage
ufilisi *n.* insolvency
ufinyangaji *n.* mould
ufinyanzi *n.* pottery
ufinyanzi chuma *adj.* cast-iron
ufiridi *adj.* fragrant
ufisadi *adj.* lustful
ufisadi *n.* vice
ufito *n.* lath
ufiyatuaji *n.* shoot
ufuaji *n.* laundry
ufuasi *n.* monasticism
ufuasi *adj.* partisan
ufufuko *n.* renewal
ufufuo *n.* revival
ufugaji *n.* apiculture
ufugaji *n.* husbandry
ufugaji *adj.* pastoral
ufujaji *n.* bungle
ufukara *n.* poverty
ufukuzo *n.* banishment
ufukwe *n.* shoreline
ufumbuzi *n.* solution
ufundi *n.* proficiency
ufundi *n.* qualification
ufungaji *n.* tether
ufungaji macho *n.* blindage
ufungaji-waya *n.* wiring

ufunguo *n.* key
ufunikaji *n.* envelopment
ufuniko *n.* casing
ufuo *n.* beach
ufuo *n.* shorefront
ufuoni *adj.* beachfront
ufuoni *adj.* beachside
ufuoni *n.* oceanfront
ufuoni *adj.* oceanfront
ufuoni *n.* seabeach
ufupa *n.* cartilage
ufupi *n.* brevity
ufupishaji *n.* shortening
ufupisho *n.* abridgement
ufupisho *n.* summary
ufupisho *n.* tesseract
ufurahi *n.* delight
ufurahishaji *n.* enjoyability
ufuta *n.* sesame
ufuto *adv.* effably
ugaidi *n.* terrorism
ugandaji *n.* fermentation
uganga *n.* avulsion
uganga *n.* medicament
ugavu *n.* net
ugawaji *n.* aggroupment
ugawaji *n.* allotment
ugawaji *n.* defragmentation
ugawaji *n.* distribution
ugawaji *n.* gradation
ugawaji wa idara *n.* departmentalization
ugawanyaji *n.* share
ugeuzaji *n.* flippancy
ugeuzaji *n.* modification
ughadhibishaji *adj.* maddening
ughaibu *n.* absence
ughaibu *adj.* occult
ughaibuni *n.* exile
ugiriki *n.* greek
ugofu *n.* emaculation
ugomaji *n.* boycott
ugomaji *n.* strike

ugombeaji *n.* candidacy
ugomvi *n.* affray
ugomvi *n.* altercation
ugomvi *n.* feud
ugomvi *n.* variance
ugonjwa *n.* ailment
ugonjwa *n.* epidemic
ugonjwa *n.* neurosis
ugonjwa *n.* pathos
ugono *n.* rape
ugoro *n.* snuff
ugozi *n.* algae
ugua *v.* ail
ugua *v.* sicken
ugumu *n.* hardihood
ugumu *n.* severance
ugumu *n.* stringency
uguzi *n.* barter
uguzi *n.* purchase
uhaba *n.* deficiency
uhaba *n.* scarcity
uhaba *adj.* sporadic
uhaba wa amani *n.* insecurity
uhadithia *adj.* mythical
uhadithia *n.* mythology
uhafidhina *n.* conservative
uhafifishaji *n.* debilitation
uhafifu *n.* insignificance
uhai *n.* existence
uhaini *n.* perfidity
uhakika *n.* eligibility
uhakika *adj.* sure
uhakika *adj.* thorough
uhakikishaji *n.* justification
uhakimu *n.* magistracy
uhakimu *n.* majistrature
uhalali *n.* legitimacy
uhalali *n.* validity
uhalalisho *n.* solemnity
uhalifu *n.* dacoity
uhalifu *n.* transgression
uhalifu *n.* violation
uhalisi *n.* originality

uhamiaji *n.* emigration
uhamiaji *n.* immigration
uhamiaji *n.* migration
uhamiaji *n.* reallocation
uhamiaji *n.* transmigration
uhamisho *n.* eviction
uhamisho *n.* transfer
uhamishwaji *n.* repatriation
uhandisi *n.* engineering
uharaka *n.* urgency
uharakishaji *n.* acceleration
uharamia *n.* piracy
uharamia *n.* robbery
uharara *n.* diligence
uharara *n.* vehemence
uharara *n.* zeal
uharibifu *n.* scourge
uharibifu *n.* tamper
uharibifu *n.* wrack
uharibifu (mazingira) *n.* ecoterrorism
uhariri-simu *n.* telejournalism
uhasibu *n.* accountancy
uhasidi *n.* sadism
uhatarishaji *n.* risk
uhawara *n.* debauchery
uhawilishaji *n.* conveyance
uhayawani *adj.* filthy
uhesabu *n.* countdown
uhifadhi *v.* peruse
uhifadhi *n.* preserve
uhodari *n.* aptitude
uhodari *n.* versatility
uhondo *n.* premium
uhuni *n.* philander
uhunzi *n.* blacksmith
uhuo *n.* pessimism
uhuo *n.* pessimist
uhuria *n.* liberalism
uhuru *n.* anarchism
uhuru *n.* anarchy
uhuru *n.* independence
uhuru *adj.* sovereign

uhuru wa kutembea *n.* mobility
uhuruma *n.* leniency
uhusiano *adj.* adverbial
uhusiano *n.* affiliation
uhusiano *n.* correspondence
uhusiano *n.* rapport
uhusiano *n.* relevance
uhusikaji *adj.* culpable
uhuwishaji *n.* reanimation
uibaji mafuta *n.* oilrig
uigaji *n.* imitation
uigaji *n.* impersonation
uigaji *adj.* mimic
uigaji *n.* mimic
uilani *n.* proclivity
uimara *n.* stability
uimarishaji *n.* consolidation
uimarisho *n.* determination
uimarisho *n.* installation
uingiliaji *n.* intervention
uingizaji *n.* import
uingizaji *n.* induction
uishaji *n.* survival
uja *n.* bondage
uja *n.* captivity
uja uzito *adj.* fetal
ujahili *n.* illiteracy
ujalifu *n.* satiety
ujamaa *n.* kin
ujamaa *n.* kinship
ujamaa *n.* socialism
ujambazi *n.* roguery
ujana *n.* adolescence
ujana *n.* boyhood
ujana *adj.* young
ujana *adj.* youthful
ujanadume *n.* manliness
ujanani *n.* heyday
ujangili *n.* poacher
ujanja *n.* gimmick
ujanja *n.* wile
ujao *adj.* forthcoming
ujaribio *n.* tentativeness
ujasiri *n.* courage
ujasiri *n.* daring
ujasiri *n.* intrepidity
ujasiri *n.* temerity
ujasusi *n.* breach
uja-uzito *n.* pregnancy
ujauzitoni *adj.* antenatal
ujazaji *n.* juxtaposition
ujazi *n.* liberality
ujazi *n.* obesity
ujazo *n.* capacity
ujenzi *n.* edification
ujenzi tena *n.* reannexation
ujeuri *adj.* arbitrary
uji *n.* custard
uji wa oti *n.* oatmeal
ujinga *n.* credulity
ujinga *n.* idiocy
ujinga *adj.* ridiculous
ujini *n.* guile
ujira *n.* hire
ujirani *n.* neighbourhood
ujirani *n.* vicinity
ujitu *n.* giantess
ujuha *n.* antic
ujuhula *n.* ignorance
ujumbe *n.* delegacy
ujumbe *n.* delegation
ujumbe *n.* deputation
ujumbe *n.* emission
ujumbe (wa simu) *n.* teletext
ujumbe mfupi *n.* postscript
ujumla *n.* abstraction
ujumla *n.* embodiment
ujumla *n.* macro
ujumla *n.* totality
ujusi *n.* pus
ujuzi *n.* intelligence
ujuzi *n.* technique
ukaaji *adj.* living
ukabaila *adj.* feudal
ukabati *n.* locket
ukabila *n.* ethnicity

ukabila *n.* racism
ukadhibishaji *n.* refutation
ukadiri *n.* estimate
ukadirifu *n.* calculation
ukadirifu *n.* computation
ukadirifu *n.* temperance
ukafiri *n.* sacrilege
ukafu *n.* foam
ukahaba *n.* prostitution
ukahawiya *v.* drab
ukaidi *n.* insubordination
ukaidi *n.* obstinacy
ukaimu *n.* superintendence
ukakamavu *n.* stoic
ukale *adj.* antiquarian
ukale *n.* antiquarian
ukali *n.* intensity
ukali *adj.* rigorous
ukali *n.* stricture
ukali *adj.* strident
ukalifu. *n.* acidity
ukambi *n.* measles
ukame *n.* drought
ukame *n.* famine
ukamili *n.* perfection
ukamilifu *n.* absolutism
ukamilifu *n.* allness
ukamilifu *n.* fullness
ukanda *n.* lace
ukanda *n.* tape
ukanda *n.* tapestry
ukandamishaji *n.* precedence
ukandamizaji *n.* infringement
ukandamizaji *n.* suppression
ukando *adv.* along
ukanushaji *n.* negative
ukao *n.* living
ukao *n.* seat
ukarabati *n.* rehabilitation
ukarabati *n.* renovation
ukaramu *n.* festivity
ukarani *n.* book-keeping
ukarani *adj.* clerical
ukarimu *adj.* bountiful
ukarimu *n.* hospitality
ukarimu *n.* magnanimity
ukasi *n.* velocity
ukasisi *n.* priesthood
ukaskazi *adv.* northerly
ukataaji *n.* abdication
ukataaji *adj.* resistant
ukataji pembe *v.* dehorn
ukatavu *n.* renunciation
ukatazaji *n.* prevention
ukatibu *n.* secretariat (e)
ukatili *n.* atrocity
ukatili *n.* impunity
ukatili *n.* massacre
ukatoliki *n.* catholicism
ukatulia *n.* lull
ukavu *n.* arefaction
ukavu *n.* nonchalance
ukavu *n.* wit
ukawaida *n.* naturalist
uke *n.* womanhood
ukemi *n.* call
ukengee *n.* spearhead
ukengefu *n.* deviation
ukeraji *n.* antagonism
ukeshaji *n.* wake
ukeshaji *adj.* wakeful
uketo *n.* abyss
ukilia *v.* purpose
ukingo *v.* rail
ukingo *n.* shelter
ukinzani *n.* protest
ukiri *n.* admission
ukiri *n.* confession
ukiri. *n.* acknowledgement
ukiristo *n.* christendom
ukiritimba *n.* monopoly
ukitaka *adv.* purposely
ukitiririka *v.* ooze
ukiuaji *n.* transition
ukiukaji sheria *n.* outlaw
ukiukwaji *n.* malpractice

ukiwa *n.* bereavement
ukiwa *adj.* trashed
ukmeaji *n.* mutation
ukodishaji *n.* realty
ukohozi *n.* sputum
ukokotaji *n.* tow
ukoma *adj.* leprous
ukombozi *n.* deliberation
ukombozi *n.* liberation
ukomeshaji *n.* abolishment
ukomunisti *n.* communism
ukondaji *n.* taper
ukonge *n.* fibre
ukongojo *n.* staff
ukongomano *adj.* agglomerate
ukongwe *n.* decrepitation
ukono *n.* tendril
ukoo *n.* posterity
ukorofi *n.* malignity
ukosa *n.* deficit
ukosaji fahamu *n.* coma
ukosaji-hewa *n.* suffocation
ukosefu *n.* dearth
ukosefu (hewa) *n.* asphyxia
ukosefu wa *n.* outage
ukristo *n.* christianity
ukuaji wa aina *n.* terraforming
ukubali *n.* admittance
ukubwa *n.* magnitude
ukubwa *n.* philanthropy
ukubwa *n.* prime
ukubwa *n.* profundity
ukubwa *n.* volume
ukubwani *n.* aftergrowth
ukucha *n.* toenail
ukulaji *n.* ramble
ukulifu *n.* resignation
ukumbi *n.* amphitheatre
ukumbi *n.* auditorium
ukumbi *n.* corridor
ukumbi *n.* hall
ukumbi *n.* porch
ukumbi *n.* portico

ukumbi *n.* venue
ukumbi (sarakasi) *n.* gymnasium
ukumbini *n.* aisle
ukumbukaji *n.* remembrance
ukumbuo *n.* sling
ukumbusho *n.* memorial
ukumbusho *n.* monument
ukungu *n.* dew
ukungu *n.* fog
ukungu *n.* fungus
ukungu mkuu *n.* fogbank
ukurasa *n.* leaflet
ukurasa *n.* page
ukusanyaji *n.* extrapolation
ukusanyi *n.* ruckus
ukusanyiko *n.* abstraction
ukuta *n.* sidewall
ukuta *n.* wall
ukutu *n.* rusticity
ukuu *n.* apotheosis
ukuu *n.* captaincy
ukuu *n.* major
ukuu *n.* superiority
ukuu *n.* supremacy
ukuuaji *n.* preexistence
ukuzaji *n.* amplification
ukuzaji *n.* promotion
ukuzaji *n.* zoom
ukwadi *n.* impotence
ukwaju *n.* tamarind
ukware *adj.* sensual
ukware *n.* sensuality
ukwasi *n.* luxury
ukwasi *n.* wealth
ukwasi *adj.* well-to-do
ukweli *n.* pragmatism
ukweli *n.* realism
ukweli *n.* reality
ukwepaji *n.* abscondence
ukwepaji *n.* circumvention
ukwepaji *n.* escapability
ukwepaji *n.* escapism
ukwepaji *adj.* evasive

ulaanifu *n.* damnation
ulafi *n.* orgy
ulaghai *n.* cheat
ulaghai *n.* imposture
ulaghai *n.* swindle
ulainishaji *n.* lubrication
ulaji *n.* diet
ulanga *n.* mica
ulanga *n.* talc
ulazima *adj.* hale
ulemavu *n.* disability
ulemavu *n.* mutilation
ulemavu *n.* retardation
ulemazaji *n.* deactivation
uleta amani *n.* pacifism
uletaji *n.* supply
ulevi *n.* alcoholism
ulia *v.* murder
ulimbo *n.* birdlime
ulimbukeni *n.* inexperience
ulimwengu *adj.* realm
ulimwengu *n.* universe
ulimwengu / dunia *n.* world
ulinganifu *n.* conformity
ulinganifu *n.* symmetry
ulinganisho. *n.* adaptation
ulingano *adj.* congruent
ulinzi *n.* defence
ulinzi *adj.* inviolable
ulinzi *n.* surveillance
ulio wazi *adj.* flagrant
uliokithiri *n.* extreme
uliopo *n.* accession
ulipaji *n.* paydge
uliza *v.* ask
uliza *v.* quiz
ulizia *v.* query
ulodi *adj.* pompous
uma *v.* pain
uma *v.* sting
umaangalizi *n.* observance
umaarufu *adj.* infamous
umaarufu *n.* popularity

umaarufu *n.* renown
umahiri *n.* tactics
umajimaji *n.* liquid
umajinuni *n.* obsession
umajivuno *n.* pre-eminence
umakini *adj.* acritical
umakini *adj.* focused
umama *n.* maternity
umama *n.* motherhood
umangwaji *n.* ostentation
umantiki *n.* rationality
umaridadi *n.* affectation
umaridadi *n.* elegance
umashuhuri *n.* notability
umaskini *v.* impoverish
umataifa *n.* gentility
umati *adj.* crowdy
umati *n.* horde
umba tena *v.* reapply
umbali *adj.* far
umbali *n.* furlong
umbea *n.* talebearing
umbele *adv.* forward
umbele *adv.* further
umbele *adj.* yonder
umbia *v.* soar (of birds)
umbile *n.* shape
umbile *n.* stature
umbo *n.* build
umbo *n.* physique
umboyai *adj.* elliptic
umbua *v.* deform
umbua *v.* obliterate
umbua *v.* undo
umbumbuwazi *n.* hypnotism
umeaji *n.* germination
umekanika *n.* workmanship
umeme *adj.* electric
umeme *n.* electricity
umeme *n.* lightening
umesambaratika *n.* shambles
umezaji *n.* swallow
umilele *n.* permanence

umiliki *n.* occupancy
umiliki *n.* ownership
umiliki *n.* possession
umiliki *n.* tenure
umiminiko *adj.* superabundant
umivu *n.* ache
umiza vichwa *v.* bog
umizi *v.* harm
umjini *n.* urbanity
umma *n.* people
umma *n.* population
umma *n.* porcelain
umma *n.* regiment
umo *n.* sting
umoja *n.* oneness
umoja *adj.* single
umoja *n.* union
umoja *n.* unity
umoja *n.* universality
umtawa *n.* nunnery
umuhali *n.* impossibility
umuhimu *n.* importance
umuhimu *adj.* instrumental
umuhimu *n.* significance
umuhimu *n.* vitality
umumunyifu *n.* solubility
umungu *v.* deify
umuruwa *n.* politeness
umwinyi *adj.* chief
umwinyi *n.* feudalism
unafiki *n.* insincerity
unajifanya *v.* lurk
unajimu *n.* astrology
unajisi *n.* impurity
unani *n.* nanism
unargisi *n.* narcissism
unastahili *v.* entitle
unda *n.* config
unda *v.* configure
unda *v.* make
unda/ *v.* assemble
undani *adv.* deeply
undani *adj.* innermost

undugu *n.* brotherhood
undungu *n.* fraternity
unga *v.* consolidate
unga *n.* flour
unga *v.* total
ungaaji *n.* radiation
ungaavu *n.* glamour
ungama *v.* concede
ungama *v.* confess
ungamana *adj.* cohesive
ungamana *adj.* interdependent
ungana *v.* ally
ungana *v.* pair
ungana *v.* team
ungana *v.* troop
ungana *v.* unite
ungana tena *v.* rejoin
unganisha *v.* amalgamate
unganisha *v.* combine
unganisha *v.* connect
unganisha *v.* fuse
unganisha *v.* link
unganisha jamii *v.* commune
unganisha tena *v.* rejoin
ung'araji *n.* scintillation
ungua *v.* disconnect
ungulika *adj.* separable
unguvu *adj.* potent
unguza *v.* acidify
unguza *v.* scorch
unguza *n.* sear
unguza *v.* sear
unguza *n.* singe
unguza *v.* singe
unguzo *n.* scorch
unguzo *adj.* seared
unukaji *n.* oddity
ununi *n.* malcontent
ununuzi *n.* bid
ununuzi *n.* buy
ununuzi *n.* offer
ununuzi *v.* tender
ununuzi wa simu *n.* teleshopping

unyakuzi *n.* annexation
unyakuzi *n.* rapture
unyama *adj.* bestial
unyama *adj.* inhuman
unyama *n.* protein
unyamavu *n.* quiet
unyamavu *n.* silence
unyang'anyaji. *n.* usurpation
unyayo *n.* sole
unyege *n.* rut
unyege *n.* stimulus
unyenyekevu *n.* humility
unyenyekevu *n.* lowliness
unyenyekevu *n.* obeisance
unyenyekevu *n.* reticence
unyenyerezo *n.* camouflage
unyenyezi *n.* vagueness
unyeti *n.* sensitivity
unyevu *n.* moisture
unyimaji *n.* depravation
unyonge *adj.* wan
unyonyaji *n.* absorptivity
unyonyaji *n.* adsorption
unyonyaji *n.* reabsorption
unyonyeshaji *adj.* laconic
unyoya *n.* feather
unywaji *n.* absorption
uobdakti *n.* obduction
uogaji *adj.* showery
uogofia *n.* shrinkage
uokidishaji *n.* oxidation
uombaji *n.* beseeching
uombi. *n.* application
uombi. *n.* application
uongo *n.* falsetto
uongozi *n.* baton
uongozi *n.* helm
uongozi *n.* hierarchy
uongozi *n.* leadership
uongozi *n.* premiere
uontolojia *adj.* ontologic
uonyolojia *n.* ontologism
uopera *n.* operability

uotaji *n.* nestling
uovu *n.* venality
uovu *n.* virulence
upaguaji *n.* lop
upaja *n.* thigh
upakaji dawa *n.* embalming
upakanishi *v.* delimitate
upakiaji *n.* carriage
upakiaji *n.* packing
upakiaji kupindukia *n.* overload
upakizo *n.* carriage
upambaji *n.* foliation
upambanaji *n.* confraternity
upana *n.* breadth
upana *n.* width
upandaji *n.* sycophancy
upandaji *n.* transplantation
upande *prep.* besides
upande *n.* facet
upande *n.* section
upande *n.* side
upande *n.* standpoint
upande wa juu *adj.* upward
upande wa njee *adv.* outward
upande wote *n.* omnidirectionality
upandishaji-cheo *n.* promotion
upanga *n.* sword
upangaji *adj.* drapery
upangaji *n.* tenancy
upangaji upya *n.* reconfiguration
upangaji uzazi *n.* contraception
upanuzi *n.* expansion
upapi *n.* gore
uparley *n.* parlance
upasuaji *v.* shred
upasuaji *n.* surgery
upatano *n.* accordancy
upatikanaji *n.* accessibility
upato *n.* achievement
upato *n.* acquisition
upato *n.* eclipsis
upatu *n.* gong
upazaji sauti *n.* chime

upekuzi *n.* rummage
upele *n.* scabies
upelekaji *n.* transmission
upelekaji fedha *n.* remittance
upendo-mtandao *n.* technophobe
upendeleo *n.* nepotism
upendelevu *n.* indulgence
upendo *adj.* loving
upeo *n.* apex
upeo *n.* extremity
upeo *n.* horizon
upeo *n.* summit
upepeo *n.* fan
upepeo *n.* ventilator
upeperushaji *n.* podcast
upeperushaji *n.* telecast
upeperushaji *n.* webcasting
upepo *adv.* shoreward
upepo *n.* wind
upepo (mkali) *n.* gale
upepo (mwanana) *n.* zephyr
upesi *adv.* fast
upeto *n.* roll
upevu *n.* maturity
upigaji kura *n.* votary
upimaji *n.* assessment
upimaji *n.* empiricism
upimaji *n.* valuation
upimaji , *adj.* quantitative
upingaji *n.* resistance
upinki *adj.* pinkish
upinzani *n.* backlash
upofu *n.* ablepsy
upofu *n.* amaurosis
upofu *n.* blindness
upofushaji *adj.* abland
upofushaji *adj.* abland
upokeaji *n.* adoption
upokeaji *n.* transceiver
upokonyaji *n.* confiscation
upokonyo *n.* seizure
upole *n.* amiability
upole *n.* gentry
upole *adv.* tenderly
upolepole *n.* slowness
uponyi *n.* cue
upooza *n.* paralysis
upoozo *adj.* insensible
uporaji *n.* loot
upotaji *n.* disappearance
upoteo *n.* perversity
upotevu *n.* doom
upotevu *n.* loss
upotovu *n.* debauch
upotovu *n.* perversion
upujufu *n.* immodesty
upumbavu *adj.* bogus
upumbavu *n.* prattle
upumzi *n.* breath
upungufu *n.* dimness
upungufu *n.* shortfall
upungufu wa uovu *v.*
decriminalize
upunguzaji silaha *n.*
disarmament
upuuzaji *n.* neglect
upuuzi *n.* blether
upuuzi *n.* gibber
upuuzi *n.* negligence
upuuzi *n.* nonsense
upuuzi *n.* verbosity
upuuzi *adj.* vulgar
upuzi *n.* absurdity
upweke *n.* discretion
upweke *n.* loneliness
upweke *n.* solitude
upweke *adv.* solo
upwekeshaji *n.* monotheism
upweza *n.* octopussy
upya *adv.* afresh
upya *adv.* anew
upya *v.* reconsider
upya *v.* regenerate
upya *n.* regeneration
uradhi. *n.* sanction
uradio *adj.* radious

urahaba *n.* royalty
urahisi *n.* convenience
urahisi *n.* ease
urai *n.* adulation
urai *n.* flattery
uraia *n.* citizenship
uraia *n.* civics
uranki *n.* runcation
urasimu *n.* bureacuracy
urefu *n.* altitude
urejeshaji *n.* normalization
urejeshaji *n.* reinstatement
ureka *int.* eureka
urekebishaji *n.* amendment
urekebisho *n.* adjustment
ureli *n.* raillery
urithi *n.* heredity
urithi *n.* heritage
urithi *n.* inheritance
urithi *n.* succession
uroho *n.* gluttony
urubani *n.pl.* aeronautics
urudishaji. *n.* restoration
urujuani *n.* violet
urushaji (mshale) *n.* archery
usafari *n.* journey
usafi *n.* hygiene
usafi *adj.* hygienic
usafi *n.* purity
usafi *adj.* sanitary
usafi *n.* sincerity
usafi *n.* tidiness
usafidi. *n.* agility
usafihi *n.* imprudence
usafihi. *n.* affront
usafiri *n.* teleport
usafiri *n.* transport
usafiri *n.* trip
usafirishaji *n.* shipment
usafirishaji *n.* transportation
usafishaji *n.* flush
usafishaji *n.* sterilization
usafishaji tena *n.* recrudency

usafura *n.* paleness
usahaulifu *n.* oblation
usahihi *n.* orthodoxy
usahihi *n.* precision
usahihi *adj.* proprietary
usahihishaji *adj.* placative
usahihishaji *n.* rectification
usaidizi *adj.* adjuvant
usaidizi *n.* alimony
usaidizi *n.* assistance
usaidizi *n.* cohort
usajili *n.* registration
usajili *n.* registry
usajili *n.* scorekeeping
usajili *n.* setlist
usalama *n.* goggles
usalama *n.* safety
usalama *n.* security
usaliti *n.* adulteration
usaliti *n.* betrayal
usambamba *n.* parallelism
usambaratishaji *n.* demobilization
usambazaji *n.* resonance
usambazaji *n.* ruffle
usambazaji *v.* supply
usambazaji *n.* transmission
usanifu *n.* calibration
usanifu *n.* craft
usanii *n.* art
usarifu *n.* excellence
usawa *adj.* affirmative
usawa *prep.* athwart
usawa *n.* equality
usawa *adj.* equilateral
usawa *adj.* equitable
usawa *n.* parity
usawanisho *n.* demarcation
usawanisho. *n.* alignment
useja *n.* celibacy
usemaji *n.* oratory
usemaji *n.* talkativeness
usemi *n.* diction
usemi *adj.* telling

usemi v. word
useneta adj. senatorial
useremala n. carpentry
useto adj. hybrid
ushababu n. youth
ushabaki n. trickery
ushahawa n. ambissexuality
ushahawa n. eroticism
ushahidi n. martyrdom
ushahidi n. testimony
ushahidi n. witness
ushairi n. poetry
ushamba n. provincialism
ushamba n. rustic
ushamba n. rustication
ushambulizi n. sally
ushanga n. bead
ushanga n. bling
ushangiliaji n. rejuvenation
ushau n. pretension
ushaufu n. delusion
ushauri n. advice
ushawishi n. enticement
ushawishi n. persuasion
ushawishi n. temptation
ushemasi n. deaconship
ushenzi adj. aboriginal
ushenzi n. barbarism
ushenzi n. barbarity
ushenzi n. bogland
ushenzi n. paganism
ushenzi n. savagery
usherati n. immorality
ushidani adv. pat
ushikamano n. fusion
ushikamano. n. adhesion
ushikanisho n. fuss
ushindani n. emulation
ushindani n. match
ushindani n. rivalry
ushinde n. defeat
ushindi n. conquest
ushindi n. triumph

ushindi adj. triumphant
ushindi n. victory
ushindi n. win
ushipaholia n. shpaholism
ushirika n. congregation
ushirika adj. cooperative
ushirika adj. corporate
ushirika adj. operative
ushiriki n. participation
ushirikiano n. collaboration
ushirikiano n. connivance
ushirikina n. polytheism
ushirikina n. superstition
ushoga n. philandry
ushtuko n. geeksville
ushtushaji n. traumatism
ushughulishaji n. induction
ushuhuda n. testimonial
ushujaa n. bravery
ushujaa n. epic
ushujaa n. heroism
ushujaa n. valour
ushukaji n. deceleration
ushukuru n. gratitude
ushupavu n. audacity
ushupavu n. bigotry
ushupavu n. boldness
ushupavu n. breviary
ushupavu n. tenacity
ushurikishaji adj. engaging
ushuru v. levy
ushuru n. supertax
ushuru n. taxation
ushuru n. toll
ushuzi n. flatulence
usia v. bequeath
usia v. instruct
usia n. polity
usikivu adj. auditive
usikizano n. harmony
usiku n. knight
usiku adv. nightly
usiku adj. nocturnal

usiku (wa leo) *n.* tonight
usiku moja *adj.* overnight
usiku wa manane *n.* midnight
usimamizi *n.* administration
usimamizi *n.* management
usimamizi *adj.* managerial
usimamizi *n.* oversight
usimuanimi *v.* mistrust
usimulizi *adj.* narrative
usingizi *n.* nap
usingizi *n.* sleep
usingizi *adj.* sleepy
usingizi *n.* slumber
usio *adj.* infinite
usiri *adj.* mystic
usiri fiche *n.* mysticism
usiridhishe *v.* dissatisfy
usisimuaji *n.* evocation
usisitizaji *n.* poignacy
usitaji *adj.* reluctant
usitisho *n.* abeyance
uso *n.* countenance
uso *n.* face
uso *n.* visage
uso juu *n.* facelift
usomaji *n.* recitation
usomaji (magumu) *n.* decryption
usomaji na kuandika *n.* literacy
usomi *n.* elitism
usomi (wa kina) *adj.* well-read
usoni *adj.* facile
usoni *n.* future
usotengulika *n.* ambiguity
usowaya *n.* wireless
ustaarabu *n.* refinement
ustadi *adj.* professional
ustadi wa bahari *n.* oceanology
ustadi wa kukwepa *n.* escapology
ustadi wa majina *adj.* onomastic
ustadi wa maneno *n.* phraseology
ustadi wa simu *n.* telecourse

ustadi wa zilizala *n.* seismology
ustadu wa bibilia +*n* bibliography
ustahifu *n.* courtesy
ustahifu *n.* deference
ustahiki *n.* regard
ustahimili *n.* endurance
ustahimilivu *n.* patience
ustawi *n.* prevalence
usufi *n.* esoterism
usufi *n.* woollen
usufii *n.* seclusion
usuguaji *n.* ablation
usuguaji *n.* scrub
usuhuba *adj.* amicable
usuhuba *n.* amity
usuhuba *n.* intimacy
usuluhi *n.* mediation
usumaku *n.* magnetism
usumbufu *n.* botheration
usuria *n.* concubinage
ususaji *n.* refuse
ususaji *n.* sabotage
uswizi *n.* swiss
utaalamu *n.* learning
utaalamu *n.* specialization
utaalamu *v.* specialize
utaalamu wa watoto *n.* paedology
utaawa *n.* hermitage
utabaini *n.* antitheism
utabibu *adj.* medical
utabiri *n.* forecast
utafiti *n.* indiscretion
utafiti *n.* inquiry
utafunaji *n.* digestion
utafutaji *n.* search
utagaji *n.* lay
utahira *n.* abnormalcy
utaifa *n.* nationalism
utaifishaji *n.* nationalization
utajiri *n.* affluence
utajiri *n.* capital
utajiri *n.* opulence

utajiri *n.* riches
utajiri *adj.* richness
utakasaji *adj.* hallocentric
utakaso *n.* ointment
utakatifu *n.* majesty
utakatifu *n.* sanctity
utalii *n.* tourism
utamaduni *n.* civilization
utamaduni *n.* culture
utamaduni *n.* modernity
utamani *n.* desire
utambaa *n.* textile
utambaazi *n.* trail
utambi *n.* wick
utambulisho *n.* indentification
utambulisho *n.* personification
utambulizi *n.* perception
utambuliziwa *adj.* perceptible
utambuzi *n.* recognition
utamkaji *n.* sibilating
utamtamu (wa tunda) *n.* comfit
utamu *n.* flavour
utamu *adj.* sweet
utamu *n.* sweetness
utamu *n.* zest
utanashati *n.* thralldom
utandu *n.* scum
utandu *n.* veil
utangazaji *v.* teleprompt
utangulio *n.* precedent
utangulizi *adj.* aforementioned
utangulizi *n.* foreword
utangulizi *n.* gambit
utangulizi *n.* introduction
utangulizi *n.* preface
utangulizi *v.* preface
utangulizo *n.* foothold
utangulizo *adj.* preliminary
utani *n.* pun
utaniaji *n.* scoff
utapeli *n.* bluff
utapiamlo *n.* malnutrition
utarakilishia *n.* computeracy

utaratibu *n.* coordination
utaratibu *adj.* systematic
utaratibu wa majina *n.* nomenclature
utasa *n.* sterility
utashi wake *n.* spousal
utashwishi *n.* ambivalence
utaswira *n.* imagery
utata *n.* complexion
utata *n.* controversy
utata *n.* dilemma
utata *adj.* questionable
utatu *n.* trinity
utatu *n.* trio
utatuzi *v.* debug
utawala *n.* autocracy
utawala *n.* domination
utawala *n.* dynasty
utawala *n.* governance
utawala *n.* monarchy
utawala *n.* reign
utawala *n.* ruling
utawala *n.* oligarchy
utawala mbovu *n.* misrule
utawanyikaji *adj.* scattery
utawi *n.* branch
utawi *n.* cluster
utaya *n.* jaw
utayari *n.* readiness
utayari *n.* willingness
utegemeaji *n.* dependence
utegemeaji *n.* reliance
utegemeano *n.* interdependence
utekaji *n.* capture
utekaji *n.* draw
utekaji *n.* plunder
utekaji *n.* abaction
utekaji *n.* abduction
utekajinyara *n.* seajack
utendaji *n.* action
utendaji *n.* execution
utendaji *n.* functionary
utendaji *n.* practicability

utendekaji upya *n.* recurrence
utengaji *n.* allocation
utengaji *n.* segregation
utengamano *n.* normalcy
utengamano *n.* recovery
utengano *n.* isolation
utengano *n.* separation
utengemano *n.* stabilization
utengenezaji *v.* manufacture
utengenezaji *n.* manufacture
utengo *n.* withdrawal
utengwaji *n.* insularity
utenzi. *n.* accomplishment
utepetevu *n.* apathy
utetaji *n.* protestation
utetezi *n.* advocacy
uteule *n.* aristocracy
uteuzi *n.* appointment
uteuzi *n.* nomination
uthabiti *n.* consistency
uthabiti *n.* steadiness
uthabiti *n.* strength
uthanaiz *v.* euthanize
uthibitisho *n.* vindication
uti *n.* backbone
uti *adj.* spinal
uti *n.* spine
uti *n.* stem
uti (wa mgongo) *adj.* dorsal
uti wa mgongo *n.* mainstay
utii *n.* fealty
utiifu *n.* allegiance
utiifu *n.* complaisance
utiifu *n.* pedantry
utiifu *n.* servility
utiifu *n.* submission
utiifu *n.* subordination
utimilifu *n.* completion
utimuaji *n.* repulsion
utimvi *n.* intrigue
utisho *n.* panic
utkuzaji *n.* sanctification
utngaji *n.* secession

utoa sauti *n.* consonance
utoaji *n.* continuum
utoaji *n.* elision
utoaji *n.* emittance
utoaji *n.* presentation
utoaji *n.* subtraction
utoaji sumu *n.* detoxication
utoaji yai *n.* ovation
utokaji *n.* evacuation
utokomezaji *n.* eradication
utolewaji *n.* issue
utolewaji *n.* retention
utomvu *n.* juice
utondoti *n.* repetition
utongozaji *adj.* cognate
utongozaji *n.* cognizance
utongozi *n.* seduction
utopia *n.* eutopia
utopia *n* . utopia
utoshelevu *n.* adequacy
utoshelezi *n.* sufficiency
utoto *adj.* childish
utotoni *n.* childhood
utowaji *n.* emanation
utowaji *n.* omittance
utowaji *n.* output
utu *v.* humanize
utu *adj.* manly
utu *n.* omniscience
utu *adj.* omniscient
utu *n.* sensibility
utukufu *n.* apotheosis
utukufu *n.* eminence
utukufu *adj.* prime
utukufu *n.* prominence
utukufu *n.* sublimity
utukutiko *adj.* emotional
utukuzaji *n.* veneration
utulivu *n.* forbearance
utulivu *n.* languor
utulivu *n.* quintessence
utulivu *n.* stillness
utumbo *adj.* abdominal

utumbo *n.* bowel
utumbo *n.* intestine
utume *n.* errand
utumiaji *n.* subservience
utumiaji mbovu *n.* misapplication
utumishi *adj.* laborious
utumiz upya *n.* reapplication
utumizi *n.* use
utumizi *n.* utilization
utumwa *n.* servitude
utumwa *n.* slavery
utundu *n.* mischief
utunduzi *n.* alertness
utungaji *n.* composition
utungo *n.* draft
utungo *n.* fabrication
utungu *n.* anguish
utunukaji *adj.* endowed
utunzaji *n.* backup
utupaji *n.* cast
utupaji bomu *n.* bombardment
utupu *adv.* vainly
utupu *adj.* void
uturuki *n.* turkey
utwana *adj.* impolite
uume *n.* manhood
uungamaji *n.* admission
uunganishaji *n.* amalgamation
uungu *n.* divinity
uungu *n.* godhead
uungu *n.* providence
uunguzi *adj.* acidic
uungwana *n.* chivalry
uuzaji *n.* sale
uvamiaji *n.* ambuscade
uvamizi *n.* invasion
uvamizi *n.* raid
uvamizi *n.* swoop
uvimbe *n.* inflation
uvimbe *v.* lump
uvinjari. *n.* vigilance
uvivu *n.* laziness
uvivu *n.* sloth
uvivu *adj.* sluggish
uvuguvugu *n.* tenebrosity
uvuguvugu *n.* tepidity
uvuguvugu *n.* thaw
uvukaji *n.* traverse
uvumba *n.* gum
uvumbuzi *n.* exploration
uvumbuzi *adj.* inventive
uvumilivu *n.* fortitude
uvumilivu *n.* tolerance
uvumilivu *n.* toleration
uvundaji *v.* rancidify
uvundo *n.* stink
uvundo *adj.* tanged
uvungu *n.* annulment
uvungu *n.* vacuum
uvungu *v.* vacuum
uvunguni *prep.* under
uvunjaji *n.* rubblework
uvunjaji sheria *n.* rulebreaking
uvunjo *n.* wreckage
uvuno *n.* reaper
uvusho *n.* ferry
uvutano *n.* gravity
uvuto *n.* attraction
uvuto *adj.* influential
uwa *n.* pastel
uwaasi *n.* insurrection
uwachaji *adj.* droopy
uwachaji *n.* manumission
uwachishaji *n.* ablactation
uwafiki *n.* illegibility
uwahi *n.* alacrity
uwajibikaji *n.* accountability
uwakala *n.* agency
uwakala *n.* representation
uwakfu *n.* dedication
uwakili *n.* advocacy
uwakilishaji *adj.* representative
uwalimu *n.* pedagogy
uwanahisa *n.* shareholding
uwanaisimu *n.* linguistics

uwanamazingira *n.* environmentalism
uwanasiasa *n.* demagogy
uwanga *n.* arrowroot
uwangafu *n.* glow
uwangaji *n.* rover
uwanja *n.* courtyard
uwanja *n.* domain
uwanja *n.* playground
uwanja *n.* stadium
uwanja (wa ndege) *n.* aerodrome
uwanja wa kucheza *n.* playfield
uwanja wa malisho *n.* lea
uwanja wa vita *n.* battleground
uwanjani *v.* cite
uwao *n.* theism
uwashaji (wa moto) *adv.* ablaze
uwashaji (wa moto) *adv.* ablaze
uwashaji upya *n.* reactivation
uwashi *n.* masonry
uwasho *n.* irritation
uwasili *n.* arrival
uwazi *adv.* agape
uwazi *n.* orifice
uwazi *n.* vivacity
uwazimu *n.* morbidity
uwazo *n.* fancy
uwekaji *n.* delimitation
uwekaji *n.* deposit
uwekaji *n.* mount
uwekaji *v.* reamplify
uwekevu *n.* intellect
uwekevu. *n.* acumen
uwema *n.* benevolence
uwenyekiti *n.* honorarium
uwepesi *adj.* rampant
uweupe *n.* naivety
uwezaji *adj.* potential
uwezaji wote *n.* omnicompetence
uwezekano *n.* likelihood
uwezekano *adj.* likely
uwezekano *adj.* possible
uwezekano *adj.* unlikely

uwezo *adj.* able
uwezo *n.* auspice
uwezo *n.* capability
uwezo *n.* intensity
uwezo *n.* potency
uwezo *n.* potential
uwezo *n.* potentiality
uwiano *n.* correlation
uwiano *n.* proportion
uwiano *adj.* proportional
uwiano *n.* ratio
uwima *adj.* erectile
uwindaji *n.* hunt
uwindo *n.* quarry
uwingi *n.* plurality
uwivu *adj.* envious
uwizi *n.* theft
uwongo *adj.* fictitious
uwongo *n.* pretence
uyoga *n.* mushroom
uza *v.* enfranchise
uza *v.* sell
uza *v.* stall
uza *v.* traffic
uza ngambo *v.* export
uza tena *v.* retread
uzaazi *n.* reproduction
uzaazi *n.* reproduction
uzabuni *n.* dealership
uzalendo *n.* partiotism
uzalishaji *n.* fertility
uzalishaji *n.* parentage
uzalishaji *n.* production
uzalishaji *n.* propagation
uzamishaji *n.* immensity
uzamishaji *n.* immersion
uzani *b.* rhythm
uzauza *v.* juggle
uzazi *adj.* obstetric
uzazi *adj.* reproductive
uzazi *n.* womb
uzee *n.* debility
uzee *n.* senility

uzembe *n.* contempt
uzembe *n.* idleness
uzembe *adj.* incompetent
uzembe *n.* indifference
uzembe *n.* obduracy
uzembe *n.* vicissitude
uzi *n.* strand
uzi *n.* thread
uzi *n.* yarn
uzibaji *n.* sealability
uzigizagi *adj.* zigzag
uzilizala *n.* seimicity
uzinduaji *adj.* inaugural
uzinduzi *n.* foundry
uzinduzi *n.* inauguration
uzinduzi *n.* initiative
uzinduzi *n.* launch
uzingisi *n.* narcosis
uzito *n.* density
uzito *n.* preponderance
uzito *n.* severity
uzoefu *n.* wont
uzuhali *n.* delicacy
uzuizi *n.* abnegation
uzuizi *n.* disadvantage
uzuizi *n.* scotch
uzuizi wa maji *n.* waterproof
uzulu *v.* depose
uzulu *v.* dethrone
uzulu *n.* discharge
uzulu *v.* fire
uzungo *n.* orbit
uzungu *n.* peculiarity
uzunguko *n.* orbituary
uzungushaji *adj.* rotary
uzuri *n.* cosmetic
uzuri *n.* goodness
uzuri *n.* hilarity
uzuri *n.* nicety
uzuri *n.* prettiness
uzushi *v.* chatter
uzushi *n.* fantasy
uzushi *n.* fiction
uzushi *n.* innovation
uzushi *n.* lurch
uzushi *n.* rumour

V

vaa *v.* mantle
vaa *v.* outfit
vaa *v.* vest
vaa *v.* wear
vaa *v.* cordon
vaa kofia *v.* cap
vaa koti *v.* mack
vaa sketi *v.* kilt
vaiseroi *n.* viceroy
vaksini *n.* vaccine
valio *n.* accessory
valisha (kidoleni) *v.* thumb
vamia *v.* ambuscade
vamia *v.* brutify
vamia *v.* embush
vamia *v.* raid
vamia *n.* smash
varanga *n.* din
vardant *adj.* verdant
varisimilitude *n.* verisimilitude
varitibo *adj.* veritable
vazi *n.* apparel
vazi *n.* attire
vazi *n.* camlet
vazi *n.* costume
vazi *n.* follies
vazi *n.* garb
vazi *n.* mantel
vazi *n.* mantle
vazi (la heshima) *n.* cordon
vazi (sehemu za barafu) *n.* anorak
vazi la kulala *n.* bedrobe
vazi ya yakuti *n.* rubric
vema *adj.* okay
vena *v.* vein
veranda *n.* verendah

veta *adj.* polytechnic
veta *n.* polytechnic
viatu *n.* sandal
vibali *v.* accredit
vibaya *adv.* abusively
vibaya *adv.* badly
vibaya *n.* churl
vibaya *v.* misconstrue
vibaya (kimatumizi) *n.* impropriety
vicha *n.* voucher
vichekesho *n.* burlesque
video *n.* video
video *v.* video
vidogo *adj.* miniature
vidudu *n.* weevil
vifaa *n.* aliquot
vifaa *n.* stationery
vifaa *n.* utensil
vifijo *n.* applause
vifo vya *n.* mortality
vifo vya *n.* mortality
vigelegele *v.* ululate
vigezo *n.* benchmark
vigumu *adv.* hardly
vigumu *adv.* topsy turvy
vigumu *adj.* tricky
vihifadhi *n.* preservative
viigiza *n.* portrayal
viini *n.* enzyme
viini viwili *adj.* bicellular
vijana *n. pl.* teens
vijana *n.* young
vika *v.* lade
vikano *n.* volcano
vikorokoro *n.* appurtenance
vikwazo *adj.* restrictive
vikwazo *n.* snag
vile *adv.* too
vilevile *adv.* likewise
vilevile *adv.* so
vilevile *adv.* thus
vilia *v.* clot
vilia *v.* stagnate
vilio (la damu) *n.* contusion
vilipuzi *n.* explosive
vilivyojaa *adj.* juxtaposed
vilivyotiwa *n.* mosaic
vimba *v.* arch
vimbiwa *v.* binge
vina *v.* lull
vinara *v.* podium
vinawazuia *v.* militate
vingine *adv.* otherwise
vinja *v.* plank
vinja *v.* shipwreck
vinjari *v.* cruise
vinya *v.* brew
vinya *v.* brew
vinya *v.* mash
vinywaji *n.* palanquin
viombo (vya jikoni) *n.* crookery
viombo vya kuvunjika *n.* quackery
viongozi *n.* heading
vipacha tatu *adj.* triplicate
vipande *adj.* multilateral
vipande (viwili) *adv.* asunder
vipande nane *adj.* octuple
vipi *adj.* what
vipiga ndege *adj.* anti-aircraft
vipimo *n.* specification
vipuri *n.* spare
virika *n.* sawn
viringa *v.* crimple
virusi *n.* virus
virutunisho *n.* nutrient
visha *v.* apparel
visha *v.* attire
visha *v.* clothe
visha *v.* dress
visha *v.* garb
vishoka *n.* hatchet
visivyolipwa/madeni *n.pl.* arrears
visogezwazo *n.* movables
vista *n.* vista

vita *v.* battle
vita *n.* tussle
vita *n.* war
vita *n.* warfare
vita vya mbwa *n.* dogfight
vitakataka *n.* miscellany
vitamini *n.* vitamin
vitani *n.* battlefield
vito *n.* jewellery
vitongoji *adj.* township
vitu *adj.* motley
vitumike *adj.* subservient
viuma *n.* dumbell
viumbe *n.* organism
viungo *n.* garnish
viungo *n.* limb
viungo *v.* spice
vivia *v.* dup
vivia *v.* dupe
vivinyuka *v.* wriggle
vivio *n.* dupe
vivu *adj.* indifferent
vivu *v.* laze
viwanda *adj.* industrial
viwangogezi *n.* standardization
viwili *n.* duo
viza *v.* retard
vizia *v.* waylay
vizuia-sauti *n.* acoustics
vizuri *n.* appropriation
vizuri *n.* good
vizuri *adv.* nicely
vizuri *adj.* superb
vokali *n.* vowel
volteji *n.* voltage
volti *n.* volt
votesha *v.* campaign
vua (samaki) *v.* fish
vuguvugu *adj.* stuffy
vuguvugu *adj.* tenebrose
vuka *v.* cross
vuka *v.* crosscut
vuka *v.* traverse

vuka *v.* trespass
vukisha *v.* transcend
vuko *n.* trespass
vuma *v.* growl
vuma *v.* hum
vuma *v.* rumble
vumbi (ya chaki) *n.* chalkdust
vumbua *v.* explore
vumbua *v.* innovate
vumi *adj.* indistinct (of sound)
vumika *adj.* notorious
vumilia *v.* tolerate
vumilivu *adj.* patient
vumo *n.* buzz
vumo *n.* growl
vuna *v.* harvest
vunda *v.* decompose
vundevunde *adj.* cloudy
vunja *v.* brake
vunja *v.* breach
vunja *n.* break
vunja *n.* breakup
vunja *v.* destroy
vunja *v.* disband
vunja *v.* disrupt
vunja *v.* fracture
vunja *v.* frustrate
vunja *v.* shatter
vunja *v.* smash
vunja tawi *v.* branch
vunjavunja *v.* emulsify
vuruga *v.* brawl
vuruga *v.* mess
vuruga *v.* perturb
vuruga *v.* rampage
vuruga *v.* riot
vuruga *v.* scramble
vuruga *v.* tatter
vuruga *v.* thunder
vuruga *v.* wrinkle
vurugika *adj.* shambolic
vurugu *n.* boist
vurugu *n.* fray

vurugu *n.* scrumble
vurugu *n.* tatter
vurumai *n.* fiasco
vurumai *n.* mess
vurumai *n.* rampage
vurumai *n.* scramble
vurumai *adj.* vivacious
vurumisha *v.* fling
vurumisha *v.* whirl
vusha *v.* ferry
vusha *v.* transcendentalize
vuta *n.* draw
vuta *v.* draw
vuta *n.* hitch
vuta *n.* sniff
vuta *v.* stretch
vuta (pumzi) *v.* inhale
vutana *v.* skirmish
vutia *v.* attract
vutia *v.* charm
vya harusi *n.* nuptials
vya kooni *adj.* guttural
vyakula *n.* cuisine
vyama *v.* picket
vyama *n.* picket
vyema *adj.* brilliant
vyema *adj.* fantastic
vyema *adj.* fine
vyema *adj.* okay
vyema *n.* safe-conduct
vyema *n.* well
vyeo *n.* noble
vyombo *n.* belongings
vyoo *n.* latrine

W

wa bidha *n.* excise
wa kuzawa *adj.* inborn
waa *v.* flame
waacha *v.* overlook
waama *conj.* further
waamuzi *n.* jury

waasi *adj.* insurgent
wabaya *n.* villain
wacha (shule) *n.* dropout
wachache *n.* minority
wachamungu *adj.* dutiful
wachawi *n.* fetishism
wachika *adj.* abandonable
wachisha *v.* ablactate
wachuuzi *n.* vendor
wachwa *v.* strand
wadi *n.* son
wadudu *n.* pest
wadudu *n.* vector
wadudu *v.* vector
wafanyikazi *n.* personnel
wafiki *v.* accord
wafiki *v.* appropriate
wafiki *v.* correspond
wafuasi *n.* partisan
wafuasi (wa kulipwa) *n.* claque
wafungwa *n.* inmate
wafurahiaji *adj.* jubilant
wagivu *n.* fascination
wahakikishie *v.* assuage
wahakimu *n.* judicature
wahariri *adj.* editorial
wahariri *n.* editorial
wahed *adj.* one
wahedi *n.* one
wahenga *n.* sage
wahi *v.* prompt
wahimize *v.* rouse
wahudumu *n.* aircrew
wahuni *n.* mob
waingize *v.* induct
wajenga-meli *n.* shipbuilder
wajibika *adj.* answerable
wajibu *n.* duty
wajibu *adj.* mandatory
wajihi *n.* surface
wajuzi *n.* elite
waka *v.* blaze
waka (nyumani) *v.* backlight

wakaidi *adj.* insubordinate
wakala *n.* proxy
wakati *n.* season
wakati *adj.* stern
wakati *n.* tense
wakati *n.* time
wakati *adj.* timely
wakati *n.* while
wakati muhimu *adj.* seasonable
wakati mwengine *adv.* sometime
wakati wa kulala *n.* bed-time
wakati wa kunyonya *n.* travetime
wakati-ambapo *adv.* whenever
wakati-huku *adv.* meanwhile
wakati-wote *prep.* throughout
wakati-wowote *adv.* anywhen
wakati-wowote *conj.* whenever
wakazi *adj.* populous
wake wawili *n.* bigamist
wake wawili *n.* bigamy
wake wengi *adj.* polygamous
wakfu *v.* consecrate
wakili *n.* advocate
wakili *n.* attorney
wakili *n.* barrister
wakili *n.* chamberlain
wakili *n.* solicitor
wakili *n.* vicar
wakilisha *v.* advocate
wakiyazua *v.* lurch
wakulima *n.* peasantry
wakulima wadogo *n.* sharecrop
wakunga *n.* midwife
wa-kupanga *adj.* adoptive
wala *adv.* however
wala *conj.* neither
wala *adv.* none
wala *conj.* nor
wala nyama *n.* carnivore
walahi *adv.* indeed
walahi *conj.* really
walakini *prep.* but
walakini *conj.* notwithstanding
walau *adv.* even
walau *conj.* though
walau. *adv.* anyhow
walau. *adv.* anyhow
wali *n.* rice
walio *n.* welt
waliopatana *n.* conspirator
waliowachukia *adj.* loathsome
walizima moto *v.* firehose
walkilisha *v.* represent
walobaleghe *adj.* nubile
wambiso *n.* adhesive
wamefiwa *v.* bereave
wamsituni *adj.* xylophilous
wanaamua *v.* gravitate
wanaangalia *v.* envision
wanadai *v.* allege
wanadhani *v.* deem
wana-hekalu *n.* templar
wanandoa *n.* couple
wanaokariri *v.* profess
wanataka *v.* want
wanatangaza *v.* popularize
wanaunda *v.* comprise
wanavutia *v.* captivate
wanda *n.* square
wanga *v.* conjure
wanga *v.* starch
wania *v.* proportion
wanja/ kolh *n.* antinomy
wanyama *n.* mamma
wanyama *n.* mammal
wanyama *n.* mammoth
wanyama *adj.* mammoth
wanyama *n.* zoology
wanyonyeshao *adj.* milch
wao *adj.* their
wao *pron.* them
waomba *v.* invoke
wapi *adv.* whence
wapi *adv.* whereabout
wapiga kura *n.* electorate
wapiganaji *n.* crusader

wapokeaji *n.* recipient
wapongeze *v.* commend
waras (samaki) *n.* walrus
waraze *v.* raze
waridi *n.* rose
warithi *n.* heir
warsha *n.* workshop
wasaa *adj.* spacious
wasafiri *n.* shipmate
wasafiri *n.* wayfarer
washa *v.* etch
washa *v.* itch
washa *v.* kindle
washa *v.* light
washa jiko *v.* scuttle
washa moto *v.* deflate
washa mshumaa *v.* candle
washa pombe *v.* flambé
washa tena *v.* reactivate
washenzi *n. pl* aborigines
washerati *n.* profligacy
washinde *v.* confute
washirikina *adj.* polytheistic
wasi *v.* misgive
wasi *n.* sceptic
wasia *n.* will
wasifu *n.* biography
wasifu *n.* credential
wasifu *v.* describe
wasifu *n.* description
wasili *v.* arrive
wasiliana *v.* call
wasiliana *v.* communicate
wasiwasi *n.* fret
wasiwasi *v.* fret
wasiwasi *n.* misgiving
wasiwasi *adj.* nervous
wasiwasi *adj.* sceptical
wasiwasi *n.* scepticism
wasiwasi *v.* scruple
wasiwasi *adj.* solicitous
wasiwasi *adj.* uneasy
wasiwasi *n.* worry

wasomi *adj.* elite
wasomi *n.* intelligentsia
wassahihishaji *n.* checkers
wastani *adj.* average
wastani *adj.* medium
wastani *n.* neuter
wastani *n.* standard
wataalamu *n.* practitioner
watangulie *v.* outrun
watasema *v.* exclaim
watawala *adj.* elemental
watazamaji *adj.* passive
watenge *v.* exclude
watoto wachanga *n.* infanticide
watt *n.* watt
watu *adj.* folk
watu *n.* folk
watu *n.* mankind
watu *n.* people
watulivu *adj.* sedentary
watumwa *v.* enslave
wauzaji *v.* salesforce
wavisha *v.* net
wavisha *n.* nettle
wavivu *n.* slothful
wavu *n.* net
wavyele *n.* in-laws
wayiro *v.* ravage
waza *v.* mull
waza *v.* muse
waza (mwanzo) *n.* forethought
wazazi *adj.* parental
wazi *n.* agape
wazi *adj.* bare
wazi *adj.* blatant
wazi *adj.* candid
wazi *adv.* clearly
wazi *adj.* cogent
wazi *adj.* explicit
wazi *adj.* open
wazi *adv.* outright
wazi *adj.* roomy
wazi *adj.* vivid

wazimu *adv.* amuck
wazimu *adj.* daft
wazimu *n.* insanity
wazimu *adj.* lunatic
wazimu *adv.* mad
wazimu *adj.* morbid
wazimu *n.* psychopath
waziri *n.* henchman
waziri *n.* minister
waziri *n.* statesman
waziwazi *adj.* clear
waziwazi *adj.* overt
waziwazi *adj.* sincere
wazo *n.* thought
wazo la baadaye *n.* afterthought
wazo moyoni *n.* imprint
weka *v.* base
weka *v.* deposit
weka *v.* introduce
weka *v.* jot
weka *v.* place
weka *n.* placement
weka *v.* put
weka *n.* repository
weka *v.* save
weka *v.* space
weka *v.* span
weka (chumbani) *v.* closet
weka (dari) *v.* roof
weka (kwa bakuli) *v.* bowl
weka (rafuni) *v.* shelve
weka (rehani) *v.* mortgage
weka alama *n.* folio
weka ardhini *v.* ground
weka bawa *v.* flank
weka chupani *v.* bottle
weka failini *v.* file
weka jiwe *v.* cobble
weka karboni *v.* carbonize
weka katikati *v.* sandwich
weka kibao *v.* panel
weka kikapuni *n.* volley
weka kituo *v.* checkpoint

weka kizimbani *v.* encage
weka koponi *v.* can
weka kwa sahani *v.* plate
weka saruji *v.* cement
weka- tofali *v.* tile
weka tone *v.* dot
weka-mabati *v.* tincture
wekelea (mezani) *v.* table
wekeza *v.* escrow
wekeza *v.* invest
wekeza *v.* populate
wekeza (benki) *v.* bank
wekezo *n.* escrow
weko *n.* pedestal
weko *n.* storage
wekundu *adj.* ruddy
wele *n.* udder
weledi *adj.* adept
wema *adj.* benevolent
wema *adj.* benign
wema *adv.* bonafide
wema *adj.* omnibenevolent
wema *adj.* virtuous
wembamba *adj.* tenuous
wembe *n.* razor
wengi *adj.* many
wengi kuliko *v.* outnumber
wengu *n.* spleen
weni *adj.* medicinal
wenzo *v.* lever
wepesi *n.* rapidity
weuo *n.* menses
weupe *n.* naivete
weupe *n.* white
weupe wa yai *n.* albumen
weusi *n.* gloom
weza *v.* can
wezekana *adj.* feasible
wezekana *adj.* practicable
wezesha *v.* auspicate
wezesha *v.* empower
whiskey *n.* whisky
wiana *v.* level

wiana v. match
wiana v.t owe
wiano n. relation
wigi n. wig
wigo v. hedge
wigo n. scope
wika n. crow
wiki n. week
wiki mbili n. fort-night
wilaya n. province
wilingtoni n. wellington
wima n. perpendicular
wima n. post
wima adv. straight
wima adj. upright
wima adv. vertical
wimbi n. swell
wimbi n. tide
wimbo n. antiphony
wimbo n. duet
wimbo n. hymn
wimbo n. song
wimbo n. sonnet
wimbo n. yodle
winchi n. crane
winda v. chase
winda n. diaper
winda v. hunt
winda v. prey
windaji n. chase
windo n. prey
windo n. quarry
wingi n. abundance
wingi n. majority
wingi adj. plural
wingu n. cloud
wingu n. nimbus
wingu n. smog
winji n. crane
winji n. winch
wino n. ink
wispania n. spanish
witiri adj. odd

wito n. motto
wituri adj. odd
wivu adj. jealous
wizani n. weight
wizara n. ministry
wizi n. burglary
woga n. cowardice
woga n. timidity
wokovu n. salvation
wongofu n. conversion
wororo n. tenderness
wote pron both
wowote adv. anytime
wozo n. decay
wozo n. decomposition

Y

ya prep. of
ya adj on
ya faidi n. lucre
ya ishirini n. twentieth
ya kanisani adj. ecclesiastical
ya kwisha adj. depilatory
ya maslahi adj. interesting
ya nani pron. whose
ya ndani adj. internal
ya nje n. otter
ya nje adj. outer
ya siri adj. secretive
ya ukungu adj. hazy
ya utomvu adj. juicy
ya vipimo viwili adj. bidimensional
yaani adv. namely
yabisi adj. dry
yabisi adv. hard
yabisi adj. rigid
yaelea adv. afloat
yafanyika adj. doable
yafupisha v. abridge
yahe n. rabble
yai n. egg

yai ya kume *n.* ovary
yai ya kike *n.* ovum
yaika *v.* dissolve
yak (myama) *n.* yak
yakama *n.* quorum
yakhi *n.* dude
yakini *n.* certainty
yakusanya *v.* amass
yakuti *n.* ruby
yakuti *n.* sapphire
yalioitishwa *v.* convoke
yaliomo *n.* content
yaliomo *adj.* inmost
yaliopo *adj.* vested
yaliotangulia *n.* preamble
yaliotangulia *n.* prologue
yalitolawa maoni *adj.* opinionated
yamkini *n.* possibility
yamkini *n.* probability
yamkini *adj.* probable
yana *v.* have
yanaotaka-kuwa *adj.* would-be
yasiofaa *adj.* improper
yasmin *n.* jasmine, jessamine
yatima *n.* orphan
yatima *n.* orphanage
yatimu *v.* orphan
yaweza ekebika *adj.* repairable
yaweza kalika *adj.* inhabitable
yaweza kunjika *adj.* malleable
yaweza pakuliwa *adj.* savable
yaweza ungua *adj.* combustible
yaweza uzwa *adj.* salable
yawoye *adv.* withal
yayusha *v.* dissolve
yayusha *v.* liquefy
yayusha *v.* melt
yayushwa *adj.* molten
yeni *n.* yen
yenye kungaa *adj.* luminous
yenye ladha *n.* delectability
yenye sumu *adj.* venomous
yeye *pron.* he

yeye *pron.* her
yeye *pron.* it
yeye *pron.* she
yeye (kike) *adj.* her
yeye (kiume) *pron.* him
yeyote *pron* anyone
yeyote *pron.* either
yeyote *pron.* whoever
yoga *n.* yoga
yonga *v.* sway
yote *n.* all
yote *conj.* both
yoyote *adj.* any
yoyote *adv.* any
yua *v.* wobble
yubile *n.* jubilee
yufolojia *n.* ufology
yuforia *n.* euphoria
yukelele (ala za muziki) *n.* ukelele
yumba *v.* stagger
yumba *v.* sway
yumba *v.* reel
yumbayumba *v.* reel
yumbayumba *v.* wabble
yumbayumba *v.* zigzag

Z

za chini *adj.* nether
za simu *adj.* telegraphic
za zamani *adj.* outdated
zaa *v.* mother
zaa *v.* reproduce
zaa *v.* reproduce
zaba *v.* slap
zabaki *n.* mercury
zabibu *n.* grape
zabibu *n.* raisin
zabibupata *n.* gooseberry
zaburi *n.* psalm
zafarani *n.* saffron
zafarani *adj.* saffron

zagaa *v.* gleam
zagaa-zagaa *v.* clutter
zahama *n.* annoyance
zahanati *n.* dispensary
zaidi *adj.* excess
zaidi *n.* extranet
zaidi *adv.* more
zaidi *n.* most
zaidi ya *prep.* beyond
zaituni *n.* olive
zakati *n.* tithe
zalio *n.* placenta
zalisha *v.* beget
zalisha *v.* fertilize
zalisha *v.* generate
zaliwa *v.* born
zama *v.* drown
zama *v.* rock-bottom
zama *v.* whelm
zama/umri *n.* age
zamani *adv.* already
zamani *prep.* before
zambarao *adj.* pink
zambarao *n.* pink
zambarau *n.* plum
zamisha *v.* dabble
zamisha *v.* plunge
zamu *n.* patron
zamu *n.* sentry
zamu *n.* shift
zamu *n.* turn
zana *n.* ammunition
zana *n.* armour
zana *n.* device
zana *n.* munitions
zana *n.* tool
zao *n.* yield
zatiti *v.* accommodate
zawadi *n.* gift
zawadi *n.* keepsake
zawadi *n.* prize
zazi *adj.* fertile
zazi *adj.* fruitful

zebaki *n.* quicksilver
zee *adj.* senile
zeesha *v.* decrepitate
zefe *n.* row
zembe *adj.* idle
zembea *adj.* obdurate
zenobayolojia (sayansi) *n.* xenobiology
zenogenesis (kisayansi) *n.* xenogenesis
zenomania (ugonjwa) *n.* xeromania
zenye *adj.* ostensible
zenye *adv.* ostensibly
zenye *n.* ostension
zeri *n.* balm
zeri *n.* balsam
zeroksi *n.* xerox
zeruzeru *n.* albino
zeze/ugombo *n.* banjo
zia *v.* languish
ziada *adj.* auxiliary
ziada *adj.* extra
ziada *adv.* most
ziada *adj.* supplementary
ziada *n.* surplus
ziada. *adj.* additional
ziara *n.* shrine
ziara *n.* visit
ziba *v.* bridge
ziba *v.* cork
ziba *v.* seal
ziba *v.* wall
zidi *v.* continue
zidi *adv.* extra
zidi *v.* glut
zidi *v.* surpass
zidisha *v.* boost
zidisha *v.* exceed
zidisha *v.* multiply
zidisha kipimo *v.* overrate
zidisha uzito *v.* outweigh
zika *v.* bury

zika v. entomb
zilizala n. earthquake
zilizofanana adj. osculant
zilizozoeleka adj. stereotyped
zima v. blear
zima n. blowout
zima v. decontrol
zima v. extinguish
zima adj. healthy
zima adj. massive
zima prep. off
zima v. quell
zima v. quench
zima v. repress
zima adj. solid
zima adj. universal
zima moto n. firefight
zimbaa adj. sullen
zimesimama v. subsist
zimia adj. faint
zimua v. temper
zimwi adj. lifeless
zimwi n. ogle
zimwi n. spirit
zina n. adultery
zinafanya v. galvanize
zinara n. coronet
zinazohitajika adj. requisite
zindua v. arouse
zindua v. launch
zinduka v. arise
zingatia v. include
zingativu adj. sensible
zingativu adj. thoughtful
zingefuri n. cinnabar
zingio n. investment
zingira v. siege
zingira v. surround
zingo n. ringlet
zingo n. turn
zini v. womanise
zipu n. zip
zipu n. zip

zipu n. zipper
zira n. hate
zirai v. faint
zisizogusika adj. intangible
zitakapo n. cleft
zitelekezwazo n. forfeiture
zito adj. dense
zito adj. impenetrable
zito adj. pregnant
zito adj. serious
ziunguka v. ellipse
ziwa n. lake
ziwi adj. deaf
ziwia v. encumber
ziwia v. ground
ziwia v. limit
ziwia v. restrain
ziwia v. restrict
ziwisha v. deafen
ziwiya v. handicap
zizi n. cote
zizi n. pen
zizi n. shed
zoea v. acclimatise
zoea v. accrete
zoea v. practise
zoelefu adj. accustomed
zoelefu adj. familiar
zoeza v. accustom
zoezi n. exercise
zoezi n. practice
zoezi n. training
zoezi (ngombe) n. tauromachy
zogo v. bustle
zoma v. hoot
zonga v. embrace
zonga v. enclose
zua v. rumour
zubaa adv. aback
zubaa adj. motionless
zubaa v. preoccupy
zubaa n. yak
zubani v. bid

zubani *n.* tender
zubani *n.* tender
zuia *v.* abnegate
zuia *v.* avert
zuia *v.* hinder
zuia *v.* obstruct
zuia *v.* preclude
zuia *v.* sanction
zuia *v.* stale
zuia (maji) *v.* waterproof
zuia barabara *v.* roadblock
zulia *n.* carpet
zulia *n.* rug
zulisha *v.* fabricate
zumari *n.* clarion
zumaridi *n.* emerald
zungu *adj.* peculiar
zunguka *v.* circle
zunguka *n.* orb
zunguka *v.* patrol
zunguka *v.* revolve
zunguka *v.* rotate
zunguka *v.* round
zunguka *n.* runabout
zunguka *n.* whir
zunguko *v.* fence
zungumzo *n.* pastime
zungusha *v.* circulate
zungusha *v.* cycle
zungusha *v.* flicker
zungusha *v.* wheel
zungusho *n.* whirlpool
zuri *adj.* handsome
zuri *adj.* lovely
zuri *n.* perjury
zuri *adj.* pretty
zuri *adj.* splendid
zuri mno *adj.* gorgeous
zuru *v.* visit
zurura *v.* loaf
zurura *v.* roam
zurura *v.* saunter
zurura *v.* wander